“十二五”职业教育国家规划教材
经全国职业教育教材审定委员会审定

国家文化产业资金支持媒体融合重大项目
21世纪高职高专财经类专业核心课程教材

税法

（第九版）

王曙光 主 编

SHUIFA

东北财经大学出版社
Dongbei University of Finance & Economics Press
大连

图书在版编目（CIP）数据

税法 / 王曙光主编. —9版. —大连：东北财经大学出版社，2021.3（2023.7重印）
（21世纪高职高专财经类专业核心课程教材）
ISBN 978-7-5654-4124-0

Ⅰ. 税… Ⅱ. 王… Ⅲ. 税法-中国-高等职业教育-教材 Ⅳ. D922.22

中国版本图书馆CIP数据核字（2021）第031553号

东北财经大学出版社出版
（大连市黑石礁尖山街217号 邮政编码 116025）
网 址：http：//www.dufep.cn
读者信箱：dufep@dufe.edu.cn
大连永盛印业有限公司印刷 东北财经大学出版社发行

幅面尺寸：185mm×260mm 字数：515千字 印张：22.25
2021年3月第9版 2023年7月第4次印刷

责任编辑：张晓鹏 王芃南 周 晗 王 玲 责任校对：飞 鱼
封面设计：原 皓 版式设计：原 皓

定价：49.00元

教学支持 售后服务 联系电话：（0411）84710309

如有印装质量问题，请联系营销部：（0411）84710711

富媒体智能型教材出版说明

“财经高等职业教育富媒体智能型教材开发系统工程”入选国家新闻出版署新闻出版改革发展项目库，并获得文化产业专项资金支持，是“国家文化产业资金支持媒体融合重大项目”。项目以“融通”“融合”“共建”“共享”为特色，是东北财经大学出版社积极落实国家推动传统媒体与新媒体融合发展的重要举措之一。

“财道书院”智能教学互动平台是该工程项目建设成果之一。该平台通过系统、合理的架构设计，将教学资源与教学应用集成于一体，具有教学内容多元呈现、课堂教学实时交互、测试考评个性设置、用户学情高效分析等核心功能，是高校开展信息化教学的有力支撑和应用保障。

富媒体智能型教材是该工程项目建设成果之二。该类教材是我社供给侧改革探索性策划的创新型产品，是一种新形态立体化教材。富媒体智能型教材秉持严谨的教学设计思想和先进的教材设计理念，为财经职业教育教与学、课程与教材的融通奠定了基础，较好地避免了传统教学模式和单一纸质教材容易出现的“两张皮”现象，有助于教学质量的提高和教学效果的提升。

从教材资源的呈现形式来说，富媒体智能型教材实现了传统纸质教材与数字技术的融合，通过二维码建立链接，将VR、微课、视频、动画、音频、图文和试题库等富媒体资源丰富呈现给用户；从教材内容的选取整合来说，其实现了职业教育与产业发展的融合，不仅注重专业教学内容与职业能力培养的有效对接，而且很好地解决了部分专业课程学与训、训与评的难题；从教材的教学使用过程来说，其实现了线下自主与线上互动的融合，学生可以在有网络支持的任何地方自主完成预习、巩固、复习等，教师可以在教学中灵活使用随堂点名、作业布置及批改、自测及组卷考试、成绩统计分析等平台辅助教学工具。

富媒体智能型教材设计新颖，一书一码，使用便捷。使用富媒体智能型教材的师生首先下载“财道书院”App或者进入“财道书院”(www.idufep.com)平台完成注册，然后登录“财道书院”输入教材封四学习卡中的激活码建立或找到班级和课程对应教材，就可以开启个性化教与学之旅。

“重塑教学空间，回归教学本源！”“财道书院”平台不仅是出版社提供教学资源和服务的平台，更是出版社为作者和广大院校创设的一个自主选择和自主探究的教与学的空间，作者和广大院校师生既是这个空间的使用者和消费者，也是这个空间的创造者和建设者，在这里，出版社、作者、院校共建资源，共享回报，共创未来。

最后，感谢各位作者为支持项目建设所付出的辛劳和智慧，也欢迎广大院校在教学中积极使用富媒体智能型教材和“财道书院”平台，东北财经大学出版社愿意也必将陪伴广大职业教育工作者走向更加光明而美好的职教发展新阶段。

东北财经大学出版社

第九版前言

《税法》自2001年8月出版以来，作为普通高等教育“十一五”国家级规划教材和“十二五”职业教育国家规划教材，获得了广大读者的认可和厚爱。

党的二十大报告指出“优化税制结构，加大税收、社会保障、转移支付等的调节力度，完善个人所得税制度”。为全面贯彻落实党的二十大精神，在习近平新时代中国特色社会主义思想的背景下，我国继续实施积极的财政政策，以税收法定原则和减税降费政策为核心，进一步深化税制改革，如制定资源税法、契税法、城市维护建设税法等法律制度。因此《税法》(第八版)一书的部分内容已不适应新税法的要求，有必要重新修订。本次教材的修订，保持了上一版教材的体系与结构，主要修订内容包括：

(1) 根据增值税、关税和企业所得税等最新法规，对增值税进项税额的抵扣时间、关税税率和企业所得税优惠等内容进行了相应的修改。

(2) 根据新发布的《中华人民共和国资源税法》《中华人民共和国契税法》《中华人民共和国城市维护建设税法》等的规定，对资源税法、契税法和城市维护建设税法等的相关内容进行了修订。

(3) 根据个人所得税和税收管理等法律制度，对个人所得税等其他税法进行了相应的调整，完善了税收征收管理和税务行政管理的相关内容。

(4) 本次修订还对全书“学习目标”“案例导引”“知识窗”“案例窗”“课堂训练”“本章小结”“复习思考”等栏目的内容，以及各税纳税申报表和相关表格资料做了适当的增删与修正；更新了各税收入、增长及占全国税收比重的情况。

本书所引用的税收法律制度截止到2021年10月底，实际运用时以新规定为准。

为便于读者更好地学习和熟悉税法，进一步理解和掌握本教材的内容，我们针对教材中的相关知识点配备了以二维码数字化资源方式呈现的专业教师团队录制的“税法”公开课程，通过扫描二维码就可以获得更多自主学习资源，进行移动课堂学习。同时，我们还修订了《税法习题与解答》一书，以有助于学生自主学习，巩固相关知识。

本次修订由王曙光负责并任主编，张小锋、孙慧玲和王征宇任副主编，刘丽、金瑛、田立强和金向鑫参加了修订工作，研究生孙一凡、杨淑敏和鲁诗语参与了部分章节的修订和资料收集工作。全书最后由王曙光教授、张小锋副教授总纂。

限于作者水平，本书不足或错漏之处敬请读者批评指正。

编　者

第一版前言

市场经济是法制经济，税法是国家法律的重要组成部分。随着我国社会主义市场经济的不断发展，税收正越来越深刻地影响着人们的社会经济活动。然而，一切税收活动必须符合法定的方式，税法必须对税收活动予以严格约束与规范，尤其在实践中更要求征税主体依法行政和纳税主体依法纳税。从某种意义上说，对税法的严格遵守，往往更多地取决于人们对其认识和理解的程度。因此，税法的正确贯彻实施，对于保障国家财政收入，维护纳税人的合法权益以及促进市场经济的良性运行与发展等方面，更具有积极的现实意义。

本书是为高职高专会计、税务、财政和证券投资等经济类专业培养技术应用型人才，针对税法课程的教学需要而编写的，也可作为在职人员、经济理论工作者以及纳税单位和有关人员的学习用教材或参考书。本书的编写主要体现了以下几个特点：

第一，符合市场经济理论要求。全书以社会主义市场经济理论为指导，在依据税收法律制度的基础上，诠释税法对调控宏观经济和影响市场经济运行的作用及其合理性。

第二，理论密切联系实际。全书从经济、税收和法律角度来阐明税法的基本内容，既有对税收、税法基本理论的研究和相关性知识的阐述，又有实际工作的案例与操作。

第三，内容全面系统，体系科学合理。全书以最新的理论知识和法律制度为基础，对我国现行的税收法律制度加以系统介绍，分章全面阐明基础知识、各税种的基本法律内容、税额计算和征收管理，使体例更具科学性和合理性。

第四，阐述通俗易懂，可操作性强。全书文字通畅、言简意赅，在全面阐明税收法律制度的同时，辅之以一定量的图表和例题，有针对性地对税法内容进行深入剖析，将知识与案例相结合，使之更具可操作性。

本书引用的税收法律制度和有关数据，截止到2001年8月底，实际运用时应加以注意。

为适应注册类社会技术职称的考试要求，本书的编写参考了注册税务师、注册会计师全国统一考试指定的《税法》教材，以及有关《国家税收》和《税法》等著述。本书在编写过程中，还得到了黑龙江省、哈尔滨市国税局、地税局及哈尔滨商业大学等单位有关领导和同志的支持与帮助，在此一并表示感谢！

为更好地熟悉税收法律，进一步理解和掌握本书的内容，同步编写了《税法习题与解答》一书。

本书由哈尔滨商业大学王曙光任主编，哈尔滨商业大学高艳荣、吉林财税专科学校杨莹莹和铜陵财经专科学校马克和任副主编，哈尔滨商业大学李兰、李树林和苏之涛参加编写，最后由王曙光同志修改和定稿。

限于编者的水平，不当或疏漏之处请有关专家和读者批评惠教。

编　者

2001年8月

目　录

第1章

税法基础理论

学习目标

理解和掌握税收的含义、特征与职能。

熟悉税收产生与发展的历史过程。

掌握税法的含义，理解税法的分类、地位与作用。

理解和掌握税收法律关系，熟悉税法的构成要素。

明确税收立法的原则、程序与实施。

了解我国税制建立与发展的过程及现行税法体系。

案例导引　税收与经济增长的良性互动

税收分配是经济活动的一个重要组成部分，从税收发展史看，合理的税收分配能够促进经济发展，反之则会抑制经济发展，甚至成为经济崩溃的主要原因之一。对巴西、喀麦隆、智利、牙买加、日本、韩国、利比里亚、马拉维、毛里求斯、新西兰、巴拉圭、秘鲁、新加坡、西班牙、瑞典、泰国、英国、乌拉圭、刚果（金）和赞比亚（几乎代表了全世界所有收入类型）20个国家税收与经济增长关系所做的考察说明：低税对纳税人努力工作、储蓄、投资和进行技术革新具有不断的刺激作用，也会带来较高的经济产值。

低税国家的经济发展成就归因于什么？税收水平显然不是唯一的因素，或许也不是最主要的因素。发展经济是复杂的，可受许多变量即内部的和外部的影响。在选择调查的20个国家中，有些国家由于政治不稳定和贸易条件恶化，经济增长受到了阻碍；通货膨胀、高利率、石油价格暴涨和贸易壁垒，使得多数国家经济发展困难。但至少说明税制的“质量”是很重要的，税收通过鼓励和抑制国内储蓄、外国投资，影响资本可供量、投资分配；税收通过影响个人对工作与赋闲（或做家务）的选择、工作的强度等，从而影响就业水平、劳动生产率和就业分布状况；税收通过对“投入”成本和经营管理的影响，进而影响一家公司扩大经营的能力，也可能影响诸如企业家素质和技术进步等。

我们认为，正确处理好税收与经济发展的关系，应以科学发展观为核心，树立税收与经济紧密联系的理念，在大力促进经济发展的基础上，适度增加税收收入，通过税收促进经济发展，如此循环往复、螺旋式上升，坚持税收政策、法律法规、具体措施彼此配合协调，最终实现税收与经济增长的良性互动。

讨论：查阅资料，分析、说明我国税收改革以来税收与经济增长的辩证关系。

税法是国家法律的重要组成部分，是征纳双方共同遵守的行为规范。税收的含义、产生及职能，税法的概念、地位和作用，税收法律关系和税法构成要素，税收的立法原则、立法机关和立法程序，以及我国税法的建立、发展和现行的税法体系，是税法的基础理论知识，也是学习和研究税法必须首先了解的问题。

微课 1-1

税收概念

1.1 税收的概念

1.1.1 税收的含义

税收是国家凭借其政治权力，强制、无偿地参与国民收入分配、取得财政收入的一种手段。它是国家调控经济的重要杠杆，其含义主要包括以下几个方面：

1.1.1.1 税收的依据

国家取得任何一种财政收入，总是要凭借国家的某种权力，如国家的土地收入、官产收入、国有企业利润收入，凭借的是国家对土地和生产资料的所有权；其特权收入，凭借的是国家对山林、水流、矿藏等自然资源的所有权；向其统治的臣民或国家收取贡物，凭借的是统治者的权力等。

诸如上述国家权力，归结起来可概括为财产权力和政治权力。国家取得各种财政收入所凭借的也是这两种权力，但税收凭借的只是政治权力而不是财产权力，因此国家政治权力就是税收的依据，也是税收强制性、权威性的体现。

1.1.1.2 税收的特征

税收的特征一般是指其形式特征，它是税收区别于其他财政收入方式的基本标志。税收的特征包括强制性、无偿性和固定性，具体表现为：

（1）强制性。强制性是指税收凭借国家政治权力，通过法律形式对国民收入进行的强制征收。负有纳税义务的单位和个人必须依法定的标准和期限来履行纳税义务，否则属于违法行为，应受到法律的处罚与制裁。

（2）无偿性。无偿性是指国家向纳税人进行无须偿还的征收，即国家征税以后，税款归国家所有而不再归还给纳税人，也不需要支付任何报酬。但在总体上，税收又具有间接的返还性。我国社会主义税收体现了“取之于民、用之于民”的基本特点。

（3）固定性。固定性是指国家征税通过法律形式预先规定了征收范围、计税标准及征收比例或数额，且在一定时期内具有相对的稳定性。但税收的固定性也不是一成不变的，而是随着经济发展或国家特定的需要，依法实施调整与修改。

税收的3个特征是统一的整体，是各种社会制度下的税收共性。只有同时具备这3个特征才是税收，否则就不是税收。

1.1.1.3　税收的范畴

税收在社会再生产过程中属于分配范畴。社会再生产中的分配环节是将社会产品和国民收入分为不同的份额，并决定各份额归谁占有的一个环节，而税收就是该环节的一种形式。国家征税的过程，就是把一部分国民收入从纳税单位或个人手中转变为国家所有的分配过程。同时，由于税收分配凭借的是国家政治权力，因而税收分配所体现的分配关系是一种特定的分配关系。

1.1.1.4　税收的形态

从历史演变来看，税收的形态有力役、实物和货币，其中力役是税收的特殊形态，实物和货币尤其是货币是税收的主要形态。在奴隶社会和封建社会，税收以实物和力役形态为主；在封建社会末期尤其是资本主义社会，税收形态从实物过渡到以货币为主，甚至全部采用货币形态。在我国，现行各税种均以货币形式征收。

1.1.2　税收的产生

1.1.2.1　税收产生的条件

一般认为，税收的产生取决于相互制约的两个条件：

（1）税收产生的前提条件——国家的产生和存在。国家的出现同税收产生有着本质的联系。一方面，税收是国家实现其职能的物质基础，只有出现国家之后，才有为满足国家政权行使职能而征税的客观需要。另一方面，税收是以国家为主体、以国家政治权力为依据的特定分配，只有产生了国家，才有课征税收的主体，也才有课征税收的依据，从而使税收的产生成为可能。

（2）税收产生的经济条件——私有财产制度的存在和发展。私有财产制度的出现同税收的产生有着直接的必然联系。税收是凭借国家政治权力而不是财产权力的分配形式，只有在社会上存在着私有财产制度，而国家又需要将一部分不属于自己所有或不直接支配使用的收入转变为国家所有的情况下，才有必要采取税收这种强制性方式。可以说，税收是国家对私有财产行使支配权的表现，也是对私有财产的一种“侵犯”。因此，只有社会上存在着私有财产制度这样的经济条件，税收才会产生。

1.1.2.2　税收产生的过程

我国税收的产生经历了较为漫长的过程，大体上可分为雏形和成熟两个阶段。

（1）夏商周时期的“贡助彻”——雏形阶段。我国第一个奴隶制国家——夏代出现以后，即产生了贡法。一般认为，夏代的贡是夏代王室对其所属部落及本国平民的土特产品和土地的一种强制课征。

贡分为两种：一种是与主从关系有关的土贡，由王室向其所属部落及用武力征服的部落强制征收，其贡品一般为当年的土特产品。商代、周代的土贡分为9类，称为“九贡”，贡品包括牲畜、丝织品、用器用具、珠宝和珍品等。另一种是与耕种土地相联系的贡，即平民耕种土地向国王纳贡，一般是根据土地若干年的收获量定出一个平均数，并按此抽取一定的比例。到了商代，贡法逐渐演变为助法。

助法是借助平民公田的力役课征，即在井田制度下，8家平民在各自私田的基础上共同耕种公田，公田的收获全部归王室所有。因此，助法属于力役形式的纳税。到了周代，助法又演变为彻法。彻法是按亩征收实物的课税制度，即每户平民耕种的土地要把一定的产量缴纳给王室。

彻法按土地数量进行课征，比贡法和助法有了很大的进步。此外，对商业和手工业征收“关市之赋”“山泽之赋”，即对经过关卡或上市交易的物品以及伐木、采矿、狩猎、捕鱼、煮盐等活动进行征税，是我国最早出现的工商税收。

（2）春秋时期鲁国的“初税亩”——成熟阶段。春秋时期是我国奴隶社会向封建社会的转变时期，为适应这一历史转变，税收制度也发生了巨大的变革，尤以鲁国的改革最为突出。为了增加财政收入和抑制开垦私田，鲁国鲁宣公十五年（公元前594年）开始对井田以外的私田征税，宣布不论公田还是私田一律按亩征税，史称“初税亩”。征收的比例基本上为十分之一，又称“什一税”。实行初税亩以后，土地所有者只要纳税，全部收获都可以归自己所有。

“初税亩”顺应了土地私有制这一必然发展趋势，是历史上一项重大的经济改革，也是我国农业税制从雏形阶段进入成熟阶段的标志。

1.1.3 税收的职能

税收的职能一般是指税收分配在一定社会制度下所固有的功能和职责，是税收一种长期固定的属性。一般认为税收具有财政、经济和管理3种职能。

1.1.3.1 税收的财政职能

税收的财政职能是指税收为国家组织财政收入的功能。税收是国家凭借政治权力，以法律形式把企业和个人的收入以征税的方式变为国家财政收入，以满足国家财政支出的需要。古今中外，各国税收在财政收入中所占比重都很大，是国家财政的重要支柱，成为国家机器运转的经济基础。一般认为，如果没有税收，国家的职能就无法实现，国家就无法存在。

税收的财政职能不但体现在税收取得财政收入的量上，而且体现在税收取得财政收入的质的规定性上。税收的3个特征决定了税收取得财政收入具有广泛、可靠、及时、均衡、无偿等特点，能够满足国家实现其职能对财政收入的质的要求，而这些特点是其他财政收入形式所不具备或不完全具备的。

一般而言，当今世界各国的税收收入占财政收入的90%以上。通常我国的财政收入有85%以上来自税收收入。

1.1.3.2 税收的经济职能

税收的经济职能是指国家运用税收来调控经济运行的功能。国家向企业和个人征税，将一部分国民收入转为国家所有，必然要改变原有的分配关系，对生产结构、消费结构和生产关系结构等产生一定的影响。这种影响可能是积极的，也可能是消极的；可能是促进经济发展的，也可能是导致经济停滞或倒退的；可能是有意识的，也可能是无意识的。但无论如何，税收对经济的影响始终是客观存在的。

税收的经济职能与国家运用的其他经济调节手段相比，具有自身的质的规定性。税收是国家以法律形式规定征收的，因此决定了国家可以自觉地运用税收来贯彻其既定的经济政策，达到调节经济预期的目的，体现了税收调节经济的权威性；由于税收的征收不受所有制的限制，可以延伸到国民经济的各个部门及行业和再生产的各个环节，所以体现了税收调节经济的广泛性；由于税收的调节对象和调节要求可在税制中予以规定，在实际执行中还可以根据客观的经济需要加以调整，所以体现了税收调节经济的灵活性。税收调节经济的权威性、广泛性和灵活性，构成了税收调节经济的特殊功能。

1.1.3.3　税收的管理职能

税收的管理职能是指国家通过税收征管法令来约束纳税人社会经济行为的功能。国家通过税收分配将一部分国民收入征为国有，要做到应收尽收就必须进行税收的监督、检查、纠正、统计、预测和调查等一系列工作。它一方面能够反映有关的经济动态，为国家经济管理提供依据；另一方面能够对企业和个人的经济活动进行有效的监督。税收是一种无偿性的分配，分配的结果是直接减少纳税人的既得利益，它本身就要求必须具有管理功能，以使这种无偿性的分配得以顺利实现。

税收管理贯穿于税收活动的全过程，从税收法律制度的制定到税收收入的入库，都必须体现税收管理的职责和功能，否则国家的财政收入就得不到保障，税收调节经济的目的也就难以实现。税收的管理所涉及的范围十分广泛，就当前我国的经济性质来看，涉及国有、集体、个体、外资、合资、乡镇、街道、经济联合体及个人；就再生产过程而言，涉及生产、交换、分配、消费各环节；就企业内部而言，涉及生产、供销、成本和利润分配等生产经营活动。

1.2　税法基础

1.2.1　税法的概念

1.2.1.1　税法的含义

税法是国家制定的用以调整国家与纳税人之间征纳活动的权利与义务关系的法律规范的总称。它是国家依法征税、纳税人依法纳税的行为规范。其目的是保障国家经济利益和纳税人的合法权益，维护税收秩序，保证国家的财政收入。

税法有广义与狭义之分，广义的税法是指国家立法机关、政府及其有关部门制定的有关税收方面的法律、规章和规定等；而狭义的税法仅指国家立法机关或其授权机关制定的税收法律，也是严格意义上的税法。本书中的税法指广义上的税法，即通常所言的税制。所谓税制，是指国家及其有关部门制定的各种税收法令和征管办法的总称。

税法Q&A 1-1

税法、税收和税制的关系是怎样的？

税法Q& A1-1

1.2.1.2　税法与其他法律的关系

税法在我国的法律体系中，除自身规定的内容外，在某种情况下也需要援引一些其他法律，它与其他法律之间或多或少地有着相关性。这里主要阐述税法与宪法、民法、刑法等最为密切相关的法律之间的关系。

(1) 税法与宪法的关系。宪法是我国的根本大法，是治国安邦的总章程，是制定所有法律、法规的依据，因而也是税法制定的根本依据。《中华人民共和国宪法》(以下简称《宪法》) 规定，中华人民共和国公民有依照法律纳税的义务，从而明确了国家可以向公民征税，并要有法律依据的基本要求。因此，《宪法》的这一规定是立法机关制定税法并据以向公民征税、公民必须依照税法纳税的最根本的法律依据。

《宪法》规定，国家要保护公民的合法收入、财产所有权，保护公民的人身自由不受侵犯等，因此在制定税法时要规定公民纳税人享有的各项权利以及国家税务机关行使征税权的约束条件，同时还要求税务机关在行使征税权时不能侵犯公民纳税人的合法权益等。《宪法》还规定，中国公民在法律面前人人平等，因此在制定税法时也应遵循这一原则，即对所有纳税人要平等对待，不能因为纳税人的种族、性别、出身、年龄等不同而在税收上给予不平等的待遇。

(2) 税法与民法的关系。税法与民法有着本质的区别，民法是调整平等主体之间，即公民之间、法人之间、公民与法人之间财产关系和人身关系的法律规范，其调整方法的主要特点是平等、等价和有偿；而税法的本质是国家依据政治权力进行征税，是调整国家与纳税人征纳关系的法律规范，这种税收征纳关系不是商品关系，而是国家意志和强制的关系，其调整方法的主要特点是命令和服从。

税法与民法两者之间也有联系。当税法的某些规范同民法的规范基本相同时，税法一般援引民法条款。在征税过程中，经常涉及大量的民事权利和义务问题，如印花税中有关经济合同关系的成立、房产税中有关房屋产权的认定等，这些在民法中已有规定，所以税法未另行规定。

当涉及税收征纳关系时，一般应以税法的规定为准则，如两个关联企业之间，一方先以高进低出的价格与对方进行商业交易，再以其他方式从对方取得利益补偿避税时，虽然符合民法中规定的“民事活动应遵循自愿、公平、等价有偿、诚实信用”的原则，但从税收公平、保证收入的角度出发，税法规定必须对这种交易作出相应的税收调整。

(3) 税法与刑法的关系。税法与刑法有本质区别，主要表现为调整的范围不同。刑法是关于犯罪、刑事责任与刑罚的法律规范；税法则是调整税收征纳关系的法律规范。

税法与刑法有着密切的联系，主要表现在：两者对违反税法的行为都规定了处罚条款。但应当指出的是，违法与犯罪是两个概念，违反了税法并不一定就是税收犯罪，如我国现行的《中华人民共和国税收征收管理法》(以下简称《征管法》) 第六十三条规定：纳税人伪造、变造、隐匿、擅自销毁账簿、记账凭证，或在账簿上多列支出或不列、少列收入，或经税务机关通知申报而拒不申报或进行虚假的纳税申报，不缴或少缴应纳税款的，由税务机关追缴其不缴或少缴的税款、滞纳金，并处不缴或少缴的税款50%以上5倍以下的罚款；构成犯罪的，依法追究刑事责任。而《中华人民共和国刑法》(以下简称《刑法》) 第201条规定：纳税人采取欺骗、隐瞒手段进行虚假纳税申报或不申报，逃避缴纳税款数额较大并且占应纳税额10%以上的，处3年以下有期徒刑或拘役，并处罚金；数额巨大且占应纳税额30%以上的，处3年以上7年以下有期徒刑，并处罚金。可以看出，两者之间的区别就在于情节是否严重，轻者给予行政处罚，重者则要给予刑事处罚。

1.2.2　税法的分类

税法分类是按一定标准把性质、内容、特点相同或相似的税法归为一类。在税法体系中，按不同的标准可分成不同的类型：

1.2.2.1　按税法内容和功效标准分类

按照基本内容和功能效用的不同，税法可分为税收基本法、税收实体法和税收程序法。

（1）税收基本法。它是规定税收性质、立法、种类、体制和税务机构以及征纳双方权利与义务等内容的法律规范。税收基本法是税法体系的主体和核心，起着税收母法的作用。1950年我国中央人民政府（政务院）颁布的《全国税政实施要则》就具有税收基本法的性质。目前我国还没有制定统一的税收基本法，但随着我国社会主义市场经济的发展和税收法制的不断完善，研究与实施税收基本法已为期不远。

（2）税收实体法。它是指规定税种及其征税对象、纳税人、税目税率、计税依据和纳税地点等要素内容的法律规范，如《中华人民共和国增值税暂行条例》（以下简称《增值税暂行条例》）、《中华人民共和国企业所得税法》（以下简称《企业所得税法》）、《中华人民共和国个人所得税法》（以下简称《个人所得税法》）和《中华人民共和国车船税法》等，都属于税收实体法。

（3）税收程序法。它是指规定税收管理工作的步骤和方法等的法律规范，主要包括税务管理法、账证管理法、纳税申报法、发票管理法、税款征收法、税务检查法和税务处罚法等，如《征管法》《税务稽查工作规程》《税务行政复议规则》等法律、法规，就属于税收程序法的范畴。

1.2.2.2　按征税对象标准分类

按照征税对象的不同，税法可分为流转税税法、所得税税法、资源税税法、财产税税法和行为目的税税法。

（1）流转税税法。它是指对货物流转额和劳务收入额征税的法律规范，如增值税、消费税和关税等税的税法。其特点是与商品生产、流通、消费有着密切的联系，不受成本费用的影响，而且收入具有“刚性”，有利于发挥国家对经济的宏观调控作用。流转税法为世界各国尤为发展中国家所重视和运用。

（2）所得税税法。它是指对单位和个人获取各种所得或利润额征税的法律规范，如企业所得税和个人所得税等税的税法。其特点是可直接调节纳税人的收入水平，发挥税收公平税负和调整分配关系的作用。所得税法为世界各国所普遍运用，尤其在市场经济发达和经济管理水平较高的国家更受重视。

（3）资源税税法。它是指对纳税人利用资源获得收入征税的法律规范，如资源税和土地税（如土地增值税和城镇土地使用税）等税的税法。其特点是调节因自然资源或客观原因所形成的级差收入，将非经主观努力而形成的级差收入征为国家所有，避免资源浪费，保护和合理使用国家自然资源。资源税法一般针对利用矿藏、土地和耕地等资源所获收益或级差收入的征税需要而制定。

（4）财产税税法。它是指对纳税人财产的价值或数量征税的法律规范，如房产税、车船税、遗产税、不动产税和契税等税的税法。其特点是避免利用财产投机取巧和财产的闲置浪费，促进财产的节约和合理利用。因此，财产税法一般以课征财产富有者来平均社会财富、课征财产闲置者来促进合理使用为根本目的，同时为增加国家财政收入的需要而制定。

（5）行为目的税税法。行为目的税税法是指对某些特定行为及为实现国家特定政策目的征税的法律规范，如固定资产投资方向调节税、印花税、屠宰税和城市维护建设税等税的税法。其特点是可选择面较大，设置和废止相对灵活，可以因时因地制定具体征管办法，有利于国家限制和引导某些特定行为而达到预期的目的。行为目的税法一般是国家为实现某些经济政策、限制特定行为，并达到一定目的而制定的。

1.2.2.3　按税法其他标准分类

（1）按照税收收入归属和征管权限的不同，税法可分为中央（国家、联邦）税法和地方税法。中央（国家、联邦）税法是国家制定的税收法律制度；地方税法是各级地方政府制定的税收法律制度。一般而言，中央税是指税收收入和管理权限归属于中央一级政府的税收，一般由中央统一征收管理。地方税是指税收收入和管理权限归属于各级地方政府的税收，一般由各级地方政府负责征收管理。1994年我国建立分税制的财政管理体制，将税收划分为中央税、地方税、中央与地方共享税3类，如消费税等为中央税，房产税等为地方税，增值税等为中央地方共享税。

（2）按照主权国家行使税收管辖权的不同，税法可分为国内税法、外国税法和国际税法等。国内税法一般是按照属人或属地原则，规定的一个国家的内部税收法律制度；外国税法是指国外各个国家制定的税收法律制度；国际税法是指国家间形成的税收法律制度，主要包括双边或多边国家间的税收协定、条约和国际惯例等。

1.2.3　税法的地位和作用

1.2.3.1　税法的地位

税法是我国法律体系的重要组成部分，其地位是由税收在国家经济活动中的重要性决定的。一方面，税收收入是政府取得财政收入的主要来源，而财政收入是维持国家机器正常运转的经济基础；另一方面，税收是国家宏观调控的经济杠杆和重要手段。因此，税法是调整国家与企业和公民个人收入分配关系的最基本、最直接的方式，特别是在市场经济条件下，税收收入的上述两项功效表现得非常明显和直接。

税与法密不可分，有税必有法，无法不成税。现代国家大多奉行立宪征税、依法治税的原则，即政府的征税权由宪法授予，税收法律需经立法机关批准，税务机关履行职责必须依法办事，税务争讼要按法定程序解决。简而言之，国家的一切税收活动均以法定形式表现出来，因此税法属于国家法律体系中一个重要的部门法，它是调整国家与各个经济单位及公民个人分配关系的基本法律规范。

1.2.3.2　税法的作用

税法调整的对象涉及社会经济活动的各个方面，与国家整体利益及单位和个人的直接利益有着密切的关系。在建立和发展我国社会主义市场经济体制中，国家通过税法的制定与实施加强社会经济发展的宏观调控，其地位和作用越来越重要，主要表现在：

（1）税法是国家组织财政收入的法律形式。为加速国民经济的发展，实现社会主义经济建设的现代化，国家必须筹集大量资金用于工农业基础和能源、交通等重点建设。实践证明，单靠私人或某些企业投资，不可能筹集大量资金进行大规模的基础建设，税收才是筹集国家建设资金的最主要渠道。为保证税收组织财政收入职能的发挥，必须通过制定税法，以法律形式确定单位和个人履行纳税义务的具体项目、数额和纳税程序，惩治偷逃税的行为，防止税款流失，保证国家依法征税，及时足额地取得税收收入。

（2）税法是国家调控经济运行的法律手段。我国建立和发展社会主义市场经济体制的目标之一就是从过去国家习惯于用行政手段直接管理经济，向主要运用法律、经济的手段宏观调控经济转变。税收是国家宏观调控的重要手段，通过制定税法，以法律的形式确定国家与纳税人之间的利益分配关系，调节生产与消费及社会成员的收入水平，调整经济结构，促进社会资源的优化配置，使之符合国家的宏观经济政策；同时，根据法律的平等原则，公平税负，鼓励平等竞争，为市场经济的良性运行与发展创造良好的条件。

（3）税法是国家维护经济秩序的法律工具。税法的贯彻执行涉及从事生产经营活动的每个单位和个人，单位和个人办理税务登记、建账建制、纳税申报等各项经营活动，都将纳入税法的规范、制约和管理范围。这样，税法就确定了一个规范有效的经济秩序和纳税秩序，以监督经营单位和个人依法经营、加强经济核算、提高经营管理水平；同时，税务机关按照税法规定对纳税人进行税务稽查，严肃查处偷逃税及其他违反税法规定的行为，也将有效地打击各种违法经营活动。

（4）税法是国家保护纳税人合法权益的法律依据。国家征税直接涉及纳税人切身的经济利益，如果税务机关随意征税，就会侵犯纳税人的合法权益，影响纳税人正常的生产经营活动，这是法律所不允许的。因此，税法在规定税务机关征税权利和纳税人履行纳税义务的同时，还相应规定了税务机关承担的义务和纳税人享有的权利，如税务机关执法行为造成纳税人合法权益受到损失的，要负赔偿责任；纳税人享有发票购买权、延期纳税权、申请减税免税权、多缴税款退还权、依法申请复议或提起诉讼权等。所以，税法不仅是税务机关征税的法律依据，也是纳税人保护自身合法权益的重要法律依据。

（5）税法是国家维护其经济权益的法律保障。在国际经济交往中，任何国家对进出口贸易、技术交流与合作以及在本国境内从事生产经营的外国企业和个人都拥有税收管辖权，这是国家权益的体现。我国自实行改革开放以来，在平等互利的基础上，不断扩大和发展同各国（地区）的经济贸易往来及交流与合作，利用外资、引进技术的规模、渠道和形式都有很大发展，在建立和完善涉外税法的同时，还与80多个国家签订了避免双重征税的协定，既维护了国家的经济权益，又为鼓励外商投资、保护国外企业和个人在华合法经营，以及发展国家间平等互利的经济技术合作关系，提供了可靠的法律保障。

税法 Q&A 1-2

税法的规范作用有哪些？

税法 Q&A 1–2

1.3 税法要素

税法要素是指税法中应具备的基本内容和因素，是保证税法科学性、合理性和规范性的必要条件，包括税法构成要素和税收法律关系。

1.3.1 税法构成要素

税法构成要素一般是指税收实体法的组成要素，主要包括总则、纳税人、征税对象、税率、纳税环节、纳税期限、税收优惠、征收方法、纳税地点、罚则和附则等，其中纳税人、征税对象和税率是基本要素。

1.3.1.1 纳税人

纳税人是“纳税义务人”的简称，在法学上称为纳税主体，主要是指税法中直接规定的负有纳税义务的单位和个人，即由谁来纳税。国家无论征收什么税，总要由一定的单位或个人来缴纳。因此，每种税都要规定其各自的纳税人，如增值税的纳税人是在中国境内销售货物、进口货物和提供加工、修理修配劳务以及提供应税行为的单位和个人；房产税的纳税人是房产的所有者等。

与纳税人相关的概念是扣缴人，扣缴人是“扣缴义务人”的简称，是指税法直接规定的负有代收代缴、代扣代缴义务的单位和个人。当纳税人发生应税行为直接缴纳税款有困难时，国家为了防止纳税人偷逃税款，保证税款及时足额入库，税法中须明确扣缴义务人扣缴税款的具体规定，如《个人所得税法》规定，纳税人取得的各项应税所得，有支付单位的，以支付单位为扣缴人。

1.3.1.2 征税对象

1）征税对象的含义

征税对象又称“课税对象”，西方国家称“税基”，在法学上称为“纳税客体”，是指税法中规定的征税的标的物，即对什么征税。它是区分不同税种的主要标志。税法规定的征税对象内容广泛，包括货物、劳务、财产、收入、所得、土地和行为等。每种税都要规定其各自的征税对象，如增值税的征税对象是增值额，所得税的征税对象是所得额等。

2）征税对象的相关概念

其主要有税目、征税范围和计税依据。

（1）税目。它又称“征税品目”，即规定征税对象的具体项目，是征税对象在应税内容上的具体化，体现了征税的广度，如我国现行消费税的征税对象是工业企业生产的消费品，其税目规定为烟、酒等15种消费品。

（2）征税范围。它是指税法规定的应税内容的具体区间，是对征税对象的进一步补充和具体划分。它可按货物、品种、所得、地区等进行划分。征税范围与征税对象密切相关，如我国现行城镇土地使用税的征税对象为土地，其征税范围为城市、县城、建制镇和工矿区。

（3）计税依据。它又称“征税基础”，是计算每种税应纳税额的根据，是征税对象在量上的具体化，分从价与从量两种，前者按征税对象的价格或价值计算；后者按征税对象的重量、面积、体积等自然计量单位计算。计税依据与征税对象的关系表现为：有的是一致的，如企业所得税的征税对象和计税依据均为所得额；有的是不一致的，如增值税的征税对象为增值额，其计税依据却是货物或劳务的销售额。

1.3.1.3 税率

税率是指应纳税额占征税对象量的份额，是征税对象（或计税依据）的征收比例或征收额度。它体现了征税的深度，也是衡量税负轻重的主要标志，包括比例税率、累进税率、定额税率和特殊税率。

1）比例税率

比例税率是指对同一征税对象，不论数额大小，均按相同比例征税的税率。采用这种税率，税额随征税对象的量等比增加，但征税比例始终不变。在同一税种中，由于征税对象存在质的差异，比例税率可随税目的多少而有所差异。我国的增值税和企业所得税等采用的是比例税率。在具体运用中，其派生税率有：

（1）单一比例税率。它又称“统一比例税率”，是指一个税种只规定一个征税比例的税率，如我国现行企业所得税25%的税率规定。

（2）差别比例税率。它是根据征税对象或纳税人的不同性质规定不同征税比例的税率。例如，根据不同产品、不同部门、不同行业、不同地区和不同纳税人分别规定高低不同的税率，具体又分为产品、行业、地区、等级、分类、分档比例税率。

（3）幅度比例税率。它是指税法统一规定幅度，由各地区在此幅度内具体规定本地区征税比例的税率，如我国的资源税规定对煤按销售额的2%～10%的税率征税。

2）累进税率

累进税率是将征税对象按照一定标准划分为若干个等级，每一等级规定逐级上升征税比例的税率。这里的“一定标准”，可以是征税对象的金额，也可以是与征税对象紧密相关的指标，如销售利润率、资金利润率、收入增长率等，还可以是征税对象某一数额的倍数。依此三种标准制定的累进税率，分别称为金额累进税率（简称额累）、比率累进税率（简称率累）、倍数累进税率（简称倍累）。究竟采用哪种累进税率，是由征税对象的性质所决定的。累进税率有两种累进方式，即全数累进和超数累进。依据这两种方式和划分级次的标准，可将累进税率分为全额累进税率和超额累进税率、全率累进税率和超率累进税率、全倍累进税率和超倍累进税率。我国现行的累进税率有超额累进税率和超率累进税率两种。

（1）超额累进税率。它是指征税对象数额各按所属数额级次适用的征税比例计税的一种累进税率，即把征税对象按数额的大小分成若干等级，每一等级规定一个税率，税率依次提高，但每一纳税人的征税对象都依所属等级同时适用几个税率分别计算，将计算结果相加后得出应纳税额。目前，我国采用这种税率的是个人所得税。

（2）超率累进税率。它是指征税对象数额各按所属比率级次适用的征税比例计税的一种累进税率，即以征税对象数额的相对率（如销售利润率、增值额占扣除项目金额的比率等）划分若干级距，分别规定相应的差别税率，相对率每超过一个级距，对超过的部分就按高一级的税率计算征税。目前，我国采用这种税率的是土地增值税。

3）定额税率

定额税率是指对征税对象确定的计税单位直接规定一个固定的征税数额的税率。它不采用百分比而采用绝对数的形式。因其单位征税对象应征税额是固定不变的，所以又称为“单位税额”或“固定税额”。目前，我国采用定额税率的有车船税、城镇土地使用税等。其在实际运用中又分为以下三种：

（1）幅度税额。它是指税法统一规定税额征收幅度，由各地在规定的幅度内具体确定本地区的执行税额，如我国现行的车船税，税法规定商用车客车每辆税额480～1 440元，摩托车每辆36～180元，各省、自治区、直辖市人民政府可在这个幅度内确定本地区的适用税额。

（2）地区差别税额。它是指不同地区规定高低不同的固定税额，如我国资源税对采用从量征收的资源实行地区差别税额。

（3）分类分级税额。它是指按征税对象的类别和等级，分别对单位征税对象规定不同的征收数额。一般来说，等级高的税额高，等级低的税额低，如我国现行的车船税，对机动船舶征税即采用这种税率。

4）特殊税率

除了上述税率以外，还有一些特殊表现形式，如零税率、加成征收和加倍征收等。它们实际上是税率的收缩或延伸。

（1）零税率。零税率即税率为零，它是比例税率的一种特殊形式。其含义是：对应税行为征税，纳税申报所适用的税率为零。零税率既不是不征税，也不是免税，而是征税后负担的税额为零，如我国现行增值税对出口货物规定为零税率。

（2）加成征收和加倍征收。加成征收是按应纳税额的一定成数加征税款，一成为10%，加征一成即加征应纳税额的10%，加征十成为100%，也即加倍征收。它们实际上是税率的延伸，是国家为限制某些经济活动、调节某些纳税人的收入或所得而采取的加重征税的方法和措施。我国现行个人所得税中，就有对劳务报酬所得的加成、加倍征税的规定。

1.3.1.4　纳税环节

1）纳税环节的含义

纳税环节是指税法规定的对不断运动的征税对象确定的应该纳税的环节。征税对象在整个社会经济运行中是不断流转运动的，如货物有生产、批发、零售的过程；所得有创造、支付和收受的过程；财产有买卖、租赁、使用、赠与或继承的过程；行为有发生、进行、结束的过程。

在上述过程中，哪些环节纳税，哪些环节不纳税，税法必须作出明确的规定，如流转税在生产和流通环节纳税，所得税在分配环节纳税等。

2）课征制度的分类

按纳税环节的多少，可以将税收课征制度分为三种：

（1）一次课征制，是指同一种税在其征税对象运动过程中只在一个环节征收的制度。我国曾征收的货物税、商品流通税和现行的资源税，都采用了这种课征制。

（2）两次课征制，是指同一种税在其征税对象运动过程中选择两个环节征收的制度，如我国1973年试行的工商税，对工业产品在生产销售环节征一次税，在商业零售环节再征一次税。

（3）多次课征制，是指同一种税在其征税对象运动过程中选择两个以上环节征收的制度。中华人民共和国成立初期征收的营业税和现行的增值税，均采用这种征税制度。

1.3.1.5　纳税期限

纳税期限是税法规定纳税人发生纳税义务后缴纳税款的期限。它是税收强制性和固定性在时间上的体现，具体规定有两种：

（1）按期纳税。它是指以纳税人发生纳税义务的一定期间为纳税期限，如现行增值税的纳税期限，分别规定为1日、3日、5日、10日、15日、1个月或1个季度。如以1个月为纳税期限，应在期满后的15日内缴纳税款。纳税人的具体纳税期限由主管税务机关根据纳税人的生产经营情况和应纳税额的大小分别核定。

（2）按次纳税。它是指以纳税人从事生产经营活动或取得收入的次数为纳税期限，如我国现行对进口商品征收的关税、契税等，都规定在发生纳税义务后按次纳税。

1.3.1.6　税收优惠

税收优惠是税法规定的对某些纳税人或征税对象给予鼓励和照顾的特殊性规定，主要有减免税、起征点与免征额等。

（1）减免税。它是对某些纳税人和征税对象给予减少征税或免予征税的优惠规定。按其性质划分，可分为法定减免、特定减免和临时减免；按其方式划分，可分为征税对象减免、税率减免和税额减免。

（2）起征点。它又称"起税点"，是征税对象达到征税数额开始计税的界限，如增值税规定销售货物的起征点为月销售额5 000～20 000元。

（3）免征额。它是指征税对象全部数额中规定免予计税的数额，如个人所得税规定工资、薪金所得每月扣除5 000元，即为免征额。

起征点与免征额的区别在于：前者是达到或超过的就其全部数额征税，未达到的不征税；而后者是达不到的不征税，达到或超过的，按扣除该数额后的余额计税。

1.3.1.7　征收方法

征收方法又称征税方法，是指税法规定的组织税款征收和解缴入库的具体办法。一般而言，征收方法的确定应以税法为准则，以纳税人的生产经营情况、税源的大小、税款的多少和财务管理水平的高低为依据，遵循有利于"组织收入、简化手续、方便纳税、便于管理"的原则，根据客观实际情况具体选定。

我国现行的征收方法主要有"三自"纳税、自报核缴、查账征收、查定征收、查验征收、定期定额、委托代征、代收代扣、代收代缴及按期预征、年终汇算等。每个纳税人采用何种方法，由主管税务机关根据税法相关法律、法规和纳税人的具体情况决定。

1.3.1.8　纳税地点

纳税地点是税法中规定的纳税人（包括代征人、扣缴义务人）具体缴纳税款的地点。它是根据各税种的征税对象和纳税环节，本着有利于从源泉控制税款的原则来确定的。

一般而言，在各税种的法律制度中要根据不同情况分别规定不同的纳税地点，既要方便税务机关和纳税人征纳税款，又要有利于各地区、各征收机关的税收利益。

1.3.1.9　总则、罚则和附则

总则规定税收立法的目的、制定依据、适用原则和征收主体等内容。

罚则规定对纳税人和扣缴义务人违反税法行为而采取的处罚措施。规定罚则可以更好地维护税法的尊严，保护合法经营，增强公民纳税意识和法制观念，保证国家财政收入。

附则一般规定与该法紧密相关的内容，主要有该法的解释权、生效时间、适用范围及其他相关规定。

1.3.2 税收法律关系

1.3.2.1 税收法律关系的含义

税收法律关系是指国家与纳税人之间在税收分配及管理活动中，以国家强制力保证实施的、具有经济内容的权利与义务的关系。

从税法的性质上看，税收法律关系是一种国家意志关系，对什么征税、对谁征税、征多少税，都是国家以法律形式规定的，反映国家的意志而不是纳税人的意志；从税法的经济内容上看，税收法律关系是一种财产所有权或支配权单向转移的关系，表现为社会财富从社会各阶级、阶层、单位或个人手中无偿地转移到国家手中。

1.3.2.2 税收法律关系的特征

税收法律关系作为社会关系的组成部分，有其自身的特征，主要表现在：

第一，税收法律关系的主体，一方必须始终是国家，另一方则可以是企业、单位或个人。

第二，征纳双方的税收法律关系不以征纳双方的意志为转移。只要纳税人发生了税法规定的应税事件或行为，就产生了税收法律关系。

第三，税收法律关系相对具有单方面的权利和义务的性质，即国家有依法征税的权利，纳税人有依法纳税的义务。

第四，税收法律关系带有财产权（或支配权）无偿转移的性质，即纳税人履行了纳税义务，就意味着将一定的货币资金或财产的所有权（或支配权）无偿地交予国家。

1.3.2.3 税收法律关系的构成

（1）税收法律关系的主体。它是指参与税收法律关系，享有权利和承担义务的人，包括征税主体和纳税主体。我国的征税主体指依法行使课税权的各级国家机关、税务机关和海关等主要的职能机构。

纳税主体指依法负有纳税义务的单位和个人，包括国有、集体、联营、私营、股份制、“三资”企业和其他经济组织以及个体工商业户、公民（居民）和在中国境内取得应税收入的外国个人。确定纳税主体，一般采取属地兼属人的原则。

（2）税收法律关系的客体。它是指税收法律关系主体的权利和义务共同指向的对象，表现为税收的征纳活动，包括物、货币和行为。法律上的“物”是指具有一定经济价值的物品或其他物质财富，但作为税收法律关系客体的“物”仅指与税收有关的应税货物（如增值税法中的应税货物、房产税法中的房屋等）和依法缴纳的货物。

“货币”作为税收法律关系的客体具有普遍性，既包括纳税人的货物计价和货币结算等，又包括缴入国库的货币税款。

“行为”作为客体在税收法律关系中更具广泛意义，如制定税法、编制计划、税款征收以及纳税人的税务登记、纳税申报、税款缴库等行为均属此类。

由于税收法律关系中的行为具有广泛性和复杂性，故应依法加强对行为的制约和管理，使其符合税收法律规范的要求。

（3）税收法律关系的内容。它是指税收法律关系主体所享有的权利和所承担的义务，是税收法律关系中最实质性的规定。它规定权利主体可以和不可以有什么行为，若违反了规定须承担什么样的法律责任。权利、义务受法律保护和制约，任何单位和个人都必须按税收法律规定严格行使权利，并自觉履行纳税义务。

我国税务机关的权利主要表现为依法进行税务管理、征收税款、税务检查及对违法者进行处罚，其义务主要是向纳税人宣传税法、保守纳税人的秘密、征收税款解缴国库、依法受理纳税争议申诉等；纳税人的义务主要是依法办理税务登记、进行纳税申报、接受税务检查和依法缴纳税款等，其权利主要有税法知情权、发票购买权、减免税申请权、多缴税款退还权、依法赔偿请求权、税务复议申请和诉讼权等。

1.3.2.4　税收法律关系的行为

税法是引起税收法律关系的前提条件，但其本身并不产生具体的税收法律关系。税收法律关系的产生、变更和终止等行为，必须由税收法律事实来决定，而税收法律事实一般指征税机关的依法征税行为和纳税人的经济活动。

（1）税收法律关系的产生。它是指税收法律关系主体之间权利与义务关系的形成。它以应税行为和事件的形成为标志。纳税主体在国家税法规定的范围内发生了应税行为和事件，也就产生了税收法律关系。

税收法律关系产生的原因：一是税收法律行为的产生，如企业销售货物而取得销售收入，就产生增值税等的征纳关系；二是税收法律事件的产生，如新办企业办理税务登记后，就为税收法律关系产生提供了前提条件，但新办企业必须在从事生产经营取得收入以后，才会形成税收法律关系；三是新税种的开征，这会使一些非应税行为和事件成为应税行为和事件，从而产生税收法律关系。

（2）税收法律关系的变更。它是指依法形成的税收法律关系由于客观情况的变化而引起权利与义务的变化。但其变更之后，税收法律关系仍以不同的形式继续存在。

税收法律关系变更的原因：一是税法的修改或补充，如征税范围的扩大或缩小、税目的增加或减少、税率的提高或降低等，都会引起税收法律关系的变更；二是征税手续的变动，如由扣缴义务人代扣代缴变为纳税人自行申报缴纳，或由纳税人自行申报缴纳变为由扣缴义务人代扣代缴等；三是纳税人的应税行为和事件发生了变化，如纳税人生产经营内容的变化，纳税人收入、财产状况的变化，纳税人的联合、合并、改组、分设等；四是由于不可抗力或其他特殊原因，纳税人难以履行纳税人义务等。

（3）税收法律关系的终止。它是指征纳税主体之间权利与义务关系的消失，可分为绝对终止和相对终止两种，前者是指税收法律关系中征纳税主体之间的权利与义务不再存在，如企业破产后依法缴清了税款等；后者是指税收法律关系中征纳税主体之间权利与义务的暂时消失，如纳税人部分履行纳税义务，分期分批地缴纳税款等。

税收法律关系终止的原因：一是纳税主体的消失，如企业破产、撤销、合并或纳税个人的死亡；二是纳税人依法完成了缴纳税款义务；三是纳税人符合免税的条件；四是税法相关内容的废止或某一税务行为的撤销。

1.3.2.5　税收法律关系的保护

税收法律关系的保护是指保障征纳税权利主体行使权利和监督义务主体履行义务的活动。其实质就是维护国家正常的经济秩序，保障国家的财政收入，保护纳税人的合法权益。因此，保护税收法律关系就应对侵犯税收主体的合法权益和不履行法定义务者，严格依法追究其法律责任，包括法律约束、行政制裁和刑事制裁。

税收法律关系的保护方式较多，税法中有关于限期纳税、征收滞纳金和罚款的规定，以及税法中对纳税人不服税务机关征税的处理决定，可以申请复议或提出诉讼的规定等都是对税收法律关系的直接保护。税收法律关系的保护对权利主体双方是对等的，不能只对一方保护而对另一方不予保护，对权利享有者的保护本身就是对义务承担者的制约。

1.4　税收立法

1.4.1　税收立法的概念

税收立法是国家立法机关或其授权机关根据一定的立法程序，制定税收法律规范的一系列活动。它是国家整个立法工作的重要组成部分，包括制定、修改和废止税收法律等环节。通过税收立法，一方面要确定国家、集体、个人之间的税收分配关系，以及我国与外国政府或外资企业、外籍人员的税收权益分配关系；另一方面要制定正确处理这些关系所必须遵守的程序和准则。

只有对税收立法，才能做到有法可依，避免“以权代法、以言代法”等问题的出现。做好税收立法工作，对于正确处理国家、集体、个人之间及中央与地方政府之间的经济利益关系，促进税务机关依法征税和依法行政，维护纳税人的合法权益，促进经济的良性运行和发展，保证国家财政收入等，都具有积极的现实意义。

1.4.2　税收立法的原则

税收立法的原则是指税收立法活动中必须遵循的准则。我国的税收立法原则是根据我国的社会性质和具体国情而建立的，主要包括以下几个方面：

1.4.2.1　公平性与效率性的原则

市场经济体制的特征之一是竞争，参与市场竞争的各主体需要有一个平等的环境，而税收公平是实现平等竞争的重要条件，因此在税收立法中一定要体现公平性的原则。其主要含义：一是征税范围上，应普遍征税，对条件大体相同的应履行同等的纳税义务，即同一行业、同种产品的税负大体一致；二是税负能力上，负担能力强的应多纳税，负担能力弱的应少纳税，没有负担能力的不纳税；三是经营环境上，由于客观环境优越而取得超额收入或级差收益者应多纳税，反之少纳税；四是税负平衡上，不同地区、不同行业间及多种经济成分之间的实际税负应尽可能公平。

与此同时，税收立法中还要体现效率性的原则。其含义包括：一是资源配置上，征税要有利于资源的有效配置，使社会从经济资源的利用中获得最大利益；二是经济机制上，征税要有利于经济的有效运行，不断提高经济效益；三是税务行政上，税收制度要简便，节省征纳双方的费用。

1.4.2.2　法定性与灵活性的原则

在制定税法时，要求内容规范、明确、具体、严谨、周密，但是为了保证税法制定后在全国范围内都能贯彻执行，不与现实脱节，又要求在制定税法时不能规定得过细、过死，应坚持原则性与灵活性相结合的原则。

具体来说，就是必须遵守法制的统一性与因时因地制宜相结合的原则，表现在税收立法上，就是税收立法权只能由国家最高权力机关来行使，未经法律授权，任何地区和部门都不得擅自变更税法规定，也不能违背税法制定所谓的“土政策”“土规定”；为了照顾不同地区特别是少数民族地区不同的情况和特点，充分发挥地方的积极性，在某些情况下，允许地方在遵守国家法律、法规的前提下，制定适合当地的实施办法等。只有贯彻这个原则，才能制定出既符合国家统一要求又能适应各地区实际情况的税法。

1.4.2.3　稳定性与连续性的原则

税法的制定是与一定经济基础相适应的，税法一经制定，在一定阶段内就要保持其稳定性，不能朝令夕改、变化不定。如果税法经常变动，不仅会破坏税法的权威性和严肃性，而且会给国家政治、经济生活带来不利的影响。但是，这种稳定性不是绝对的，因为社会政治、经济状况是不断变化的，税法也要相应地发展变化。这种发展变化具体表现在：有的税法已经过时需要废除；有的税法部分失去效力需要修改、补充；根据新的情况需要制定新的税法。

此外，还必须注意保持税法的连续性，即税法不能中断，在新的税法实施前，原有的税法不应终止；在修改、补充或制定新的税法时，应保持与原有税法的承续关系，应在原有税法的基础上，结合新的实践经验，修改、补充原有的税法和制定新税法。只有遵循这个原则，才能制定出符合社会政治、经济发展规律的税法。

1.4.2.4　民主性与可行性的原则

民主性是一切法律制定的基础，也是法律可行性的保障。税收立法过程中的民主性就是要走群众路线，充分听取社会民众的意见，确保税收法律能体现人民的根本利益。遵循这一原则，要严格按法定程序进行税收立法，坚持民主决策，体现立法机关的主体地位和作用；对税收法案的讨论和审议，应进行充分的辩论，听取不同方面的意见和建议；坚持立法过程的公开化，以使社会各个层面及广大公众能够及时、全面了解立法过程以及争论、达成共识等有关情况。

实践证明：税收立法民主、细致、有群众基础，制定的税收法律就科学、合理与可行，这样纳税单位和个人才能真心接受和欢迎税收法律，才能保证公民依法纳税的自觉性和积极性。

1.4.3　税收立法机关

1.4.3.1　税收立法体制

根据现行有关法律的规定，我国的立法体制是：全国人民代表大会及其常务委员会行使立法权，制定法律；国务院及所属各部委有权根据宪法和法律制定行政法规和规章；地方人民代表大会及其常务委员会在不违背宪法、法律、行政法规的前提下，有权制定地方性法规，但要报全国人民代表大会常务委员会和国务院备案；民族自治地方的人民代表大会有权依照当地的政治、经济和文化特点，制定自治条例和单行条例。根据国家立法体制的规定，所制定的一系列税收法律、法规、规章和规范性文件，构成了我国的税收法律体系。

1.4.3.2　税收立法权限

（1）全国人民代表大会及其常务委员会的税收立法权。我国税收法律立法权，由全国人民代表大会及其常务委员会行使，其他任何机关都没有制定税收法律的权力。在国家税收中，凡是基本的、全局性的问题，如国家税收的性质、税收法律关系中征纳双方权利与义务的确定、税种的设置、税目税率的确定等，都需全国人民代表大会及其常务委员会以税收法律的形式制定实施，并且在全国范围内普遍适用。

在现行税法中，如《企业所得税法》《个人所得税法》《征管法》等都是税收法律。除《宪法》外，在税收法律制度体系中，税收法律具有最高的法律效力，其他机关制定的税收法规、规章都不得与《宪法》和税收法律相抵触。

（2）全国人民代表大会及其常务委员会的税收授权立法。我国的授权立法是指全国人民代表大会及其常务委员会根据需要，授权国务院制定某些具有法律效力的暂行条例或规定。授权立法与制定行政法规不同，国务院经授权立法所制定的规定或条例等具有国家法律的性质和地位，其法律效力高于行政法规，但在立法程序上还需报全国人民代表大会常务委员会备案。

1984年全国人民代表大会常务委员会决定授权国务院改革工商税制和发布有关税收条例，1985年全国人民代表大会授权国务院在经济体制改革和对外开放方面可以制定暂行的规定或条例。按照这两次授权立法，国务院自1994年1月起实施工商税制改革，制定实施了增值税、消费税、营业税、资源税、土地增值税和企业所得税等暂行条例，这在一定程度上解决了我国经济体制改革和对外开放工作急需税收法律保障的问题。税收暂行条例的制定与公布施行为全国人民代表大会及其常务委员会的立法工作提供了有益的经验，也为这些条例上升为法律做好了准备。

（3）国务院制定的税收行政法规。国务院作为最高国家权力机关的执行机关是最高的国家行政机关，拥有广泛的行政立法权。《宪法》规定：国务院可根据《宪法》和其他法律，规定行政措施，制定行政法规，发布决定和命令。行政法规作为一种法律形式，其效力低于《宪法》和其他法律，但高于地方性法规、部门规章和地方规章。

行政法规的立法目的在于保证宪法和其他法律的实施，行政法规不得与《宪法》和其他法律相抵触，而地方性法规、部门规章或地方规章也不得与行政法规相抵触，否则无效。国务院发布的《中华人民共和国个人所得税法实施条例》《中华人民共和国税收征收管理法实施细则》等，都是税收行政法规。

（4）地方人民代表大会及其常务委员会制定的地方性税收法规。根据现行法律的规定，省、自治区、直辖市的人民代表大会及省、自治区、直辖市的人民政府所在地的市和经国务院批准的较大的市的人民代表大会有制定地方性法规的权力。由于我国在税收立法方面坚持“统一税法”的原则，因此地方权力机关制定地方性税收法规不是无限制的，而是要严格按照税收法律的授权行事。

目前，除了海南省、民族自治地区在遵循《宪法》、其他法律和行政法规的原则基础上，可以制定有关税收的地方性法规外，其他省、直辖市等一般无权制定地方性税收法规。随着税收制度和分税制财政体制的进一步改革和完善，地方人民代表大会也将拥有更多的制定地方性税收法规的立法权。

（5）国务院税务主管部门制定的税收部门规章。根据有关法律的规定，国务院各部、委员会可根据法律和国务院的行政法规、决定、命令，在本部门的权限内发布命令、指示和规章；各部、各委员会工作中的方针、政策、计划和重大行政措施，应向国务院请示报告，由国务院决定。

有权制定税收规章的机关是财政部和国家税务总局，其范围包括对有关税收法律、法规的具体解释和税收征收管理的具体规定、办法等，如财政部和国家税务总局颁发的《中华人民共和国增值税暂行条例实施细则》、国家税务总局颁发的《税务代理试行办法》和《税务稽查工作规程》等，都属于税收部门规章。税收部门规章在全国范围内具有普遍适用效力，但不得与税收法律、行政法规相抵触。

（6）地方政府制定的税收地方规章。根据有关法律的规定，省、自治区、直辖市以及省、自治区的人民政府所在地的市和国务院批准的较大的市的人民政府，可以根据法律和国务院的行政法规制定规章，如国务院发布实施的城镇土地使用税、房产税等地方性税种暂行条例，都规定省、自治区、直辖市人民政府可根据条例制定实施细则。

按照“统一税法”的原则，省级地方政府制定税收规章，必须在税收法律、行政法规明确授权的前提下进行，并且不得与税收法律、行政法规相抵触。没有税收法律、行政法规的授权，地方政府无权自定税收规章，越权自定的税收规章没有法律效力。

授权地方人民政府制定有关税法的实施细则、办法等地方规章，主要目的是对于一些不影响全国财政收入的小税种，将对其开征与否、个别税收减免与否等权力下放给地方，使地方政府结合本地实际因地制宜地进行征收管理，以充分调动地方管理经济的积极性。

1.4.4　税收立法程序

税收立法程序是指国家权力机关及其授权机关在制定、修改、补充和废止等税收立法活动中，必须遵循的法定步骤和方法，主要分为税收立法的一般程序和税收行政立法程序两类。

1.4.4.1　税收立法的一般程序

（1）提出税法草案，主要包括提出税法的草案和对原有税法的修改或废止的草案或建议，一般由授权机关或人员起草并向立法机关提出。我国的税法草案通常由财政部或国家税务总局草拟后提交国务院审查，国务院法制办公室将税法草案发给有关部门征求意见或修改后提交国务院审议，国务院审查通过后，提交全国人民代表大会或其常务委员会审查。

（2）审议税法草案。对被列为议事日程的税法草案进行审查和讨论，对税法草案的审议可以进行多次。全国人民代表大会或其常务委员会的法制委员会根据委员和代表的讨论意见，并征求国务院各有关单位和各地的意见，对税法草案进行修改，最后提交全国人民代表大会或其常务委员会进行审议表决。

（3）通过税法草案。通过税法草案是立法机关和人员对其表示的正式同意，它是整个税收立法程序中有决定意义的阶段。全国人民代表大会或其常务委员会在开会期间，要听取国务院关于税法草案的说明，并经委员们的讨论或辩论，以少数服从多数的方式通过税法议案，形成正式的税收法律，送交国家主席发布。

（4）公布实施税法。未经公开发布的税法不具备正式法律效力。我国通过的税法均以国家主席令的形式发布，并在《人民日报》等重要报刊全文刊登。税法的公布期限和生效期限通常是一致的，即从公布之日起执行；有时不一致，或是在公布之日前的某个时日就开始生效，或是从公布之日以后的某个时日实行。

1.4.4.2　税收行政立法程序

税收行政立法程序是指国家行政机关依照税收法律制定、修改或废止税收行政法规和规章的活动。它与国家立法机关的立法程序相比具有简便、迅速、灵活等特点，在我国税收立法工作中的应用较多。

根据国务院2001年11月批准发布、经2017年12月修订的《行政法规制定程序条例》，制定税收行政法规和规章一般的程序：一是立项。财政部、国家税务总局等部门认为需要制定税收行政法规的，应当于国务院编制年度立法工作计划前，向国务院报请立项。二是起草。国务院年度立法工作计划确定税务行政法规由国务院的一个部门或几个部门具体负责起草工作，也可以确定由国务院法制机构起草或者组织起草。三是审查。报送国务院的税务行政法规送审稿，由国务院法制机构负责审查。四是决定与公布。税务行政法规草案由国务院常务会议审议，或由国务院审批。五是行政法规解释。国务院法制机构研究拟订税务行政法规解释草案，报国务院同意后，由国务院公布或者由国务院授权国务院有关部门公布。

1.4.5　税法的实施

已颁布的税收法律从生效或实行之日起就必须贯彻执行，主要包括税收执法和守法两个方面：一方面要求税务机关和税务人员正确运用税收法律，并对违法者实施制裁；另一方面要求税务机关、税务人员、公民、法人、社会团体及其他组织严格遵守税收法律。

税法具有多层次的特点，因此在税收执法过程中，在对其适用性或法律效力的判断上一般按以下原则掌握：一是层次高的法律优于层次低的法律；二是同一层次的法律中，特别法优于普通法；三是国际法优于国内法；四是实体法从旧，程序法从新。

税法实施的核心是严格遵守税法。所谓遵守税法，是指税务机关、税务人员都有必须遵守税法的义务，严格依法办事、依率计征。严格遵守税法是保证税法得以顺利实施的重要条件，任何违反税收法律、行政法规的行为都要受到法律制裁。

1.5　税法体系

我国现行的税收法律体系，大体上经历了中华人民共和国税制的建立、税制建设中的简并、新时期的税制建设、1994年的税制改革和21世纪以来的税制改革5个阶段，是在税制的建立和改革完善中逐步形成的。

1.5.1　中华人民共和国税制的建立

1.5.1.1　中华人民共和国税制的建立

1949年《中国人民政治协商会议共同纲领》第40条规定："国家的税收政策，应以保障革命战争的供给，照顾生产的恢复和发展及国家建设的需要为原则，简化税制，实行合理负担。"据此，我国制定了《全国税政实施要则》和《全国各级税务机关暂行组织规程》，并于1950年1月由中央人民政府（政务院）颁布施行。

《全国税政实施要则》规定：除农业税外，在全国统一征收14种税，即货物税、工商业税（包括营业税、所得税、摊贩营业牌照税和临时商业税）、盐税、关税、薪给报酬所得税、存款利息所得税、印花税、遗产税、交易税、屠宰税、房产税、地产税、特种消费行为税和车船使用牌照税（后两种缓征），初步创建了适应我国过渡时期经济发展和财政需要的新税制。

新税制的基本特点是实行多税种、多次征的复税制，建立了以流转税为主体、其他税种相配合的税制体系。

1.5.1.2　税制建设中的简并

（1）1953年修正税制。1952年12月政务院发布了《关于税制若干修正及实行日期的通告》和《商品流通税试行办法》，并自1953年1月起实施。其主要内容：一是试行商品流通税，从原征收货物税税目中选择能够控制或收购的烟、酒、原木、钢材、棉纱等22种产品，以及原来在生产和销售各个环节缴纳的货物税、营业税及营业税附加和印花税等合并为商品流通税；二是修订货物税，将应税货物工业环节和商业批发环节原来征收的营业税及其附加并入营业税征收；三是修订工商业税，将工商营业收入应征的营业税及其附加、印花税并入营业税征收，统一调整营业税税率等。

经过1953年的税制修正，工商税收共有11种，企业缴纳的主要税种已被合并简化。总体上看，达到了适应经济发展变化和保证国家财政收入的目的。

（2）1958年改革工商税制。为适应社会主义经济的新形势，财政部于1957年9月提出了《关于改革工商税制的报告》，1958年9月全国人大常委会审议通过。其改革的基本原则是"基本保持原税负，合并税种，简化税制"。改革的主要内容包括：将商品流通税、货物税、营业税和印花税合并为工商统一税，同时减少纳税环节，简化征税方法等。

1958年6月全国人大常委会第96次会议通过并由毛泽东主席公布了《中华人民共和国农业税条例》，从而结束了农业税制不统一的历史。新税制贯彻了"稳定负担和增产不增税"的政策精神，对促进农业生产的发展起到了积极作用。

经过这次税制改革，我国工商税制大为简化，由原来的11个税种简并为8个税种，使税制在结构上更突出了以流转税为主体的税制格局。

（3）1973年试行工商税。我国从1964年开始研究税制的简并问题，并进行试点。财政部军管会根据试点经验，拟定了《关于扩大改革工商税制试点的报告》和《中华人民共和国工商税条例（草案）》，1972年3月经国务院批准后决定从1973年起试行。其主要内容包括：将企业原来缴纳的工商统一税及其附加、城市房地产税、车船使用牌照税、盐税和屠宰税合并为工商税；简化税目税率，并简化了征收办法。

工商税制通过这次简并，总体上只剩7个税种，形成了对国有企业只征收工商税、对集体企业只征工商税和工商所得税的税制格局。就城市房地产税、车船使用牌照税、屠宰税、牲畜交易税和集市交易税而言，虽然名义上存在，但只向非企业单位、个人和外侨征收，所征税款不到工商税收总额的1%。因此，税制的过度简化，缩小了税收作用的范围和力度。

1.5.1.3　新时期的税制建设

党的十一届三中全会以后，我国工作的重点转移到以经济建设为中心的轨道上来，社会主义现代化建设进入了新的发展时期。在总结我国税制建设的经验教训、纠正“左”的思想影响的基础上，我国积极探索并大胆地进行了一系列的税制改革和建设。

1）1980—1981年建立涉外税制

涉外税制的主要内容包括：

（1）建立涉外所得税法。本着维护国家利益、平等互利、促进对外经济技术交流与合作的原则，参照国际惯例，全国人大于1980年9月和1981年12月相继通过了《中华人民共和国中外合资企业所得税法》《中华人民共和国个人所得税法》《中华人民共和国外国企业所得税法》，财政部还颁发了相应的实施细则。

（2）明确对涉外企业及涉外个人征收的流转税和财产税。对涉外企业和个人的产品销售收入和经营业务收入，征收工商统一税；对其拥有的房产和车船，征收城市房地产税和车船使用牌照税。

2）1983—1984年国营企业利改税

所谓利改税是对国营企业征收所得税代替利润上缴办法，把国家与国营企业的利润分配关系用税收形式固定下来。其分两步进行：

（1）1983年第一步利改税。财政部在总结过去几年各地试点经验的基础上，提出了《关于国营企业利改税试行办法（草案）》，经国务院批准决定从1983年1月起在全国范围内对国营工业、商业、交通业实行利改税第一步改革。改革的主要内容包括：凡有盈利的国营大中型企业（包括金融保险企业），均按实现利润的55%的税率缴纳所得税；凡有盈利的国营小型企业，根据实现的利润按八级超额累进税率缴纳所得税；营业性的宾馆、饭店、招待所和饮食服务企业，按15%的税率缴纳所得税；县以上供销社，以县公司或县供销社为单位，按八级超额累进税率缴纳所得税。但军工企业、邮电企业、粮食企业、外贸企业、农牧企业和劳改企业，暂不实行利改税办法。

（2）1984年第二步利改税。1984年9月国务院批准了财政部《关于在国营企业推行利改税第二步改革的报告》《国营企业第二步利改税办法》。其主要内容包括：将第一步利改税设置的国营企业所得税和调节税加以改进；对企业当年利润比基期利润的增长部分给予减征优惠，其减征比例规定为70%，增长利润的计算办法由环比改为定比，并规定7年不变；国营小型有盈利企业，按照新八级超额累进税率缴纳国营企业所得税后，不征收调节税；营业性的宾馆、饭店、招待所和饮食服务企业，按新八级超额累进税率缴纳所得税。

3）1984年工商税制的全面改革

1984年9月18日六届全国人大常委会第七次会议决定：“授权国务院在实施国营企业利改税和改革工商税制过程中，拟定有关税收条例，以草案形式公布试行，再根据试行的经验加以修订，提请全国人民代表大会常务委员会审议。”

国务院根据全国人大常委会的授权，发布了《中华人民共和国产品税条例（草案）》和《城市维护建设税暂行条例》等11种税的条例。其内容主要包括：将工商税分为产品税、增值税、营业税和盐税4种税；开征国营企业所得税、国营企业调节税、资源税、城市维护建设税、房产税、土地使用税和车船使用税（其中后4种暂缓征收）。

1984年第二步利改税和工商税制的全面改革是一次比较成功的改革，逐步建立起适应经济改革新形势的多税种、多环节、多层次调节的新税制，既有利于为企业创造一个良好的外部环境，又保证了国家财政收入的稳定增长。

4）1985—1993年的税制调整和改革

为进一步适应改革开放的要求和经济发展的新形势，从1984年至1993年，我国税制作了进一步的修改、调整和补充。其内容主要包括：

（1）完善流转税制。其主要内容包括：扩大增值税的征收范围，统一计税方法；1985年重新发布了《中华人民共和国进出口关税条例》（以下简称《进出口关税条例》）及《中华人民共和国海关进出口税则》，并于1992年作了修订；1989年设置了特别消费税（1992年予以取消）。

（2）健全所得税制。其主要内容包括：1985年1月开征了集体企业所得税；1986年1月开征个体工商业户所得税；1987年1月开征个人收入调节税；1988年1月开征私营企业所得税；1991年7月合并涉外所得税，即开征外商投资企业和外国企业所得税。

（3）其他税种的调整和改革。其主要内容包括：1985年开征了国营企业奖金税、国营企业工资调节税、集体企业奖金税和行政事业单位奖金税；1985年和1986年开征了城市维护建设税和教育费附加；1986年9月修订了《中华人民共和国房产税暂行条例》和《中华人民共和国车船使用税暂行条例》并予以实行；1987年4月开征了耕地占用税；1988年10月恢复征收印花税；1988年9月颁布土地使用税、筵席税暂行条例，前者自同年11月起实行，后者开征时间由各省、自治区、直辖市自行决定；1989年1月开征了国家预算调节基金；1991年1月开征了固定资产投资方向调节税等。

截至1993年12月底，我国税制体系大体上有5大类35个税种。另有类似税收性质的国家能源交通重点建设基金、国家预算调节基金及教育费附加等。新时期的税制建设和改革作为经济体制改革的重要组成部分取得了巨大的成绩，但也存在着一些问题和不足之处，需在全面深化改革的过程中逐步加以解决。

1.5.1.4　1994年的税制改革

党的十四大明确提出了建立社会主义市场经济体制的要求，为适应这一要求和分税制财政体制改革，解决原税制存在的弊端和问题，更好地服务于改革开放及满足与国际接轨的需要，1993年12月我国发布了一系列税收法律制度，并决定从1994年1月起全面实施。其税制改革的主要内容包括：

（1）流转税制改革，总体上是建立增值税、消费税和营业税三税并立、双层次调节的税制。对货物生产、交易和进口普遍征收增值税，并选择部分消费品交叉征收消费税；对不实行增值税的劳务交易和第三产业征收营业税；原来征收产品税的农、林、牧、水产品并入农业税中征收农业特产税。增值税、消费税和营业税统一适用于内资企业和外资企业，取消对涉外企业和涉外个人征收的工商统一税。

（2）所得税制改革。原所得税制基本上是按经济类型和个人设置的，共有8种。改变多税种并立的所得税制、建立内外统一的所得税制已成为社会主义市场经济发展的客观要求。其基本步骤是：自1994年1月起先统一内资企业所得税，并取消国有企业调节税，待以后时机成熟再将企业所得税、外商投资企业和外国企业所得税合并为企业所得税；将个人所得税、个人收入调节税和城乡个体工商业户所得税合并统一为个人所得税。

（3）其他各税改革。其主要包括：一是修订资源税，将盐税并入资源税中征收；二是开征土地增值税，按超额累进税率计征；三是取消盐税（并入资源税）、特别消费税（并入消费税）、烧油特别税（并入消费税）、奖金税、国有企业工资调节税、集市交易税、牲畜交易税以及涉外单独适用的工商统一税、城市房地产税和车船使用牌照税；四是拟修订房产税、土地使用税、车船使用牌照税和城市维护建设税；五是拟开征遗产税、证券交易税和社会保险税；六是保留印花税、投资方向调节税、农业税、关税、契税、屠宰税、筵席税等税，其中屠宰税和筵席税开征、停征权下放给省、自治区、直辖市人民政府。

按上述改革及设想，新税制体系共分5类20个税种，基本上实现了建立适应生产力发展水平的符合社会主义市场经济要求的税制体系的总体目标，是中国税制改革规模最大、内容最多、最科学、最成功的一次，是税制建设中的历史性突破。

1.5.1.5 21世纪以来的税制改革

（1）流转税的调整与改革。其主要包括：自2001年起对烟、酒实行从价与从量相结合的复合计征办法；自2004年7月起对东北地区装备制造业等8个行业实行消费型增值税；2005年调整增值税、营业税的起征点和娱乐业、金融业等的营业税税率，实施新的《出口货物退（免）税管理办法》；2006年扩大消费税的征税范围，新增游艇、高档手表、高尔夫球及球具、实木地板和木制一次性筷子，修订《增值税专用发票使用规定》（自2007年起实施）；2008年修订《增值税暂行条例》《中华人民共和国消费税暂行条例》（以下简称《消费税暂行条例》）和《中华人民共和国营业税暂行条例》（以下简称《营业税暂行条例》）（自2009年1月起实施）；2011年修订《进出口关税条例》；2011年调高增值税和营业税的起征点，制定了《中华人民共和国船舶吨税暂行条例》《营业税改征增值税试点方案》；2013年制定了《交通运输业和部分现代服务业营业税改征增值税试点实施办法》；2015年调整了消费税的征税范围，对电池和涂料征收消费税，对酒精和汽车轮胎取消消费税，同年发布了《中华人民共和国海关进出口税则》；2016年5月发布《关于全面推开营业税改征增值税试点的通知》，彻底取消营业税；2017年废止《中华人民共和国营业税暂行条例》，修改《中华人民共和国增值税暂行条例》，颁布《关于2018年关税调整方案的通知》；2018年4月颁布《关于调整增值税税率的通知》和《关于统一增值税小规模纳税人标准的通知》等；2019年3月颁布《关于深化增值税改革有关政策的公告》等。

（2）所得税的调整与改革。其主要包括：对下岗失业人员、中西部和东北地区等实施企业所得税、外商投资企业和外国企业所得税减免优惠；2005年修订《个人所得税法》，提高工资、薪金和承包承租所得的月扣除标准；2006年实施新企业所得税申报办法；2007年颁布《企业所得税法》（自2008年1月起实施），同时取消1991年实施的《外商投资企业和外国企业所得税法》和1994年实施的《企业所得税暂行条例》等；2011年修订《个人所得税法》，调整工资、薪金所得的扣除标准及税率等；2018年颁布《企业所得税优惠政策事项办理办法》《关于企业职工教育经费税前扣除政策的通知》《关于创业投资企业和天使投资个人有关税收政策的通知》，修订《中华人民共和国个人所得税法》《中华人民共和国个人所得税法实施条例》；2019年1月颁布《关于实施小微企业普惠性税收减免政策的通知》等。

（3）其他各税的调整与改革。其主要包括：实施农业税费改革，2006年在全国范围内彻底取消农业税；2006年颁布《中华人民共和国烟叶税暂行条例》，按烟叶收购金额的20%征收烟叶税；2006年调增城镇土地使用税税率，如对大城市的定额税率由原来的0.5～10元/平方米调增为1.5～30元/平方米；2007年修订并颁布《中华人民共和国车船税暂行条例》，改行为目的税性质为财产税性质，调整税目税率等；2011年修订并颁布《中华人民共和国资源税暂行条例》、《中华人民共和国车船税法》及其实施条例，对其税目税率和计征方法等进行了相应的调整；2016年颁布《关于全面推进资源税改革的通知》《中华人民共和国环境保护税法》；2017年颁布《中华人民共和国船舶吨税法》《中华人民共和国烟叶税法》；2018年颁布《关于对营业账簿减免印花税的通知》《中华人民共和国耕地占用税法》《中华人民共和国车辆购置税法》等；2019年颁布《中华人民共和国资源税法》；2020年颁布《中华人民共和国契税法》《中华人民共和国城市维护建设税法》《关于资源税征收管理若干问题的公告》等。

1.5.2　我国现行的税收法律体系

1.5.2.1　税收实体法体系的构成

经过1994年税制的全面改革和21世纪以来的税制调整与改革，我国现行的税收法律体系包括18个税种。按其征税对象的性质，大体可分为以下5类：

（1）流转税税法。流转税税法包括增值税、消费税、关税、船舶吨税和烟叶税5种税的税法，主要是在生产、流通、服务及进出口贸易等方面发挥调节作用。

（2）所得税税法。所得税税法包括企业所得税和个人所得税2种税的税法。其主要是在国民收入形成以后，对生产经营者的利润和个人的纯收入发挥调节作用。

（3）资源税税法。资源税税法包括资源税、土地增值税、城镇土地使用税和耕地占用税4种税的税法，主要是对因开发和利用自然资源而形成的级差收入发挥调节作用。

（4）财产税税法。财产税税法包括房产税、车船税和契税3种税的税法，主要是对某些特定财产发挥调节作用。

（5）行为目的税税法。行为目的税税法包括印花税、车辆购置税、环境保护税和城市维护建设税4种税的税法，以及具有税收性质的教育费附加和社会保险费。其主要是对特定对象和特定行为发挥调节作用。

上述税种中，关税和船舶吨税由海关负责征收管理，并按《中华人民共和国海关法》和《进出口关税条例》等有关规定执行。除此之外，其余各税（费）原则上由税务机关负责征收管理（1996年以后耕地占用税和契税原则上改由税务机关征管），并按《征管法》等有关规定执行。

1.5.2.2 税收程序法体系的构成

（1）核心的税收程序法，如2015年4月第十二届全国人大常委会第十四次会议修订通过的《征管法》以及2016年2月国务院发布的《中华人民共和国税收征收管理法实施细则》（以下简称《征管法实施细则》）等。

（2）辅助的税收程序法。其主要包括：一是国务院制定的税收程序法，如2010年12月国务院修订的《中华人民共和国发票管理办法》（以下简称《发票办法》）（自2011年2月起实施）；二是财政部、国家税务总局制定的税收程序法，如国家税务总局1994年10月制定的《税务代理试行办法》、2013年9月制定的《纳税评估管理办法》、2006年10月修订的《增值税专用发票使用规定》、2015年12月修订的《税务行政复议规则》和2014年12月重新公布的《中华人民共和国发票管理办法实施细则》、2015年12月修订的《税务行政复议规则》和2017年4月颁布的《增值税发票开具指南》等。

本章小结

• 税收是国家凭借其政治权力，强制、无偿地参与国民收入分配取得财政收入的一种手段。税收依据的是国家政治权力，具有强制性、无偿性和固定性的特征，以及财政、经济和管理的职能。

• 一般认为，税收的产生取决于相互制约的两个条件：一是前提条件——国家的产生和存在；二是经济条件——私有财产制的存在和发展。我国税收的产生经历了夏商周时期“贡助彻”的雏形阶段和春秋时期鲁国“初税亩”的成熟阶段。

• 税法是国家制定的用以调整国家与纳税人之间征纳活动的权利与义务关系的法律规范的总称。它是国家依法征税、纳税人依法纳税的行为规范。税法与宪法、民法、刑法等密切相关，与税收、税制是辩证统一、互为因果的关系。

• 税法分类是指按一定标准把性质、内容、特点相同或相似的税法归为一类。按照税法的基本内容和功能效用的不同，可分为税收基本法、税收实体法和税收程序法；按照税法所规定的征税对象的不同，可分为流转税法、所得税法、资源税法、财产税法和行为目的税法等。

• 税法构成要素一般指税收实体法的组成要素。其主要包括总则、纳税人、征税对象、税率、纳税环节、纳税期限、税收优惠、征收方法、纳税地点、罚则、附则等要素，其中纳税人、征税对象和税率是基本要素。

• 税收法律关系是指国家与纳税人之间在税收分配及其管理活动中，以国家强制力为保证实施的，具有经济内容的权利与义务的关系。其主体是指参与税收法律关系并享有权利和承担义务的人，客体是指税收法律关系主体的权利和义务共同指向的对象，内容是指税收法律关系主体所享有的权利和所承担的义务。

• 税收立法是国家立法机关或其授权机关根据一定的立法程序，制定税收法律规范的一系列活动，包括制定、修改和废止税收法律等环节，遵循公平性与效率性、法定性与灵活性、稳定性与连续性、民主性与可行性的原则。

• 我国现行的税收法律体系，大体上经历了中华人民共和国税制的建立、税制建设中的简并、新时期的税制建设、1994年的税制改革和21世纪以来的税制改革5个阶段，是在税制的建立和改革完善中逐步形成的。

关键概念

税收　税法　税收法律关系　纳税人　征税对象　累进税率　纳税环节　纳税期限

复习思考题

1. 如何正确理解税收的含义和职能？
2. 如何理解税法的地位与作用？
3. 税收法律关系的构成要素有哪些？如何把握其内容？
4. 税法的构成要素有哪些？如何理解？
5. 如何理解我国现行的税法体系？

章后客观题及参考答案1

第2章

流转税税法
——增值税法

学习目标

正确认识增值税的现实意义。
理解增值税的含义、类型及特点。
掌握增值税的基本法律内容。
掌握增值税的计算与征收管理。
把握增值税出口退（免）税的基本政策。

案例导引　　我国流转税体现的税收政策

2016年5月1日全面“营改增”之后，增值税和消费税构成了我国流转税的核心。从征税范围来看，增值税的主要征税对象是货物、劳务和应税行为；消费税是特殊调节税种，即在增值税的征税对象（货物）中，选择了15种消费品，在征收增值税的基础上，再征收一道消费税。

从税率设计来看，增值税采用的是单一的比例税率，即不论征税对象数额大小都适用统一的征税比例，一般纳税人适用的税率包括基本税率13%、低税率9%和6%、零税率，在进行税额抵扣后实际税负率要远低于适用税率，行业不同税负率也不同，但总体在3%～5.5%之间，因此从税率类型、税收负担来看，增值税体现了普遍征收的中性税收政策；消费税采用的是产品差别比例税率，对不同征税对象设计不同的征税比例，且多数应税消费品的税率在10%以上，体现了消费税引导生产、限制消费的作用。

我国自1984年10月起全面实施增值税以来，增值税收入逐年增长，尤其是“营改增”后，其占税收总收入的30%以上，越来越突显其在税收中的重要地位。增值税在保证财政收入稳定增长、促进专业化协作生产和生产经营结构的合理化，以及促进对外贸易的发展等方面发挥了重要的积极作用。统计资料显示：2019年国内增值税（不含进口环节增值税）实现收入62 346亿元，同比增长1.3%，占税收总收入（157 992亿元）的39.46%。因此，增值税在现在乃至未来很长一段时间内将是我国的主体税种之一。

讨论：增值税在我国税收中的地位及现实意义。

增值税被称为最优良的税种，其最大的优点是有效地克服了重复征税。该税从创立至今仅有60余年的历史，但其推广速度之快、运用范围之广是其他任何税种都无法比拟的，目前世界上已有160多个国家和地区实行了增值税。世界各国实行的增值税，以法定扣除项目为标准来划分，可分为生产型增值税、收入型增值税和消费型增值税。我国目前采用的是消费型增值税。

2.1 增值税基础知识

2.1.1 增值税的概念

2.1.1.1 相关基本概念

增值税法是国家制定的用以调整国家与增值税纳税人之间征纳活动的权利和义务关系的法律规范。它的基本法律依据是2008年11月国务院发布的《中华人民共和国增值税暂行条例》（2016年2月第一次修订、2017年11月第二次修订，以下简称《增值税暂行条例》）和2008年12月财政部制定的《中华人民共和国增值税暂行条例实施细则》（以下简称《增值税暂行条例实施细则》）等。

一般认为，增值税是对纳税人在生产经营过程中实现的增值额征收的一种税。在我国，是指对在中华人民共和国境内销售货物、进口货物或提供加工、修理修配劳务，以及销售服务、无形资产、不动产的单位和个人，以其实现的增值额为征税对象征收的一种税。

2.1.1.2 增值额的含义

所谓增值额，是指从事工业制造、商业经营和提供劳务过程中新创造的那部分价值。下面从理论与实践两方面进行分析。

1）理论上的增值额

根据马克思的劳动价值理论，增值额是指人类通过劳动新创造的价值额，相当于商品价值c+v+m中的v+m部分。c是消耗掉的生产资料，在产品销售后作为成本收回，用于购买生产资料，维持再生产的正常进行，它不是增值税的征收对象；v是劳动者创造的必要价值，它与m同属于劳动者新创造的价值，即国民收入；v+m就是理论上作为增值税征税对象的增值额。

2）实践中的增值额

可以从以下两个方面去理解：

（1）对商品生产经营全过程的增值额分析。从一种商品经营全过程看，一件商品最终实现消费时的最后销售总值，相当于该商品从生产到流通各个经营环节的增值额之和（见表2-1）。

表2-1 商品生产经营过程增值额情况表 单位：万元

产销阶段	销售金额	购入金额	增值额
采矿	60	0	60
冶炼	100	60	40
机械制造	200	100	100
批发	350	200	150
零售	460	350	110
合计	—	—	460

（2）对生产经营单位的增值额分析。就一个生产经营单位而言，增值额是这个单位的商品销售额或经营收入额扣除非增值性项目后的余额。从理论上讲，非增值性项目主要是转移到商品价值中去的原材料、辅助材料、燃料、动力和固定资产折旧等。但在现实生活中，国家基于特定的社会经济、财政状况及税收政策考虑，所规定的非增值性项目既可以与理论概念一致，也可以略有差别。从世界各国的实践来看，一般确定为法定增值额。

2.1.1.3　增值税的由来

1）增值税的产生与发展

增值税从产生到现在只不过60余年，但已成为一个世界性税种，其产生和发展过程可分为以下几个阶段：

（1）萌芽时期。1921年法国人西蒙斯正式提出“增值税”的名称，并详细阐述了增值税的要素内容。

（2）创立阶段。为消除重复征税的弊端，法国于1954年对原营业税进行了一次全方位的改革，把对全值征税改为对增值额征税，并逐步形成了一套较为完整的增值税征收制度。

（3）发展阶段。增值税在法国实践成功后，陆续被许多国家借鉴采用，至今世界已有160多个国家和地区实行了增值税。它已逐步成为各国税制中的主体税种。

2）我国增值税的产生与发展

借鉴国际上广泛实施增值税的成功经验，我国从1978年开始对增值税进行研究。其大致可分为以下几个阶段：

（1）第一阶段：1979年下半年至1982年12月为增值税的部分试点阶段，其征税范围仅限于部分城市的机器机械、农业机具两个行业和部分日用机械产品。

（2）第二阶段：1983年1月至1984年9月为增值税的全国试行阶段，主要是在全国范围内对上述行业和产品统一试行增值税。

（3）第三阶段：1984年10月至1993年12月为增值税的初步建立阶段。1984年10月1日起，我国全面实施增值税，标志着增值税制度在我国正式建立，其后增值税在征税范围和征收方法等方面进行了相应的改革和调整。

（4）第四阶段：1994年1月至2004年6月为增值税的逐步完善阶段。从1994年1月起，在全国范围内统一实施增值税。经过10年的调整与完善，增值税逐步走上规范化、科学化和法制化的轨道。

（5）第五阶段：2004年7月至2008年11月为增值税的转型试点阶段。2004年7月起，在东北三省8个行业进行增值税由生产型转为消费型试点；2007年7月1日起，在中西部地区6个省26个老工业基地城市进行增值税转型扩大试点，并酝酿在全国推广消费型增值税。

（6）第六阶段：2008年12月至2011年12月为增值税的全面转型阶段。2009年1月起，在全国范围内全行业实施由生产型增值税向消费型增值税转型，即允许企业抵扣其购进设备所含的增值税。增值税的全面转型对提高我国企业竞争力和抗风险能力、应对国际金融危机等具有十分重要的现实意义。

（7）第七阶段：2012年1月至今为“营改增”阶段。2012年1月起，在上海交通运输业和部分现代服务业中开展营业税改征增值税试点；2013年8月起，“营改增”试点范围推广到全国；2014年1月起，将铁路运输和邮政服务业纳入营业税改征增值税试点；2016年5月起，将建筑业、房地产业、金融业、生活服务业等全部纳入“营改增”试点。2017年11月国务院废止《中华人民共和国营业税暂行条例》并修改《中华人民共和国增值税暂行条例》，至此营业税退出历史舞台，增值税制度更加完善与规范。

税法Q&A 2-1

我国增值税转型的历程是怎样的？

税法Q&A 2-1

2.1.2 增值税的类型、特点与作用

2.1.2.1 增值税的类型

目前，凡是实施增值税的国家和地区对于纳税人生产产品所耗费的生产资料中的非固定资产项目，如外购原材料、燃料、零部件、动力、包装物等，一律允许扣除；但对于购入的固定资产，如厂房、机器、设备等，是否允许扣除、如何扣除，则不尽相同。根据对固定资产的处理方式不同，增值税可分为三种类型：

（1）消费型增值税。它是指在征收增值税时，允许将购置的用于生产的固定资产的价值或已纳税款一次性全部扣除，即纳税企业用于生产的全部外购生产资料都不在课税范围内。从全社会来看，增值税的征税对象只相当于消费资料部分，故称为消费型增值税。实行增值税的各个国家和地区多属于该类型，其目的在于彻底消除重复课税、鼓励投资、加速设备更新。

（2）收入型增值税。它是指在征收增值税时，只允许扣除固定资产当期折旧部分的价值或已纳税款。从全社会来看，课税的依据相当于国民收入，故称为收入型增值税。收入型增值税与消费型增值税类似，也允许对生产用的固定资产进行扣除，只是扣除的时间和方法不同。

（3）生产型增值税。它是指在征收增值税时，只能扣除属于非固定资产的那部分生产资料的税款，不允许扣除固定资产的价值或已纳税款。从全社会来看，课税的依据包括消费资料和生产资料两类，其课征的范围与国民生产总值相一致，故称为生产型增值税。

由于生产型增值税的扣除范围中不包括固定资产，所以在一定程度上仍具有阶梯式流转税的弊端，且会人为地提高新投资的成本，影响纳税人投资的积极性。但生产型增值税对资本有机构成低的行业或企业和劳动密集型生产有利，因此一些经济不发达国家和地区会选择这种类型的增值税。

目前世界上实行增值税的国家和地区中，绝大多数实行的是消费型增值税，征税范围广泛，从农产品销售、工业制造到批发、零售和劳务。我国1984年正式开征增值税时采用的是生产型增值税，从2004年7月起在东北地区部分行业进行消费型增值税试点，2009年在全国范围实行由生产型增值税转为消费型增值税的改革。

税法 Q&A 2-2

世界各国对增值税类型的选择如何？

税法 Q&A 2-2

2.1.2.2 增值税的特点

增值税是刚性的流转税，是对流转额中的增值额征税，这与其他流转税种相比有不同的特点。我国增值税的特点主要表现在以下几个方面：

（1）税不重征。这是增值税最本质的特点。增值税是只对增值额征收的一种税，也就是按照货物和劳务销售收入中新创造而未征过税的那部分销售额征税。因此，增值税能有效地避免传统流转税重复征税和税负不平等的弊端，解决了由于生产流通环节数量不同而造成税负不同的矛盾。

（2）道道征税。从横向上看，增值税就各个生产流通环节道道征税，是一种多环节连续性课征的税种。它的征收范围包括生产、批发到消费的所有环节，每经过一个环节就征一道税，因此从生产经营的全过程看，具有道道征税的特点。

（3）税负公平。增值税的税负不受商品生产经营环节和结构变化的影响，只要一种商品的最后销售价格相同，那么不论它经过的生产经营环节多与少，其所纳的增值税税额总是相同的，即售价相同、税负相同，从而使同一种商品的税负始终保持一致，体现了税负公平、利于平等竞争的重要特点。

（4）价外计征。增值税实行价外计税，即税金不包含在销售价格内，把税款同价格分开，使企业的成本核算不受增值税的影响。对货物或应税劳务的增值税税款，由纳税人向购买方收取，可以更鲜明地体现增值税的转嫁特征；同时，实行价外计征办法为使用增值税专用发票注明税款抵扣制度奠定了基础。

2.1.2.3 增值税的作用

（1）保证财政收入的稳定增长。由于增值税按增值额计税，对整个社会来说，增值额大体上相当于企业所创造的国民收入，增值税会随国民收入的增长而相应增长。增值税一般是随销售额的实现而征收的，纳税人只要在生产经营过程中产生增值额，就要相应地缴纳税款。增值税不受经济结构变化的影响，它既不会因企业联合而减少企业税负，也不会因实行专业化协作生产而增加企业税负。因此，增值税有利于保证国家财政收入的稳定增长。

（2）促进专业化协作生产发展。现代社会生产发展趋势是专业化协作，以实现高精尖、大批量、低成本和低消耗的生产目标，这是社会化大生产的客观需要。增值税把道道征税的普遍性与按增值额征税的合理性有机地结合起来，有效地解决了按流转额全额征税而带来的对协作生产重复征税的问题。实行增值税，就一个企业来说，增值税的税负不受产品构成中协作件所占比重的影响；就一个产品而言，增值税的总体税负不受生产结构变化的影响而始终保持平衡；就商品流通来说，增值税的税负不受商品流转环节变化的影响而始终保持平衡。这种内在的合理性提高了税制对市场经济发展的适应性，有利于促进专业化协作生产发展和资源合理配置，从而提高劳动生产率。

（3）有利于促进对外经济交往。实行增值税的国家和地区一般对出口实行零税率，即对出口货物或劳务将在国内已纳的增值税全部退还给纳税人，使商品以不含税的价格进入国际市场，增强出口商品在国际市场上的竞争力。在进口环节实行增值税，由于进口货物与国内同种货物之间税负一致，不会产生进口货物税负低于国内同种货物税负的问题，有利于在对外经济交往中维护国家的权益，有利于国内生产的发展和国家间的税负协调。

税法Q&A 2-3

增值税在我国税制中的地位如何？

税法Q&A 2-3

2.2　增值税基本法律

2.2.1　增值税的征税范围

2.2.1.1　征税范围的一般规定

增值税的征税范围为在中国境内销售货物、进口货物，或提供加工、修理修配劳务，以及销售服务、销售无形资产和销售不动产（后三者简称应税行为）的情况。所称“在中国境内”是指销售货物的起运地或所在地在境内，提供的应税劳务及应税服务发生在境内。

1）销售货物

销售货物是指有偿转让货物的所有权。货物是指除土地、房屋和其他建筑物等不动产之外的有形动产，包括电力、热力、气体在内。

凡是把货物的所有权交给购买方，并从购买方取得货币、货物或其他经济利益的，都属于销售货物。

2）进口货物

进口货物是指在海关报关进口的货物。进口货物包括国外产制和我国已出口又转内销的货物、国外捐赠的货物以及进口者自行采购的货物、用于贸易行为的货物、自用或用于其他方面的货物。

国家在规定对进口货物征税的同时，对某些进口货物制定了减免税的特殊规定。对进口货物是否减免税由国务院统一规定，任何地方、部门都无权规定减免税项目。

3）提供加工、修理修配劳务

提供加工、修理修配劳务是指有偿提供加工和修理修配劳务。其中，加工是指受托加工货物，即委托方提供原料及主要材料，受托方按照委托方的要求制造货物并收取加工费，加工后货物的所有权仍归属委托方的业务，但不包括单位或个体工商户聘用的员工为本单位或雇主提供加工、修理修配劳务的情况；修理修配是指受托对损伤和丧失功能的货物进行修复，使其恢复原状和功能的业务。

4）销售服务

销售服务是指有偿提供的交通运输服务、邮政服务、电信服务、建筑服务、金融服务、现代服务和生活服务。

（1）交通运输服务。它是指利用运输工具将货物或旅客送达目的地，使其空间位置得到转移的业务活动，包括陆路运输服务、水路运输服务、航空运输服务和管道运输服务。

第一，陆路运输服务。它是指通过陆路（地上或地下）运送货物或旅客的运输业务活动，包括铁路运输服务和其他陆路运输服务。其中，铁路运输服务是指通过铁路运送货物或旅客的运输业务活动；其他陆路运输服务是指铁路运输以外的陆路运输业务活动，包括公路运输、缆车运输、索道运输、地铁运输和城市轻轨运输等。

出租车公司向使用本公司自有出租车的出租车司机收取的管理费用，按陆路运输服务缴纳增值税。

第二，水路运输服务。它是指通过江、河、湖、川等天然、人工水道或海洋航道运送货物或旅客的运输业务活动。水路运输的程租、期租业务属水路运输服务。

程租业务是指远洋运输企业为租船人完成某一特定航次的运输任务并收取租赁费的业务。

期租业务是指远洋运输企业将配备有操作人员的船舶承租给他人使用一定期限，承租期内听候承租方调遣，不论是否经营，均按天向承租方收取租赁费，发生的固定费用均由船东负担的业务。

第三，航空运输服务。它是指通过空中航线运送货物或旅客的运输业务活动。航空运输的湿租业务属于航空运输服务。湿租业务是指航空运输企业将配备有机组人员的飞机承租给他人使用一定期限，承租期内听候承租方调遣，不论是否经营，均按一定标准向承租方收取租赁费，发生的固定费用均由承租方承担的业务。

航天运输服务需按照规定缴纳增值税。航天运输服务是指利用火箭等载体将卫星、空间探测器等空间飞行器发射到空间轨道的业务活动。

第四，管道运输服务。它是指通过管道设施输送气体、液体、固体物质的运输业务活动。

无运输工具承运业务按照交通运输服务缴纳增值税。无运输工具承运业务是指经营者以承运人身份与托运人签订运输服务合同，收取运费并承担承运人责任，然后委托实际承运人完成运输服务的经营活动。

（2）邮政服务。它是指中国邮政集团公司及其所属邮政企业提供邮件寄递、邮政汇兑和机要通信等邮政基本服务的业务活动，包括邮政普遍服务、邮政特殊服务和其他邮政服务。

第一，邮政普遍服务。它是指函件、包裹等邮件寄递以及邮票发行、报刊发行和邮政汇兑等业务活动。其中，函件是指信函、印刷品、邮资封片卡、无名址函件和邮政小包等。包裹是指按照封装上的名址递送给特定个人或单位的独立封装的物品，其重量不超过50千克，任何一边的尺寸不超过150厘米，长、宽、高合计不超过300厘米。

第二，邮政特殊服务。它是指义务兵平常信函、机要通信、盲人读物和革命烈士遗物的寄递等业务活动。

第三，其他邮政服务。它是指邮册等邮品销售、邮政代理等业务活动。

（3）电信服务。它是指利用有线、无线的电磁系统或者光电系统等各种通信网络资源，提供语音通话服务，传送、发射、接收或应用图像、短信等电子数据和信息的业务活动，包括基础电信服务和增值电信服务。

第一，基础电信服务。它是指利用固网、移动网、卫星、互联网，提供语音通话服务的业务活动，以及出租或出售带宽、波长等网络元素的业务活动。

第二，增值电信服务。它是指利用固网、移动网、卫星、互联网、有线电视网络，提供短信和彩信服务、电子数据和信息的传输及应用服务、互联网接入服务等业务活动。卫星电视信号落地转接服务按照增值电信服务缴纳增值税。

（4）建筑服务。它是指各类建筑物、构筑物及其附属设施的建造、修缮、装饰，线路、管道、设备、设施等的安装以及其他工程作业的业务活动，包括工程服务、安装服务、修缮服务、装饰服务和其他建筑服务。

第一，工程服务。它是指新建、改建各种建筑物、构筑物的工程作业，包括与建筑物相连的各种设备或者支柱、操作平台的安装或者装设工程作业，以及各种窑炉和金属结构工程作业。

第二，安装服务。它是指生产设备、动力设备、起重设备、运输设备、传动设备、医疗实验设备和其他各种设备、设施的装配、安置工程作业，包括与被安装设备相连的工作台、梯子、栏杆的装设工程作业，以及被安装设备的绝缘、防腐、保温、油漆等工程作业。

固定电话、有线电视、宽带、水、电、燃气、暖气等经营者向用户收取的安装费、初装费、开户费、扩容费和类似收费按照安装服务缴纳增值税。

第三，修缮服务。它是指对建筑物、构筑物进行修补、加固、养护、改善，使之恢复原来的使用价值或延长其使用期限的工程作业。

第四，装饰服务。它是指对建筑物、构筑物进行修饰装修，使之美观或具有特定用途的工程作业。

第五，其他建筑服务。它是指上述工程作业之外的各种工程作业服务，如钻井（打井）、拆除建筑物或构筑物、平整土地、园林绿化、疏浚（不含航道疏浚）、建筑物平移、搭脚手架、爆破、矿山穿孔、表面附着物（包括岩层、土层、沙层等）剥离和清理等工程作业。

（5）金融服务。它是指经营金融保险的业务活动，包括贷款服务、直接收费金融服务、保险服务和金融商品转让。

第一，贷款服务。它是指将资金贷与他人使用而取得利息收入的业务活动。各种占用、拆借资金取得的收入，包括金融商品持有期间（含到期）利息（保本收益、报酬、资金占用费、补偿金等）收入、信用卡透支利息收入、买入返售金融商品利息收入、融资融券收取的利息收入以及融资性售后回租、押汇、罚息、票据贴现、转贷等业务取得的利息及利息性质的收入，按照贷款服务缴纳增值税。

融资性售后回租是指承租方以融资为目的，将资产出售给从事融资性售后回租业务的企业后，从事融资性售后回租业务的企业将该资产出租给承租方的业务活动。

以货币资金投资收取的固定利润或保底利润，按照贷款服务缴纳增值税。

第二，直接收费金融服务。它是指为货币资金融通及其他金融业务提供相关服务并且收取费用的业务活动，包括提供货币兑换、账户管理、电子银行、信用卡、信用证、财务担保、资产管理、信托管理、基金管理、金融交易场所（平台）管理、资金结算、资金清算和金融支付等服务。

第三，保险服务。它是指投保人根据合同约定，向保险人支付保险费，保险人对合同约定的可能发生的事故因其发生所造成的财产损失承担赔偿保险金责任，或当被保险人死亡、伤残、生病或达到合同约定的年龄、期限等条件时承担给付保险金责任的商业保险行为，包括人身保险服务和财产保险服务。其中，前者是指以人的寿命和身体为保险标的的保险业务活动，后者是指以财产及其有关利益为保险标的的保险业务活动。

第四，金融商品转让。它是指转让外汇、有价证券、非货物期货和其他金融商品所有权的业务活动。

其他金融商品转让包括基金、信托、理财产品等各类资产管理产品和各种金融衍生品的转让。

（6）现代服务。它是指围绕制造业、文化产业、现代物流产业等提供技术性、知识性服务的业务活动，包括研发和技术服务、信息技术服务、文化创意服务、物流辅助服务、租赁服务、鉴证咨询服务、广播影视服务、商务辅助服务和其他现代服务。

第一，研发和技术服务。它包括研发服务、合同能源管理服务、工程勘察勘探服务、专业技术服务。

第二，信息技术服务。它是指利用计算机、通信网络等技术对信息进行生产、收集、处理、加工、存储、运输、检索和利用，并提供信息服务的业务活动，包括软件服务、电路设计及测试服务、信息系统服务和业务流程管理服务以及信息系统增值服务。

第三，文化创意服务。它包括设计服务、知识产权服务、广告服务和会议展览服务。

第四，物流辅助服务。它包括航空服务（包括航空地面服务和通用航空服务）、港口码头服务、货运客运场站服务、打捞救助服务、装卸搬运服务、仓储服务和收派服务。

第五，租赁服务。它包括融资租赁服务和经营租赁服务。其中，融资租赁服务是指出租人根据承租人所要求的规格、型号、性能等条件购入有形动产或者不动产租赁给承租人，合同期内租赁物所有权属于出租人，承租人只拥有使用权，合同期满付清租金后，承租人有权按照残值购入租赁物，以拥有其所有权。不论出租人是否将租赁物销售给承租人，均属于融资租赁。按照标的物的不同，融资租赁服务可分为有形动产融资租赁服务和不动产融资租赁服务。融资性售后回租不按照本税目缴纳增值税。

经营租赁服务是指在约定时间内将有形动产或者不动产转让给他人使用且租赁物所有权不变的业务活动。按照标的物的不同，经营租赁服务可分为有形动产经营租赁服务和不动产经营租赁服务。

将建筑物、构筑物等不动产或飞机、车辆等有形动产的广告位出租给其他单位或个人用于发布广告按照经营租赁服务缴纳增值税；车辆停放服务、道路通行服务（包括过路费、过桥费、过闸费等）等按照不动产经营租赁服务缴纳增值税。

水路运输的光租业务、航空运输的干租业务，属于经营租赁。其中，光租业务是指远洋运输企业将船舶在约定的时间内出租给他人使用，不配备操作人员，不承担运输过程中发生的各项费用，只收取固定租赁费的业务活动；干租业务是指航空运输企业将飞机在约定的时间内出租给他人使用，不配备机组人员，不承担运输过程中发生的各项费用，只收取固定租赁费的业务活动。

第六，鉴证咨询服务。它包括认证服务、鉴证服务和咨询服务。

认证服务是指具有专业资质的单位利用检测、检验、计量等技术，证明产品、服务、管理体系符合相关技术规范、相关技术规范的强制性要求或标准的业务活动。

鉴证服务是指具有专业资质的单位为委托方的经济活动及有关资料进行鉴证，发表具有证明力的意见的业务活动，包括会计鉴证、税务鉴证、法律鉴证、工程造价鉴证、资产评估、环境评估、房地产土地评估、建筑图纸审核、医疗事故鉴定等。

咨询服务是指提供信息、建议、策划、顾问等服务的活动，包括金融、软件、技术、财务、税收、法律、内部管理、业务运作、流程管理和健康等方面的咨询。翻译服务和市场调查服务按照咨询服务缴纳增值税。

第七，广播影视服务。它包括广播影视节目（作品）制作服务、发行服务和播映（含放映，下同）服务。其中，广播影视节目（作品）制作服务是指进行专题（特别节目）、专栏、综艺、体育、动画片、广播剧、电视剧、电影等广播影视节目和作品制作的服务。

广播影视节目（作品）发行服务是指以分账、买断、委托、代理等方式，向影院、电台、电视台、网站等单位和个人发行广播影视节目（作品）以及转让体育赛事等活动的报道及播映权的业务活动。

广播影视节目（作品）播映服务是指在影院、剧院、录像厅及其他场所播映广播影视节目（作品），以及通过电台、电视台、卫星通信、互联网、有线电视等无线或有线装置播映广播影视节目（作品）的业务活动。

第八，商务辅助服务。它包括企业管理服务、经纪代理服务、人力资源服务、安全保护服务。其中，企业管理服务是指提供总部管理、投资与资产管理、市场管理、物业管理、日常综合管理等服务的业务活动；经纪代理服务是指各类经纪、中介、代理服务；人力资源服务是指提供公共就业、劳务派遣、人才委托招聘、劳动力外包等服务的业务活动；安全保护服务是指提供保护人身安全和财产安全、维护社会治安等服务的业务活动。

第九，其他现代服务。它是指除研发和技术服务、信息技术服务、文化创意服务、物流辅助服务、租赁服务、鉴证咨询服务、广播影视服务和商务辅助服务以外的现代服务。

（7）生活服务。它是指为满足城乡居民日常生活需求提供的各类服务活动，包括文化体育服务、教育医疗服务、旅游娱乐服务、餐饮住宿服务、居民日常服务和其他生活服务。

第一，文化体育服务。它包括文化服务和体育服务。其中，文化服务是指为满足社会公众文化生活需求提供的各种服务，包括文艺创作、文艺表演、文化比赛，图书馆的图书和资料借阅，档案馆的档案管理，文物及非物质遗产保护，组织举办宗教活动、科技活动、文化活动，提供游览场所。

体育服务是指组织举办体育比赛、体育表演、体育活动以及提供体育训练、体育指导、体育管理的业务活动。

第二，教育医疗服务。它包括教育服务和医疗服务。其中，教育服务是指提供学历教育服务、非学历教育服务、教育辅助服务的业务活动。

医疗服务是指提供医学检查、诊断、治疗、康复、预防、保健、接生、计划生育、防疫等方面的服务，以及与这些服务有关的提供药品、医用材料器具、救护车、病房住宿和伙食的业务。

第三，旅游娱乐服务。它包括旅游服务和娱乐服务。其中，旅游服务是指根据旅游者的要求，组织安排交通、游览、住宿、餐饮、购物、文娱、商务等服务的业务活动。

娱乐服务是指为娱乐活动同时提供场所和服务的业务，具体包括歌厅、舞厅、夜总会、酒吧、台球、高尔夫球、保龄球、游艺（包括射击、狩猎、跑马、游戏机、蹦极、卡丁车、热气球、动力伞、射箭、飞镖）。

第四，餐饮住宿服务。它包括餐饮服务和住宿服务。其中，餐饮服务是指通过同时提供饮食和饮食场所的方式为消费者提供饮食消费服务的业务活动。

住宿服务是指提供住宿场所及配套服务等的活动，包括宾馆、旅馆、旅社、度假村和其他经营性住宿场所提供的住宿服务。

第五，居民日常服务。它是指主要为满足居民个人及其家庭日常生活需求提供的服务，包括市容市政管理、家政、婚庆、养老、殡葬、照料和护理、救助救济、美容美发、按摩、桑拿、氧吧、足疗、沐浴、洗染、摄影扩印等服务。

第六，其他生活服务。它是指除文化体育服务、教育医疗服务、旅游娱乐服务、餐饮住宿服务和居民日常服务之外的生活服务。

5）销售无形资产

销售无形资产是指有偿转让无形资产所有权或使用权的业务活动。无形资产是指不具实物形态，但能带来经济利益的资产，包括技术、商标、著作权、商誉、自然资源使用权和其他权益性无形资产。

其中，技术包括专利技术和非专利技术；自然资源使用权包括土地使用权、海域使用权、探矿权、采矿权、取水权和其他自然资源使用权；其他权益性无形资产包括基础设施资产经营权、公共事业特许权、配额、经营权（包括特许经营权、连锁经营权、其他经营权）、经销权、分销权、代理权、会员权、席位权、网络游戏虚拟道具、域名、名称权、肖像权、冠名权、转会费等。

6）销售不动产

销售不动产是指有偿转让不动产所有权的业务活动。不动产是指不能移动或者移动后会引起性质、形状改变的财产，包括建筑物和构筑物等。其中，建筑物包括住宅、商业营业用房、办公楼等可供居住、工作或者进行其他活动的建造物。

构筑物包括道路、桥梁、隧道、水坝等建造物。转让建筑物有限产权或永久使用权的、转让在建的建筑物或者构筑物所有权的，以及在转让建筑物或者构筑物时一并转让其所占土地使用权的，按照销售不动产缴纳增值税。

增值税和消费税在征管范围上的区别与联系见表2-2。

表2-2　增值税和消费税在征管范围上的区别与联系

税种	增值税	消费税
征税范围	销售货物、进口货物	烟、酒等特定消费品
	提供加工、修理修配劳务	
	提供应税行为（销售服务、销售无形资产、销售不动产）	

2.2.1.2 征税范围的特殊规定

1）征税范围的特殊项目

这分为征收增值税和不征收增值税两类项目。

（1）征收增值税的项目。这主要包括：①货物期货。它包括商品期货和贵金属期货（在期货实务交割环节纳税）。②银行销售金、银的业务。③典当业死当物品的销售业务和寄售业代委托人销售、寄售物品的业务。④集邮商品（如邮票、首日封、邮折等）的生产、调拨、销售和报刊发行。

税法 Q&A 2-4

税法 Q&A 2-4

期货的常识有哪些？

（2）不征收增值税的项目。这主要包括：①供应或开采未经加工的天然水，如水库供应农业灌溉用水和工厂自采地下水用于生产，以及体育彩票的发行收入。②转让企业全部产权涉及的应税货物的转让。③国家管理部门行使其管理职能，发放的执照、牌照和有关证书等取得的工本费收入。④行政单位收取的符合条件的政府性基金或行政事业性收费。⑤单位或个体工商户聘用的员工为本单位或雇主提供取得工资的服务。⑥单位或个体工商户为聘用的员工提供服务。⑦财政部和国家税务总局规定的其他情形。

2）征税范围的特殊行为

这主要包括以下3个方面：

（1）视同销售货物行为。销售货物的重要标志是有偿转让货物的所有权，但在实际生产经营活动中，会出现转让货物不发生所有权转移或不以直接有偿形式进行，这些形式的货物转移行为都要视同销售征收增值税。

视同销售货物行为主要包括以下几个方面：

①将货物交付他人代销。

②销售代销的货物。

③设有两个以上机构并实行统一核算的纳税人将货物从一个机构移送至其他机构用于销售，但相关机构设在同一县（市）的除外。用于销售是指销售机构发生向购货方开具发票或收取货款的经营行为。

④将自产、委托加工的货物用于非应税项目[①]。

⑤将自产、委托加工或购买的货物作为投资，提供给其他单位或个体工商户。

⑥将自产、委托加工或购买的货物分配给股东或投资者。

⑦将自产、委托加工的货物用于集体或个人消费。

⑧将自产、委托加工或购买的货物无偿赠送他人。

（2）视同销售应税行为。有下列情形的，视同销售应税行为：

①单位或个体工商户向其他单位或个人无偿提供服务，但用于公益事业或以社会公众为对象的除外。

②单位或个人向其他单位或个人无偿转让无形资产或不动产，但用于公益事业或以社

① “营改增”后此条失效。

会公众为对象的除外。

③财政部和国家税务总局规定的其他情形。

（3）混合销售行为。一项销售行为如果既涉及服务又涉及货物，为混合销售。从事货物的生产、批发或零售的单位和个体工商户的混合销售行为，按照销售货物缴纳增值税；其他单位和个体工商户的混合销售行为，按照销售服务缴纳增值税。

上述所称从事货物的生产、批发或零售的单位和个体工商户，包括以从事货物的生产、批发或零售为主，兼营销售服务的单位和个体工商户。

2.2.2 增值税的纳税人

2.2.2.1 增值税纳税人的一般规定

增值税的纳税人为在中国境内销售货物、进口货物，提供加工、修理修配劳务以及提供应税行为的单位和个人。其中，单位是指企业、行政单位、事业单位、军事单位、社会团体和其他单位；个人是指个体工商户和其他个人。

单位以承包、承租、挂靠方式经营的，承包人、承租人、挂靠人（以下统称承包人）以发包人、出租人、被挂靠人（以下统称发包人）名义对外经营并由发包人承担相关法律责任的，以该发包人为纳税人；否则，以承包人为纳税人。

两个或两个以上纳税人，经财政部和国家税务总局批准可以视为一个纳税人合并纳税。具体办法由财政部和国家税务总局另行制定。

规范化增值税的计税方法要求有健全的会计核算，但在实践中，一些纳税人由于会计核算不健全，难以实行规范化的计税方法，这部分纳税人主要是小企业和个体户。为了既有利于增值税的推行，又便于简化征收、加强管理，我国增值税法规定纳税人分为一般纳税人和小规模纳税人。

2.2.2.2 增值税小规模纳税人的认定办法

增值税小规模纳税人是指年应征增值税销售额（以下简称应税销售额，包括一个公历年度内的全部应税销售额）在500万元以下（含本数，下同）的。

年应税销售额超过小规模纳税人标准的其他个人，按小规模纳税人纳税；非企业性单位、不经常发生应税行为的企业，可选择按小规模纳税人纳税。

2.2.2.3 增值税一般纳税人的认定办法

一般纳税人是指年应税销售额超过财政部、国家税务总局规定的小规模纳税人标准，且会计核算健全，并能提供增值税销项、进项税额的企业和企业性单位。其认定办法按国家税务总局制定的《增值税一般纳税人申请认定办法》及国税发〔2004〕37号、国税发〔2004〕62号、国税发〔2009〕10号中的相关规定执行。其主要规定包括以下三个方面：

（1）年应税销售额超过规定的小规模纳税人标准的纳税人。所谓年应税销售额，是指纳税人在连续不超过12个月的经营期内累计应征增值税销售额，包括纳税申报销售额、稽查查补销售额、纳税评估调整销售额、税务机关代开发票销售额和免税销售额；经营期是指在纳税人存续期内的连续经营期间，含未取得销售收入的月份。

（2）年应税销售额未超过规定的小规模纳税人标准的纳税人。年应税销售额未超过财政部、国家税务总局规定的小规模纳税人标准及新开业的纳税人，可以向主管税务机关申请一般纳税人资格认定。

对提出申请并且同时符合下列两项条件的纳税人，主管税务机关应当为其办理一般纳税人资格认定：一是有固定的生产经营场所；二是能够按照国家统一的会计制度规定设置账簿，根据合法、有效凭证核算，能够提供准确税务资料。

（3）不能办理一般纳税人资格认定的纳税人。其主要包括：个体工商户以外的其他个人；选择按照小规模纳税人纳税的非企业性单位；选择按照小规模纳税人纳税的不经常发生应税行为的企业。

2.2.2.4　增值税的扣缴义务人

增值税的扣缴义务人是指依据法律、行政法规的规定，负有代扣代缴增值税税款义务的单位和个人。境外的单位或个人在境内发生应税行为而在境内未设有机构、场所的，其应纳税款以代理人为扣缴义务人；没有代理人的，以购买者或接受方为扣缴义务人。财政部和国家税务总局另有规定的除外。

2.2.3　增值税的税率与征收率

2.2.3.1　增值税的税率

为适应社会主义市场经济发展的要求，增值税税率的设计遵循了中性和简便的原则。“营改增”后，现行增值税法规定的税率包括：13%的基本税率、9%和6%的低税率、零税率。增值税税率见表2-3。

表2-3　增值税税率表

<table>
<tr><th>纳税人</th><th colspan="2">应税货物或行为</th><th colspan="2">具体范围</th><th>税率</th></tr>
<tr><td rowspan="13">一般纳税人</td><td colspan="2">一般货物及劳务</td><td colspan="2">销售或进口货物（另有列举的货物除外）；提供加工、修理修配劳务</td><td>13%</td></tr>
<tr><td colspan="2" rowspan="5">特殊货物</td><td colspan="2">1.粮食、食用植物油、鲜奶</td><td rowspan="5">9%</td></tr>
<tr><td colspan="2">2.自来水、暖气、冷气、热气、煤气、石油液化气、天然气、沼气、居民用煤炭制品</td></tr>
<tr><td colspan="2">3.图书、报纸、杂志</td></tr>
<tr><td colspan="2">4.饲料、化肥、农药、农机（整机）、农膜</td></tr>
<tr><td colspan="2">5.国务院规定的其他货物，如农产品（各种动、植物初级产品）、音像制品、电子出版物、二甲醚、食用盐等</td></tr>
<tr><td rowspan="7">销售行为</td><td rowspan="4">交通运输服务</td><td>陆路运输服务</td><td>铁路运输服务、其他陆路运输服务</td><td rowspan="4">9%</td></tr>
<tr><td>水路运输服务</td><td>程租业务、期租业务</td></tr>
<tr><td>航空运输服务</td><td>航空运输的湿租业务</td></tr>
<tr><td>管道运输服务</td><td>通过管道设施输送气体、液体、固体物质</td></tr>
<tr><td rowspan="3">邮政服务</td><td>邮政普通服务</td><td>函件、包裹</td><td rowspan="3">9%</td></tr>
<tr><td>邮政特殊服务</td><td>邮政特殊服务</td></tr>
<tr><td>其他邮政服务</td><td>邮册等邮品销售、邮政代理等业务</td></tr>
</table>

续表

纳税人	应税货物或行为		具体范围		税率
一般纳税人		电信服务	基础电信服务		9%
			增值电信服务		6%
		建筑服务	工程服务		9%
			安装服务		
			修缮服务		
			装饰服务		
			其他建筑服务		
		金融服务	贷款服务	贷款、融资性售后回租	6%
			直接收费金融服务		
			保险服务	人身保险服务、财产保险服务	
			金融商品转让	金融商品转让、其他金融商品转让	
		现代服务	研发和技术服务	研发服务、合同能源管理服务、工程勘察勘探服务、专业技术服务	6%
			信息技术服务	软件服务、电脑设计及测试服务、信息系统服务、业务流程服务、信息系统增值服务	
			文化创意服务	设计服务、知识产权服务、广告服务、会议展览服务	
			物流辅助服务	航空服务、港口码头服务、货运客运场站服务、打捞救助服务、装卸搬运服务、仓储服务、收派服务	
			租赁服务	有形动产融资租赁和经营租赁服务	13%
				不动产融资租赁和经营租赁服务	9%
			鉴证咨询服务	认证服务、鉴证服务、咨询服务	6%
			广播影视服务	广播影视节目（作品）制作、发行、播映服务	
			商务辅助服务	企业管理服务、经纪代理服务、人力资源服务、安全保护服务	
			其他现代服务	其他现代服务	
		生活服务	文化体育服务	文化服务、体育服务	6%
			教育医疗服务	教育服务、医疗服务	
			旅游娱乐服务	旅游服务、娱乐服务	
			餐饮住宿服务	餐饮服务、住宿服务	
			居民日常服务		
			其他生活服务		
	销售无形资产	技术	专利技术、非专利技术		6%
		商标			
		著作权			
		商誉			
		其他			
		自然资源使用权	海域使用权、探矿权、采矿权、取水权、其他资源使用权		
			土地使用权		9%
	销售不动产	建筑物			9%
		构筑物			
	出口货物和跨境应税行为				0

（1）13%的基本税率。除国家另有规定外，纳税人销售或进口的货物以及纳税人提供加工、修理修配劳务和提供有形动产租赁服务，适用13%的基本税率。上述“除国家另有规定外”是指国务院、财政部、国家税务总局规定的有关特殊情况，如财政部、国家税务总局规定，对硝酸、硫黄（包括天然硫黄和经加工制得的硫黄）等货物，适用9%的低税率。

（2）9%的低税率。纳税人提供交通运输服务、邮政服务、基础电信服务、建筑服务、不动产租赁服务、转让土地使用权、销售不动产以及销售或进口下列货物适用9%的低税率，包括：粮食、食用植物油（含杏仁油、葡萄籽油）；自来水、暖气、冷气、热水、煤气、石油液化气、天然气、沼气、居民用煤炭制品；图书、报纸、杂志；饲料、化肥、农药、农机、农膜，其中农机包括密集型烤房设备、频振式杀虫灯、自动虫情测报灯和黏虫板；国务院规定的其他货物。国务院规定的其他货物主要包括：

①农产品。它是指种植业、养殖业、林业、牧业、水产业生产的各种植物、动物的初级产品。具体征税范围暂按《财政部、国家税务总局关于印发〈农业产品征税范围注释〉的通知》及现行规定执行。但肉桂油、桉油、香茅油的适用税率为13%。

②音像制品。它是指正式出版的录有内容的录音带、录像带、唱片、激光唱盘和激光视盘。

③电子出版物。它是指以数字代码方式，使用计算机应用程序，将图文声像等内容信息编辑加工后存储在具有确定的物理形态的磁、光、电等介质上，通过内嵌在计算机、手机、电子阅读设备、电子显示设备、数字音/视频播放设备、电子游戏机、导航仪以及其他具有类似功能的设备上读取使用，具有交互功能，用以表达思想、普及知识和积累文化的大众传播媒体。

④二甲醚。它是指化学分子式为CH_3OCH_3，常温常压下具有轻微醚香味，易燃、无毒、无腐蚀性的气体。

（3）6%的低税率。纳税人提供增值电信服务、金融服务、现代服务（租赁服务除外）、生活服务、销售无形资产（转让土地使用权除外），适用6%的低税率。

（4）零税率。增值税零税率是国家鼓励出口的一项优惠措施。除国家另有规定外，增值税对纳税人出口的货物和跨境应税行为税率为零。这具体包括：在境内载运旅客或者货物出境；在境外载运旅客或者货物入境；在境外载运旅客或者货物；航天运输服务；向境外单位提供的完全在境外消费的研发服务、合同能源管理服务、设计服务、广播影视节目（作品）制作和发行服务、软件服务、电路设计及测试服务、信息系统服务、业务流程管理服务、离岸服务外包业务、转让技术；财政部和国家税务总局规定的其他服务。

需要注意的是，纳税人兼营销售货物、劳务、服务、无形资产或者不动产，适用不同税率或者征收率的，应当分别核算适用不同税率或者征收率的销售额；未分别核算的，从高适用税率。

税法 Q&A 2-5

零税率与免税的区别有哪些？

税法 Q&A 2-5

2.2.3.2　增值税的征收率

1）增值税的征收率的基本规定

一般纳税人销售货物，提供加工、修理修配劳务以及应税服务（进项税额不易确认和计量），可按简易办法计算缴纳增值税，即按不含增值税的销售额乘以征收率计算缴纳增值税。一般纳税人选择简易办法计算缴纳增值税的，36个月内不得变更。

2）一般纳税人适用的征收率

其主要规定包括：

（1）简易办法3%和5%的征收率。一般纳税人如符合规定，可选择按照简易办法计算纳税，一般情况下适用3%的征收率。

适用5%征收率的情况主要包括：

①不动产租赁服务。

②销售不动产。

③转让2016年4月30日前取得的土地使用权，可以选择适用简易计税方法，以取得的全部价款和价外费用减去取得该土地使用权的原价后的余额为销售额，按照5%的征收率计算缴纳增值税。

④房地产开发企业中的一般纳税人，销售自行开发的房地产老项目。

⑤出租或转让其2016年4月30日前取得的不动产。

⑥车辆停放服务和高速公路以外的过路费、过桥费、过闸费等道路通行服务。

（2）一般纳税人发生下列应税行为，可选择适用简易计税方法：

①公共交通运输服务。它包括轮客渡、公交客运、地铁、城市轻轨、出租车、长途客运、班车。其中，班车是指按固定路线、固定时间运营并在固定站点停靠的运送旅客的陆路运输服务。

②经认定的动漫企业为开发动漫产品提供的动漫脚本编撰、形象设计、背景设计、动画设计、分镜、动画制作、摄制、描线、上色、画面合成、配音、配乐、音效合成、剪辑、字幕制作、压缩转码（面向网络动漫、手机动漫格式适配）服务，以及在境内转让动漫版权（包括动漫品牌、形象或内容的授权及再授权）。

③电影放映服务、仓储服务、装卸搬运服务、收派服务和文化体育服务。

④以纳入“营改增”试点之日前取得的有形动产为标的物提供的经营租赁服务。

⑤在纳入“营改增”试点之日前签订的尚未执行完毕的有形动产租赁合同。

⑥以清包工方式提供的建筑服务。以清包工方式提供的建筑服务是指施工方不采购建筑工程所需的材料或只采购辅助材料，并收取人工费、管理费或其他费用的建筑服务。

⑦为甲供工程提供的建筑服务。甲供工程是指全部或部分设备、材料、动力由工程发包方自行采购的建筑工程。

⑧为建筑工程老项目提供的建筑服务。建筑工程老项目是指“建筑工程施工许可证”注明的合同开工日期在2016年4月30日前的建筑工程项目；未取得“建筑工程施工许可证”的，指建筑工程承包合同注明的开工日期在2016年4月30日前的建筑工程项目。

⑨销售其2016年4月30日前取得（含自建）的不动产。非自建的，以取得的全部价款和价外费用减去该项不动产购置原价或者取得不动产时的作价后的余额为销售额；自建的，以取得的全部价款和价外费用为销售额。其均按照5%的征收率计算应纳税额。

3）小规模纳税人适用的征收率

小规模纳税人适用的征收率有两档：3%和5%。小规模纳税人销售货物，提供加工、修理修配劳务以及提供应税行为的，一般情况下适用3%的征收率。

适用5%征收率的情况主要包括：

①出租其取得的不动产（不含个人出租住房）。

②转让其取得的不动产。

③个人转让其购买的住房。

④房地产开发企业中的小规模纳税人，销售自行开发的房地产项目。

⑤转让2016年4月30日前取得的土地使用权，可以选择适用简易计税方法，以取得的全部价款和价外费用减去取得该土地使用权的原价后的余额为销售额，按照5%的征收率计算缴纳增值税。

⑥单位和个体工商户出租不动产（不含个体工商户出租住房）。

⑦其他个人出租不动产（不含出租住房）。

⑧车辆停放服务和高速公路以外的过路费、过桥费、过闸费等道路通行服务。

4）纳税人销售其使用过的固定资产和销售旧货适用的征收率

其主要规定包括：

（1）纳税人销售其使用过的固定资产适用的征收率。一般纳税人销售其使用过的未抵扣过进项税额的固定资产，按3%征收率减按2%征收增值税；小规模纳税人销售其使用过的固定资产，按3%征收率减按2%征收增值税。

（2）纳税人销售旧货适用的征收率。旧货是指进入二次流通的具有部分使用价值的货物（含旧汽车、旧摩托车和旧游艇），但不包括自己使用过的物品。纳税人销售旧货按3%征收率减按2%征收增值税。

（3）自2020年5月1日至2023年12月31日，从事二手车经销的纳税人销售其收购的二手车，依3%征收率减按0.5%征收增值税。二手车是指从办理完注册登记手续至达到国家强制报废标准之前进行交易并转移所有权的车辆，具体范围按照国务院商务主管部门出台的二手车流通管理办法执行。

2.2.4　增值税的优惠内容

2.2.4.1　增值税的法定免税

（1）农业生产者销售的自产农业产品，具体指直接从事种植业、养殖业、林业、牧业、水产业的单位和个人销售自产的属于税法规定范围的农业产品。免税的农业产品必须符合两个基本条件：一是农业生产者自己生产的初级农业产品；二是农业生产者自己销售的初级农业产品。

（2）避孕药品和用具。

（3）古旧图书。古旧图书是指向社会收购的古书和旧书。

（4）直接用于科学研究、科学试验和教学的进口仪器、设备。

（5）外国政府、国际组织无偿援助的进口物资和设备。

（6）由残疾人组织直接进口的供残疾人专用的物品。

（7）销售自己使用过的物品。自己使用过的物品是指其他个人（不包括个体工商户）自己使用过的物品。

2.2.4.2　增值税的其他减免

1）增值税的补充减免

增值税的减免税除上述《增值税暂行条例》中的规定外，在税法执行过程中还根据实际情况陆续补充了一些，如鼓励资源综合利用的税收优惠、销售再生资源的税收优惠、文化产业和动漫产业的税收优惠等。

2）提供应税行为相关的优惠政策

（1）不征收增值税项目，主要包括以下5个方面：

①根据国家指令无偿提供的铁路运输服务、航空运输服务，属于《营业税改征增值税试点实施办法》规定的用于公益事业的服务。

②存款利息。

③被保险人获得的保险赔付。

④房地产主管部门或其指定机构、公积金管理中心和开发企业以及物业管理单位代收的住宅专项维修资金。

⑤在资产重组过程中，通过合并、分立、出售、置换等方式，将全部或部分实物资产，以及与其相关联的债权、负债和劳动力一并转让给其他单位和个人，其中涉及的不动产、土地使用权转让行为。

（2）免征增值税项目，主要包括以下8个方面：

①托儿所、幼儿园提供的保育和教育服务。

②养老机构提供的养老服务和医疗机构提供的医疗服务。

③残疾人福利机构提供的育养服务及残疾人员本人为社会提供的服务。

④婚姻介绍服务和殡葬服务。

⑤从事学历教育的学校提供的教育服务及学生勤工俭学提供的服务。

⑥个人转让著作权和个人销售自建自用住房。

⑦纳税人提供的直接或间接国际货物运输代理服务。

⑧财政部、国家税务总局规定的其他免税项目。

（3）减征增值税项目。

个体工商户或其他个人出租住房，依5%的征收率减按1.5%计算应纳税额。北京、上海、广州和深圳（以下简称北上广深）4个城市个人将购买不足2年的住房对外销售的，按照5%的征收率全额缴纳增值税；个人将购买2年以上（含2年）的非普通住房对外销售的，以销售收入减去购买住房价款后的差额按照5%的征收率缴纳增值税；个人将购买2年以上（含2年）的普通住房对外销售的，免征增值税。北上广深之外的非一线城市个人将购买不足2年的住房对外销售的，按照5%的征收率全额缴纳增值税；个人将购买2

年以上（含2年）的住房对外销售的，免征增值税。

纳税人发生应税行为适用减免税规定的，可以放弃减免税，按照规定缴纳增值税；放弃减免税后，36个月内不得再申请减免税。纳税人发生应税行为同时适用免税和零税率规定的，纳税人可以选择适用免税或零税率。

纳税人兼营减免税项目的，应当分别核算减免税项目的销售额；未分别核算的，不得减免税。

2.2.4.3　起征点的税收优惠

纳税人销售额未达到国务院财政、税务主管部门规定的增值税起征点的，免征增值税；达到起征点的，依照规定全额计算缴纳增值税。增值税起征点的适用范围仅限于个人，包括个体工商户（除登记为一般纳税人的个体工商户外）和其他个人，但不包括企业单位。

起征点的幅度规定为：销售货物、应税劳务和提供应税服务的起征点为月销售额5 000～20 000元；按次纳税的起征点为每次（日）销售额300～500元。

需要注意的是，上述销售额是指不含税的销售额；省、自治区、直辖市财政厅（局）和国家税务总局应在规定的幅度内，根据实际情况确定本地区适用的起征点，并报财政部、国家税务总局备案，如黑龙江省规定销售货物和应税劳务的起征点为月销售额2万元，按次纳税的起征点为每次（日）销售额500元。

对增值税小规模纳税人月销售额未达到2万元的企业或非企业性单位，免征增值税；2021年12月31日前，月销售额不超过10万元的，可享受小微企业暂免征收增值税优惠政策。

微课2-1

计税方法

2.3　增值税计税管理

2.3.1　一般纳税人应纳税额的计算

我国现行增值税法规定一般纳税人销售货物、提供应税劳务及应税行为，应纳税额为当期销项税额抵扣当期进项税额后的余额。应纳税额计算公式为：

应纳税额=当期销项税额−当期进项税额

2.3.1.1　销项税额的确定

1）销项税额的基本含义

销项税额是指纳税人销售货物、提供应税劳务及应税行为，按照应税销售额和规定税率计算收取的增值税税额。其含义是：

（1）销项税额是计算出来的，销售方在没有依法抵扣其进项税额前，销项税额不是其应纳增值税税额，而是销售货物或提供应税劳务及应税行为的整体税负。

（2）销售额是不含销项税额的销售额，从购买方收取，体现了价外税性质。其计算公式为：

销项税额=应税销售额×适用税率

或　　　　=组成计税价格×适用税率

2）销售额的一般规定

销售额为纳税人销售货物、提供应税劳务及应税行为收取的全部价款和价外费用，但是不包括收取的销项税额。其中，价款是指销售货物、提供应税劳务及应税行为收取来自购买方的全部价款。

价外费用是指价外收取的各种性质的费用。其主要包括：价外向购买方收取的手续费、补贴、基金、集资费、返还利润、奖励费、违约金、滞纳金、延期付款利息、赔偿金、代收款项、代垫款项、包装费、包装物租金、储备费、优质费、运输装卸费和其他各种性质的价外收费，但下列项目不包括在内：

（1）受托加工应征消费税的消费品代收代缴的消费税。

（2）销售货物的同时符合以下条件的代垫运输费用：承运部门的运输费用发票开具给购买方的；纳税人将该项发票转交给购买方的。

（3）销售货物的同时代办保险等而向购买方收取的保险费，以及向购买方收取的代购买方缴纳的车辆购置税和车辆牌照费。

（4）同时符合以下条件代为收取的政府性基金或行政事业性收费：由国务院或财政部批准设立的政府性基金，由国务院或省级人民政府及其财政、价格主管部门批准设立的行政事业性收费；收取时开具省级以上财政部门印制的财政票据；所收款项全额上缴财政。

案例窗 2-1　供电公司取得的并网费应纳增值税

目前，一些企业利用自备电厂所生产的电力并入电网后，供电企业还需用自身输变电设备对这部分电力进行电压调节才能使用，调压后需要向企业按电量收取一定数额的服务费。那么，这类服务费收入应缴纳增值税吗？

根据国家税务总局《关于供电企业收取并网服务费征收增值税问题的批复》（国税函〔2009〕641号），供电企业利用自身输变电设备对并入电网的企业自备电厂生产的电力产品进行电压调节，应属于提供加工劳务。依据《增值税暂行条例》的有关规定，对于供电企业进行电力调压并按电量向电厂收取的并网服务费，应当征收增值税。

资料来源　李鹏洲，李春红. 供电公司取得的并网费应纳增值税［N］. 中国税务报，2009-12-21（11）.

3）销售额的特殊规定

（1）价款和税款合并定价的销售额。一般纳税人销售货物或提供应税劳务，采用销售额和销项税额合并定价方法，其销售额为含增值税的销售额，应将含税销售额换算成不含税销售额计税。换算公式为：

不含税销售额=含税销售额÷（1+适用税率）

课堂训练 2-1

某制药厂为增值税一般纳税人，2020年10月销售抗生素药品113万元（含税）。则本月增值税销项税额为：

计税销售额=113÷（1+13%）=100（万元）

销项税额=100×13%=13（万元）

（2）折扣方式销售货物的销售额。折扣销售是指销货方在销售货物或应税劳务时，因购货方购货数量较大等原因，而给予购货方一定的价格优惠。纳税人采取折扣方式销售货物，如果销售额和折扣额同在一张发票上分别注明，可以按折扣后的销售额征收增值税；如果将折扣额另开发票，不论其在财务上如何处理，均不得从销售额中减除折扣额。

课堂训练 2-2

某纳税人销售货物价款3 000万元（不含税），因购买量较大，给予5%的折扣，实收2 850万元，价款与折扣额分别开具专用发票，则其销项税额为：

销项税额=3 000×13%=390（万元）

案例窗 2-2

“买十赠一”属折扣销售

随着市场竞争的日趋激烈，商家采取的促销手段不断翻新，其中“买十赠一”就是比较常见的促销方式之一。这种促销方式在操作上简便易行，但在会计核算上如何进行处理值得商榷。

《增值税暂行条例实施细则》第4条规定，将自产、委托加工或购进的货物无偿赠送给其他单位或个人应视同销售。那么，“买十赠一”中的赠是否是《增值税暂行条例实施细则》中规定的无偿赠送呢？笔者认为两者是有区别的。“买十赠一”中的赠是有偿的，是以“买十”为前提的。如果购买者没有买，就不可能获得“赠”。“赠”是伴随着“销”进行的。这种促销活动同价格折扣的实质是一样的，是一种变相的降价。

其实这种销售方式可视同一种特殊销售方式，即商业折扣。商业折扣是指销货方在销售货物或劳务时，因购货方购货数量较大或其他原因，而给予购货方一定的价格优惠，体现的是薄利多销的营销策略。“买十赠一”也是这种策略之一，所以说“买十赠一”属于商业折扣。

资料来源 杨江祥，于毅坚．“买十赠一”属折扣销售［N］．中国税务报，2009-10-26.

（3）还本方式销售货物的销售额。还本销售是指纳税人在销售货物后，到一定期限时由销售方一次或分次退还购货方全部或部分价款。纳税人采取还本方式销售货物的，其销售额就是货物的销售价格，不得从销售额中减除还本支出。

课堂训练 2-3

某冰箱厂为增值税一般纳税人，本月采取还本方式销售冰箱，开具普通发票20张，共收取货款30万元（含税）。扣除还本准备金后按规定将25万元作为销售处理，则应纳增值税销项税额为：

销项税额=30÷（1+13%）×13%=3.45（万元）

（4）以旧换新销售货物的销售额。以旧换新是指纳税人在销售自己的货物时，有偿收回旧货物的行为。纳税人采取以旧换新方式销售货物的，应按新货物的同期销售价格确定销售额。但对金银首饰以旧换新的销售额，可按销售方实际收取的不含增值税的全部价款确定。

课堂训练 2-4

某商场（一般纳税人）采取以旧换新方式销售洗衣机，每台零售价3 000元，本月售出洗衣机200台，共收回洗衣机200台，每台旧洗衣机折价200元，则该业务的增值税销项税额为：

销项税额=3 000÷（1+13%）×200×13%=69 026.55（元）

（5）以物易物销售货物的销售额。以物易物是一种较为特殊的购销活动，是指购销双方不是以货币结算，而是以同等价值的货物相互结算，实现货物购销的一种方式。以物易物的双方都应作购销处理，以各自发出的货物核算销售额并计算销项税额，以各自收到的货物核算购货额并计算进项税额。

课堂训练 2-5

甲企业2020年10月以其生产的A产品与乙企业生产的B产品交换，双方产品的价值均为46.8万元（含税价）。A产品的成本为28万元，B产品的成本为24万元，适用的增值税税率均为13%。双方互开防伪税控专用发票，当月均未验收入库但通过税务机关确认，则甲企业当期确认的增值税销项税额与进项税额为：

甲企业当期确认的增值税销项税额=46.8÷（1+13%）×13%=5.38（万元）

甲企业当期确认的增值税进项税额=46.8÷（1+13%）×13%=5.38（万元）

（6）出租出借包装物的销售额。纳税人为销售货物而出租出借包装物的，对收取押金单独记账核算的，不并入销售额征税，但对逾期（以1年为期限）的包装物押金，无论是否退还均并入销售额征税。此外，对销售除啤酒、黄酒外的其他酒类产品收取的包装物押金，无论是否返还以及会计上如何核算，均应并入当期销售额征税。需要注意的是，在将包装物押金并入销售额征税时，需要先将该押金换算为不含税价，再并入销售额征税。

课堂训练 2-6

某企业某月收取出租包装物押金23 200元，收到转账支票1张；1年后，经清理，将逾期未退的包装物押金23 200元予以没收。其包装物为应税消费品，适用的增值税税率为13%，则：

当月收取押金时不纳税。

1年后逾期应纳税：

销项税额=23 200÷（1+13%）×13%=2 669.03（元）

4）核定销售额的基本方法

纳税人销售货物、提供应税劳务或应税行为的价格明显偏低或偏高且无正当理由、不具有合理商业目的的，或是纳税人发生了视同销售货物或提供应税服务的行为而无销售额的，由主管税务机关按下列顺序核定其销售额：

（1）按纳税人最近时期同类货物、应税劳务和应税行为的平均销售价格确定。

（2）按其他纳税人最近时期同类货物、应税劳务和应税行为的平均销售价格确定。

（3）按组成计税价格确定。组成计税价格的计算公式为：

组成计税价格=成本×（1+成本利润率）

应征消费税的货物，其组成计税价格应加计消费税税额。其计算公式为：

组成计税价格=成本×（1+成本利润率）÷（1-消费税税率）

公式中的“成本”，销售自产货物的为实际生产成本，销售外购货物的为实际采购成本，提供应税行为的为实际提供应税行为成本；“成本利润率”一般为10%（应税服务成本利润率由国家税务总局确定），但属于应按从价定率征收消费税的货物，其组成计税价格公式中的成本利润率为《消费税若干具体问题的规定》中规定的成本利润率，详见第3章消费税法相关内容。

课堂训练 2-7

某企业为增值税一般纳税人，2020年10月生产加工新产品500件，每件成本450元（无同类产品市场价格），全部出售给本企业职工，取得不含税销售额171 000元，则该企业的销项税额为：

销项税额=500×450×（1+10%）×13%=32 175（元）

5）销售额货币单位的确定

纳税人按人民币以外的货币结算销售额的，应当按外汇市场价格折合成人民币计算。其销售额的人民币折合率可选择销售额发生的当天或当月1日的人民币汇率中间价。纳税人应事先确定采用何种折合率，确定后1年内不得变更。

2.3.1.2 进项税额的确定

1）进项税额的基本含义

纳税人购进货物或接受应税劳务及应税行为支付或负担的增值税税额，为进项税额，包括两种情形：一是进项税额体现支付或负担的增值税性质，直接在增值税发票上明确的进项税额不需要计算；二是购进某些特殊货物或非应税劳务时，其进项税额是通过法定的扣除率和支付金额计算出来的。

2）准予抵扣的进项税额

税法规定，准予从销项税额中抵扣的进项税额包括以下几种：

（1）从销售方或提供方取得的增值税专用发票（包括从小规模纳税人处取得的由税务机关代开的专用发票）上注明的增值税税额。

课堂训练 2-8

某企业为增值税一般纳税人，2020年10月份购入一批材料，从销售方取得的增值税专用发票上注明的款项为20 000元，则企业购入该批材料准予抵扣的进项税额为：

进项税额=20 000×13%=2 600（元）

（2）从销售方或提供方取得的税控机动车销售统一发票上注明的增值税税额。

课堂训练 2-9

某一般纳税人购入一辆小轿车，取得的税控机动车销售统一发票上注明的价款为20万元，则该项业务进项税额为：

进项税额=20×13%=2.6（万元）

（3）从海关取得的海关进口增值税专用缴款书上注明的增值税税额。

课堂训练 2-10

某外贸企业为增值税一般纳税人，从美国购入一批原材料，从海关取得的海关进口增值税专用缴款书上注明的增值税税额为2 100元，则准予抵扣的进项税额为2 100元。

（4）购进农产品，除取得增值税专用发票或海关进口增值税专用缴款书及按照《农产品增值税进项税额核定扣除试点实施办法》抵扣进项税额以外，按照农产品收购发票或销售发票上注明的农产品买价和9%的扣除率计算进项税额，如购进用于生产销售或委托加工13%税率货物的农产品，按10%的扣除率计算进项税额。进项税额计算公式为：

进项税额=买价×扣除率

上述公式中，买价是指纳税人在购进农产品时支付的金额。如果纳税人收购的农产品为烟叶，则烟叶的买价包括烟叶的收购金额和纳税人按规定缴纳的烟叶税（烟叶税税率为20%）。其中，烟叶的收购金额包括纳税人支付给烟叶销售者的烟叶收购价款和价外补贴，价外补贴统一暂按烟叶收购价的10%计算；烟叶税税额按照烟叶收购金额和20%的税率计算。其计算公式为：

烟叶收购金额=烟叶收购价×（1+10%）

应纳烟叶税税额=烟叶收购金额×20%

购进烟叶准予抵扣的进项税额=烟叶收购价×（1+10%）×（1+20%）×9%（或10%）

课堂训练 2-11

某卷烟厂2020年10月收购烟叶并用于生产卷烟，收购凭证上注明价款100万元，向烟叶生产者支付了价外补贴，则该卷烟厂10月份收购烟叶可抵扣的进项税额为：

烟叶可抵扣进项税额=100×（1+10%）×（1+20%）×10%=13.2（万元）

（5）从境外单位或个人购进服务、无形资产或不动产，税务机关或扣缴义务人取得的解缴税款的完税凭证上注明的增值税税额。

课堂训练 2-12

某锅炉厂某月锅炉销售收入为5 000万元，其中安装、调试收入为600万元，从境外单位购进无形资产，取得税务机关解缴税款完税凭证上注明的增值税税额合计364万元，则锅炉厂应纳增值税为：

应纳增值税=5 000×13%-364=286（万元）

（6）纳税人支付的道路、桥、闸通行费，按照以下规定抵扣进项税额：

①纳税人支付的道路通行费，按照收费公路通行费增值税电子普通发票上注明的增值税额抵扣进项税额。

②纳税人支付的桥、闸通行费，暂凭取得的通行费发票上注明的收费金额计算可抵扣的进项税额。其计算公式为：

桥、闸通行费可抵扣进项税额=桥、闸通行费发票上注明的金额÷（1+5%）×5%

通行费是指有关单位依法或依规设立并收取的过路、过桥和过闸费用。

课堂训练2-13

某企业为增值税一般纳税人，某月取得收费公路通行费增值税电子普通发票上注明的增值税税额合计120元，取得桥、闸通行费发票上注明的收费金额合计820元。则该企业可以抵扣的通行费进项税额为：

可抵扣进项税额=120+820÷（1+5%）×5%=159.05（元）

（7）纳税人购进国内旅客运输服务，未取得增值税专用发票的，暂按照以下规定确定进项税额：

①取得增值税电子普通发票的，为发票上注明的税额。

②取得注明旅客身份信息的航空运输电子客票行程单的，其进项税额计算公式为：

航空旅客运输进项税额=（票价+燃油附加费）÷（1+9%）×9%

③取得注明旅客身份信息的铁路车票的，其进项税额计算公式为：

铁路旅客运输进项税额=票面金额÷（1+9%）×9%

④取得注明旅客身份信息的公路、水路等其他客票的，其进项税额计算公式为：

公路、水路等其他旅客运输进项税额=票面金额÷（1+3%）×3%

课堂训练2-14

某公司为增值税一般纳税人，由于公司业务需要，2020年10月派遣员工李某出差，取得去往目的地注明李某身份信息的航空运输电子客票行程单，显示票面金额为670元，燃油附加费为30元；取得返回公司注明李某身份信息的铁路车票，显示票面金额为383元，则该公司可抵扣的进项税额为：

航空旅客运输进项税额=（670+30）÷（1+9%）×9%=57.80（元）

铁路旅客运输进项税额=383÷（1+9%）×9%=31.62（元）

合计可抵扣进项税额=57.80+31.62=89.42（元）

另外，对商业企业采取以物易物、以货抵债、以物投资方式交易的，收货单位可以凭以物易物、以货抵债、以物投资书面合同，以及与之相符的增值税专用发票确定进项税额，报经税务机关批准予以抵扣。

3）不准抵扣的进项税额

税法规定，不准从销项税额中抵扣的进项税额包括以下几种：

（1）纳税人购进货物、加工和修理修配劳务、服务、无形资产和不动产的增值税扣税凭证是指增值税专用发票、海关进口增值税专用缴款书、农产品收购发票、农产品销售发票、税收缴款凭证、通行费票据和国内旅客运输票据等。扣税凭证不符合法律、行政法规或国务院税务主管部门有关规定的，其进项税额不得从销项税额中抵扣。

微课 2-2

不准抵扣进项税额的情况

（2）纳税人凭税收缴款凭证抵扣进项税额的，应当具备书面合同、付款证明和境外单位的对账单或发票。资料不全的，其进项税额不得从销项税额中抵扣。

（3）用于简易计税方法计税项目、免征增值税项目、集体福利或个人消费的购进货物、加工和修理修配劳务、服务、无形资产和不动产。其中涉及的固定资产、无形资产、不动产，仅指专用于上述项目的固定资产、无形资产（不包括其他权益性无形资产）、不动产。个人消费包括纳税人的交际应酬消费。

课堂训练 2-15

某生产企业2020年10月购进一批饮料，取得的专用发票上注明价款40 000元，货款已支付，另支付运输企业运输费1 000元（不含税），取得专用发票。月末将其中的5%作为福利发放给职工，则当月可以抵扣的进项税额为：

可以抵扣的进项税额=（40 000×13%+1 000×9%）×95%=5 025.5（元）

（4）非正常损失的购进货物及相关的加工、修理修配劳务或应税行为。所称非正常损失是指因管理不善造成被盗、丢失、霉烂变质的损失，以及被执法部门依法没收或强令自行销毁的货物。

课堂训练 2-16

某玉米罐头生产企业某月末盘点时发现，上月从农民手中购进的玉米发生霉烂，使账面成本减少38 140元（包括运费成本520元），则应转出的进项税额为：

进项税额转出=（38 140−520）÷（1−10%）×10%+520×9%=4 226.8（元）

（5）非正常损失的在产品、产成品所耗用的购进货物（不包括固定资产）、加工和修理修配劳务或交通运输业服务。

课堂训练 2-17

某企业2020年10月购入原材料发生价款20 000元（不含税），当月全部用于生产产成品，月末仓库发生火灾，烧毁产成品20%，则该企业应转出的进项税额为：

进项税额转出=20 000×20%×13%=520（元）

（6）非正常损失的不动产，以及该不动产所耗用的购进货物、设计服务和建筑服务。

（7）非正常损失的不动产在建工程所耗用的购进货物、设计服务和建筑服务。纳税人新建、改建、扩建、修缮、装饰不动产，均属于不动产在建工程。

上述第（6）项、第（7）项所称货物，是指构成不动产实体的材料和设备，包括建筑装饰材料和给排水、采暖、卫生、通风、照明、通信、煤气、消防、中央空调、电梯、电气、智能化楼宇设备及配套设施。

（8）购进的贷款服务、餐饮服务、居民日常服务和娱乐服务。

（9）财政部和国家税务总局规定的其他情形。

（10）一般纳税人兼营免税项目、简易计税方法计税项目而无法划分不得抵扣进项税额的，按下列公式计算不得抵扣的进项税额：

$$\text{不得抵扣的进项税额}=\text{当期无法划分的全部进项税额}\times\left(\text{当期简易计税方法计税项目销售额}+\text{免征增值税项目销售额}\right)\div\text{当期全部销售额}$$

课堂训练 2-18

某制药厂为增值税一般纳税人，2020年10月销售抗生素药品取得收入113万元（含税收入），销售免税药品50万元，当月购入生产用原材料一批，取得增值税专用发票上注明税款6.4万元，抗生素药品与免税药品无法划分耗料情况，则该制药厂当月不得抵扣的进项税额为：

不得抵扣的进项税额=6.4×50÷［113÷（1+13%）+50］=2.13（万元）

4）加计抵减进项税额

加计抵减进项税额主要包括以下几个方面：

（1）自2019年4月1日至2021年12月31日，生产、生活性服务业纳税人可按照当期可抵扣进项税额加计10%抵减应纳税额（以下简称“第一条规定”）。自2019年10月1日至2021年12月31日，允许生活性服务业纳税人按照当期可抵扣进项税额加计15%抵减应纳税额（以下简称“第二条规定”）。由于判断适用政策的期间和计算销售额的分子均不一样，因此生活性服务业纳税人需要重新计算判断是否适用加计抵减15%的政策。

生产、生活性服务业纳税人是指提供邮政服务、电信服务、现代服务、生活服务取得的销售额占全部销售额的比重超过50%的纳税人。

（2）2019年3月31日前设立的纳税人，自2018年4月至2019年3月期间的销售额（经营期不满12个月的，按照实际经营期的销售额计算）符合上述“第一条规定”条件的，自2019年4月1日起适用加计抵减政策。2019年4月1日后设立的纳税人，自设立之日起3个月的销售额符合上述规定条件的，自登记为一般纳税人之日起适用加计抵减政策。纳税人确定适用加计抵减政策后，当年内不再调整，以后年度是否适用，根据上年度销售额计算确定。纳税人可计提但未计提的加计抵减额，可在确定适用加计抵减政策当期一并计提。

2019年9月30日前设立的纳税人，自2018年10月至2019年9月期间的销售额（经营期不满12个月的，按照实际经营期的销售额计算）符合上述“第二条规定”条件的，自2019年10月1日起适用加计抵减15%政策。

（3）不得从销项税额中抵扣的进项税额，不得计提加计抵减额；已计提加计抵减额的进项税额，按规定作进项税额转出的，应在进项税额转出当期相应调减加计抵减额。其计算公式为：

当期计提加计抵减额=当期可抵扣进项税额×10%（或15%）

当期可抵减加计抵减额=上期末加计抵减额余额+当期计提加计抵减额-当期调减加计抵减额

（4）纳税人应按一般计税方法计算应纳税额（以下称抵减前的应纳税额）后，区分以下情形加计抵减：

①抵减前的应纳税额等于零的，当期可抵减加计抵减额全部结转至下期抵减。

②抵减前的应纳税额大于零，且大于当期可抵减加计抵减额的，当期可抵减加计抵减额全额从抵减前的应纳税额中抵减。

③抵减前的应纳税额大于零，且小于或等于当期可抵减加计抵减额的，以当期可抵减加计抵减额抵减应纳税额至零。未抵减完的当期可抵减加计抵减额，结转至下期继续抵减。

（5）纳税人出口货物劳务、发生跨境应税行为不适用加计抵减政策，其对应的进项税额不得计提加计抵减额。纳税人兼营出口货物劳务、发生跨境应税行为且无法划分不得计提加计抵减额的进项税额的，按照以下公式计算：

$$\frac{\text{不得计提加计}}{\text{抵减额的进项税额}}=\frac{\text{当期无法划分的}}{\text{全部进项税额}}\times\frac{\text{当期出口货物劳务和发生}}{\text{跨境应税行为的销售额}}\div\frac{\text{当期全部}}{\text{销售额}}$$

（6）纳税人应单独核算加计抵减额的计提、抵减、调减、结余等变动情况。骗取适用加计抵减政策或虚增加计抵减额的，按照《征管法》等有关规定处理。加计抵减政策执行到期后，纳税人不再计提加计抵减额，结余的加计抵减额停止抵减。

课堂训练 2-19

某公司为增值税一般纳税人，适用加计抵减10%政策。2019年6月，一般计税下的销项税额为100万元，进项税额为50万元，上期留抵税额为5万元，上期结转的加计抵减余额为2万元；简易计税下的销售额为50万元，征收率为3%。则该公司当月应纳增值税为：

一般计税下的增值税=100-50-5=45（万元）

简易计税下的增值税=50×3%=1.5（万元）

当期可抵减增值税=2+50×10%=7（万元）

因45＞7，可全部抵减。

当期应纳增值税=45-7+1.5=39.5（万元）

课堂训练 2-20

承上题，假如该公司上期结转的加计抵减余额为45万元，其他条件不变。则该公司当月应纳增值税为：

依上题可知，一般计税和简易计税下的增值税分别为45万元和1.5万元。

当期可抵减增值税=45+50×10%=50（万元）

因45＜50，不能全部抵减完毕，结转下期加计抵减5万元。

当期应纳增值税为简易计税的1.5万元。

5）期末留抵税额退税

自2019年4月1日起，试行增值税期末留抵税额退税制度。其主要包括以下几个方面：

（1）同时符合以下条件的纳税人，可以向主管税务机关申请退还增量留抵税额：

①自2019年4月税款所属期起，连续6个月（按季纳税的，连续两个季度）增量留抵税额均大于零，且第6个月增量留抵税额不低于50万元。

②纳税信用等级为A级或B级。

③申请退税前36个月未发生骗取留抵退税、出口退税或虚开增值税专用发票的情形。

④申请退税前36个月未因偷税被税务机关处罚两次及以上。

⑤自2019年4月1日起未享受即征即退、先征后返（退）政策。

其中，增量留抵税额是指与2019年3月底相比新增加的期末留抵税额。

（2）纳税人当期允许退还的增量留抵税额的计算公式为：

允许退还的增量留抵税额=增量留抵税额×进项构成比例×60%

进项构成比例为2019年4月至申请退税前一税款所属期内已抵扣的增值税专用发票（含税控机动车销售统一发票）、海关进口增值税专用缴款书、解缴税款完税凭证（以下简称三类凭证）上注明的增值税额占同期全部已抵扣进项税额的比重。

（3）纳税人应在增值税纳税申报期内，向主管税务机关申请退还留抵税额。纳税人出口货物劳务、发生跨境应税行为，适用免抵退税办法的，办理免抵退税后，仍符合《关于深化增值税改革有关政策的公告》规定条件的，可以申请退还留抵税额；适用免退税办法的，相关进项税额不得用于退还留抵税额。

（4）纳税人取得退还的留抵税额后，应相应调减当期留抵税额。按照规定再次满足退税条件的，可以继续向主管税务机关申请退还留抵税额，但（1）条规定的连续期间，不得重复计算。

（5）以虚增进项、虚假申报或其他欺骗手段骗取留抵退税款的，由税务机关追缴其骗取的退税款，并按照《征管法》等有关规定处理。

课堂训练 2-21

某企业为增值税一般纳税人，假如2019年4—9月全部已抵扣的进项税额合计为600万元，三类凭证进项税额为400万元，该企业2019年3—10月留抵税额分别为：10万元、20万元、40万元、50万元、30万元、20万元、70万元、30万元。则该企业允许退还的增量留抵税额为：

允许退还的增量留抵税额=（70−10）×（400÷600）×60%=24（万元）

注意：留抵退税政策首次享受后再次判定是否享受时，增量留抵税额对应的连续6个月时间段不得重复计算，因此留抵退税政策相当于每隔6个月才可以享受一次。

6）进项税额转出的税务处理

因进货退回或折让、发生服务中止而收回的增值税税额，应从发生进货退回或折让当期的进项税额中扣减。已抵扣进项税额的购进货物，接受加工、修理修配劳务及应税服务，发生上述不得抵扣的情形（简易计税方法计税项目、免税项目和非增值税应税劳务除外），应当将该进项税额从当期的进项税额中扣减；无法确定该项进项税额的，按当期实际成本计算应扣减的进项税额。

课堂训练 2-22

某企业2020年10月购入一批材料价款总计33 000元，取得增值税专用发票，由于运输途中发生少量破损，销售方同意给购货方3 000元的折让，并开具了销售折让证明单，则企业该项业务的进项税额为：

进项税额=（33 000-3 000）×13%=3 900（元）

7）进项税额不足抵扣的税务处理

增值税实行购进扣税法，有时企业当期购进的货物很多，在计算应纳税额时会出现当期销项税额小于当期进项税额不足抵扣的情况，根据税法的规定，当期进项税额不足抵扣的部分可以结转下期继续抵扣。

8）进项税额抵扣的时间限定

增值税一般纳税人取得2017年1月1日及以后开具的增值税专用发票、海关进口增值税专用缴款书、机动车销售统一发票、收费公路通行费增值税电子普通发票，取消认证确认、稽核比对、申报抵扣的期限。纳税人在进行增值税纳税申报时，应当通过本省（自治区、直辖市和计划单列市）增值税发票综合服务平台对上述扣税凭证信息进行用途确认。

2.3.1.3　一般纳税人应纳增值税税额计算案例

课堂训练 2-23

1.资料：某纺织厂（增值税一般纳税人）主要生产棉纱、棉型涤纶纱、棉坯布、棉型涤纶坯布和印染布。2020年10月经营业务如下：

（1）外购染料价款3万元，发票注明进项税额3 900元。

（2）外购低值易耗品价款1.5万元，发票注明进项税额1 950元。

（3）从供销社棉麻公司购进棉花价款16万元，发票注明进项税额2.08万元；同时支付不含税货物运费1.591万元，取得专用发票。

（4）从农业生产者手中购进棉花价款4万元。

（5）从某小规模纳税人购进修理用配件0.6万元，发票未注明进项税额。

（6）购进煤炭100吨，价款0.9万元，发票注明进项税额1 170元。

（7）生产用外购电力3.4万千瓦时，价款3.1万元，发票注明进项税额4 030元。

（8）生产用外购水1.58万吨，价款0.55万元，发票注明进项税额495元。

（9）购入气流纺纱机一台，价款5万元，发票注明进项税额6 500元。

（10）将购进的布料一批，赠送给客户作为礼品共计1万元（不含增值税）。

（11）采用托收承付结算方式销售棉坯布12万米，价款24万元，货已发出，托收手续已在银行办妥，货款尚未收到。

（12）采用分期收款结算方式销售棉型涤纶布10万米，价款31万元，货已发出，合同规定本月到期货款20万元，但实际只收回货款15万元。

（13）采用其他结算方式销售印染布9万米，其中销售给一般纳税人8万米，价款28万元；销售给小规模纳税人1万米，价税混合共收取4万元。货已发出，款已收到。

（14）上月结转待抵扣进项税额1.5万元。

注：上述业务（1）～（9）购进的货物，均已验收入库。

2.该厂10月应纳增值税税额的计算过程和结果如下：

（1）销项税额的计算。该厂本月销售货物，采用托收承付和其他结算方式的，其纳税义务发生时间为货物发出同时收讫价款或取得索取价款凭证的当天；采用分期收款结算方式销售货物的，为销售合同规定的收款日期当天。在计算销项税额时，除价税混收的之外，其他销售项目用销售收入额直接乘以13%的增值税税率即可得出。

①销售给一般纳税人的棉坯布、棉型涤纶布、印染布的销项税额为：

销项税额=（240 000+200 000+280 000）×13%=93 600（元）

②销售给小规模纳税人的货物，需要先计算出不含税销售额，然后再计算应纳税额。其销项税额为：

销项税额=40 000÷（1+13%）×13%=4 601.77（元）

③赠送给客户的布料应作视同销售处理，由于无同类价格比照，应按照组成计税价格计算销项税额，则：

销项税额=10 000×（1+10%）×13%=1 430（元）

④该厂10月销项税额合计为：

销项税额合计=93 600+4 601.77+1 430=99 631.77（元）

（2）进项税额的计算。其分析及计算过程如下：

①购进货物专用发票上注明增值税税额：外购染料3 900元、外购低值易耗品1 950元、外购棉花20 800元、外购煤炭1 170元、外购电力4 030元、外购水495元、外购气流纺纱机6 500元，合计38 845元。

②购进农产品按10%的扣除率计算进项税额。该厂计算抵扣的进项税额为：

进项税额=40 000×10%=4 000（元）

③购进棉花时支付的货物运费，按发票上注明的运费的9%计算应抵扣的进项税额为：

进项税额=15 910×9%=1 431.9（元）

④上月结转待抵扣进项税额1.5万元，应计入本期进项税额，从当期销项税额中扣减。

⑤从小规模纳税人购进的配件因不能取得增值税专用发票，其进项税额不得抵扣。

⑥进项税额合计为：

进项税额合计=38 845+4 000+1 431.9+15 000=59 276.9（元）

（3）应纳税额的计算：

应纳税额=99 631.77−59 276.9=40 354.87（元）

2.3.2　小规模纳税人应纳税额的计算

2.3.2.1　小规模纳税人应纳税额计算的基本规定

按照税法的规定，小规模纳税人销售货物、提供应税劳务和应税行为，实行按照销售额的3%（或5%）的征收率计算应纳税额的简易办法，且不得抵扣进项税额。其计算公式为：

应纳税额=销售额×征收率

小规模纳税人的销售额不包括其应纳税额，纳税人采用销售额和应纳税额合并定价方法的，按下列公式计算销售额：

销售额=含税销售额÷（1+征收率）

小规模纳税人因销售货物退回或折让，以及因服务中止或折让而退还给购买方的销售额，应从当期的销售额中扣减。小规模纳税人因服务中止或折让而退还给接受方的销售额，应当从当期销售额中扣减。扣减当期销售额后仍有余额造成多缴的税款，可从以后的应纳税额中扣减。小规模纳税人初次购买增值税税控系统专用设备支付的费用和缴纳的技术维护费，允许在增值税应纳税额中全额抵减。

2.3.2.2 小规模纳税人应纳税额计算案例

课堂训练 2-24

某商业零售企业为增值税小规模纳税人，2020 年 10 月购进商品取得普通发票，支付货款 10 000 元；经主管税务机关核准购进 USB 金税盘和报税盘，分别支付 200 元和 100 元，支付技术维护费用 330 元；本月销售货物取得零售收入共计 104 000 元。该企业应纳的增值税为：

应纳税额=104 000÷（1+3%）×3% − 200−100−330=2 399.13（元）

2.3.3 进口货物应纳增值税税额的计算

2.3.3.1 进口货物征收增值税的基本规定

凡申报进入我国海关境内的货物，均应缴纳增值税。税法规定对进口货物征税的同时，对某些进口货物制定了减免税的特殊规定：属于“来料加工、进料加工”贸易方式进口国外的原材料、零部件等在国内加工后复出口的，对进口的料、件按规定给予减免税，而对其加工后产品销往国内的，要予以补税。

2.3.3.2 进口货物应纳增值税的税额计算

纳税人进口货物按照组成计税价格和适用税率计算应纳税额，不得抵扣进项税额。其基本计算公式为：

应纳税额=组成计税价格×税率

组成计税价格=关税完税价格+关税

或　　=关税完税价格×（1+关税税率）

如果纳税人进口货物为应征收消费税的消费品，则组成计税价格为：

组成计税价格=关税完税价格+关税+消费税

或　　=关税完税价格×（1+关税税率）÷（1 − 消费税税率）

应注意的是：按照《中华人民共和国海关法》和《进出口关税条例》的规定，一般贸易下进口货物的关税完税价格，以海关审定的成交价格为基础的到岸价格作为完税价格，其中成交价格指进口货物的买方为购买货物向卖方支付或应当支付的价格。

到岸价格=货价+我国关境内起卸前的包装费、运费、保险费和其他劳务费

进口货物的增值税由海关代征，并负责向进口人开具进口增值税完税凭证。

课堂训练 2-25

某进出口公司进口消费税应税货物一批，其货物到岸价格为56.5万元。该货物关税税率为20%，消费税税率为10%，增值税税率为13%。该企业应纳的增值税为：

应纳增值税=56.5×（1+20%）÷（1－10%）×13%=9.79（万元）

2.3.4　增值税的征收管理

2.3.4.1　纳税义务发生时间

1）销售货物或应税劳务及应税行为的纳税义务发生时间

销售货物或应税劳务及应税行为的纳税义务发生时间，为收讫销售款项或取得索取销售款项凭据的当天；先开具发票的，为开具发票的当天。

收讫销售款项是指纳税人销售货物或应税劳务及应税行为过程中或完成后收到款项。取得索取销售款项凭据的当天是指书面合同确定的付款日期；未签订书面合同或书面合同未确定付款日期的，为其完成的当天。按销售结算方式的不同，其具体分为：

（1）采取直接收款方式销售货物的，不论货物是否发出，均为收到销售款或取得索取销售款凭据的当天。

（2）采取托收承付和委托银行收款方式销售货物的，为发出货物并办妥托收手续的当天。

（3）采取赊销和分期收款方式销售货物的，为书面合同约定的收款日期的当天，无书面合同或书面合同没有约定收款日期的，为货物发出的当天。

（4）采取预收货款方式销售货物的，为货物发出的当天，但生产销售生产工期超过12个月的大型机械设备、船舶、飞机等货物的，为收到预收款或书面合同约定的收款日期的当天；提供建筑服务、租赁服务采取预收款方式的，为收到预收款的当天。

（5）纳税人从事金融商品转让的，为金融商品所有权转移的当天。

（6）单位或个体工商户向其他单位或个人无偿提供服务、单位或个人向其他单位或个人无偿转让无形资产或不动产的，纳税义务发生时间为服务、无形资产转让完成的当天或不动产权属变更的当天，但用于公益事业或以社会公众为对象的除外。

（7）委托其他纳税人代销货物的，为收到代销单位的代销清单或收到全部或部分货款的当天。未收到代销清单及货款的，为发出代销货物满180天的当天。

（8）销售应税劳务的，为提供劳务同时收讫销售款或取得索取销售款的凭据的当天。

（9）纳税人发生视同销售货物第（3）项至第（8）项的行为的，为货物移送的当天；发生视同提供应税服务的，为应税服务完成的当天。

2）进口货物的纳税义务及扣缴义务发生时间

其主要包括：①进口货物的纳税义务发生时间，为报关进口的当天。②扣缴义务的发生时间，为纳税人增值税纳税义务发生的当天。

2.3.4.2　增值税的纳税期限

增值税的纳税期限分别为1日、3日、5日、10日、15日、1个月或1个季度。纳税人的具体纳税期限，由主管税务机关根据纳税人应纳税额的大小分别核定；不能按照固定期限纳税的，可以按次纳税；以1个季度为纳税期限的规定仅适用于小规模纳税人。小规模纳税人的具体纳税期限，由主管税务机关根据其应纳税额的大小分别核定。

纳税人以1个月或1个季度为1个纳税期的，自期满之日起15日内申报纳税；以1日、3日、5日、10日或15日为1个纳税期的，自期满之日起5日内预缴税款，于次月1日起15日内申报纳税并结清上月应纳税款。

扣缴义务人解缴税款的期限，依照上述规定执行。

纳税人进口货物应自海关填发海关进口增值税专用缴款书之日起15日内缴纳税款。

2.3.4.3　增值税的纳税地点

（1）固定业户的纳税地点。其具体规定为：

第一，固定业户应向其机构所在地的主管税务机关申报纳税。总机构和分支机构不在同一县（市）的，应当分别向各自所在地的主管税务机关申报纳税；经财政部、国家税务总局或其授权的财政、税务机关批准，可以由总机构汇总向总机构所在地的主管税务机关申报纳税。

第二，固定业户到外县（市）销售货物或劳务，应向其机构所在地的主管税务机关报告外出经营事项，并向其机构所在地的主管税务机关申报纳税；未报告的，应当向销售地或者劳务发生地的主管税务机关申报纳税；未向销售地或者劳务发生地的主管税务机关申报纳税的，由其机构所在地的主管税务机关补征税款。

（2）非固定业户的纳税地点。非固定业户销售货物或劳务，应当向销售地或劳务发生地的主管税务机关申报纳税；未向销售地或劳务发生地的主管税务机关申报纳税的，由其机构所在地或居住地的主管税务机关补征税款。

（3）其他个人提供建筑服务，销售或者租赁不动产，转让自然资源使用权，应向建筑服务发生地、不动产所在地、自然资源所在地的主管税务机关申报纳税。

（4）进口货物的纳税地点。进口货物应当向报关地海关申报纳税。

（5）扣缴义务人应当向其机构所在地或者居住地的主管税务机关申报缴纳扣缴的税款。

2.3.4.4　增值税的纳税申报

1）增值税以表申报

增值税的纳税申报分为一般纳税人纳税申报和小规模纳税人纳税申报。

（1）一般纳税人纳税申报。增值税的一般纳税人应按主管税务机关核定的纳税期限，如实填写并报送“增值税纳税申报表（一般纳税人适用）”及其附列资料。该申报表及其附列资料的内容及格式见表2-4至表2-9。

（2）小规模纳税人纳税申报。增值税的小规模纳税人应按主管税务机关核定的纳税期限，如实填写并及时报送“增值税纳税申报表（小规模纳税人适用）”。该申报表的内容及格式见表2-10。

2）增值税电子申报

为加强增值税管理、堵塞漏洞、更好地为纳税人服务，增值税也可以进行电子申报。

表2-4

增值税纳税申报表

（一般纳税人适用）

根据国家税收法律法规及增值税相关规定制定本表。纳税人不论有无销售额，均应按税务机关核定的纳税期限填写本表，并向当地税务机关申报。

税款所属时间：自 年 月 日至 年 月 日　　填表日期： 年 月 日　金额单位：元至角分

纳税人识别号			所属行业：		
纳税人名称	（公章）	法定代表人姓名	注册地址	生产经营地址	
开户银行及账号		登记注册类型		电话号码	

	项目	栏次	一般项目		即征即退项目	
			本月数	本年累计	本月数	本年累计
销售额	（一）按适用税率计税销售额	1				
	其中：应税货物销售额	2				
	应税劳务销售额	3				
	纳税检查调整的销售额	4				
	（二）按简易办法计税销售额	5				
	其中：纳税检查调整的销售额	6				
	（三）免、抵、退办法出口销售额	7			—	—
	（四）免税销售额	8			—	—
	其中：免税货物销售额	9			—	—
	免税劳务销售额	10			—	—
税款计算	销项税额	11				
	进项税额	12				
	上期留抵税额	13				—
	进项税额转出	14				
	免、抵、退应退税额	15			—	—
	按适用税率计算的纳税检查应补缴税额	16			—	—
	应抵扣税额合计	17=12+13-14-15+16		—		—
	实际抵扣税额	18（如17<11，则为17，否则为11）				
	应纳税额	19=11-18				
	期末留抵税额	20=17-18				—
	简易计税办法计算的应纳税额	21				
	按简易计税办法计算的纳税检查应补缴税额	22			—	—
	应纳税额减征额	23				
	应纳税额合计	24=19+21-23				
税款缴纳	期初未缴税额（多缴为负数）	25				
	实收出口开具专用缴款书退税额	26			—	—
	本期已缴税额	27=28+29+30+31				
	①分次预缴税额	28		—		—
	②出口开具专用缴款书预缴税额	29		—	—	—
	③本期缴纳上期应纳税额	30				
	④本期缴纳欠缴税额	31				
	期末未缴税额（多缴为负数）	32=24+25+26-27				
	其中：欠缴税额（≥0）	33=25+26-27		—		—
	本期应补（退）税额	34 = 24-28-29		—		—
	即征即退实际退税额	35	—	—		
	期初未缴查补税额	36			—	—
	本期入库查补税额	37			—	—
	期末未缴查补税额	38=16+22+36-37			—	—

授权声明	如果你已委托代理人申报，请填写下列资料： 为代理一切税务事宜，现授权________________ （地址）________________为本纳税人的代理申报人，任何与本申报表有关的往来文件，都可寄予此人。 授权人签字：	申报人声明	本纳税申报表是根据国家税收法律法规及相关规定填报的，我确定它是真实的、可靠的、完整的。 声明人签字：

主管税务机关：　　接收人：　　接收日期：

表 2-5

增值税纳税申报表附列资料（一）

（本期销售情况明细）

税款所属时间：　　年　　月　　日至　　年　　月　　日

纳税人名称：（公章）　　　　　　　　　　　　　　　　　　　　　　　　金额单位：元至角分

项目及栏次				开具增值税专用发票		开具其他发票		未开具发票		纳税检查调整		合计			服务、不动产和无形资产扣除项目本期实际扣除金额	扣除后	
				销售额	销项(应纳)税额	销售额	销项(应纳)税额	销售额	销项(应纳)税额	销售额	销项(应纳)税额	销售额	销项(应纳)税额	价税合计		含税(免税)销售额	销项(应纳)税额
				1	2	3	4	5	6	7	8	9=1+3+5+7	10=2+4+6+8	11=9+10	12	13=11-12	14=13÷（100%+税率或征收率）×税率或征收率
一、一般计税方法计税	全部征税项目	13%税率的货物及加工修理修配劳务	1											—	—	—	—
		13%税率的服务、不动产和无形资产	2														
		9%税率的货物及加工修理修配劳务	3											—	—	—	—
		9%税率的服务、不动产和无形资产	4														
		6%税率	5														
	其中：即征即退项目	即征即退货物及加工修理修配劳务	6	—	—	—	—	—	—	—	—			—	—	—	—
		即征即退服务、不动产和无形资产	7	—	—	—	—	—	—	—	—						
二、简易计税方法计税	全部征税项目	6%征收率	8							—	—			—	—	—	—
		5%征收率的货物及加工修理修配劳务	9a							—	—			—	—	—	—
		5%征收率的服务、不动产和无形资产	9b							—	—						
		4%征收率	10							—	—						
		3%征收率的货物及加工修理修配劳务	11							—	—			—	—	—	—
		3%征收率的服务、不动产和无形资产	12							—	—						
		预征率　%	13a							—	—						
		预征率　%	13b							—	—						
		预征率　%	13c							—	—						
	其中：即征即退项目	即征即退货物及加工修理修配劳务	14	—	—	—	—	—	—	—	—				—	—	—
		即征即退服务、不动产和无形资产	15	—	—	—	—	—	—	—	—						
三、免抵退税	货物及加工修理修配劳务		16	—	—		—		—	—	—		—	—	—	—	—
	服务、不动产和无形资产		17	—	—		—		—	—	—		—				—
四、免税	货物及加工修理修配劳务		18				—		—	—	—		—	—	—	—	—
	服务、不动产和无形资产		19	—	—		—		—	—	—		—				—

表 2-6

增值税纳税申报表附列资料（二）

（本期进项税额明细）

税款所属时间：　　年　　月　　日至　　年　　月　　日

纳税人名称：（公章）　　　　金额单位：元至角分

一、申报抵扣的进项税额				
项目	栏次	份数	金额	税额
（一）认证相符的增值税专用发票	1=2+3			
其中：本期认证相符且本期申报抵扣	2			
前期认证相符且本期申报抵扣	3			
（二）其他扣税凭证	4=5+6+7+8a+8b			
其中：海关进口增值税专用缴款书	5			
农产品收购发票或者销售发票	6			
代扣代缴税收缴款凭证	7		—	
加计扣除农产品进项税额	8a	—	—	
其他	8b			
（三）本期用于购建不动产的扣税凭证	9			
（四）本期用于抵扣的旅客运输服务扣税凭证	10			
（五）外贸企业进项税额抵扣证明	11	—	—	
当期申报抵扣进项税额合计	12=1+4+11			
二、进项税额转出额				
项目	栏次	税额		
本期进项税额转出额	13=14至23之和			
其中：免税项目用	14			
集体福利、个人消费	15			
非正常损失	16			
简易计税方法征税项目用	17			
免抵退税办法不得抵扣的进项税额	18			
纳税检查调减进项税额	19			
红字专用发票信息表注明的进项税额	20			
上期留抵税额抵减欠税	21			
上期留抵税额退税	22			
其他应作进项税额转出的情形	23			
三、待抵扣进项税额				
项目	栏次	份数	金额	税额
（一）认证相符的增值税专用发票	24	—	—	—
期初已认证相符但未申报抵扣	25			
本期认证相符且本期未申报抵扣	26			
期末已认证相符但未申报抵扣	27			
其中：按照税法规定不允许抵扣	28			
（二）其他扣税凭证	29=30至33之和			
其中：海关进口增值税专用缴款书	30			
农产品收购发票或者销售发票	31			
代扣代缴税收缴款凭证	32		—	
其他	33			
	34			
四、其他				
项目	栏次	份数	金额	税额
本期认证相符的增值税专用发票	35			
代扣代缴税额	36	—	—	

表 2-7　　增值税纳税申报表附列资料（三）

（服务、不动产和无形资产扣除项目明细）

税款所属时间：　　年　　月　　日至　　年　　月　　日

纳税人名称：（公章）　　　　金额单位：元至角分

项目及栏次		本期服务、不动产和无形资产价税合计额（免税销售额）	服务、不动产和无形资产扣除项目				
			期初余额	本期发生额	本期应扣除金额	本期实际扣除金额	期末余额
		1	2	3	4=2+3	5（5≤1且5≤4）	6=4-5
13%税率的项目	1						
9%税率的项目	2						
6%税率的项目（不含金融商品转让）	3						
6%税率的金融商品转让项目	4						
5%征收率的项目	5						
3%征收率的项目	6						
免抵退税的项目	7						
免税的项目	8						

表 2-8　　增值税纳税申报表附列资料（四）

（税额抵减情况表）

税款所属时间：　　年　　月　　日至　　年　　月　　日

纳税人名称：（公章）　　　　金额单位：元至角分

一、税额抵减情况							
序号	抵减项目	期初余额	本期发生额	本期应抵减税额	本期实际抵减税额	期末余额	
		1	2	3=1+2	4≤3	5=3-4	
1	增值税税控系统专用设备费及技术维护费						
2	分支机构预征缴纳税款						
3	建筑服务预征缴纳税款						
4	销售不动产预征缴纳税款						
5	出租不动产预征缴纳税款						
二、加计抵减情况							
序号	加计抵减项目	期初余额	本期发生额	本期调减额	本期可抵减额	本期实际抵减额	期末余额
		1	2	3	4=1+2-3	5	6=4-5
6	一般项目加计抵减额计算						
7	即征即退项目加计抵减额计算						
8	合计						

表 2-9　　增值税减免税申报明细表

税款所属时间：　　年　　月　　日至　　年　　月　　日

纳税人名称：（公章）　　　　　　　　　　　　　　金额单位：元至角分

一、减税项目						
减税性质代码及名称	栏次	期初余额	本期发生额	本期应抵减税额	本期实际抵减税额	期末余额
		1	2	3=1+2	4≤3	5=3−4
合计	1					
	2					
	3					
	4					
	5					
	6					
二、免税项目						
免税性质代码及名称	栏次	免征增值税项目销售额	免税销售额扣除项目本期实际扣除金额	扣除后免税销售额	免税销售额对应的进项税额	免税额
		1	2	3=1−2	4	5
合计	7					
出口免税	8		—	—	—	—
其中：跨境服务	9		—	—	—	—
	10					
	11					
	12					
	13					
	14					
	15					
	16					

表 2-10

增值税纳税申报表

（小规模纳税人适用）

纳税人识别号：□□□□□□□□□□□□□□□□□□□□

纳税人名称（公章）： 金额单位：元至角分

税款所属期： 年 月 日至 年 月 日 填表日期： 年 月 日

	项目	栏次	本期数		本年累计	
			货物及劳务	服务、不动产和无形资产	货物及劳务	服务、不动产和无形资产
一、计税依据	（一）应征增值税不含税销售额（3%征收率）	1				
	税务机关代开的增值税专用发票不含税销售额	2				
	税控器具开具的普通发票不含税销售额	3				
	（二）应征增值税不含税销售额（5%征收率）	4	—		—	
	税务机关代开的增值税专用发票不含税销售额	5	—		—	
	税控器具开具的普通发票不含税销售额	6	—		—	
	（三）销售使用过的固定资产不含税销售额	7（7≥8）		—		—
	其中：税控器具开具的普通发票不含税销售额	8		—		—
	（四）免税销售额	9=10+11+12				
	其中：小微企业免税销售额	10				
	未达起征点销售额	11				
	其他免税销售额	12				
	（五）出口免税销售额	13（13≥14）				
	其中：税控器具开具的普通发票销售额	14				
二、税款计算	本期应纳税额	15				
	本期应纳税额减征额	16				
	本期免税额	17				
	其中：小微企业免税额	18				
	未达起征点免税额	19				
	应纳税额合计	20=15-16				
	本期预缴税额	21			—	—
	本期应补（退）税额	22=20-21			—	—

纳税人或代理人声明：	如纳税人填报，由纳税人填写以下各栏：
本纳税申报表是根据国家税收法律法规及相关规定填报的，我确定它是真实的、可靠的、完整的。	办税人员： 财务负责人： 法定代表人： 联系电话：
	如委托代理人填报，由代理人填写以下各栏：
	代理人名称（公章）： 经办人： 联系电话：

主管税务机关： 接收人： 接收日期：

2.3.5 增值税专用发票管理

2.3.5.1 专用发票的含义

增值税专用发票简称专用发票，是指增值税一般纳税人销售货物、提供应税劳务或应税行为开具的发票，是购买方支付增值税并可按照增值税法有关规定据以抵扣增值税进项税额的凭证。

专用发票由基本联次或基本联次附加其他联次构成，基本联次为发票联、抵扣联和记账联三联。发票联作为购买方核算采购成本和增值税进项税额的记账凭证；抵扣联作为购买方报送主管税务机关认证和留存备查的凭证；记账联作为销售方核算销售收入和增值税销项税额的记账凭证。其他联次用途由一般纳税人自行确定。

由于增值税实行凭国家印发的专用发票注明的税额进行抵扣的办法，专用发票对增值税的计算和管理起着决定性作用，因此必须正确使用专用发票，并加强监督管理。为规范增值税专用发票使用，进一步加强增值税征收管理，国家税务总局于2006年10月修订了《增值税专用发票使用规定》，从2007年1月起实施。

2.3.5.2 专用发票的日常管理

1）专用发票的使用

一般纳税人应通过增值税防伪税控系统使用专用发票。所称防伪税控系统是指经国务院同意推行的，使用专用设备和通用设备、运用数字密码和电子存储技术管理专用发票的计算机管理系统。所称专用设备是指金税卡、IC卡、读卡器和其他设备；所称通用设备是指计算机、打印机、扫描器具和其他设备；所称使用包括领购、开具、缴销、认证纸质专用发票及其相应的数据电文。

专用发票实行最高开票限额管理。最高开票限额是指单份专用发票开具的销售额合计数的上限额度，由一般纳税人申请，税务机关依法审批。最高开票限额为10万元及以下的，由区县级税务机关审批；最高开票限额为100万元的，由地市级税务机关审批；最高开票限额为1 000万元及以上的，由省级税务机关审批。

一般纳税人领购专用设备后，凭“最高开票限额申请表”“发票领购簿”到主管税务机关办理初始发行。所称初始发行是指主管税务机关将一般纳税人的下列信息载入空白金税卡和IC卡的行为：企业名称；税务登记代码；开票限额；购票限量；购票人员姓名、密码；开票机数量；国家税务总局规定的其他信息。

2）专用发票的领购

一般纳税人凭“发票领购簿”、IC卡和经办人身份证明领购专用发票。一般纳税人有下列情形之一的，不得领购、开具专用发票：

（1）会计核算不健全，不能向税务机关准确提供增值税销项税额、进项税额、应纳税额数据和其他有关增值税税务资料的。上列其他有关增值税税务资料的内容，由省、自治区、直辖市和计划单列市税务局确定。

（2）有《征管法》规定的税收违法行为，拒不接受税务机关处理的。

（3）有下列行为之一，经税务机关责令限期改正而仍未改正的：虚开专用发票；私自印制专用发票；向税务机关以外的单位和个人购买专用发票；借用他人专用发票；未按规定要求开具专用发票；未按规定保管专用发票和专用设备；未按规定申请办理防伪税控系统变更发行；未按规定接受税务机关检查。如有上列情形且已领购专用发票，主管税务机关应暂扣其结存的专用发票和IC卡。

3）专用发票的保管

纳税人有下列情形之一的，属于未按规定保管专用发票和专用设备：

（1）未设专人保管专用发票和专用设备。

（2）未按税务机关要求存放专用发票和专用设备。

（3）未将已确认的专用发票抵扣联装订成册。

（4）未经税务机关查验，擅自销毁专用发票基本联次。

4）专用发票的开具

其主要规定包括：

（1）专用发票开具的基本规定。一般纳税人销售货物或提供应税劳务，应向购买方开具专用发票；商业企业一般纳税人零售的烟、酒、食品、服装、鞋帽（不包括劳保专用部分）和化妆品等消费品不得开具专用发票；小规模纳税人部分行业（住宿业、鉴证咨询业、建筑业、工业以及信息传输、软件和信息技术服务业）可以自行开具专用发票，如不具备开具专用发票条件，可向主管税务机关申请代开；销售免税货物不得开具专用发票，但法律、法规及国家税务总局另有规定的除外。

（2）专用发票开具的基本要求。其主要包括：一是项目齐全，与实际交易相符；二是字迹清楚，不得压线、错格；三是发票联和税款抵扣联加盖发票专用章；四是按照增值税纳税义务的发生时间开具；五是一般纳税人销售货物或提供应税劳务可汇总开具专用发票，同时使用防伪税控系统开具“销售货物或提供应税劳务清单”，并加盖发票专用章。对不符合上列要求的专用发票，购买方有权拒收。

（3）专用发票的最高开票限额。专用发票实行最高开票限额管理，最高开票限额由一般纳税人申请，税务机关依法审批。自2007年9月1日起，一般纳税人专用发票最高开票限额审批权限下放至区县税务机关、地市税务机关进行监督检查。

5）专用发票的缴销

专用发票的缴销是指主管税务机关在纸质专用发票监制章处按“V”字剪角作废，同时作废相应的专用发票数据电文。

一般纳税人注销税务登记或转为小规模纳税人，应将专用设备和结存未用的纸质专用发票送交主管税务机关。主管税务机关应缴销其专用发票，并按有关安全管理的要求处理专用设备，被缴销的纸质专用发票应退还纳税人。

2.3.5.3 专用发票的特定管理

1）丢失专用发票的税务处理

其主要规定包括：

（1）丢失发票联。一般纳税人丢失已开具的发票联，可将抵扣联作为记账凭证，抵扣联复印件留存备查。

（2）丢失抵扣联。一般纳税人丢失已开具的抵扣联，可使用发票联复印件留存备查。

（3）丢失发票联和抵扣联。一般纳税人丢失已开具的发票联和抵扣联，购买方凭销售方提供的相应专用发票记账联复印件及销售方所在地主管税务机关出具的证明单，经购买方主管税务机关审核同意后，可作为增值税进项税额的抵扣凭证。

2）作废专用发票的税务处理

一般纳税人开具专用发票时发现有误的，可即时作废专用发票；一般纳税人在开具专用发票当月，发生销货退回、开票有误等情形，收到退回的发票联、抵扣联同时符合下列作废条件的，应按作废处理：

（1）收到退回的发票联、抵扣联时间未超过销售方开票当月。

（2）销售方未抄税并且未记账。

（3）购买方未认证或认证结果为“纳税人识别认证不符”或“专用发票代码、号码认证不符”。

作废专用发票须在防伪税控系统中将相应的数据电文按“作废”处理，在纸质专用发票（含未打印的专用发票）各联次上注明“作废”字样，全联次留存。

3）红字专用发票的税务处理

一般纳税人开具专用发票后，发生销货退回、开票有误等情形但不符合作废条件的，或因销货部分退回及发生销售折让的，购买方应要求销售方开具红字专用发票，其基本程序为“纳税人申请开具红字发票—税务机关审核—税务机关开通知单—纳税人开具红字专用发票—购买方账务处理”等。

4）善意取得虚开专用发票的税务处理

纳税人善意取得虚开的增值税专用发票是指购货方与销售方存在真实交易，且购货方不知取得的增值税专用发票是以非法手段获得的，可按下列规定办理：

（1）纳税人善意取得虚开的增值税专用发票，如能重新取得合法、有效的专用发票准予其抵扣进项税额。

（2）如不能重新取得合法、有效的专用发票，不准其抵扣进项税额或追缴其已抵扣的进项税额。

（3）纳税人善意取得虚开的专用发票被依法追缴已抵扣税款的，不属于《税收征收管理法》中“纳税人未按照规定期限缴纳税款”的情形，也不适用“税务机关除责令限期缴纳外，从滞纳税款之日起，按日加收滞纳税款5‰的滞纳金”的规定。

2.3.5.4　专用发票的代开管理

为进一步加强税务机关代开专用发票管理，防范不法分子利用代开专用发票进行偷骗税活动，优化税收服务，2004年12月国家税务总局制定了《税务机关代开增值税专用发票管理办法（试行）》，并于2005年1月起实施。其内容主要包括：

（1）代开专用发票的含义。代开专用发票是指主管税务机关为所辖范围内的增值税纳税人代开专用发票，其他单位和个人不得代开。所称增值税纳税人（以下简称纳税人）是指已办理税务登记的小规模纳税人（包括个体经营者），以及国家税务总局确定的其他可予代开增值税专用发票的纳税人。

（2）代开专用发票的要求。主管税务机关应分别设立代开专用发票岗位和税款征收岗位，并分别确定专人负责代开专用发票和税款征收工作。

代开专用发票统一使用增值税防伪税控代开票系统；非防伪税控代开票系统开具的代

开专用发票，不得作为增值税进项税额抵扣凭证。防伪税控代开票系统由防伪税控企业发行岗位按规定发行。

（3）代开专用发票的申请。纳税人发生增值税应税行为、需要开具专用发票时，可向其主管税务机关申请代开。纳税人申请代开专用发票时，应填写“代开增值税专用发票缴纳税款申报单”（以下简称申报单），连同税务登记证副本，到主管税务机关税款征收岗位按专用发票上注明的税额全额申报缴纳税款，同时缴纳专用发票工本费。

（4）代开专用发票的审核。主管税务机关征收岗位收到申报单后，应对以下事项进行审核：是否属于本税务机关管辖的增值税纳税人；申报单上增值税征收率填写和税额计算是否正确。

征收岗位审核无误后，通过防伪税控代开票征收子系统录入申报单的相关信息，按照申报单上注明的税额征收税款，开具税收完税凭证，并将有关征税电子信息及时传递给代开发票岗位，同时收取专用发票工本费。

（5）代开专用发票的开具。纳税人缴纳税款后，凭申报单和税收完税凭证及税务登记证副本，到代开专用发票岗位申请代开专用发票。

代开发票岗位确认税款征收岗位传来的征税电子信息与申报单和税收完税凭证上的金额、税额相符后，按照申报单、完税凭证和专用发票一一对应的原则，即“一单一证一票”原则，为增值税纳税人代开专用发票。纳税人在代开专用发票的备注栏上，加盖本单位的财务专用章或发票专用章。

为纳税人代开的专用发票应统一使用六联专用发票，第五联代开发票岗位留存，以备发票的扫描补录；第六联交税款征收岗位，用于代开发票税额与征收税款的定期核对；其他联次交增值税纳税人。

2.4 增值税出口退税

2.4.1 增值税的出口退税政策

增值税出口货物退税是世界各国普遍的做法，其目的是鼓励货物出口、增强其国际竞争力。我国对出口货物规定零税率，并实行出口退（免）税的优惠政策。根据2005年3月国家税务总局制定的《出口货物退（免）税管理办法（试行）》和2012年3月财政部、国家税务总局发布的《关于出口货物劳务增值税和消费税政策的通知》，有关出口货物退（免）税的管理规定包括：

2.4.1.1 出口免税并退税

（1）基本含义。增值税的出口免税并退税是指出口货物免予征税，且给予退税。增值税的出口免税指对货物在出口环节不征增值税，即将货物出口环节与出口前的销售环节都同样视为一个征税环节；出口退税指对货物在出口前实际承担的增值税税额，按规定的退税率计算后予以退还（对某些出口额小于总销售额50%的企业则按进项税额抵扣）。

（2）基本条件。国家给予出口免税并退税的货物应满足的条件：一是属于增值税、消费税征税范围的货物；二是报关离境的货物；三是在财务上作销售处理的货物；四是出口收汇并已核销的货物。

下述企业出口的货物除另有规定外，满足上述条件的享有该政策优惠：①生产企业自营出口或委托外贸企业代理出口的自产货物。②有出口经营权外贸企业收购后直接出口或委托其他外贸企业代理出口的货物。③国家特准规定特定出口的货物，如对外承包工程公司运出境外用于对外承包项目的货物；对外承接修理修配业务的企业用于对外修理修配的货物等。

2.4.1.2 出口免税不退税

1）基本含义

出口免税的含义与上述的内容相同。不退税是指适用免税政策的出口货物，因在前一道生产、销售环节或进口环节是免税的，该货物出口时本身就不含税，也无须退税。

2）适用范围

出口免税不退税的适用范围主要包括以下几个方面：

（1）属于生产企业的小规模纳税人自营出口或委托外贸企业代理出口的自产货物。

（2）外贸企业从小规模纳税人购进并持普通发票的出口货物免税，但对列举的12类出口货物考虑其所占比重较大及其生产、采购的特殊因素，特准给予退税。

（3）外贸企业直接购进国家规定的免税货物（包括免税农产品）出口的，免税但不予退税。

（4）来料加工复出口的货物，原材料进口免税，加工自制货物出口不退税。

（5）避孕药品和用具、古旧图书，内销免税，出口也免税。

（6）有出口卷烟权的企业出口国家计划内的卷烟在生产环节免征增值税和消费税，出口环节不办理退税。

（7）军品及军队系统企业出口军需工厂生产或军需部门调拨的货物免税。

（8）国家规定的其他免税货物，如农业生产者销售的自产农产品、饲料、农膜等。

2.4.1.3 出口不免税也不退税

1）基本含义

出口不免税是指对国家限制或禁止出口的某些货物的出口环节，视同内销环节照常征税；出口不退税的含义与上述的内容相同。

2）适用范围

出口不免税也不退税的适用范围主要包括以下几个方面：①国家计划外出口的原油。②对一般物资援助项目下出口的货物，实行出口不退税政策。但对利用中国政府的援外优惠贷款和合作项目基金方式下出口的货物，实行出口退税政策。③税法列举限制或禁止出口的货物，如天然牛黄、麝香、铜及铜基合金、白银等。

上述三种政策形式是就国家出口货物总体税收政策而言的，并不因国家调低或调高退税率、调整退税范围和退税计算方法而改变。

2.4.2 增值税的出口货物退税率

2.4.2.1 退税率的调整

我国增值税出口货物的退税率自1994年实施以来，陆续进行了多次调整，不断规范出口退税制度。其主要调整内容：一是逐步取消“高耗能、高污染、资源性”产品的出口退税，如濒危动植物及其制品、部分矿产品、化工产品等；二是逐步降低容易引起贸易摩擦的商品的出口退税率，如服装、鞋帽、箱包、玩具、摩托车、家具等；三是将部分商品的出口退税改为出口免税，如花生果仁、油画、雕饰板和邮票等。

2.4.2.2 退税率

根据财政部、国家税务总局财税〔2003〕222号、〔2003〕238号、〔2007〕90号和〔2018〕32号等的规定，出口退税率为16%、15%、14%、13%、10%、9%、8%、6%和5%。财政部、国家税务总局、海关总署〔2019〕39号规定，原适用16%的税率且出口退税率为16%的出口货物劳务，出口退税率调整为13%；原适用10%的税率且出口退税率为10%的出口货物、跨境应税行为，出口退税率调整为9%。适用13%的税率的境外旅客购物离境退税物品，退税率为11%；适用9%的税率的境外旅客购物离境退税物品，退税率为8%。目前退税率有13%、11%、10%、9%、8%和6%等。

2.4.3 增值税的出口货物退税额计算

2.4.3.1 免抵退税的计算方法

1）免抵退税原理

免抵退税的计算方法最初是针对既有出口又有内销的生产企业而制定的一种特殊的出口退税的计算方法，后推广到所有的生产性企业。该方法既能缓解出口退税对国家财政的压力，又能防范企业利用虚假会计核算来骗取出口退税。

实行免抵退税管理办法的"免税"是指生产企业出口的自产货物，免征本企业生产销售环节增值税；"抵税"是指生产企业出口自产货物所耗用的原材料、零部件、燃料、动力等所含应予以退还的进项税额，抵顶内销货物的应纳税额；"退税"是指生产企业出口的自产货物在当月内应抵顶的进项税额大于应纳税额时，对未抵顶完的部分予以退税。

2）免抵退税额的计算

假定生产企业外购原材料，其中一部分用于生产内销产品，另一部分用于生产出口产品，企业为生产出口产品而外购免税原材料，这部分免税原材料是不能退税的，计算退税时应予以扣除（如果企业当期没有购进免税原材料的价格，公式中的免抵退税额的抵减额可视为0，不用计算）。免抵退税额的计算步骤如下：

（1）计算当期免抵退税不得免征和抵扣税额。其计算公式为：

$$\text{当期免抵退税不得免征和抵扣税额}=\left(\text{出口货物离岸价}\times\text{外汇人民币牌价}-\text{免税购进原材料价格}\right)\times\left(\text{出口货物征税率}-\text{出口货物退税率}\right)$$

（2）计算当期应纳税额。其计算公式为：

$$\text{当期应纳税额}=\text{当期内销货物的销项税额}-\left(\text{当期进项税额}-\text{当期免抵退税不得免征和抵扣税额}\right)-\text{上期留抵税额}$$

结果为正数，表明企业应纳税；结果为负数，表明企业可退税（当期期末留抵税额）。

（3）计算当期免抵退税额。其计算公式为：

当期免抵退税额=（出口货物离岸价×外汇人民币牌价−免税购进原材料价格）×出口货物退税率

（4）应退税额：比较上述（2）当期期末留抵税额与（3）当期免抵退税额，当期应退税数额取较小值。

如当期期末留抵税额<当期免抵退税额，则：

当期应退税额=当期期末留抵税额

当期免抵税额=当期免抵退税额-当期应退税额

如当期期末留抵税额>当期免抵退税额，则：

当期应退税额=当期免抵退税额

当期免抵税额=0

期末留抵税额=当期期末留抵税额-当期免抵退税额，下期继续抵扣。

课堂训练 2-26

某自营进出口公司为增值税一般纳税人，适用增值税税率为13%，退税率为10%。某纳税年度5月和6月的生产经营情况如下：

（1）5月：外购原材料、燃料取得专用发票，注明支付价款1 000万元、增值税税额130万元，材料、燃料已验收入库；外购动力已取得专用发票，注明支付价款130万元、增值税税额16.9万元；以外购原材料80万元委托某公司加工货物，支付加工费取得专用发票，注明价款50万元、增值税税额6.5万元，支付加工货物的不含税运输费用10万元并取得运输公司开具的专用发票。内销货物取得不含税销售额300万元，支付销售货物不含税运输费用18万元并取得运输公司开具的专用发票；出口货物取得销售额500万元。

（2）6月：免税进口料件一批，支付国外买价300万元，运抵我国海关前的运输费用、保管费用和装卸费用50万元，该料件进口关税税率为20%，料件已验收入库；出口货物取得销售额600万元；内销货物600件，开具普通发票，取得含税销售额300万元；将与内销货物相同的资产货物200件用于本企业基建工程，货物已移送。

要求：采用免抵退税法计算企业5月和6月应纳（或应退）的增值税。

1）5月应纳（或应退）的增值税计算过程和结果如下：

（1）进项税额：外购原材料、燃料为130万元；外购动力为16.9万元；委托加工业务为7.4万元（6.5+10×9%）；销售货物运输费为1.62万元（18×9%）。进项税额合计155.92万元（130+16.9+7.4+1.62）。

（2）当期免抵退税不得免征和抵扣税额=500×（13%-10%）=15（万元）

（3）当期应纳税额=300×13%-（155.92-15）=-101.92（万元）

（4）出口货物免抵退税额=500×10%=50（万元）

（5）应退税额=50万元

（6）下月留抵税额=101.92-50=51.92（万元）

2）6月应纳（或应退）的增值税计算过程和结果如下：

（1）免税进口料件组成计税价格=（300+50）×（1+20%）=420（万元）

（2）当期免抵退税不得免征和抵扣税额=（600－420）×（13%-10%）=5.4（万元）

（3）当期应纳税额=300÷600×800÷（1+13%）×13%-（0-5.4）-51.92=-0.5（万元）

（4）出口货物免抵退税额=（600-420）×10%=18（万元）

（5）应退税额=0.5万元

（6）当期免抵税额=18-0.5=17.5（万元）

2.4.3.2　先征后退的计算方法

1）外贸企业退税

外贸企业及实行外贸企业财务制度的工贸企业收购货物出口，其出口销售环节免征增值税；其收购货物的成本部分，因外贸企业在支付收购货物货款的同时也支付了生产经营该类商品的企业已缴的增值税税款，所以在货物出口后按收购成本与退税率计算退税给外贸企业，征、退税之差计入企业成本。

外贸企业出口货物增值税退税额应依据购进出口货物增值税专用发票上所注明的进项金额和退税率计算。其计算公式为：

应退税额=收购的不含增值税购进金额×退税率

2）外贸企业收购小规模纳税人出口货物的退税

其主要规定包括：

（1）小规模纳税人使用普通发票的出口退税。从小规模纳税人购进持普通发票特准退税的抽纱、工艺品等12类出口货物，实行出口货物免税并退税的办法。其计算公式为：

应退税额=普通发票所列金额÷（1+征收率）×6%或5%

（2）小规模纳税人使用专用发票的出口退税。从小规模纳税人购进税务机关代开的增值税专用发票的出口货物应退税额的计算公式为：

应退税额=增值税专用发票注明的金额×6%或5%

3）外贸企业委托生产企业加工出口货物的退税

外贸企业委托生产企业加工收回后报关出口的货物，按购进国内原辅材料的增值税专用发票上注明的计税金额，依原辅材料的退税率计算原辅材料应退税额。支付的加工费以受托方开具货物的退税率，计算加工费的应退税额。

2.4.3.3　特殊货物的计算方法

（1）不退税货物税额的计算。出口企业（包括外贸企业和生产企业）出口不予退（免）税的货物，应分别按下列公式计提销项税额：

一般纳税人销项税额=（出口货物离岸价格×外汇人民币牌价）÷（1+法定增值税税率）×法定增值税税率

小规模纳税人应纳税额=（出口货物离岸价格×外汇人民币牌价）÷（1+征收率）×征收率

出口企业以进料加工贸易方式出口不予退（免）税货物的，须按照复出口货物的离岸价格与所耗用进口料件的差额计提销项税额或计算应纳税额。出口企业以来料加工复出口方式出口不予退（免）税货物的，继续予以免税。

不予退（免）税的货物若为应税消费品，须按现行有关税收政策规定计算缴纳消费税。

（2）转入成本进项税额的计算。免税出口卷烟转入成本的进项税额，按出口卷烟含消费税的金额占全部销售额的比例计算分摊。计算出口卷烟含税金额如下：

出口卷烟含税金额=（出口数量×销售价格）÷（1-消费税税率）×征收率

上述公式中，当出口卷烟同类产品国内销售价格低于税务机关公示的计税价格时，其销售价格为税务机关公示的计税价格；当出口卷烟同类产品国内销售价格高于税务机关公示的计税价格时，其销售价格为实际销售价格。

2.4.4 小规模纳税人的出口免税

2.4.4.1 小规模纳税人出口免税的政策

小规模纳税人出口货物，免征增值税、消费税，但其进项税额不予抵扣或退税。

2.4.4.2 小规模纳税人出口征税的政策

1）出口征税的基本规定

小规模纳税人出口下列货物，除另有规定者外，应征收增值税。下列货物为应税消费品的，若小规模纳税人为生产企业，还应征收消费税：国家规定不予退（免）增值税、消费税的货物；未进行免税申报的货物；未在规定期限内办理免税核销申报的货物；虽已办理免税核销申报，但未按规定向税务机关提供有关凭证的货物；经主管税务机关审核不批准免税核销的出口货物；未在规定期限内申报开具“代理出口货物证明”的货物。

2）出口征税的税额计算

上述小规模纳税人出口货物应征税额按以下方法确定：

（1）增值税应征税额的计算。其计算公式为：

增值税应征税额=（出口货物离岸价×外汇人民币牌价）÷（1+征收率）×征收率

（2）消费税应征税额的计算。其计算公式为：

①实行从量定额征税办法的出口应税消费品。其计算公式为：

消费税应征税额=出口应税消费品数量×消费税单位税额

②实行从价定率征税办法的出口应税消费品。其计算公式为：

消费税应征税额=（出口应税消费品离岸价×外汇人民币牌价）÷（1+增值税征收率）×消费税适用税率

③实行从量定额与从价定率相结合征税办法的出口应税消费品。其计算公式为：

$$\text{消费税应征税额}=\text{出口应税消费品数量}\times\text{消费税单位税额}+\left(\text{出口应税消费品离岸价}\times\text{外汇人民币牌价}\right)\div\left(1+\text{增值税征收率}\right)\times\text{消费税适用税率}$$

上述出口货物的离岸价及出口数量，以出口发票上的离岸价及出口数量为准（委托代理出口的，出口发票可以是委托方开具的或受托方开具的），若出口价格以其他价格条件成交，应扣除按会计制度规定允许冲减出口销售收入的运费、保险费、佣金等。若出口发票不能真实反映离岸价及出口数量，小规模纳税人应当按照离岸价及真实出口数量申报，税务机关有权按照税法有关规定予以核定。

2.4.5 增值税的出口退税管理

（1）出口退税管理的范围。出口商自营或委托出口的货物，除另有规定外，可在货物报关出口并在财务上作销售核算后，凭有关凭证报送所在地税务机关批准退免增值税。出口商包括对外贸易经营者、没有出口经营资格委托出口的生产企业、特定退（免）税的企业和个人。个人（包括外国人）是指注册登记为个体工商户、个人独资企业或合伙企业的纳税人。

（2）出口退税认定管理。对外贸易经营者按照《中华人民共和国对外贸易法》和商务部《对外贸易经营者备案登记办法》的规定，直接办理备案登记；没有出口经营资格的生产企业委托出口自产货物，应分别在备案登记、代理出口协议签订之日起30日内，持有关资料到所在地税务机关办理出口货物退（免）税认定手续；对特定退（免）税的企业和人员办理出口货物退（免）税的认定手续，按国家有关规定执行。

（3）出口退税申报受理。出口商应在规定期限内，使用国家税务总局认可的出口货物退（免）税电子申报系统生成电子申报数据，如实填写出口货物退（免）税申报表，在规定期限内向税务机关申报办理出口货物退（免）税手续。经税务机关初步审核，出口商报送的申报资料、电子申报数据及纸质凭证齐全的，可受理出口货物退（免）税申报；申报材料不齐的，除另有规定外，可要求出口商补齐。受理合格后，应为出口商出具回执。

（4）出口退税审核批准。税务机关受理出口商出口货物退（免）税申报后，应在规定时间内对申报凭证、资料的合法性、准确性进行审查核实。在人工审核后，应当使用出口货物退（免）税电子化管理系统进行计算机审核，将出口商申报的电子数据、凭证、资料与税务等有关部门传递的出口货物报关单、代理出口证明、增值税专用发票等电子信息进行核对，经审核符合有关规定的，税务机关应按有关规定办理退库或调库手续。

（5）出口退税日常管理。出口退税日常管理办法主要包括：建立出口货物退（免）税评估机制和监控机制，强化出口货物退（免）税管理，防止骗税案件的发生；做好出口货物退（免）税电子数据的接收、使用和管理工作，保证出口货物退（免）税电子化管理系统的安全，定期做好电子数据备份及设备维护工作；建立出口货物退（免）税凭证、资料的档案管理制度，有关凭证和资料一般应当保存10年。出口商发生依法应终止出口退（免）税事项的，或注销出口货物退（免）税认定的，以及被停止一定期限出口退税权的，税务机关应及时结清出口商出口货物的退（免）税款。

（6）出口退税违章处理。对未按规定办理出口货物退（免）税认定、变更或注销认定手续的，未按规定设置、使用和保管有关出口货物退（免）税账簿、凭证、资料的，按照《征管法》第六十条的规定予以处罚。出口商拒绝税务机关检查或拒绝提供有关出口货物退（免）税账簿、凭证、资料的，按照《征管法》第七十条的规定予以处罚；以假报出口或其他欺骗手段骗取国家出口退税款的，按照《征管法》第六十六条的规定处理，同时经省级以上（含省级）税务局批准可停止其6个月以上的出口退税权；违反规定需采取税收保全措施和税收强制执行措施的，按照《征管法》的有关规定执行。

增值税的其他征收管理事项按照《征管法》及其实施细则等相关规定执行。

本章小结

- 增值税是对纳税人在生产经营过程中实现的增值额征收的一种税。我国的增值税是指对在中华人民共和国境内销售货物、进口货物或提供加工、修理修配劳务和应税行为的单位和个人，以其实现的增值额为征税对象征收的一种税。
- 增值税税法是国家制定的用以调整国家与增值税纳税人之间征纳活动的权利和义务关系的法律规范。它的基本法律依据是2017年11月国务院修订的《中华人民共和国增值税暂行条例》等。
- 凡在中国境内销售货物、进口货物和提供加工、修理修配劳务，以及提供应税行为的单位和个人为增值税的纳税人，包括基本税率（13%）、低税率（9%、6%）和零税率4档税率，以及按简易办法计税的征收率（5%、3%等）。
- 增值税一般纳税人应纳增值税税额是销项税额减去进项税额后的余额。销项税额指纳税人销售货物或提供应税劳务，按照应税销售额和规定税率计算并向买方收取的增值税税额；进项税额指纳税人购进货物或接受应税劳务所支付或负担的增值税税额。

- 增值税实行出口免税并退税、出口免税不退税、出口不免税也不退税的政策，其中免税指对货物在出口环节不征增值税；退税指对货物在出口前实际承担的税收负担，按规定的退税率计算后予以退还。

关键概念

增值税法　增值税　增值额　销项税额　进项税额　混合销售　出口退税　专用发票

复习思考题

1. 如何理解增值额和增值税的特点？
2. 增值税的类型有哪些？试比较各类型的差异。
3. 增值税税率是如何规定的？优惠政策包括哪些内容？
4. 如何理解增值税的计税原理及应纳税额的计算？
5. 增值税出口退（免）税政策是什么？

章后客观题及参考答案2

第3章

流转税税法

——消费税法

学习目标

正确认识消费税的现实意义。

理解消费税的概念、由来及特点。

掌握消费税的基本法律内容。

熟悉消费税的计算与征收管理。

把握消费税出口退（免）税的基本政策。

案例导引　绿色税收视角下消费税的改革取向

绿色税收又称环境税收，是指对投资于防治污染或环境保护的纳税人给予的税收优惠，或对污染行业和污染物的使用所征收的税。从绿色税收的内容上看，不仅包括为环保而特定征收的各种税，还包括为环境保护而采取的各种税收措施。随着绿色税收理论在我国的提出和应用，如何建立绿色税收制度，以保护和改善我国的环境，促进国民经济的可持续发展，已成为政府及税收理论界面临的一个重要课题。

消费税征税对象包括汽油、柴油、小汽车和木制一次性筷子等，与环境保护有比较密切的联系，在一定程度上起到了减少消费、降低污染、保护环境的作用。因此，消费税已被许多国家纳入绿色税收体系的研究范围。2006年我国消费税改革在理论和实践上取得了良好的成效，并从2008年9月起提高大排量乘用车的消费税税率、降低小排量乘用车的消费税税率，2015年2月将电池和涂料纳入征税范围。但从消费税制整体上看，征税范围过窄、税率设计不规范，在保护地球生态环境和谐方面效率不高，应通过征税范围和税率的调整，加大对危害环境行为的征税力度，以充分发挥消费税绿色税收的作用。

(1) 扩大征税范围。结合当前我国社会经济形势发展和消费水平变化情况，适当扩大消费税的课征范围，进一步将对环境有破坏作用的消费和生产行为纳入征税范围，如煤炭、高档建筑装饰材料等，不可降解塑料制品及用其制造的产品等，排放二氧化碳及氟、氯、氰等的产品，以及一次性纸尿布和一次性塑料袋等。

（2）调整税负水平。实行差别税率，对高污染产品高税，对环保品低税或免税。如适当提高汽油（特别是含铅汽油）、柴油、鞭炮、焰火等应税消费品的税率，对大排量的小轿车、越野车、游艇应征收较高的消费税；而对于绿色产品、清洁产品等环保品应征收较低的消费税，对使用“绿色”燃料的汽车免征消费税等。

讨论：结合我国国情谈谈绿色税收对于我国可持续发展的意义。

消费税法是流转税法的重要组成部分。消费税为世界各国所普遍征收，目前有120多个国家征收消费税，尤其是一些发展中国家，消费税在财政收入中占有重要的地位。我国的消费税是对增值税的有益补充，即在增值税对货物征税的基础上，有选择地对一部分特殊消费品征收消费税。2019年我国国内消费税收入12 562亿元，同比增长18.2%，占全国税收收入（157 992亿元）的7.95%

3.1 消费税基础知识

3.1.1 消费税的概念

3.1.1.1 消费税的含义

从一般意义上说，消费税是对消费品或消费行为征收的一种税。在我国，消费税是指对在中国境内从事生产、委托加工和进口应税消费品的单位和个人，就其销售额或销售数量在特定环节征收的一种税。

消费税法是国家制定的调整消费税征收与缴纳之间权利与义务关系的法律规范。它的基本法律依据是2008年11月国务院修订的《中华人民共和国消费税暂行条例》、2008年12月财政部制定的《中华人民共和国消费税暂行条例实施细则》等。

3.1.1.2 消费税的由来

消费税是世界各国广泛实行的一个税种，主要是对特殊消费品和消费行为征税，且在各国税收收入中占有较大的比重，特别是发展中国家大多以商品课税为主体，而消费税又是商品课税中的一个主要税种，其地位十分重要。19世纪以来，由于以所得税为主体的直接税制的发展，消费税占各国税收收入的比重有所下降，但因其具有独特的调节作用，故仍受到各国的普遍重视与运用。

我国对消费品的课税由来已久，早在周朝征收的“山泽之赋”就具有消费税性质；在西汉时对酒的课征，体现了“寓禁于征”的政策；以后各代征收的酒税、烟税和茶税等均属消费税的范畴。中华人民共和国成立后，1950年1月全国统一设置的14种税中就有特种消费行为税；1953年税制改革时取消了特种消费行为税，但筵席、舞场等税目并入营业税中；1988年开征筵席税，属于消费行为征税；1993年12月国务院颁布了《中华人民共和国消费税暂行条例》，并于1994年开始实施；为适应经济发展的新要求，2008年11月国务院修订了《中华人民共和国消费税暂行条例》，2006年和2015年两次调整其征税范围。

3.1.2 消费税的特点和作用

3.1.2.1 消费税的特点

消费税是一个具有“刚性”的流转税，但只对特殊消费品的销售额和销售数量进行征税，这与其他流转税尤其是增值税相比，有其不同的特点：

（1）征税范围的选择性。我国消费税征税范围虽然是消费品，但并不是对所有的消费品都征收消费税，只是选择了一部分特殊消费品、奢侈品、高能耗消费品和不可再生的稀缺资源消费品等作为征收对象，而非人们生活的必需品。与国外消费税相比，我国的征税范围偏窄，未包括对特殊消费行为的征税。

（2）纳税环节的单一性。消费税主要在生产者出厂销售或从国外进口应税消费品时进行征税，一般在其他环节（如流通、消费等环节）不再征税，这就是通常所说的一次课征制。用外购已税消费品继续生产应税消费品销售的，采取扣除已纳（代收）税额办法避免重复课征消费税。

（3）征收方法的灵活性。为适应不同应税消费品的情况和便于核算、计征的要求，消费税采取从价计征、从量计征、复合计征3种方法进行征税。对一部分价格变化较大且便于按价格核算的应税消费品实行从价计征；对一部分价格变动较小，品种、规格比较单一的大宗应税消费品实行从量计征；对卷烟、白酒实行从价与从量相结合的复合计征办法。

（4）适用税率的差别性。从理论与实践上说，消费税实行差别税率，可以更好地发挥其独特的调节功能。因此，我国消费税根据不同消费品的种类、档次、结构、功能或消费品某一成分的含量以及市场供求状况和消费品价格水平等情况，制定了高低不同的比例税率和定额税率，以体现国家的特定调节政策。

（5）税收负担的转嫁性。增值税是一种价外税，而消费税是一种价内税，即消费税税款含在应税消费品价格之中。因此，消费税无论在哪个环节征收，消费品中所含的消费税税款最终都是由购买应税消费品者所负担，生产销售应税消费品的企业和个人虽是纳税人，但其所缴纳的税款最终转嫁到了消费者身上。

3.1.2.2 消费税的作用

消费税的内涵及特点决定了其在税制和社会经济发展中的重要地位，其作用主要表现在以下几个方面：

（1）优化资源配置，体现产业政策。消费税对不可再生和替代的能源产品课税，可保证稀缺资源的有效利用；对有害人类健康、社会秩序和生态环境的特殊消费品及高能耗、高档消费品征税，则可达到“寓禁于征”的目的；对特定消费品征收消费税，体现了国家的产业政策，从而达到引导公众的生产和消费行为，优化产业结构与产品结构，实现资源优化配置的目的。

（2）抑制超前消费，调整消费结构。针对消费膨胀和消费结构不合理等现象，在消费税立法中，对人们日常消费的基本生活用品和企业正常生产的消费物品不征消费税，只对目前属于奢侈品或超前消费的物品以及其他非基本生产用品征收消费税，以达到抑制超前消费和集团消费、引导合理消费、调整消费结构的目的。

（3）调节支付能力，缓解分配不公。个人生活水平或贫富状况，在很大程度上体现其支付能力。通过对某些奢侈品或特殊消费品征收消费税，使高收入者的高消费受到一定程度的抑制，低收入者或消费基本生活用品的消费者不负担消费税。因此，消费税有利于配合个人所得税和其他有关税种调节收入水平，缓解目前存在的社会分配不公的矛盾。

（4）稳定税收来源，保证财政收入。消费税是价内税，税额的实现不受成本等因素的影响，且消费税应税品目大多是使用广泛、消费量大的重点税源行业的商品，其税源稳定、可靠；同时按消费品的销售额或销售数量征收消费税，使税收与应税消费品生产的增长趋势相适应，以保证财政收入的稳定增长。

3.2 消费税基本法律

3.2.1 消费税的征税范围

我国现行消费税的征税范围为在中国境内生产、委托加工和进口的应税消费品。其主要包括以下几个方面：

（1）特殊消费品。一些特殊消费品如果过度消费，会对人类健康、社会秩序和生态环境等造成危害，对这些消费品征收消费税，可以抑制其消费，如烟、酒、鞭炮、焰火等。

（2）非生活必需消费品。通过对非生活必需品或奢侈品征收消费税，可以调节消费者的收入水平，如高档化妆品、贵重首饰、珠宝玉石、高档手表和高尔夫球及球具等。

（3）高能耗及高档消费品。这类消费品不仅价格昂贵，而且消耗能源较多，属于少数人消费的高档消费品，对其征税体现了国家对高消费的一种特殊调节，如摩托车、小汽车等。

（4）不可再生和稀缺资源消费品。对这类消费品征税体现了国家对稀缺资源的合理配置，通过征税限制其消费、节约能源，如成品油、木制一次性筷子和实木地板等。

税法Q&A 3-1

国际上消费税征收范围的分类有哪些？

税法Q&A 3-1

3.2.2 消费税的纳税人

在中国境内生产、委托加工和进口税法规定的应税消费品的单位和个人为消费税的纳税人。其中：在中国境内是指生产、委托加工和进口属于应当缴纳消费税的消费品的起运地或所在地在境内；单位是指企业、行政单位、事业单位、军事单位、社会团体和其他单位；个人是指个体工商户及其他个人。

3.2.3 消费税的税目和税率

微课3-1

消费税的税目、税率

3.2.3.1 消费税的税目

消费税税目设置的基本原则是：尽量简化、科学；征税目的明确；课税对象清晰；兼顾历史习惯。对税源大、界线清楚的，单设税目；对种类、规格、等级较为复杂和需要区别对待的，征税项目下设子目和细目。我国现行消费税设置了15个税目，具体名称和内涵如下：

1）烟

凡是以烟叶为原料加工生产的产品，不论使用何种辅料，均属于该税目的征收范围，具体包括卷烟（进口卷烟、白包卷烟、手工卷烟和未经国务院批准纳入计划的企业及个人生产的卷烟）、雪茄烟和烟丝。

从2001年12月起，对既有自产卷烟，又委托联营企业加工与自产卷烟牌号和规格相同卷烟的工业企业，从联营企业购进后再直接销售的卷烟，对外销售时不论是否加价，凡符合下列国家规定条件的，不再征收消费税；不符合条件的，则征收消费税：

（1）回购企业在委托联营企业加工卷烟时，除提供给联营企业所需加工卷烟牌号以外，还需同时提供税务机关已公示的消费税计税价格。联营企业必须按照已公示的调拨价格申报缴税。

（2）回购企业将联营企业加工卷烟回购后再销售的卷烟，其销售收入应与自产卷烟的销售收入分开核算，以备税务机关检查；如不分开核算，则一并计入自产卷烟销售收入征收消费税。

2）酒

酒是指酒精度在1度以上的各种酒类饮料，包括粮食白酒、薯类白酒、黄酒、啤酒和其他酒。

对饮食业、商业、娱乐业举办的啤酒屋（啤酒坊）利用啤酒生产设备生产的啤酒，征收消费税；果啤属于啤酒，按啤酒征收消费税；葡萄酒属于“其他酒”，按“其他酒”征收消费税。

3）高档化妆品

高档化妆品的征收范围包括高档美容、修饰类化妆品，高档护肤类化妆品，成套化妆品。高档美容、修饰类化妆品和高档护肤类化妆品是指生产（进口）环节销售（完税）价格（不含增值税）在10元/毫升（克）或15元/片（张）及以上的美容、修饰类化妆品和护肤类化妆品。舞台、戏剧、影视演员化妆用的上妆油、卸妆油、油彩不属于本税目的征收范围。

4）贵重首饰及珠宝玉石

贵重首饰及珠宝玉石的征收范围包括：①以金、银、白金、宝石、珍珠、钻石、翡翠、珊瑚、玛瑙等高贵稀有物质以及其他金属、人造宝石等制作的各种纯金银首饰及镶嵌首饰；②经采掘、打磨、加工的各种珠宝玉石；③出国人员免税商店销售的金银首饰。

5）鞭炮、焰火

鞭炮、焰火的征收范围包括各种鞭炮、焰火。体育上用的发令纸和鞭炮药引线不属于本税目征收范围。

6）成品油

成品油的征收范围包括汽油、柴油、石脑油、溶剂油、航空煤油、润滑油和燃料油7个子目。航空煤油暂缓征收消费税；变压器油、导热类油等绝缘油类产品不征收消费税。

（1）汽油。它是指用原油或其他原料加工生产的辛烷值不小于66的可用作汽油发动机燃料的各种轻质油。2014年取消了车用含铅汽油消费税，汽油税目不再划分二级子目，统一按照无铅汽油税率征收消费税。以汽油、汽油组分调和生产的甲醇汽油、乙醇汽油也属于本税目征收范围。

（2）柴油。它是指用原油或其他原料加工生产的倾点或凝点在-50号至30号的可用作柴油发动机燃料的各种轻质油和以柴油组分为主、经调和精制可用作柴油发动机燃料的非标油。以柴油、柴油组分调和生产的生物柴油也属于本税目征收范围。

（3）石脑油。它又称轻汽油、化工轻油，是以原油或其他原料加工生产的用于化工原料的轻质油。其征收范围包括除汽油、柴油、航空煤油、溶剂油以外的各种轻质油。

（4）溶剂油。它是用原油或其他原料加工生产的用于涂料和油漆生产、食用油加工、印刷油墨、皮革、农药、橡胶、化妆品生产以及机械清洗、胶粘行业的轻质油。橡胶填充油、溶剂油原料属于本税目征收范围。

（5）航空煤油。它也称喷气燃料，是用原油或其他原料加工生产的用于喷气发动机和喷气推进系统燃料的各种轻质油。航空煤油暂缓征收消费税。

（6）润滑油。它是用原油或其他原料加工生产的用于内燃机、机械加工过程的润滑产品。其征收范围包括矿物性润滑油、矿物性润滑油基础油、植物性润滑油、动物性润滑油和化工原料合成润滑油。

（7）燃料油。它也称重油、渣油。其征收范围包括用于电厂发电、锅炉用燃料、加热炉燃料、冶金和其他工业炉燃料的各类燃料油。

税法 Q&A 3-2

各国的燃油税情况是怎样的？

税法 Q&A 3-2

7）摩托车

摩托车的征收范围包括轻便摩托车和摩托车两种。对最大设计车速不超过50千米/小时、发动机气缸总工作容量不超过50毫升的三轮摩托车，不征收消费税；气缸容量小于250毫升的小排量摩托车，不征收消费税。

8）小汽车

小汽车是指由动力驱动、具有4个或4个以上车轮的非轨道承载的车辆。其征收范围包括乘用车、中轻型商用客车和超豪华小汽车。乘用车含驾驶员座位在内最多不超过9个（含）座位，在设计和技术特性上用于载运乘客和货物；中轻型商用客车含驾驶员座位在内的座位数在10～23座（含23座），在设计和技术特性上用于载运乘客和货物；超豪华小汽车是指每辆零售价格130万元（不含增值税）及以上的乘用车和中轻型商用客车。

用排气量小于1.5升（含）的乘用车底盘（车架）改装、改制的车辆，属于乘用车征收范围；用排气量大于1.5升的乘用车底盘（车架）或用中轻型商用客车底盘（车架）改装、改制的车辆属于中轻型商用客车征收范围，但不包括车身长度大于7米（含）且座位在10～23座（含）以下的商用客车。含驾驶员人数（额定载客）为区间值（如8～10人、17～26人）的小汽车，按其区间值下限人数确定征收范围。

此外，税法规定，电动汽车、沙滩车、雪地车、卡丁车、高尔夫车不属于消费税征收范围。

9）游艇

游艇是指长度大于8米小于90米，船体由玻璃钢、钢、铝合金、塑料等多种材料制作，可以在水上移动的水上浮载体。按照动力划分，游艇分为无动力艇、帆艇和机动艇。其征收范围包括艇身长度大于8米（含）小于90米（含）、内置发动机、可以在水上移动、一般为私人或团体购置的主要用于水上运动和休闲娱乐等非营利活动的各类机动艇。

10）高档手表

高档手表是指销售价格（不含增值税）每只在10 000元（含）以上的各类手表。其征收范围包括符合以上标准的各类手表。

11）高尔夫球及球具

高尔夫球及球具是指从事高尔夫球运动所需要的各种专用装备。其征收范围包括高尔夫球、高尔夫球杆、高尔夫球包（袋）以及高尔夫球杆的杆头、杆身和握把。

12）实木地板

实木地板是指以木材为原料，经锯割、干燥、刨光、截断、开榫和涂漆等工序加工而成的块状或条状的地面装饰材料。其征收范围包括各种规格的实木地板、实木指接地板、实木复合地板及用于装饰墙壁、天棚的侧端面为榫和槽的实木装饰板以及未经涂饰的素板。

13）木制一次性筷子

木制一次性筷子又称卫生筷子，是指以木材为原料经过锯段、浸泡、旋切、刨切、烘干、筛选、打磨、倒角、包装等环节加工而成的各类供一次性使用的筷子。其征收范围包括各种规格的木制一次性筷子。未经打磨、倒角的木制一次性筷子属于本税目征税范围。

14）电池

电池是一种将化学能、光能等直接转换为电能的装置，一般由电极、电解质、容器、极端等组成基本功能单元，以及用一个或多个基本功能单元装配成的电池组。电池包括原电池、蓄电池、燃料电池、太阳能电池和其他电池。

15）涂料

涂料是指涂于物体表面能形成具有保护、装饰或特殊性能的固态涂膜的一类液体或固体材料的总称。

3.2.3.2　消费税的税率

1）税率的一般规定

消费税的税率主要是根据课税对象的具体情况来确定的定额税率和比例税率。前者适用于一些供求基本平衡、价格差异不大、计量单位规范的消费品；后者与之相反，选择税价联动的比例税率。

现行消费税设计的比例税率为15档，由低到高依次为1%、3%、4%、5%、9%、10%、11%、12%、15%、20%、25%、30%、36%、40%和56%；定额税率最低为每征税单位1.2元，最高为每征税单位250元，见表3-1。

2）税率的特殊规定

其主要包括以下两个方面：

表3-1　　消费税税目、税率（额）表

税目			税率（额）
一、烟	1.卷烟	（1）甲类卷烟（调拨价70元/条（含70元，不含增值税）以上）	从价计征56%，从量计征0.003元/支
		（2）乙类卷烟（调拨价70元/条（不含增值税）以下）	从价计征36%，从量计征0.003元/支
		（3）批发环节	从价计征11%，从量计征0.005元/支
	2.雪茄烟		36%
	3.烟丝		30%
二、酒	1.白酒		从价计征20%，从量计征0.5元/500克（或500毫升）
	2.黄酒		240元/吨
	3.啤酒	（1）甲类啤酒（每吨出厂价[①]在3 000元（含3 000元）以上）	250元/吨
		（2）乙类啤酒（每吨出厂价在3 000元以下）	220元/吨
	4.其他酒		10%
三、高档化妆品			15%
四、贵重首饰及珠宝玉石	1.金银首饰、铂金首饰和钻石及钻石饰品（零售环节）		5%
	2.其他贵重首饰和珠宝玉石		10%
五、鞭炮、焰火			15%
六、成品油	1.汽油		1.52元/升
	2.柴油		1.2元/升
	3.航空煤油（暂缓征收）		1.2元/升
	4.石脑油		1.52元/升
	5.溶剂油		1.52元/升
	6.润滑油		1.52元/升
	7.燃料油		1.2元/升
七、小汽车	1.乘用车	（1）气缸容量（排气量，下同）在1.0升（含1.0升）以下的	1%
		（2）气缸容量在1.0升至1.5升（含1.5升）的	3%
		（3）气缸容量在1.5升至2.0升（含2.0升）的	5%
		（4）气缸容量在2.0升至2.5升（含2.5升）的	9%
		（5）气缸容量在2.5升至3.0升（含3.0升）的	12%
		（6）气缸容量在3.0升至4.0升（含4.0升）的	25%
		（7）气缸容量在4.0升以上的	40%
	2.中轻型商用客车		5%
	3.超豪华小汽车（零售环节）		10%
八、摩托车	1.气缸容量为250毫升的		3%
	2.气缸容量为250毫升以上的		10%
九、高尔夫球及球具			10%
十、高档手表			20%
十一、游艇			10%
十二、木制一次性筷子			5%
十三、实木地板			5%
十四、电池			4%
十五、涂料			4%

注：①啤酒每吨出厂价格含包装物及包装物押金，不含增值税。表中征税环节如无特殊注明均为生产环节。

（1）卷烟适用税率。

卷烟消费税采取定额税率和比例税率双重计税：对卷烟先征收一道从量定额税，定额税率为每标准箱（50 000支，下同）150元；再按照调拨价格从价计征，每标准条（200支，下同）调拨价格在70元（含70元，不含增值税）以上的卷烟税率为56%，每标准条调拨价格在70元（不含增值税）以下的卷烟税率为36%；白包卷烟，手工卷烟，自产自用没有同牌号、规格调拨价格的卷烟，委托加工没有同牌号、规格调拨价格的卷烟，未经国务院批准纳入计划的企业和个人生产的卷烟，一律适用56%的比例税率。

自2009年5月起，在卷烟批发环节加征一道消费税。在中国境内从事卷烟批发业务的单位和个人，批发销售的所有牌号规格的卷烟，按其销售额（不含增值税）征收11%的从价税和0.005元/支的从量税。

（2）从高适用税率。

其包括下列两种情况：

①纳税人生产销售两种税率以上的应税消费品，即兼营不同税率的应当缴纳消费税的消费品，应当分别核算不同税率应税消费品的销售额、销售数量，未分别核算销售额、销售数量或将不同税率的应税消费品组成成套消费品销售的，从高适用税率。

②对既销售金银首饰又销售非金银首饰的生产经营单位，应将其两类消费品划分清楚，分别核算销售额。凡划分不清楚或不能分别核算的，在生产环节销售的，一律从高适用税率；在零售环节销售的，一律按金银首饰征收消费税。

3.2.4 消费税的纳税环节

3.2.4.1 纳税环节的一般规定

为防止税款流失、加强源泉控制，消费税的纳税环节一般确定在生产销售环节，即纳税人生产的应税消费品于销售时纳税。其中纳税人生产销售的应税消费品，还包括纳税人用于换取生产资料和消费资料、支付代购手续费或销售回扣以及在销售数量之外另付给购货方或中间人作为奖励和报酬的应税消费品。上述的“销售”是指有偿转让应税消费品的所有权，“有偿”包括从购买方取得货币、货物或其他经济利益。

《国家税务总局关于消费税有关政策问题的公告》（国家税务总局公告2012年第47号）规定：工业企业以外的单位和个人的下列行为视为应税消费品的生产行为，按规定征收消费税：一是将外购的消费税非应税产品以消费税应税产品对外销售的；二是将外购的消费税低税率应税产品以高税率应税产品对外销售的。

3.2.4.2 纳税环节的特殊规定

（1）进口环节。对纳税人进口的应税消费品，于报关进口时缴纳消费税，由海关负责征收。个人携带或邮寄进入我国境内的应税消费品，在报关进口环节连同关税一并计算缴纳消费税。

（2）自用环节。纳税人自产自用的应税消费品，用于连续生产应税消费品的，不缴纳消费税；用于其他方面的，于移送使用时缴纳消费税。

（3）加工环节。委托加工的应税消费品，除受托方为个人外，由受托方在向委托方交货时代收代缴税款；委托方用于连续生产应税消费品的，所纳税款准予按规定抵扣。

（4）批发环节。在卷烟批发环节加征一道复合税，税率为从价11%加从量0.005元/支，即在中国境内从事卷烟批发业务的单位和个人，批发销售的所有牌号、规格的卷烟，应按批发卷烟的销售额（不含增值税）乘以11%加从量0.005元/支缴纳批发环节的消费税。

（5）零售环节。现行税法规定，金银首饰（含镶嵌首饰）、钻石及钻石饰品在零售环节征税。金银首饰征收范围仅限于金、银和金基、银基合金首饰以及金、银和金基、银基合金的镶嵌首饰，不包括镀金（银）、包金（银）首饰以及镀金（银）、包金（银）镶嵌首饰。

3.2.5 消费税的减免优惠

我国消费税选择征收的应税消费品为人们的非生活必需品，其消费者有着较强的负税能力。为确保国家财政收入，发挥消费税调节社会经济的特殊作用，对纳税人消费的应税消费品，一般不予减免消费税。

3.2.5.1 消费税的免税项目

其主要包括：

（1）除国家限制出口消费品以外出口的应税消费品。

（2）航空煤油（暂缓征收）。

（3）对用外购或委托加工收回的已税汽油生产的乙醇汽油。

（4）生产企业将自产的石脑油、燃料油用于本企业连续生产乙烯、芳烃类化工产品的，以及按照国家税务总局的规定定点直供计划销售自产石脑油、燃料油的。

（5）施工状态下挥发性有机物含量低于420克/升（含）的涂料。

3.2.5.2 消费税的减税项目

对生产销售达到低污染排放限值的小轿车、越野车和小客车减征30%的消费税。低污染排放限值相当于欧盟指令94/12/EC、96/69/EC排放标准（简称“欧洲Ⅱ号标准”）。其计算公式为：

减征税额=按法定税率计算的消费税税额×30%

应征税额=按法定税率计算的消费税税额-减征税额

3.3 消费税计税管理

消费税实行从价定率法、从量定额法或从价与从量相结合的复合计税法（以下简称复合计税法）计算应纳税额。对一些供求基本平衡、价格差异不大、计量单位规范的应税消费品（如汽油、柴油等），实行从量定额法；对一些供求矛盾突出、价格差异较大、计量单位不规范的应税消费品（如贵重首饰、高档化妆品等），采取从价定率法；对一些价格和利润差别大、容易采用转让定价方法来规避纳税的应税消费品（如卷烟、白酒等），则采用从价与从量相结合的复合计征办法。

3.3.1 实行从价定率法应纳税额的计算

消费税是价内税，以含消费税的价格作为计税价格，与增值税相同，即二者均以含消费税而不含增值税的价格为计税价格。其应纳税额的计算公式为：

应纳税额=销售额×比例税率

3.3.1.1　计税销售额的基本含义

纳税人生产销售应税消费品的计税销售额为纳税人销售应税消费品向购买方收取的全部价款和价外费用，不包括应向购货方收取的增值税税款。价款是指销售应税消费品取自购买方的全部价款，其基本原理与增值税销售额相类似。

价外费用是指价外向购买方收取的手续费、补贴、基金、集资费、返还利润、奖励费、违约金、滞纳金、延期付款利息、赔偿金、代收款项、代垫款项、包装费、包装物租金、储备费、优质费、运输装卸费以及其他各种性质的价外收费。但下列项目不包括在内：

（1）同时符合以下条件的代垫运输费用：①承运部门的运输费用发票开具给购买方的；②纳税人将该项发票转交给购买方的。

（2）同时符合以下条件代为收取的政府性基金或行政事业性收费：①由国务院或财政部批准设立的政府性基金，由国务院或省级人民政府及其财政、价格主管部门批准设立的行政事业性收费；②收取时开具省级以上财政部门印制的财政票据；③所收款项全额上缴财政。

课堂训练 3-1

某客户向某汽车制造厂（增值税一般纳税人）订购自用汽车一辆，支付货款（含增值税）124 200元，另付设计、改装费15 000元，则该汽车计征消费税的销售额为：

计税销售额=（124 200+15 000）÷（1+13%）=123 185.84（元）

3.3.1.2　计税销售额的特殊规定

1）包装物及押金的计税销售额

税法规定，实行从价定率法计税，应税消费品连同包装销售及包装物押金的计税销售额，作如下处理：

（1）应税消费品连同包装物销售的，无论包装物是否单独计价以及在会计上如何核算，均应并入应税消费品的销售额中缴纳消费税。

（2）如果包装物不作价随同产品销售，而是收取押金，则此项押金不应并入应税消费品的销售额中征税。但对因逾期未收回的包装物不再退还的或已收取的时间超过12个月的押金，应并入应税消费品的销售额，按照应税消费品的适用税率缴纳消费税。

（3）对既作价随同应税消费品销售又另外收取押金的包装物的押金，纳税人在规定的期限内没有退还的，应并入应税消费品的销售额，按照应税消费品的适用税率缴纳消费税。

（4）酒类产品生产企业销售酒类产品（黄酒、啤酒除外）而收取的包装物押金，无论押金是否返还以及会计上如何核算，均需并入酒类产品销售额中，依酒类产品的适用税率征收消费税。

课堂训练 3-2

某酒厂2020年10月销售白酒2 000千克，每千克30元，开具增值税专用发票；另外收取包装物押金300元，当月收回包装物，退回包装物押金，则销售白酒的计税销售额为：

计税销售额=2 000×30+300÷（1+13%）=60 265.49（元）

2）含增值税销售额的换算

应税消费品在缴纳消费税的同时，与一般货物一样，还应缴纳增值税。按照《中华人民共和国消费税暂行条例实施细则》的规定，应税消费品的销售额不包括应向购货方收取的增值税税款。如果纳税人应税消费品的销售额中未扣除增值税税款或因不得开具增值税专用发票而发生价款和增值税税款合并收取的，在计算消费税时，应当换算为不含增值税税款的销售额。其换算公式为：

应税消费品的销售额=含增值税的销售额÷（1+增值税税率或征收率）

课堂训练 3-3

某摩托车生产企业为增值税一般纳税人，2020年10月通过销售门市部以每辆8 120元的零售价销售某型号摩托车20辆，则该摩托车的计税销售额为：

计税销售额= 8 120÷（1+13%）×20=143 716.81（元）

3）纳税人销售的应税消费品，以人民币计算销售额

纳税人以人民币以外的货币结算销售额的，应折合成人民币计算。其销售额的人民币折合率可选择销售额发生的当天或当月1日的人民币汇率中间价。纳税人应在事先确定采用何种折合率，确定后1年内不得变更。

课堂训练 3-4

某日用化学品厂2020年10月发生如下经济业务：购进酒精5 000元，取得增值税专用发票（已认证）；购进化工原料150 000元，取得增值税专用发票（已认证）；销售高档化妆品250 000元，开具增值税专用发票；销售洗发水160 000元，开具增值税专用发票；销售洗衣粉180 000元，开具增值税专用发票，则该企业上述业务应纳的消费税税额为：

应纳消费税税额=250 000×15%=37 500（元）

课堂训练 3-5

某啤酒厂2020年10月销售啤酒20吨给某副食品公司，开具增值税专用发票，收取价款68 000元，收取包装物押金3 000元，则啤酒厂当月应纳的消费税税额为：

（1）确定啤酒适用税率：

每吨出厂价=［68 000+3 000÷（1+13%）］÷20=3 532.74（元）＞3 000元

因此啤酒适用单位税额为250元/吨。

（2）应纳消费税税额为：

应纳消费税税额=20×250=5 000（元）

3.3.2 实行从量定额法应纳税额的计算

我国现行消费税仅对黄酒、啤酒、成品油实行定额税率，采用从量定额方法征税。其计算公式为：

应纳税额=销售数量×定额税率

上述公式中的“销售数量”是指应税消费品的数量，具体包括：销售应税消费品的，为应税消费品的销售数量；自产自用应税消费品的，为应税消费品的移送使用数量；委托加工应税消费品的，为纳税人收回的应税消费品数量。

实行从量定额法计算应纳税额的应税消费品，其计量单位的换算标准为：黄酒1吨=962升，啤酒1吨=988升，汽油1吨=1 388升，柴油1吨=1 176升，航空煤油1吨=1 246升，石脑油1吨=1 385升，溶剂油1吨=1 282升，润滑油1吨=1 126升，燃料油1吨=1 015升。

课堂训练 3-6

某炼油厂2020年10月销售汽油500吨，取得销售收入2 000万元；销售柴油200吨，取得销售收入60万元。另将自产的汽油20吨、柴油30吨用于本企业运输部门。汽油每吨的生产成本为2 800元，柴油每吨的生产成本为1 500元。

分析：该炼油厂生产的汽油和柴油均为从量定额计征的消费品，生产销售的应按销售数量计税；自产汽油、柴油用于本企业运输部门的应按移送使用数量计税，则该厂当月应纳的消费税税额为：

应纳消费税税额=（500+20）×1 388×1.52+（200+30）×1 176×1.2=1 421 651.2（元）

3.3.3 实行复合计税法应纳税额的计算

对烟、酒征收消费税，实行从量定额与从价定率相结合的复合计税法或全部采用从量定额征收方法是国际上通行的做法，而从价计征的方法较为少见。

由于我国烟、酒的级别差异较大，完全采用从量定额的方法不利于平衡税负，因此我国于2001年开始对卷烟、白酒实行从价与从量相结合的复合计税方法，即先对卷烟、白酒从量定额计征，然后再从价计征。其计算公式为：

应纳消费税税额=销售额×比例税率+销售数量×定额税率

课堂训练 3-7

某酒厂2020年10月生产A牌粮食白酒20吨，按出厂价取得销售收入80万元，则该厂当月应纳的消费税税额为：

应纳消费税税额=80×20%+20×1 000×2×0.5÷10 000=18（万元）

3.3.4 消费税应纳税额计算的特殊规定

3.3.4.1 自产自用的应税消费品的税额计算

1）税法的基本规定

纳税人自产自用的应税消费品，用于连续生产应税消费品的，不纳税；用于其他方面的，于移送使用时纳税。

"用于连续生产应税消费品"是指纳税人将自产自用的应税消费品作为直接材料生产最终应税消费品，自产自用的应税消费品构成最终应税消费品的实体。"用于其他方面"是指纳税人将自产自用的应税消费品用于生产非应税消费品、在建工程、管理部门、非生产机构、提供劳务、馈赠、赞助、集资、广告、样品、职工福利、奖励等方面，如烟厂用自产的烟丝继续生产卷烟，或将自产的卷烟用于换取生产资料，或给本厂职工作为福利发放等。

2）应纳税额的计算

纳税人自产自用的应税消费品，按照纳税人生产的同类消费品的销售价格计算纳税；没有同类消费品销售价格的，按照组成计税价格计算应纳税额。

上述"同类消费品的销售价格"是指纳税人或代收代缴义务人当月销售的同类消费品的销售价格，如果当月同类消费品各期销售价格高低不同，应按销售数量加权平均计算。但销售的应税消费品有下列情况之一的，不得进行加权平均计算：销售价格明显偏低并无正当理由的；无销售价格的。如果当月无销售或当月未完结，应按照同类消费品上月或最近月份的销售价格计算纳税。

实行从价定率方法计算应纳税额的组成计税价格公式为：

组成计税价格=（成本+利润）÷（1-比例税率）

实行复合计税法计算应纳税额的组成计税价格公式为：

组成计税价格=（成本+利润+自产自用数量×定额税率）÷（1-比例税率）

公式中"成本"是指应税消费品的产品生产成本；"利润"是指根据应税消费品的全国平均成本利润率计算的利润。应税消费品全国平均成本利润率由国家税务总局确定（见表3-2）。

表3-2　应税消费品全国平均成本利润率表

序号	种　类	成本利润率	序号	种　类	成本利润率
1	甲类卷烟	10%	11	摩托车	6%
2	乙类卷烟	5%	12	乘用车	8%
3	雪茄烟	5%	13	中轻型商用客车	5%
4	烟丝	5%	14	游艇	10%
5	粮食白酒	10%	15	高档手表	20%
6	薯类白酒	5%	16	高尔夫球及球具	10%
7	其他酒	5%	17	实木地板	5%
8	化妆品	5%	18	木制一次性筷子	5%
9	鞭炮、焰火	5%	19	电池	4%
10	贵重首饰及珠宝玉石	6%	20	涂料	7%

课堂训练 3-8

某化妆品厂在“三八”国际妇女节来临之际，特制一批高档化妆品无偿赠送市“三八红旗手”。该厂未生产过该类化妆品。已知该批化妆品生产成本为5 000元，成本利润率为5%，则该项业务应按组成计税价格计算缴纳消费税税额为：

应纳消费税税额=5 000×（1+5%）÷（1−15%）×15%=926.47（元）

课堂训练 3-9

某市卷烟厂为增值税一般纳税人，2020年10月销售卷烟300标准箱，每箱不含税售价为1.35万元，款项收讫；将10标准箱卷烟作为福利发给本企业职工，则该厂当月应缴纳的消费税税额为：

卷烟单价=13 500÷250=54（元/条）

因此适用36%的税率，则：

应纳消费税税额=（300+10）×1.35×36%+（300+10）×0.003×20×10×250÷10 000=155.31（万元）

3.3.4.2 用外购已税消费品连续生产应税消费品的应纳税额计算

1）税法的基本规定

对用外购已税消费品连续生产的应税消费品计算纳税额时，准予按当期生产领用数量计算扣除外购应税消费品已纳税款。但用外购已税消费品连续生产应税消费品准予抵扣税款的范围，仅限于以下10个方面：①外购已税烟丝生产的卷烟；②外购已税高档化妆品生产的高档化妆品；③外购已税珠宝玉石生产的贵重首饰及珠宝玉石；④外购已税鞭炮、焰火生产的鞭炮、焰火；⑤外购已税摩托车生产的摩托车，如用外购两轮摩托车改装三轮摩托车；⑥外购已税杆头、杆身和握把生产的高尔夫球杆；⑦外购已税木制一次性筷子生产的木制一次性筷子；⑧外购已税实木地板生产的实木地板；⑨外购已税汽油、柴油、石脑油、燃料油、润滑油连续生产的成品油；⑩从葡萄酒生产企业购进、进口已税葡萄酒连续生产的葡萄酒。

需要注意的是：纳税人用外购已税珠宝玉石生产的改在零售环节征收消费税的金银首饰（镶嵌首饰）、钻石及钻石饰品，在计税时一律不得扣除外购珠宝玉石的已纳税款。

2）实行从价定率法计算应纳税额

当期准予扣除外购应税消费品已纳消费税税款的计算公式为：

$$\text{当期准予扣除的外购应税消费品已纳税款}=\text{当期准予扣除的外购应税消费品买价}\times\text{外购应税消费品适用税率}$$

$$\text{当期准予扣除的外购应税消费品买价}=\text{期初库存的外购应税消费品买价}+\text{当期购进的应税消费品买价}-\text{期末库存的外购应税消费品买价}$$

如果是进口应税消费品，其当期准予扣除的进口应税消费品已纳税款的计算公式为：

$$\text{当期准予扣除的进口应税消费品已纳税款}=\text{期初库存的进口应税消费品已纳税款}+\text{当期进口应税消费品已纳税款}-\text{期末库存的进口应税消费品已纳税款}$$

其中：外购应税消费品的买价是指购货发票上注明的销售额，但不包括增值税税款。进口应税消费品已纳税款为海关进口消费税专用缴款书注明的进口环节消费税。

课堂训练 3-10

某烟厂2020年10月购进A种烟丝一批，取得增值税专用发票，注明价款为100 000元、增值税税额13 000元，A种烟丝本月有一半被甲、乙两种卷烟生产所领用；购进B种烟丝一批，取得增值税专用发票，注明价款为40 000元、增值税税额为5 200元，款项已付，材料尚未验收入库。销售甲种卷烟6箱，价款为150 000元，增值税税额为19 500元，则上述业务应纳消费税税额为：

外购烟丝准予扣除的买价=100 000÷2=50 000（元）

外购烟丝准予扣除的消费税税额=50 000×30%=15 000（元）

确定销售卷烟适用的消费税税率：

150 000÷6÷250=100（元/条）

因此该卷烟适用的消费税税率为56%。

销售卷烟应纳消费税税额=150 000×56%+6×150−15 000=69 900（元）

3）实行从量定额法计算应纳税额

当期准予扣除的外购应税消费品已纳税款的计算公式为：

当期准予扣除的外购应税消费品已纳税款=当期准予扣除外购应税消费品数量×外购应税消费品单位税额

当期准予扣除外购应税消费品数量=期初库存外购应税消费品数量+当期购进外购应税消费品数量−期末库存外购应税消费品数量

课堂训练 3-11

某市炼油厂2020年10月销售汽油6 000万升、柴油2 000万升，进口汽油1 000万升，则该厂当月应纳消费税税额为：

汽油应纳消费税税额=（6 000+1 000）×1.52=10 640（万元）

柴油应纳消费税税额=2 000×1.2=2 400（万元）

合计应纳消费税税额=10 640+2 400=13 040（万元）

3.3.4.3 委托加工环节应税消费品应纳税额的计算

微课3-2

委托加工环节税额计算

1）税法的基本规定

委托加工的应税消费品是指由委托方提供原料和主要材料，受托方只收取加工费和代垫部分辅助材料加工的应税消费品。但下列情况均不属于委托加工：一是对于由受托方提供原材料生产的应税消费品；二是受托方先将原材料卖给委托方，然后再接受加工的应税消费品；三是由受托方以委托方名义购进原材料生产的应税消费品。

2）应纳税额的计算

委托加工的应税消费品，按照受托方的同类消费品的销售价格计算纳税；没有同类消费品销售价格的，按照组成计税价格计算纳税。

实行从价定率办法计算纳税的组成计税价格计算公式是：

组成计税价格=（材料成本+加工费）÷（1−比例税率）

实行复合计税法计算纳税的组成计税价格计算公式是：

组成计税价格=（材料成本+加工费+委托加工数量×定额税率）÷（1−比例税率）

上述公式中“材料成本”是指委托方所提供的加工材料的实际成本。委托加工应税消费品的纳税人必须在委托加工合同上如实注明（或以其他方式提供）材料成本；凡未提供材料成本的，受托方主管税务机关有权核定其材料成本。“加工费”是指受托方加工应税消费品向委托方所收取的全部费用（包括代垫辅助材料的实际成本）。

课堂训练 3-12

某企业从农业生产者手中收购玉米50吨，每吨收购价为3 000元，共计支付收购价款150 000元。企业将收购的玉米从收购地直接运往异地的某酒厂生产加工白酒，酒厂在加工过程中代垫辅助材料款16 000元。白酒加工完毕，企业共收回白酒100吨，取得酒厂开具的增值税专用发票，注明加工费为30 000元、增值税税额为3 900元。加工的白酒当地无同类产品市场价格。该项业务中酒厂为白酒消费税的代收代缴义务人，则酒厂应代收代缴的消费税税额为：

组成计税价格=［150 000×（1−10%）+30 000+16 000+100×2 000×0.5］÷（1−20%）

=351 250（元）

应代收代缴的消费税税额=351 250×20%+100×2 000×0.5=170 250（元）

3.3.4.4　委托加工连续生产应税消费品的应纳税额的计算

1）税法的基本规定

委托加工应税消费品收回后，直接销售或视同销售的，不缴纳消费税；但用于连续生产应税消费品的，计算征税时，准予按当期生产领用数量计算扣除委托加工应税消费品已纳税款。用委托加工收回的应税消费品连续生产应税消费品准予抵扣税款的范围，仅限于以下9个方面：①以委托加工收回的已税烟丝生产的卷烟；②以委托加工收回的已税高档化妆品生产的高档化妆品；③以委托加工收回的已税珠宝玉石生产的贵重首饰及珠宝玉石；④以委托加工收回的已税鞭炮、焰火生产的鞭炮、焰火；⑤以委托加工收回的已税摩托车生产的摩托车；⑥以委托加工收回的已税杆头、杆身和握把生产的高尔夫球杆；⑦以委托加工收回的已税木制一次性筷子生产的木制一次性筷子；⑧以委托加工收回的已税实木地板生产的实木地板；⑨以委托加工收回的已税汽油、柴油、石脑油、燃料油、润滑油连续生产的成品油。

需要注意的是：纳税人用委托加工收回的已税珠宝玉石生产的改在零售环节征收消费税的金银首饰（镶嵌首饰）、钻石及钻石饰品，在计税时一律不得扣除委托加工已税珠宝玉石的已纳税款。

2）应纳税额的计算

当期准予扣除的委托加工应税消费品已纳税款的计算公式为：

当期准予扣除的委托加工应税消费品已纳税款=期初库存的委托加工应税消费品已纳税款+当期收回的委托加工应税消费品已纳税款−期末库存的委托加工应税消费品已纳税款

课堂训练 3-13

某卷烟厂2020年10月委托某烟丝加工厂（小规模纳税人）加工一批烟丝，卷烟厂提供的烟叶在委托加工合同上注明成本为8万元。烟丝加工完，当卷烟厂提货时，加工厂收取加工费，开具的普通发票上注明金额为1.272万元，并代收代缴了烟丝的消费税。卷烟厂将这批加工收回的烟丝的50%对外直接销售，收入6.5万元；另外50%当月全部用于生产卷烟。本月销售卷烟40标准箱，取得不含税收入60万元，则该厂销售卷烟应纳的消费税税额为：

受托方代收代缴的消费税税额=［8+1.272÷（1+13%）］÷（1−30%）×30%=3.91（万元）

销售卷烟适用消费税税率：

600 000÷40÷250=60（元/条）

因此该卷烟适用从价消费税税率36%。

销售卷烟应纳消费税税额=60×36%+40×150÷10 000−3.90÷2=20.25（万元）

3.3.4.5 进口应税消费品的应纳税额计算

1）从价定率法应纳税额的计算

应税消费品报关进口后还没有实现销售的，不能根据实际销售收入征税，如果以关税完税价格为计税依据，就会使进口应税消费品与国内生产的同种应税消费品的计税依据不一致，从而使进口应税消费品的税负低于国内生产的同种应税消费品的税负。因此，税法规定对进口应税消费品按其组成计税价格征收消费税。其组成计税价格的计算公式为：

组成计税价格=关税完税价格×（1+关税税率）÷（1−消费税税率）

应纳税额=组成计税价格×适用税率

上述公式中的“关税完税价格”又称到岸价格，是指经海关核定的关税计税价格，即货物在采购地的正常批发价格，加上运抵我国输入口岸起卸前的包装费、运费、保险费和手续费等一切费用之和。海关未能确定进口货物在采购地正常批发价格的，则到岸价格由海关估定。

课堂训练3-14

某外贸公司2020年10月从境外进口一批高档化妆品，经海关核定，高档化妆品关税完税价格为54 000元，进口关税税率为25%，消费税税率为15%，则该公司当月应纳消费税税额为：

应纳消费税税额=54 000×（1+25%）÷（1−15%）×15%=11 911.76（元）

2）从量定额法应纳税额的计算

对进口应税消费品从量定额计算征收消费税，其计税依据是进口应税消费品的数量。其基本计算公式为：

应纳税额=进口应税消费品的数量×单位税额

课堂训练3-15

某啤酒厂从境外进口啤酒10吨，经海关核定，关税完税价格为68 000元，税务机关核定的消费税单位税额为220元/吨，则该厂应纳消费税税额为：

应纳消费税税额=10×220=2 200（元）

3）复合计税法应纳税额的计算

对进口应税消费品从价和从量复合计算征收消费税，其计税依据是进口应税消费品组成计税价格和进口数量。其基本计算公式为：

组成计税价格=（关税完税价格+关税+进口数量×消费税定额税率）÷（1−消费税比例税率）

应纳税额=组成计税价格×消费税比例税率+应税消费品进口数量×消费税定额税率

课堂训练 3-16

某外贸公司2020年10月从境外进口粮食白酒2 000千克，该批白酒关税完税价格为13 600元，关税税率为15%，则上述业务应纳消费税税额为：

组成计税价格=［13 600×（1+15%）+2 000×2×0.5］÷（1−20%）=22 050（元）

应纳消费税税额=22 050×20%+2 000×2×0.5=6 410（元）

3.3.4.6　消费税应纳税额计算的其他规定

（1）组成套装销售应税消费品的计税规定。纳税人将自产的应税消费品与外购或自产的非应税消费品组成套装销售的，以套装产品的销售额（不含增值税）为计税依据计算征收消费税。

（2）应税消费品用于投资入股等的计税规定。纳税人应税消费品用于投资入股和抵偿债务以及换取生产资料和消费资料等方面的，应按纳税人同类应税消费品的最高销售价格计算征收消费税。

（3）非独立核算机构销售应税消费品的计税规定。纳税人通过自设非独立核算门市部销售的自产应税消费品，应按照门市部对外销售额或销售数量计算征收消费税。

课堂训练 3-17

某酒厂为增值税一般纳税人，主要从事粮食白酒的生产和销售业务。2020年10月该厂发生以下经济业务：

（1）5日向农户购进免税粮食并已全部用于生产13%税率商品，开具的农产品收购发票上注明价款为50 000元，货款以现金支付。

（2）10日外购一批包装材料，取得的增值税专用发票上注明价款为150 000元，增值税税额为19 500元，货款已付。

（3）26日销售粮食白酒5吨，不含增值税的销售价格为120元/千克，另外向购货方收取包装物租金23 400元，款项已收讫。

（4）相关资料：粮食白酒适用的增值税税率为13%；粮食白酒适用的消费税比例税率为20%，定额税率为1元/千克；该免税粮食增值税的扣除率为10%；9月末该酒厂增值税留抵税额为0；农产品收购发票和增值税专用发票已由税务机关认定。

要求：请计算该酒厂当月应缴纳的消费税税额和增值税税额。

当月应缴纳的消费税税额=5×1 000×120×20%+23 400÷（1+13%）×20%+5×1 000×1

=129 141.59（元）

当月可抵扣的增值税进项税额=50 000×10%+19 500=24 500（元）

当月增值税销项税额=5×1 000×120×13%+23 400÷（1+13%）×13%=80 692.04（元）

当月应缴纳的增值税税额=80 692.04−24 500=56 192.04（元）

3.3.5　消费税的征收管理

3.3.5.1　纳税义务发生时间

1）纳税人销售应税消费品的纳税义务发生时间

按不同的销售结算方式分类为：

（1）采取赊销和分期收款结算方式的，为书面合同约定的收款日期的当天；书面合同没有约定收款日期或无书面合同的，为发出应税消费品的当天。

（2）采取预收货款结算方式的，为发出应税消费品的当天。

（3）采取托收承付和委托银行收款方式的，为发出应税消费品并办妥托收手续的当天。

（4）采取其他结算方式的，为收讫销售款或取得索取销售款凭据的当天。

2）纳税人非销售应税消费品的纳税义务发生时间

其主要规定包括：

（1）纳税人自产自用应税消费品的，为移送使用的当天；

（2）纳税人委托加工应税消费品的，为纳税人提货的当天；

（3）纳税人进口应税消费品的，为报关进口的当天。

3.3.5.2　纳税期限与纳税地点

1）消费税的纳税期限

消费税的纳税期限分别为1日、3日、5日、10日、15日、1个月或1个季度。纳税人的具体纳税期限由主管税务机关根据纳税人应纳税额的大小分别核定；不能按照固定期限纳税的，可以按次纳税。

纳税人以1个月或1个季度为1个纳税期的，自期满之日起15日内申报纳税；以1日、3日、5日、10日或15日为1个纳税期的，自期满之日起5日内预缴税款，于次月1日起15日内申报纳税并结清上月应纳税款。

纳税人进口应税消费品，应当自海关填发海关进口消费税专用缴款书之日起15日内缴纳税款。

2）消费税的纳税地点

其主要规定包括：

（1）纳税人销售的应税消费品以及自产自用的应税消费品，除国务院财政、税务主管部门另有规定外，应当向纳税人机构所在地或居住地的主管税务机关申报纳税。

（2）纳税人的总机构与分支机构不在同一县（市）但在同一省（自治区、直辖市）内，经省（自治区、直辖市）财政厅（局）、税务局审批同意，可由总机构汇总向总机构所在地的主管税务机关申报缴纳消费税。

（3）进口的应税消费品，应当向报关地海关申报纳税。

（4）委托加工的应税消费品，除受托方为个人外，由受托方向机构所在地或居住地的主管税务机关解缴消费税税款。委托个人加工的应税消费品，由委托方向其机构所在地或居住地主管税务机关申报纳税。

（5）纳税人到外县（市）销售或委托外县（市）代销自产应税消费品的，于应税消费品销售后向机构所在地或居住地主管税务机关申报纳税。

3.3.5.3　消费税的纳税申报

消费税纳税人应按有关规定及时办理纳税申报，并应如实填写消费税纳税申报表。酒类应税消费品和其他应税消费品纳税申报表的内容及格式见表3-3和表3-4。

表3-3　酒类应税消费品消费税纳税申报表

税款所属期：　　年　　月　　日至　　年　　月　　日

纳税人名称（公章）：　　　　　　　　　　纳税人识别号□□□□□□□□□□□□□□□□□□□□

填表日期：　　年　　月　　日　　　　　　　　　　　　　　　　金额单位：元（列至角分）

项目 应税消费品名称	适用税率		销售数量	销售额	应纳税额
	定额税率	比例税率			
粮食白酒	0.5元/斤	20%			
薯类白酒	0.5元/斤	20%			
啤酒	250元/吨	—			
啤酒	220元/吨	—			
黄酒	240元/吨	—			
其他酒	—	10%			
合计	—	—	—	—	

本期准予扣除税额：	**声　明** 此纳税申报表是根据国家税收法律的规定填报的，我确定它是真实的、可靠的、完整的。 经办人（签章）： 财务负责人（签章）： 联系电话：
本期减（免）税额：	
期初未缴税额：	
本期缴纳前期应纳税额：	（如果你已委托代理人申报，请填写） **授权声明** 为代理一切税务事宜，现授权____________（地址）____________为本纳税人的代理申报人，任何与本申报表有关的往来文件，都可寄予此人。 授权人（签章）：
本期预缴税额：	
本期应补（退）税额：	
期末未缴税额：	

以下由税务机关填写

受理人（签章）：　　　　受理日期：　　年　　月　　日　　　　受理税务机关（章）：

表3-4　**其他应税消费品消费税纳税申报表**

税款所属期：　　年　　月　　日至　　年　　月　　日

纳税人名称（公章）：　　　　　　　　纳税人识别号□□□□□□□□□□□□□□□□□□□□

填表日期：　　年　　月　　日　　　　　　　　　　金额单位：元（列至角分）

<table>
<tr><td>项目
应税
消费品名称</td><td>适用税率</td><td>销售数量</td><td>销售额</td><td>应纳税额</td></tr>
<tr><td></td><td></td><td></td><td></td><td></td></tr>
<tr><td></td><td></td><td></td><td></td><td></td></tr>
<tr><td></td><td></td><td></td><td></td><td></td></tr>
<tr><td></td><td></td><td></td><td></td><td></td></tr>
<tr><td>合计</td><td>—</td><td>—</td><td>—</td><td></td></tr>
<tr><td colspan="3">本期准予抵免税额：</td><td colspan="2" rowspan="3">声　明
此纳税申报表是根据国家税收法律的规定填报的，我确定它是真实的、可靠的、完整的。

经办人（签章）：
财务负责人（签章）：
联系电话：</td></tr>
<tr><td colspan="3">本期减（免）税额：</td></tr>
<tr><td colspan="3">期初未缴税额：</td></tr>
<tr><td colspan="3">本期缴纳前期应纳税额：</td><td colspan="2" rowspan="4">（如果你已委托代理人申报，请填写）
授权声明
为代理一切税务事宜，现授权__________ _______（地址）__________为本纳税人的代理申报人，任何与本申报表有关的往来文件，都可寄予此人。

授权人（签章）：</td></tr>
<tr><td colspan="3">本期预缴税额：</td></tr>
<tr><td colspan="3">本期应补（退）税额：</td></tr>
<tr><td colspan="3">期末未缴税额：</td></tr>
</table>

以下由税务机关填写

受理人（签章）：　　　　受理日期：　　年　　月　　日　　　　受理税务机关（章）：

3.3.5.4 消费税的征收机关

消费税由税务机关征收；进口应税消费品的消费税由海关代征；个人携带或邮寄进境的应税消费品的消费税，连同关税一并由海关计征，具体办法由国务院关税税则委员会会同有关部门制定。

3.3.6 应税消费品的出口退（免）税

纳税人出口应税消费品，国家一般给予出口应税消费品退（免）税的政策。其主要规定与增值税出口退税管理大体相同，不同之处阐述如下。

3.3.6.1 应税消费品的出口退（免）税政策

1）出口免税并退税

这适用于有出口经营权的外贸企业购进应税消费品直接出口以及外贸企业受其他外贸企业委托代理出口应税消费品。

需要注意：外贸企业只有受其他外贸企业委托，代理出口应税消费品才可以办理退税；外贸企业受其他企业（主要是非生产性商贸企业）委托，代理出口应税消费品是不予退（免）税的。这个政策与出口货物退（免）增值税的政策规定是一致的。

$$\text{消费税应退税额}=\text{从价定率计征消费税的退税计税依据}\times\text{比例税率}+\text{从量定额计征消费税的退税计税依据}\times\text{定额税率}$$

2）出口免税但不退税

有出口经营权的生产性企业自营出口或生产企业委托外贸企业代理出口自产的应税消费品，依据其实际出口数量免征消费税，不退还消费税。其中：免征消费税是指对生产性企业按其实际出口数量免征生产环节的消费税。不退还消费税是指因已免征生产环节的消费税，该应税消费品出口时已不含消费税，所以也无须再退还消费税了。

3）出口不免税也不退税

一般商贸企业（除生产企业、外贸企业外的其他企业）委托外贸企业代理出口应税消费品一律不予退（免）税。

3.3.6.2 应税消费品出口退税的计算

1）应税消费品出口退税率的确定

当出口的货物是应税消费品时，其退还增值税要按规定的退税率计算；其退还消费税则按该应税消费品所适用的消费税税率计算。

企业应将不同消费税税率的应税消费品出口分开核算和申报，凡划分不清适用税率的，一律从低适用税率计算应退消费税税额。

2）应税消费品出口退税额的计算

外贸企业从生产企业购进货物直接出口或受其他外贸企业委托代理出口应税消费品的应退消费税税款，分两种情况处理：

第一，从价定率计征消费税退税额的计算。从价定率计征消费税的应税消费品，应依照外贸企业从工厂购进货物时征收消费税的价格计算应退消费税税款。其计算公式为：

$$\text{应退消费税税款}=\text{出口货物的工厂销售额}\times\text{消费税税率}$$

第二，从量定额计征消费税退税额的计算。从量定额计征消费税的应税消费品，应依货物购进和报关出口的数量计算应退消费税税款。其计算公式为：

应退消费税税款=出口数量×应税消费品的单位税额

上述公式中：出口货物的工厂销售额应不包含增值税，对含增值税的销售额应换算为不含增值税的销售额；消费税税率为消费税税目、税率（额）表中规定的税率。

课堂训练 3-18

某市外贸公司2020年10月从某生产企业购入高档化妆品一批，取得的增值税专用发票上注明价款为25万元、增值税税款为3.25万元，支付运输费用3万元，当月将该批高档化妆品全部出口取得销售收入35万元，则该外贸公司出口高档化妆品应退消费税税额和增值税税额为（增值税退税率为10%）：

应退消费税税额=25×15%=3.75（万元）

应退增值税税额=25×10%=2.5（万元）

3.3.6.3　出口应税消费品的退税管理

除国务院另有规定外，对纳税人出口应税消费品，免征消费税。出口应税消费品的免税办法，由国务院财政、税务主管部门规定。

出口的应税消费品办理退税后发生退关或国外退货，进口时已予以免税的，报关出口者必须及时向其机构所在地或居住地主管税务机关申报补缴已退的消费税税款。

纳税人直接出口的应税消费品办理免税后，发生退关或国外退货，进口时已予以免税的，经机构所在地或居住地主管税务机关批准，可暂不办理补税，待其转为国内销售时再申报补缴消费税。

纳税人销售的应税消费品，如因质量等原因由购买者退回，经机构所在地或居住地的主管税务机关审核批准后，可退还已缴纳的消费税税款。

本章小结

- 消费税是对消费品或消费行为征收的一种税，是世界各国普遍征收的一种税。我国在对全部商品征收增值税的基础上，再对少数特定消费品征收消费税。
- 消费税设置了烟、酒、高档化妆品、贵重首饰及珠宝玉石、鞭炮及焰火、成品油、小汽车、摩托车、高尔夫球及球具、高档手表、游艇、木制一次性筷子、实木地板、电池、涂料15个税目。
- 消费税对不同税目实行有差别的定额税率和比例税率，分别在生产、进口、移送、委托和零售环节缴纳。
- 消费税从价定率应纳税额为销售额乘以税率，从量定额应纳税额为销售量乘以单位税额，复合计税应纳税额为从价定率应纳税额加从量定额应纳税额。
- 消费税纳税义务发生时间一般为收讫销售额、取得索取销售款凭据或报关进口的当天。消费税纳税地点一般为纳税人的核算地。
- 消费税对出口货物分不同情况进行出口退税、出口免税和出口正常纳税。

关键概念

消费税　委托加工　自产自用　出口退税

复习思考题

1.如何理解消费税的特点与作用?
2.消费税的税目、税率是如何规定的?
3.如何确定消费税的纳税环节?
4.如何把握消费税的计税原理及税额的计算?
5.消费税的出口退税政策是什么?

章后客观题及参考答案3

第4章

流转税税法
——关税法和船舶吨税法

学习目标

理解关税的分类、特点和作用。
掌握关税的基本法律内容。
熟悉关税的计算与征收管理。

案例导引　　中国海关及WTO成员的关税减让义务

中国海关是国家的进出关境监督管理机关，实行垂直管理。中国海关的基本任务是进出境监管、征收关税和其他税费、查缉走私、编制海关统计报告，并承担口岸管理、保税监管、海关稽查、知识产权海关保护、国际海关合作等职责。全国海关目前共有47个直属海关单位（广东分署，天津、上海特派办，42个直属海关，2所海关院校）、742个隶属海关和办事处（含现场业务处）。

1.海关总署

海关总署于1949年10月设立，是中国海关的最高领导机关，是国务院正部级直属机构。海关总署现有18个内设部门、8个在京直属企事业单位，管理4个社会团体（海关学会、报关协会、口岸协会、保税区出口加工区协会），并在欧盟、俄罗斯、美国等派驻海关机构。中央纪委在海关总署派驻纪检组。

2.海关总署关税征管司

总署内设的关税征管司主要负责征收关税和其他税费。其基本职责是：研究提出关税和进口环节相关税的征收管理制度，管理进出口货物完税价格审定，组织实施关税和进口环节税减免；研究提出对特定地区、特殊贸易方式和特殊商品的关税征收管理规定并组织实施，以及组织实施反倾销、反补贴措施；研究提出加工贸易、保税仓库、保税工厂和保税区监管制度并组织实施。

3.国务院关税税则委员会

税则委员会是国务院的议事协调机构。其主要职责是：审定调整关税税率、关税年度暂定税率、关税配额税率、特别关税（包括反倾销税和反补贴税）税率和修订关税税则、税目、税号的方案；批准有关国家适用关税税则优惠税率的方案；审议上报国务院的重大关税政策和对外关税谈判方案；提出制定和修订《进出口关税条例》的方针、政策和原则，并审议其修订草案。

4.WTO成员关税减让义务

关税是WTO允许各成员使用的保护境内工业的重要政策工具。WTO成员关税方面的基本义务主要包括两项：一是非歧视性地征收关税。这是最惠国待遇的基本要求，但经济一体化组织内部成员之间的优惠不适用于对发展中成员实行的关税优惠；二是降低并约束关税。加入WTO或通过多边贸易谈判达成关税减让协议，是一个成员承诺开放本国（地区）市场的重要基础，也是在WTO中可以获取利益的重要条件。各成员将其愿意进行关税减让承诺的产品及约束税率水平列在各自国家（地区）的关税减让表中。

讨论：我国近些年来运用关税政策促进经济发展的积极作用。

关税法是流转税法的重要组成部分。关税是一个古老的税种，是维护国家主权和经济利益的重要手段，也是当今世界各国广泛征收的税种之一，为各国所重视和运用。我国关税历史悠久，尤其是改革开放至今，关税法律制度几经修订和完善，逐步与WTO规则及国际惯例相衔接。

4.1 关税基础知识

4.1.1 关税的含义

关税是海关对进出国境或关境的货物或物品征收的一种税。在我国，关税是指对进出我国关境的货物或物品按其完税价格征收的一种税。

微课 4-1

关税

关税法是指国家制定的调整关税征收与缴纳权利和义务关系的法律规范。它的基本法律依据是全国人民代表大会常务委员会2017年11月修正颁布的《中华人民共和国海关法》（以下简称《海关法》）、国务院2016年2月修订发布的《中华人民共和国进出口关税条例》和2020年国务院关税税则委员会发布实施的《中华人民共和国进出口税则》（以下简称《进出口税则》）等。

4.1.2 关税的由来

在我国，关税是一个历史悠久的税种。《周礼·地官》中就有关于“关市之赋”的记载。到唐朝设立“市舶司”，专门负责对国外贸易货物和船舶征收关税，关税的内容更为明确。19世纪中叶后，鸦片战争以及随后各帝国主义国家的侵华战争，强加给我国许多不平等条约和通商章程，制定“值百抽五”的片面关税协定，剥夺了我国的关税自主权和海关管理权。

中华人民共和国成立后，我国彻底取缔了帝国主义在中国的一切特权，建立了完全独立自主的保护关税和海关管理制度。1949年10月，我国设立海关总署，统一领导全国海关机构和业务；1951年5月公布了《中华人民共和国暂行海关法》，同时公布了《进出口税则》《中华人民共和国海关进出口税则暂行实施条例》。

党的十一届三中全会以来，随着改革开放的深入，1987年1月第六届全国人大常委会第十九次会议通过了《中华人民共和国海关法》，其中第五章为“关税”，分别于2000年7月、2013年6月、2013年12月、2016年11月和2017年11月进行了5次修订。为了贯彻对外开放政策，促进对外经济贸易和国民经济的发展，根据《海关法》的有关规定，2003年11月国务院重新发布《中华人民共和国进出口关税条例》（简称《进出口关税条例》），分别于2011年1月、2013年12月和2016年2月进行了3次修改。2020年1月，我国实施了新的《进出口税则》。新修订的《海关法》《进出口关税条例》《进出口税则》对推动国民经济发展，扩大对外经济贸易、科技与文化交往，保证社会主义现代化建设具有重大意义，同时对进一步保证进出口企业的合法权益、规范企业经营管理、促进企业发展也起到十分积极的作用。

4.1.3 关税的分类

1）按照关税的计征方式分类

按照关税的计征方式，可将关税分为以下种类：

（1）从量关税，是指以征税对象的计量单位（如重量、件数、长度、容积等）为计税标准，按每一个计量单位预先制定的税额计征的关税。

（2）从价关税，是指以征税对象的价格为计税依据，根据税率按一定比例计征的关税。

（3）复合关税，是指对一种进口货物同时按从价、从量两种方式，分别计算出税额，以两个税额之和作为该货物的应纳税额的一种关税。

（4）选择关税，是指对同一种货物在进出口税则中规定有从价、从量两种关税的税率、税额，在征税时选择其中征收税额较多或较少的一种标准计征关税。

（5）滑准关税，是指对某种货物在进出口税则中预先按该商品的价格规定几档关税税率，价格高的该项物品适用较低税率，价格低的该项物品适用较高税率。目前我国对进口棉花实行滑准关税。

2）按照货物的流动方向分类

按照货物的流动方向，可将关税分为以下种类：

（1）进口关税，是指对国（地区）外输入本国（地区）的货物或物品征收的一种税。它是一种最主要的关税。

（2）出口关税，是指对货物出境征收的一种税。目前，主要是一些发展中国家在征收出口关税，我国仅对少数货物征收出口关税。其特点是：①本国（地区）商品占垄断地位；②限制本国（地区）资源外流；③保证国（地区）内生产或生活需要；④应对跨国（地区）公司转移定价；⑤改善贸易条件，防止“贫困化增长”。

（3）过境关税，是指对一方经过本国（地区）境内运往另一方的货物征收的一种税。目前绝大多数国家都不征收过境关税，只有伊朗、委内瑞拉等少数国家征收过境关税。

3）按照关税的差别分类

按照关税的差别，可将关税分为以下种类：

（1）歧视关税，是指以提高关税税率，加重关税负担，作为保护和报复的手段。歧视关税分为：①反补贴关税，是指出口方政府间接或直接给予出口产品津贴或补贴，进口方在进口该产品时就津贴或补贴部分征收的附加关税。②反倾销关税，是指对于特别出口方的特定产品，进口方专门征收的一种附加关税。③报复关税，是指因对方国家（地区）对本国（地区）货物、船舶或企业实行歧视性税收待遇，而当对方国家（地区）货物、船舶或企业产品进口时加征的关税。

（2）优惠关税，是指由于历史、政治、经济上的原因，缔约方之间或单方面给予比正常关税税率低的关税优待。优惠关税分为：①互惠关税，是指两国（地区）间协商签订协定，对进出口货物相互提供较低的关税税率甚至免税。②特惠关税，是指一个国家（地区）或某一经济集团对某些特定国家（地区）的全部进口货物或部分货物单方面给予低关税或免税待遇的特殊优惠。③最惠国待遇，是指缔约方一方给予第三方的一切特权、优惠和豁免，缔约方另一方可以享受同样待遇。④普惠制，是指发达成员对来自发展中成员的某进口货物，特别是工业制成品和半制成品给予普遍的关税优惠制度，而不求发展中成员给予回报。

税法 Q&A 4-1

我国的歧视性关税政策有哪些？

税法 Q&A 4-1

4.1.4 关税的特点

关税作为单独的税种，除了具有一般税种的强制性、无偿性和相对固定性外，还具有以下特点：

1）关境性

关税的征税对象是进出境的货物或物品。这里所说的“境”是指关境或国境，在同一个关境内实行同样的关税法和进出口税则，货物只有在进出关境时才被征收关税。也就是说，关税在进出国境（关境）时统一征收，货物在进出境时被征收关税后在境内自由流通，无论经过多少次流转环节都不再重复征税。

2）涉外性

关税只对进出境货物或物品征收，因此关税税则的制定、税率的分类及高低直接影响国际经济贸易。随着社会的发展，世界各国的经济联系越来越密切，贸易关系已不仅仅反映简单的经济关系，而且成为一种政治关系。这样，关税政策、措施往往也与经济、外交政策紧密相关，具有涉外性。

3）灵活性

国家可根据需要经常调整关税。若要抑制某种商品的进口，关税税则委员会可决定提高该种商品的进口关税税率，无须经过立法程序，而其他税种的变动必须经过相应的立法程序。

4.1.5 关税的作用

中华人民共和国成立以来，我国关税在贯彻对外开放政策、促进对外经济贸易和国民经济的发展等方面发挥了重要的作用，主要表现在以下几个方面：

1）调控经济的有效运行

由于关税税率的高低和关税的征免直接影响进出口货物的成本，进而影响商品的市场价格和销售数量以及企业的生产经营和经济效益，因此，国家往往通过关税来调节价格和市场行情，从而达到调控国民经济、保护与扶持民族工业、促进经济健康发展的目的。

2）促进改革开放和对外贸易发展

《海关法》和《进出口关税条例》的制定，特别是鼓励国家经济建设必需物资和人民生活必需品的进口、引进外资、引进先进技术等一系列关税优惠措施的制定，促进了改革开放和对外贸易的繁荣与发展。

3）贯彻平等互利和对等原则

关税对同一种进口商品分别规定两栏税率，即普通税率和优惠税率。对购自同我国订有贸易互惠条约国家（地区）的货物，适用优惠税率；对购自与我国没有签订贸易互惠条约国家（地区）的货物，适用普通税率。通过对两栏税率的运用，既实现了互惠共赢，又贯彻了平等互利和对等原则。

4）增加国家财政收入

关税收入是国家财政收入的重要来源。特别是1999年以来，随着国家打击走私力度的加大，全国海关严格执法，加强对关税和进口环节相关税收的征管，2000年关税收入首次突破2 000亿元大关，占中央可支配财政收入的1/3；2019年关税收入2 889亿元，同比增长1.5%，占税收收入总额（157 992亿元）的1.83%，为增加中央财力作出了重大贡献。

4.2　关税基本法律

4.2.1　关税的征税对象

关税的征税对象是进出口货物和进出境物品。进出口货物是贸易性商品；进出境物品包括入境旅客随身携带的行李物品、个人邮递物品、各种运输工具上的服务人员携带进口的自用物品和馈赠物品，以及通过其他方式入境的个人物品。

除关税优惠政策规定的以外，一国（地区）对大部分进口货物征收关税；对出口货物一般不征收关税，仅对少部分货物征收出口关税。

4.2.2　关税的纳税人

关税纳税人又被称为海关债务人，是指依法负有直接向国家缴纳关税义务的人。进出口货物，除另有规定外，可以由进出口货物收货人、发货人自行办理报关纳税手续，也可以由进出口货物收货人、发货人委托海关准予注册登记的报关企业办理报关纳税手续。

4.2.2.1　进出口货物的纳税人

《海关法》规定，进出口货物的关税纳税人是进出口货物的收货人或发货人。进出口货物收货人和发货人是指依照《中华人民共和国对外贸易法》的规定，有权从事对外贸易经营活动并进出口货物的法人和其他组织，即具有进出口经营权的单位（自理报关企业），具体包括外贸专业进出口总公司及其子公司、信托投资公司、外商投资企业、免税品公司等。

在保管海关监管货物期间非因不可抗力造成海关监管货物损毁或灭失，负责保管该海关监管货物的单位应当为关税纳税人。如对于储存在仓库中的海关监管货物，仓库的经营人、保管人是纳税人；对于转关运输货物，承运人是纳税人；对于保税货物，保税仓库经营人、加工企业是纳税人。

4.2.2.2　进出境物品的纳税人

进出境物品的纳税人是进出境物品的所有人，包括该物品的所有人和推定为所有人的人。一般情况下，对携带进境的物品，推定其携带人为所有人；对分离运输的行李，推定相应的进出境旅客为所有人；对以邮递方式进境的物品，推定其收件人为所有人；以邮递或其他运输方式出境的物品，推定其寄件人或托运人为所有人。

4.2.3　关税的税则和税率

4.2.3.1　关税税则

1）关税税则的基本内容

关税税则是根据国家关税政策，通过一定的国家立法程序制定公布实施，对进出口应税和免税商品加以系统分类的一览表。其一般包括：

（1）国家实施该税则的法令，即该税则的实施细则及使用税则的有关说明。

（2）税则的归类总规则，即说明它们各自应包括和不应包括的商品，以及对一些商品的形态、功能和用途等方面的说明。

（3）税目表。税目表包括商品分类目录和税率栏两大部分：商品分类目录将种类繁多的商品加以综合，或按照商品分为不同的类，类以下分章，章以下分税目，税目以下再分子目（按各国的实际需要），并且将每项商品按顺序编税号；税率栏则按商品分类目录的顺序逐项列出商品各自的税率，有的列一栏税率，有的列两栏或两栏以上的税率。海关合作理事会在与其他国际组织讨论和协调的基础上，于1985年编制完成了《商品名称及编码协调制度》，所有商品分为21大类、97章，由5 019组税目构成，包括归类总规则、类注释、章注释、目和子目注释、商品子目索引及归类意见。

2）关税税则的主要规定

我国1992年公布的《进出口税则》就是以《商品名称及编码协调制度》为基础，结合我国进出口商品的实际而编排的，全部应税商品分为21大类。2021年《进出口税则》包括进口税则和出口税则，进口税则税目税率表设置税则号列、货品名称、最惠国税率、协定税率、特惠税率和普通税率等栏目；出口税则设置税则号列、货品名称和出口税率等栏目。

为适应科学技术进步、产业结构调整、贸易结构优化和加强进出口管理的需要，在符合世界海关组织有关列目原则的前提下，自2021年1月1日起我国对《进出口税则》中部分税目进行了调整，进出口税目总数由2016年的8 294个增至8 580个。

4.2.3.2　关税税率

1）税率设置要求

我国在加入WTO之前，进口税则设有普通税率和优惠税率两栏税率和关税配额税率；

在加入WTO之后，为履行我国在加入WTO关税减让谈判中承诺的有关义务，自2002年1月起进口税则设有最惠国税率、协定税率、特惠税率、普通税率和配额税率等；进口货物在一定期限内，可以实行暂定税率。根据2020年《进出口税则》的规定，关税税率主要包括：

（1）最惠国税率。适用于原产于共同适用最惠国待遇条款的WTO成员的进口货物，原产于与中华人民共和国签订含有相互给予最惠国待遇条款的双边贸易协定的国家或地区的进口货物，以及原产于中华人民共和国境内的进口货物。

（2）协定税率。适用于原产于与中华人民共和国签订含有关税优惠条款的区域性贸易协定的国家或地区的进口货物。

（3）特惠税率。适用于原产于与中华人民共和国签订含有特殊关税优惠条款的贸易协定的国家或地区的进口货物。

（4）普通税率。适用于原产于除适用最惠国税率、协定税率、特惠税率国家或地区以外的国家或地区的进口货物，以及原产地不明的进口货物。

（5）配额税率。适用于按照国家规定实行关税配额管理的关税配额内的进口货物。

（6）暂定税率。在一定期限内可适用于最惠国税率、协定税率、特惠税率、配额税率的进口货物，包括最惠国暂定税率和关税配额暂定税率。

2）关税的进口税率

我国为完成加入WTO承诺降低关税的义务，自2002年1月起逐年调低进口关税，当年大幅调低了5 300多种商品的进口关税，关税总水平由2001年的15.3%降低至12%，是降税涉及商品最多、降税幅度最大的一年；2005年降税涉及900多种商品，关税总水平由2004年的10.4%降低至9.9%，是中国履行义务的最后一次大范围降税。此后的几次降税涉及商品范围有限，对关税总水平的影响不大，如2007—2010年保持在9.8%，至此，我国加入WTO降税承诺已全部履行完毕，关税税率日益规范与完善。2019年12月国务院关税税则委员会发布《关于2020年进口暂定税率等调整方案的通知》，2020年进口关税税率调整的主要内容包括：

（1）最惠国税率。调整的内容主要包括：

①自2020年1月1日起对859项商品（不含关税配额商品）实施进口暂定税率；自2020年7月1日起，取消7项信息技术产品进口暂定税率，详见国务院关税税则委员会发布的“进口商品暂定税率表”。

②对《中华人民共和国加入世界贸易组织关税减让表修正案》附表所列信息技术产品最惠国税率自2020年7月1日起实施第五步降税，详见国务院关税税则委员会发布的“部分信息技术产品最惠国税率表”。

（2）配额税率。继续对小麦等8类商品实施关税配额管理，税率不变。其中对尿素、复合肥、磷酸氢铵3种化肥的配额税率继续实施1%的暂定税率。继续对配额外进口的一定数量棉花实施滑准税，详见国务院关税税则委员会发布的“关税配额商品税目税率表”。

（3）协定税率。根据我国与有关国家或地区签署的贸易协定或关税优惠安排，除此前已经国务院批准实施的协定税率外，自2020年1月1日起，对我国与新西兰、秘鲁、哥斯达黎加、瑞士、冰岛、新加坡、澳大利亚、韩国、智利、格鲁吉亚、巴基斯坦的双边贸易协定以及亚太贸易协定的协定税率进一步降低。自2020年7月1日起，按照我国与瑞士的双边贸易协定和亚太贸易协定的规定，进一步降低有关协定税率，详见国务院关税税则委员会发布的“进一步降税的进口商品协定税率表”。

当最惠国税率低于或等于协定税率时，协定有规定的，按相关协定的规定执行；协定无规定的，二者从低适用。

（4）特惠税率。除赤道几内亚外，对与我国建交并完成换文手续的其他最不发达国家继续实施特惠税率。自2020年1月1日起，赤道几内亚停止享受零关税特惠税率待遇。

3）关税的出口税率

自2020年1月1日起继续对铬铁等107项商品征收出口关税，适用出口税率或出口暂定税率，征收商品范围和税率维持不变，详见国务院关税税则委员会发布的“出口商品税率表”。

税法 Q&A 4-2

我国对东盟实施零关税政策的影响是什么？

税法 Q&A 4-2

4.2.4 关税优惠的内容

关税优惠主要可分为法定减免税、特定减免税和临时减免税3种类型。新修订的《海关法》规定，特定减免税和临时减免税由国务院决定。

4.2.4.1 法定减免税

法定减免税是指税法中明确列出的减免税。符合法定减免税条件的进出口货物，纳税人不需要提出申请，由海关直接按税法规定予以办理减免税。法定减免税的主要内容有：

（1）关税税额在人民币50元以下的一票货物，可免征关税。

（2）无商业价值的广告品和货样，可免征关税。

（3）外国政府、国际组织无偿赠送的物资，可免征关税。

（4）进出境运输工具装载途中必需的燃料、物料和饮食用品，可免征关税。

（5）为境外厂商加工、装配成品和为制造外销产品而进口的原材料、辅料、零件、部件、配套件和包装物料，海关按照实际加工出口的成品数量免征进口关税；对进口料、件先征进口关税，再按照实际加工出口的成品数量予以退税。

（6）因故退还的中国出口货物，经海关审查属实，可免征进口关税，但已征收的出口关税不予退还。

（7）因故退还的境外进口货物，经海关审查属实，可免征出口关税，但已征收的进口关税不予退还。

（8）进口货物如有以下情形，经海关查明属实，可酌情减免进口关税：在境外运输途中或在起卸时，遭受损坏或损失的；起卸后海关放行前，因不可抗力遭受损坏或损失的；海关查验时已经破漏、损坏或腐烂，经证明不是保管不慎造成的。

（9）无代价抵偿货物，即进口货物在征税放行后，发现货物残损、短少或品质不良，而由国外承运人、发货人或保险公司免费补偿或更换的同类货物，可免征关税。但有残损或质量问题的原进口货物如未退运国外，其进口的无代价抵偿货物应照章征税。

（10）我国缔结或参加的国际条约规定减征、免征关税的货物、物品，按照规定予以减免关税。

（11）法律规定减征、免征关税的其他货物。

4.2.4.2 特定减免税

特定减免税也称政策性减免税。在法定减免税之外，由国务院制定发布的有关进出口货物减免关税的政策，称为特定或政策性减免税。特定减免税货物一般有地区、企业和用途的限制，海关需要进行后续管理，也需要进行减免税统计。

现行特定减免税主要包括对科教用品、残疾人专用品、扶贫和慈善性捐赠物资、加工贸易产品、边境贸易进口物资、保税区进出口货物、出口加工区进出口货物、进口设备和特定行业或用途的减免税。例如，对科学研究机构和学校，不以营利为目的，在合理数量范围内进口国内不能生产的科学研究和教学用品，直接用于科学研究或教学的，免征进口关税和进口环节的增值税、消费税等。

4.2.4.3 临时减免税

临时减免税是指在上述两项减免税以外对个别纳税人因特殊情况临时给予的减免。新修订的《海关法》规定，临时减免税是关于对进出口货物、物品临时减免税的授权性条款，旨在明确对进出境货物、物品临时性减征或免征关税，统一由国务院批准，其他任何单位和个人均无权批准临时性减免关税。

在我国已加入WTO的情形下，国家严格控制减免税，一般不批准临时性减免税，对特定减免税也将逐步规范和清理。

4.3 关税计税管理

关税的计税依据是关税的完税价格。关税税额的基本计算公式为：

关税应纳税额=关税完税价格×关税税率

4.3.1 关税的完税价格

4.3.1.1 确定关税完税价格的原则

新修订的《海关法》规定，进出口货物的完税价格是海关凭以从价计征关税的价格，由海关以该货物的成交价格为基础审查确定。

成交价格不能确定时，完税价格由海关估定。应当注意：一是确定完税价格必须以货物的实际成交价格为基础；二是纳税义务人向海关申报的价格并不一定等于完税价格，只有经过海关审核并接受的申报价格才能作为完税价格。对不真实或不准确的申报价格，海关有权不予接受，并可按照税法的规定对有关进出口货物的申报价格进行调整或另行估定完税价格。

4.3.1.2 进口货物的完税价格

1）一般进口货物的完税价格

其主要包括以下两种办法：

（1）以成交价格为基础的完税价格。进口货物的完税价格包括货物的货价、货物运抵我国境内输入地点起卸前的运输及相关费用、保险费。我国境内输入地为入境海关地，包括内陆河、江口岸，一般为第一口岸。货物的货价以成交价格为基础。进口货物的成交价格是指买方为购买该货物，按《中华人民共和国海关审定进出口货物完税价格办法》有关规定调整后的实付或应付价格。

（2）进口货物海关估价的方法。进口货物的价格不符合成交价格条件或成交价格不能确定的，海关应当依次以相同或类似货物成交价格方法、倒扣价格方法、计算价格方法及其他合理方法确定的价格为基础，估定完税价格。如果进口货物的收货人提出要求，并提供相关资料，经海关同意，可以选择倒扣价格方法和计算价格方法的适用次序。

①相同或类似货物成交价格方法，即以与被估的进口货物同时或大约同时（在海关接受申报进口之日的前后各45天以内）进口的相同或类似货物的成交价格为基础，估定完税价格。在没有上述的相同或类似货物的成交价格的情况下，可以使用不同商业水平或不同进口数量的相同或类似货物的成交价格，但对因商业水平、进口数量、运输距离和运输方式不同，在价格、成本和其他费用方面产生的差异应当作出调整。

②倒扣价格方法，即以被估的进口货物、相同或类似进口货物在境内销售的价格为基础，估定完税价格。按该价格销售的货物应当同时符合以下5个条件：在被估货物进口时或大约同时销售；按照进口时的状态销售；在境内第一环节销售；合计的货物销售总量最大；向境内无特殊关系方销售。

③计算价格方法，即按下列各项的总和计算出的价格估定完税价格。有关项目包括：生产该货物所使用的原材料价值和进行装配或其他加工的费用；与向境内出口销售同等级或同种类货物的利润、一般费用相符的利润和一般费用；货物运抵境内输入地点起卸前的运输及相关费用、保险费。

④其他合理方法。使用其他合理方法时，应当根据《海关审定进出口货物完税价格办法》规定的估价原则，以在境内获得的数据资料为基础估定完税价格，但不得使用以下价格：境内生产的货物在境内的销售价格；可供选择的价格中较高的价格；货物在出口地市场的销售价格；以计算价格方法规定的有关各项之外的价值或费用计算的价格；出口到第三国或地区的货物的销售价格；最低限价或武断虚构的价格。

2）特殊进口货物的完税价格

其主要包括以下几种情形：

（1）加工贸易进口料件及其制成品。加工贸易进口料件及其制成品需征税或内销补税的，海关按照一般进口货物的完税价格规定，审定完税价格。

（2）保税区、出口加工区货物。从保税区或出口加工区销往区外、从保税仓库出库内销的进口货物（加工贸易进口料件及其制成品除外），以海关审定的价格估定完税价格。对销售价格不能确定的，海关应当按照一般进口货物估价办法的规定估定完税价格。销售价格中未包括在保税区、出口加工区或保税仓库中发生的仓储、运输及他相关费用的，应当按照客观量化的数据资料予以计入。

（3）运往境外修理的货物。运往境外修理的机械器具、运输工具或其他货物，出境时已向海关报明，并在海关规定期限内复运进境的，应当以海关审定的境外修理费和料件费以及该货物复运进境的运输及相关费用、保险费估定完税价格。

（4）运往境外加工的货物。运往境外加工的货物，出境时已向海关报明，并在海关规定期限内复运进境的，应当以海关审定的境外加工费和料件费以及该货物复运进境的运输及相关费用、保险费估定完税价格。

（5）暂时进入境内的货物。对于经海关批准的暂时进境的货物，应当按照一般进口货物估价办法的规定，估定完税价格。

（6）以租赁方式进口的货物。以租赁方式进口的货物中，以租金方式对外支付的租赁货物，在租赁期间以海关审定的租金作为完税价格；留购的租赁货物，以海关审定的留购价格作为完税价格；承租人申请一次性缴纳税款的，经海关同意，按照一般进口货物估价办法的规定估定完税价格。

（7）留购的进口货样等。对于境内留购的进口货样、展览品和广告陈列品，以海关审定的留购价格作为完税价格。

（8）需予补税的减免税货物。减税或免税进口的货物需予补税时，应当以海关审定的该货物原进口时的价格，扣除折旧部分价值作为完税价格，其计算公式如下：

$$\text{完税价格}=\frac{\text{海关审定的该货物}}{\text{原进口时的价格}}\times\left[1-\frac{\text{申请补税时实际}}{\text{已使用的时间（月）}}\div\left(\text{监管年限}\times 12\right)\right]$$

（9）以其他方式进口的货物。以易货贸易、寄售、捐赠、赠送等其他方式进口的货物，应当按照一般进口货物估价办法的规定，估定完税价格。

4.3.1.3 出口货物的完税价格

（1）以成交价格为基础的完税价格。出口货物的完税价格，由海关以该货物向境外销售的成交价格为基础审查确定，并应包括货物运至我国境内输出地点装载前的运输及相关费用、保险费，但其中包含的出口关税税额应当扣除。

出口货物的成交价格，是指该货物出口销售到我国境外时买方向卖方实付或应付的价格。出口货物的成交价格中含有支付给境外的佣金的，如果单独列明应当扣除。

（2）海关对出口货物的估价方法。出口货物的成交价格不能确定时，完税价格由海关依次使用下列方法估定：同时或大约同时向同一国家或地区出口的相同货物的成交价格；同时或大约同时向同一国家或地区出口的类似货物的成交价格；根据境内生产相同或类似货物的成本、利润和一般费用，境内发生的运输及相关费用、保险费计算所得的价格；按照合理方法估定的价格。

4.3.1.4 进出口货物完税价格中的费用计算

（1）进口货物完税价格中的费用计算。在进口货物的运输及相关费用、保险费计算中，海运进口货物，计算至该货物运抵境内的卸货口岸，如果该货物的卸货口岸是内河（江）口岸，则计算至内河（江）口岸。

陆运的进口货物，计算至该货物运抵境内的第一口岸，如果运输及相关费用、保险费支付至目的地口岸，则计算至目的地口岸。

空运的进口货物，计算至该货物运抵境内的第一口岸，如果该货物的目的地为境内的第一口岸外的其他口岸，则计算至目的地口岸。

陆运、空运和海运进口货物的运费和保险费，应当按照实际支付的费用计算。如果进口货物的运费无法确定或未实际发生，海关应当按照该货物进口同期运输行业公布的运费率（额）计算运费；按照“货价加运费”两者总额的3‰计算保险费。

邮运的进口货物，应当以邮费作为运输及相关费用、保险费。以境外边境口岸价格条件成交的铁路或公路运输进口货物，海关应当按照货价的1%计算运输及相关费用、保险费。作为进口货物的自驾进口的运输工具，海关在审定完税价格时，可以不另行计入运费。

（2）出口货物完税价格中的费用计算。出口货物的销售价格，如果包括离境口岸至境外口岸之间的运输费和保险费，则该运费和保险费应当扣除。

4.3.2 关税应纳税额的计算

关税以进出口货物的完税价格为计税依据，按照符合规定的适用税率相应计算应纳税额。

（1）从价关税应纳税额的计算。其计算公式为：

关税税额=应税进（出）口货物数量×单位完税价格×税率

（2）从量关税应纳税额的计算。其计算公式为：

关税税额=应税进（出）口货物数量×单位货物税额

（3）复合关税应纳税额的计算。我国目前实行的复合税都是先计征从量税，再计征从价税。其计算公式为：

关税税额=应税进（出）口货物数量×单位货物税额+应税进（出）口货物数量×单位完税价格×税率

课堂训练 4-1

某公司2020年10月进口货物一批，折合成人民币后完税价格为200万元，进口关税优惠税率为10%；出口货物一批，离岸价格为690万元，出口关税税率为15%。该公司应纳的关税为：

应纳进口关税税额=200×10%=20（万元）

应纳出口关税税额=690÷（1+15%）×15%=90（万元）

4.3.3 关税的征管与保税

4.3.3.1 关税的征收管理

（1）关税缴纳。进口货物自运输工具申报进境之日起14日内，出口货物在货物运抵海关监管区后装货的24小时以前，应由进出口货物的纳税义务人向货物进（出）境地海关申报，海关根据税则归类和完税价格计算应缴纳的关税和进口环节代征税，并填发税款缴款书。

关税纳税人应当自海关填发税款缴款书之日起15日内，向指定银行缴纳税款。如关税缴纳期限的最后1日是周末或法定节假日，则关税缴纳期限顺延至周末或法定节假日过后的第1个工作日。为方便纳税义务人，经申请且海关同意，进（出）口货物的纳税义务人可以在设有海关的指运地（启运地）办理海关申报、纳税手续。

纳税人因不可抗力或在国家税收政策调整的情形下，不能按期缴纳税款的，经海关总署批准，可以延期缴纳税款，但最长不得超过6个月。

（2）关税缓纳。缓纳是海关批准纳税人将其部分或全部应缴税款的缴纳期限延长的一种制度。按照现行《海关法》的规定，关税缓纳仅适用于关税纳税人确有暂时的经济困难而不能按期缴纳关税的情形。

经海关审核批准关税缓纳的义务人，应按海关批准的关税缴纳计划如期缴纳关税，并按月支付10‰的利息。逾期不缴纳关税即构成关税滞纳，除依法追缴外，还应由海关按关税滞纳的规定征收滞纳金。

（3）关税保全措施。根据现行《海关法》的规定，进出口货物的纳税人在海关依法责令其提供纳税担保时不能提供的，经直属海关关长或其授权的隶属海关关长批准，海关可以采取下列税收保全措施：一是书面通知纳税义务人开户银行或其他金融机构暂停支付纳税义务人相当于应纳税款的存款；二是扣留纳税义务人价值相当于应纳税款的货物或其他财产。

纳税人在规定的纳税期限内缴纳税款的，海关必须立即解除税收保全措施；期限届满仍未缴纳税款的，经直属海关关长或其授权的隶属海关关长批准，海关可以书面通知纳税人开户银行或其他金融机构从其暂停支付的存款中扣缴税款，或依法变卖所扣留的货物或其他财产，以变卖所得抵缴税款。

采取税收保全措施不当，或纳税人在规定期限内已缴纳税款，海关未立即解除税收保全措施，致使纳税人的合法权益受到损害的，海关应当依法承担赔偿责任。

（4）关税强制执行。进出口货物的纳税人，应当自海关填发税款缴款书之日起15日内缴纳税款；逾期缴纳而又未经批准缓纳的，由海关按日征收5‱的滞纳金。

关税滞纳金的计算原理：自缴纳期限期满之日的次日起，至缴清税款之日止，按日征收所欠税款的5‱。其计算公式为：

关税滞纳金=应纳税额×滞纳金征收比率×滞纳天数

当税款分期缴清时，则分期计算应纳税款和滞纳天数。

纳税义务人、担保人超过3个月仍未缴纳关税的，经直属海关关长或其授权的隶属海关关长批准，海关可以采取下列强制措施：一是书面通知其开户银行或其他金融机构从其存款内扣缴税款；二是将应税货物依法变卖，以变卖所得抵缴税款；三是扣留并依法变卖其价值相当于应纳税款的货物或其他财产，以变卖所得抵缴税款。海关采取强制措施时，对纳税人、担保人未缴纳的滞纳金同时强制执行。

（5）关税退还。退还是关税纳税人按海关核定的税额缴纳关税后，因某种原因的出现，海关将已缴税款的部分或全部退还给关税纳税义务人的一种情况。

《进出口关税条例》规定，有下列情形之一的，进出口货物纳税人可以自缴纳税款之日起1年内，书面声明理由，连同原缴款凭证及相关资料向海关申请退税：因品质或者规格原因，原状退货复运出境的；因品质或者规格原因，原状退货复运进境，并已重新缴纳因出口而退还的国内环节有关税收的；因故未装运出口，申报退关的。

（6）关税补征和追征。根据现行《海关法》的规定，进出境货物和物品放行后，海关发现少征或漏征税款，应当自缴纳税款或货物放行之日起1年内，向纳税人补征；因纳税人违反规定造成少征或漏征的税款，海关在3年内可以追征，并从缴纳税款之日起按日加收少征或漏征税款5‱的滞纳金。

（7）关税纳税争议。为保护纳税人合法权益，我国《海关法》和《进出口关税条例》都规定了纳税义务人对海关确定的进出口货物的征税、减税、补税或退税等有异议时，有提出申诉的权利。在纳税义务人同海关发生纳税争议时，可以向海关申请复议，但同时应当在规定期限内按海关核定的税额缴纳关税，逾期则构成滞纳，海关有权按规定采取强制执行措施。

纳税争议的内容一般为进出境货物和物品的纳税义务人对海关在原产地认定，税则归类，税率或汇率适用，完税价格确定，关税减征、免征、追征、补征和退还等征税行为是否合法或适当，是否侵害了纳税义务人的合法权益，表示异议。

纳税争议的申诉程序为：纳税义务人自海关填发税款缴款书之日起30日内，向原征税海关的上一级海关书面申请复议。逾期申请复议的，海关不予受理。海关应当自收到复议申请之日起60日内作出复议决定，并以复议决定书的形式正式答复纳税义务人；纳税义务人对海关复议决定仍然不服的，可以自收到复议决定书之日起15日内，向人民法院提起诉讼。

4.3.3.2　关税的保税制度

保税制度是对保税货物进行监管的一种制度。所谓保税货物，是指经过海关批准，未办理纳税手续进境，在境内储存、加工、装配后复运出境的货物。保税货物属于海关监管的货物，未经海关许可并补缴税款的，不能擅自出售；未经海关许可，不能擅自开拆、提取、支付、发运、调换、改装、抵押、转让或更换标记。我国保税制度包括保税仓库、保税工厂和保税区等制度。

1）保税仓库

保税仓库是指专门存放经海关核准的保税货物的仓库。该仓库仅限于存放供来料加工、进料加工复出口的货物和经过海关批准缓办纳税手续进境的货物，主要有以下3种类型：

（1）转口贸易保税仓库。转口贸易项下的进出口货物可以免征进出口关税和其他税收。如果需要改变包装，必须在海关的监管下进行。

（2）加工贸易备料保税仓库。来料加工、进料加工项下存入保税仓库的免税进口的备用物料，经过海关核准后加工复出口的，海关将根据实际出口数量征收或免征原进口物料的关税。

（3）寄售维修保税仓库。为引进先进技术设备提供售后服务进口的维修零备件，可免办纳税进口手续存入保税仓库。在保税仓库内储存保税货物一般以1年为限。如果有特殊情况，经过海关核准，可以适当延长。

2）保税工厂

保税工厂是指经海关批准，并在海关监管之下专门建立的，用免税进口的原材料、零部件、元器件等加工、生产、制造或存放外销产品的专门工厂和车间。

保税工厂为外商加工、装配成品和为制造出口产品而进口的原材料、元器件、零部件、配套件、辅料、包装物和加工过程中直接消耗的数量合理的化学物品，可以缓办进口纳税手续，待加工成品出口后按照实际耗用的进口料件免税。

进口的原材料、元器件、零部件必须在规定的期限内加工为成品复出口。如有特殊情况，工厂经理人可向海关申请延长其经营加工的期限。如果产品拟转为内销或因故不能在规定期限内出口，应当补办纳税手续。

3）保税区

保税区是指在出入境比较便利的口岸地区，划出一些易于管理的区域，以与外界隔离的全封闭方式，在海关监管下存入和加工保税货物的特定区域，其主要功能为保税仓储、出口加工和转口贸易。国务院已经批准在上海、广州、青岛、大连、深圳、厦门、宁波、福州、天津等城市设立保税区。这些保税区与国际上的自由贸易区和自由港类似，设在区内的企业可以享受规定的进出口税收优惠。

税法Q&A 4-3

中国第一个保税区在哪里？

税法Q&A 4-3

4.4　船舶吨税法

4.4.1　船舶吨税的基础知识

4.4.1.1　船舶吨税的含义

船舶吨税简称吨税，在国外又称“灯塔税”。在我国，是指对从中国境外港口进入境内港口的船舶按其净吨位征收的一种税。

船舶吨税法是指用以调整国家与船舶吨税征收与缴纳之间权利与义务关系的法律规范。船舶吨税的基本法律依据是2017年12月27日第十二届全国人民代表大会常务委员会第31次会议通过的《中华人民共和国船舶吨税法》（以下简称《船舶吨税法》）。

4.4.1.2　船舶吨税的演变

我国船舶吨税历史悠久，早期称梁头税。1685年清政府准许闽海关开征沿海帆船梁头税，其征税范围包括国内外商船；1920年8月民国总税务司署，要求福建各海关对所有摩托艇、舢板和帆船均须持有执照并缴纳吨税，内地运输工具的所有类似船舰也须持照并缴纳吨税；1945年10月国民政府财政部制定并实施《征收船舶吨税办法》。

中华人民共和国成立后，我国自1951年1月起实施国家财政部和海关总署发布的《海关代征吨税办法》；1952年9月海关总署发布了《海关船舶吨税暂行办法》；为保证对公用航标的维护和建设，自1986年10月起将吨税划归交通部管理，专款专用，由海关代征；自1987年3月起将船舶分为机动船和非机动船，分别按一般税率或优惠税率征收；2011年11月国务院审议通过了《船舶吨税暂行条例》；2017年12月全国人大常委会通过了《船舶吨税法》。

2019年船舶吨税收入50.26亿元，同比增长0.96%，占全国税收收入（157 992亿元）的0.03%。

4.4.2　船舶吨税的基本法律

4.4.2.1　船舶吨税的征税对象

船舶吨税的征税对象是从中国境外港口进入境内港口的船舶（简称应税船舶）。

4.4.2.2　船舶吨税的纳税人

以拥有应税船舶的单位和个人为船舶吨税的纳税人。

4.4.2.3　船舶吨税的税目税率

船舶吨税的税目按船舶净吨位可分为4种。净吨位是指由船籍国（地区）政府授权签发的船舶吨位证明书上标明的净吨位。

船舶吨税设置优惠税率和普通税率两种：前者适用于中国籍的应税船舶，船籍国（地区）与中国签订含有相互给予船舶税费最惠国待遇条款的条约或协定的应税船舶；后者适用于其他应税船舶。船舶吨税税率依照规定的“船舶吨税税目税率表”执行（见表4-1）。

表4-1　船舶吨税税目税率表

税目（按船舶净吨位划分）	税率（元/净吨）						备注
	普通税率（按执照期限划分）			优惠税率（按执照期限划分）			
	1年	90日	30日	1年	90日	30日	
不超过2 000（含）净吨	12.6	4.2	2.1	9.0	3.0	1.5	拖船和非机动驳船分别按相同净吨位应税船舶税率的50%计征
2 000～10 000（含）净吨	24.0	8.0	4.0	17.4	5.8	2.9	
10 000～50 000（含）净吨	27.6	9.2	4.6	19.8	6.6	3.3	
超过50 000净吨	31.8	10.6	5.3	22.8	7.0	3.8	

注：拖船是指专门用于拖（推）动运输船舶的专业作业船舶，按照发动机功率每1千瓦折合净吨位0.67吨；非机动驳船是指在船舶管理部门登记为驳船的非机动船舶。

4.4.2.4　船舶吨税的优惠政策

（1）船舶吨税的免征项目。其主要包括：①应纳税额在人民币50元以下的船舶；②自境外以购买、受赠、继承等方式取得船舶所有权初次进口到港的空载船舶；③吨税执照期满后24小时内不上下客货的船舶；④非机动船舶（不包括非机动驳船）；⑤捕捞、养殖渔船，即在中华人民共和国渔业船舶管理部门登记为捕捞船或养殖船的船舶；⑥避难、防疫隔离、修理、终止运营或拆解，并不上下客货的船舶；⑦军队、武装警察部队专用或征用的船舶；⑧警用船舶；⑨依照法律规定应当予以免税的外国驻华使领馆、国际组织驻华代表机构及其有关人员的船舶；⑩国务院规定的其他船舶。

（2）吨税的执照期限。在吨税执照期限内（指按照公历年、日计算的期间），应税船舶发生下列情形之一的，海关按照实际发生天数批注延长吨税执照期限：一是避难、防疫隔离、修理，并不上下客货；二是军队、武装警察部队征用。

应税船舶因不可抗力在未设立海关地点停泊的，船舶负责人应当立即向附近海关报告，并在不可抗力消除后，按照规定向海关申报纳税。

（3）优惠政策的特殊要求。符合船舶吨税免征项目第⑤～⑧项和批注延长吨税执照期限的船舶，应当提供海事、渔业船舶管理或卫生检疫等部门、机构出具的具有法律效力的证明文件或使用关系证明文件，申明免税或延长船舶吨税执照期限的依据和理由。

4.4.3　船舶吨税的计税管理

4.4.3.1　船舶吨税的应纳税额

船舶吨税按照船舶净吨位和吨税执照期限征收。其应纳税额按照船舶净吨位和规定的定额税率进行计算。其计算公式为：

应纳税额=船舶净吨位×定额税率

4.4.3.2　船舶吨税的征收管理

（1）纳税时间。船舶吨税纳税义务发生时间为应税船舶进入港口的当日。应税船舶在吨税执照期满后尚未离港的，应申领新的吨税执照，自上一次执照期满次日起续缴船舶吨税。

（2）纳税申报。吨税由海关负责征收。应税船舶负责人在每次申报纳税时，可按照“船舶吨税税目税率表”选择申领一种期限的吨税执照，并自海关填发吨税缴款凭证之日起15日内向指定银行缴清税款，未按期缴清税款的，自滞纳税款之日起按日加收滞纳税款5‰的滞纳金。

（3）吨税执照。应税船舶负责人申领吨税执照时，应向海关提供以下文件：船舶国籍证书或海事部门签发的船舶国籍证书收存证明；船舶吨位证明。应税船舶在进入港口办理入境手续时，应当向海关申报纳税并领取吨税执照，或交验吨税执照（或申请核验吨税执照电子信息）。应税船舶在离开港口办理出境手续时，应当交验吨税执照（或申请核验吨税执照电子信息）。应税船舶在吨税执照期限内，因修理、改造导致净吨位变化的，吨税执照继续有效。应税船舶办理出入境手续时，应当提供船舶经过修理、改造的证明文件。

应税船舶在吨税执照期限内，因税目税率调整或者船籍改变而导致适用税率变化的，吨税执照继续有效。因船籍改变而导致适用税率变化的，应税船舶在办理出入境手续时，应当提供船籍改变的证明文件。吨税执照在期满前毁损或遗失的，应当向原发照海关书面申请核发吨税执照副本，不再补税。

（4）错征补救。海关发现少征或漏征税款的，自纳税人应当缴纳税款之日起1年内补征税款。但因纳税人违反规定造成少征或漏征税款的，海关可自应当缴纳税款之日起3年内追征税款，并自应当缴纳税款之日起按日加征少征或漏征税款0.5‰的滞纳金。

海关发现多征税款的，应当立即通知应税船舶办理退还手续，并加算银行同期活期存款利息。纳税人发现多缴税款的，可自缴纳税款之日起1年内以书面形式要求海关退还多缴的税款并加算银行同期活期存款利息；海关应当自受理退税申请之日起30日内查实并通知纳税人办理退还手续。

（5）违章处罚。应税船舶有下列行为之一的，由海关责令限期改正，处2 000元以上30 000元以下罚款；不缴或少缴应纳税款的，处不缴或少缴税款50%以上5倍以下罚款，但罚款不得低于2 000元：一是未按照规定申报纳税、领取吨税执照的；二是未按照规定交验吨税执照（或申请核验吨税执照电子信息）及其他证明文件的。

本章小结

- 关税是对准许进出口的货物和物品征收的一种税，是维护国家主权和经济权益的重要手段。关税具有关境性、涉外性和灵活性的特点，在调控经济运行、取得财政收入、促进对外经济贸易和国民经济发展等方面发挥了重要作用。

• 关税的征税对象是准许进出口的货物和进出境的物品，纳税人是进出口货物的收发货人和进出境物品的所有人。

• 关税税则主要包括国家实施税则法令、税则的归类，总规则和税目表，其中税目表的税率栏列出了商品各自的税率。关税优惠主要有法定减免税、特定减免税和临时减免税三种类型。

• 关税完税价格是关税的计税依据，由海关以该货物的成交价格为基础审查确定，分从价计征、从量计征、复合计征、滑准计征等方式。

• 关税的征收管理主要有关税缴纳、缓纳、退还、补征与追征、关税保全和强制执行等。关税的保税制度包括保税仓库、保税工厂和保税区等。

• 船舶吨税简称“吨税”，在国外又称“灯塔税”。在我国，是指对从中国境外港口进入境内港口的船舶按其净吨位征收的一种税。船舶吨税以从中国境外港口进入境内港口的船舶为征税对象，以拥有应税船舶的单位和个人为纳税人。税目按船舶净吨位分为4个，设置优惠税率和普通税率两种。其应纳税额按照船舶净吨位和规定的定额税率计算，由海关负责征收。

关键概念

关税　船舶吨税　复合关税　选择关税　滑准关税　过境关税　歧视关税　优惠关税　关税税率　完税价格　保税制度

复习思考题

1.什么是关税？它是如何分类的？

2.关税的特点和作用有哪些？

3.关税的征税对象和纳税人是如何规定的？

4.如何理解关税的征管办法？其保税制度有哪些？

章后客观题及参考答案4

第5章

所得税税法

——企业所得税法

学习目标

理解企业所得税的类型及特点。

掌握企业所得税的优惠税率及适用范围。

熟悉企业所得税的优惠政策。

明确企业所得税的特殊税务处理。

了解和掌握企业所得税的计算与征收管理。

案例导引 **外国企业所得税制的改革趋势**

近年来，许多国家进行了以降低企业税负为主的所得税税制改革，各国企业所得税税率均有不同程度的降低，如爱尔兰在1999年将企业所得税税率由32%降至28%，并决定以后逐年下降，到2004年降至12.5%；波兰在1999年的税制改革方案中，计划在5年内分阶段大幅削减企业所得税税率，到2004年实际税率已降为19%；2005年德国政府批准了财政部提出的大规模减税方案，决定将公司所得税税率从25%降至19%；荷兰财政部发表的一份题为《对利润征税实行低税率和宽税基》的报告，决定从2007年起，公司所得税标准税率从31.5%降为26.9%；法国政府决定将公司所得税的实际税率从2004年的35.43%降为2006年的34.43%；2005年2月，加拿大政府决定采取缓和减税政策，公司所得税税率21%在2008年以前保持不变，2008年减至20.5%，2009年减至20%，2010年减至19%。2017年12月，美国参议院以51比49的投票结果通过税改法案，把企业所得税税率从35%降低到20%。

此外，一些亚洲国家也进行了所得税改革，如印度尼西亚的公司所得税税率从改革前的20%～45%降至15%～35%，马来西亚的公司所得税税率从原来的45%降至35%，2005年起新加坡的公司所得税税率从22%降至20%，韩国的公司所得税税率由2004年的15%～27%降为2005年的13%～25%。改革后，大多数国家和地区企业所得税税率稳定在25%～35%，有利于降低企业负担、促进国内经济发展，同时也使国际企业税负差异缩小，在一定程度上减少了企业的避税行为。

讨论：查阅20世纪90年代以来各国企业所得税改革的资料，探讨税收一体化的必要性及基本内容。

企业所得税在国外又称公司所得税或法人所得税，发挥着经济运行“自动稳定器”的积极作用，为世界各国所普遍重视和运用。我国现行的企业所得税是2007年税制改革时由企业所得税、外商投资企业，和外国企业所得税两税合并而成的，在我国税收收入中占有极为重要的地位。2019年，我国企业所得税收入达到37 300亿元（同比增长5.6%），占税收收入（157 992亿元）的23.61%，已成为现行税制中仅次于增值税的第二大税种。

5.1 企业所得税基础知识

5.1.1 企业所得税的概念

5.1.1.1 企业所得税的含义

企业所得税是对企业在一定时期内的生产经营所得和其他所得征收的一种税。它是国家参与企业纯收益分配的重要手段。

企业所得税法是指国家制定的用以调整国家与企业所得税纳税人之间征纳活动的权利和义务关系的法律规范。它的基本法律依据是2007年3月第十届全国人大第五次会议通过的《中华人民共和国企业所得税法》和2007年12月国务院颁布的《中华人民共和国企业所得税法实施条例》（以下简称《企业所得税法实施条例》）等。

5.1.1.2 企业所得税的由来

所得税最早产生于18世纪末的英国。1793年英法战争后，英国为弥补财政上的入不敷出，于1798年颁布了具有所得税性质的“三级税”法案；1799年正式开征所得税，按纳税人综合所得的10%计征所得税，战后废止；1802年英法战争又起，英国再次开征所得税，制定了著名的分类所得税法，即对土地所得、资本利得、奉给所得和营业所得等分别实行源泉课税和直接课税法计征所得税；1816年该法再次被废止；1842年英国平定“印度叛乱”时再次开征所得税，一直延续至今。19世纪以后，各国相继效仿，所得税现已成为许多国家的主体税种。

我国对所得征税起步较晚，清末对所得税有所研究。1936年，政府公布了所得税法，并于1937年起实施。中华人民共和国成立初期，废除了旧的所得税制，对工商企业的所得征税是工商业税的一个组成部分，并开征存款利息所得税（1950年12月改为利息所得税，1959年后停征）和薪给报酬所得税；1958年合并工商业税等税为工商统一税，所得税从原工商业税中独立出来而成为一个单独的税种，1963年定名为工商所得税；1980年和1981年我国先后开征中外合资企业所得税和外国企业所得税两个涉外所得税；1983年我国实行第一步利改税时开征了国营企业所得税，第一次将国家与国有企业的分配关系用税收法律形式固定下来；1985年和1988年我国又相继开征了集体企业所得税、私营企业所得税；1991年将两个涉外所得税合并为外商投资企业和外国企业所得税（涉外企业所得税）；1994年税制改革时将国营企业所得税、集体企业所得税和私营企业所得税统一合并为企业所得税（俗称内资企业所得税）。

为解决内资与外资企业所得税的税负不公等问题，2007年3月我国通过了《中华人民共和国企业所得税法》（以下简称《企业所得税法》），并于2008年1月起实施，结束了我国较长时期内外两套企业所得税并存的税制模式，也符合国际税收惯例，使我国企业所得税法建设走上了法制化与规范化的道路。

5.1.2　企业所得税的类型和特点

5.1.2.1　企业所得税的类型

世界各国的经济发展水平不同，其所得税类型也各不相同。以课征方式为标准，可分为以下3种类型：

（1）分类所得税制。它是指将纳税人不同类型的所得规定为不同税种的所得税制。这类税制的立法依据是纳税人获得不同性质所得时，所要付出的劳动不同，应在课税时对不同性质所得征收不同的税，确定不同的税率，实行差别待遇。

（2）综合所得税制。它是指对纳税人各种类型的所得，按照同一征收方式和同一税率征收的法律制度。其特点是：不论收入来源于何种渠道，也不论收入采取何种形式，均按所得全额统一计税。其立法依据是课税应考虑纳税人的综合负担能力，应税所得是纳税人的所得总额。

（3）分类综合所得税制。它又称混合所得税制，是指兼有综合和分类两类所得税制度性质的所得税制。其特点是：对纳税人的收入综合计税，坚持量能负担原则；区分不同性质的收入分别计税，体现区别对待原则。分类综合所得税制为当今各国普遍采用。

我国企业所得税实行的是综合所得税制；自2019年起，我国个人所得税采取的是分类综合所得税制。

5.1.2.2　企业所得税的特点

我国的企业所得税与其他税种相比，具有如下特点：

（1）实行法人税制。我国的企业所得税实行法人所得税制，确定企业所得税的纳税人是法人，这能够明确企业所得税和个人所得税的界限，可以解决原税法中“独立核算”三个条件难以掌握以及总公司与分公司、母公司与子公司纳税主体难以界定的问题。目前大多数实行综合所得税的国家，都以法人为纳税人，因此我国企业所得税实行法人所得税制符合国际惯例，有利于国际经济交往。

（2）符合税收中性原则。企业所得税对企业，不分所有制，不分地区、行业和层次，实行统一的比例税率。在普遍征收的基础上，能使各类企业税负较为公平。企业所得税税率为25%，在世界范围内属于中等偏下水平，对纳税人来说税收负担的外部性较低，有利于市场经济和企业自身的发展，符合税收中性原则。

（3）税基约束力强。企业所得税的税基是应纳税所得额，即纳税人每个纳税年度的收入总额减去准予扣除项目金额之后的余额。在性质上与会计利润相似，但为保证税基的严谨性，企业所得税法明确了收入总额、扣除项目金额及资产的税务处理等内容，使应纳税所得额的计算相对独立于企业的会计核算，体现了税法的强制性与统一性。

（4）税负不易转嫁。企业所得税属于直接税，纳税人缴纳的所得税一般不易转嫁，纳税人是直接的负税人。在会计利润总额的基础上，扣除企业所得税后的余额就是企业生产经营的净利润。

5.1.3 企业所得税的作用

（1）企业所得税是调控经济发展的重要方式。国家按企业所得多寡征税，即“所得多者多征、所得少者少征、无所得者不征”，可有效地调节企业的利润水平。特别是国家通过制定企业所得税优惠政策与措施，来贯彻国家的产业政策和调控发展方向，进而直接或间接地调整国家产业布局，促进经济的快速协调发展。

（2）企业所得税是强化经济监督的重要工具。企业所得税按应纳税所得额征税，可直接反映企业对成本、费用和利润等财务制度的执行情况，对经济活动起到监督、审核和检查的作用，还可以及时发现并矫正纳税人的违法违规行为，发挥国家对经济的调控作用。

（3）企业所得税是筹集财政收入的重要渠道。目前在各国财政收入中，企业所得税收入是国家财政收入的重要或核心支柱。我国经济正处于快速发展时期，随着市场经济的发展和管理水平的提高，企业所得课税范围不断扩大、规模不断提高，已经成为我国财政收入的重要来源。

（4）企业所得税是维护国家主权的重要手段。国家间通过签订双边税收协定的方式，达到避免所得双重课税及防止偷逃税的目的。遵循国际惯例，制定符合我国国情的企业所得税法律制度，可以更有效地行使税收管辖权、维护国家主权和经济利益。

税法 Q&A 5-1

企业所得税税前扣除凭证管理办法是如何规定的？

税法 Q&A 5-1

5.2 企业所得税基本法律

5.2.1 企业所得税的征税对象

5.2.1.1 征税对象的一般规定

企业所得税法对不同纳税人采取了不同的税收管辖权，即对居民企业实行居民税收管辖权，对非居民企业实行收入来源地税收管辖权，因此不同性质的企业负有不同的纳税义务。

1）居民企业的征税范围

居民企业负有无限纳税义务，即居民企业应就其来源于中国境内、境外的全部所得缴纳企业所得税。

2）非居民企业的征税范围

非居民企业负有限纳税义务，即非居民企业应就其来源于中国境内的所得缴纳企业所得税。其具体规定为：

（1）非居民企业在中国境内设立机构、场所的，应就其所设机构、场所取得的来源于中国境内的所得缴纳企业所得税。

（2）非居民企业在中国境内设立机构、场所的，应就其发生在中国境内的与其所设机构、场所没有实际联系的所得缴纳企业所得税。

（3）非居民企业在中国境内设立机构、场所的，应就其发生在中国境外的但与其所设机构、场所有实际联系的所得缴纳企业所得税。有实际联系是指拥有、管理、控制据以取得所得的股权、债权和财产等。

（4）非居民企业在中国境内未设立机构、场所的，应就其来源于中国境内的所得缴纳企业所得税。

5.2.1.2　企业所得来源地的判定

由于居民企业与非居民企业的纳税义务不同，因此企业收入来源地的判定尤为重要。按税法规定，来源于中国境内、境外的所得按以下规定办理：

（1）销售货物所得，按照交易活动发生地确定企业应税所得来源地。

（2）提供劳务所得，按照劳务发生地确定企业应税所得来源地。

（3）转让财产所得：不动产转让所得，按照不动产所在地确定企业应税所得来源地；动产转让所得，按照转让动产的企业或机构、场所所在地确定企业应税所得来源地；权益性投资资产转让所得，按照被投资企业所在地确定企业应税所得来源地。

（4）股息、红利等权益性投资所得，按照分配所得的企业所在地，确定企业应税所得来源地。

（5）利息所得、租金所得、特许权使用费所得，按照负担、支付所得企业或机构、场所所在地，或按照负担、支付所得个人住所地确定企业应税所得来源地。

（6）其他所得，由国务院财政、税务主管部门确定企业应税所得来源地。

5.2.2　企业所得税的纳税人

5.2.2.1　企业所得税纳税人的一般规定

微课5-1

企业所得税纳税人、征税对象与税率

企业所得税的纳税人是在中国境内的企业和其他取得收入的组织（以下统称企业），不包括依照中国法律法规成立的个人独资企业和合伙企业。对企业所得税的纳税人可从以下方面理解：

（1）企业范围的界定。税法将企业和其他取得收入的组织统称为“企业”，包括以下各类取得收入的组织：企业、事业单位、社会团体和其他取得收入的组织。

除上述所列企业、事业单位和社会团体之外，还包括民办非企业单位、基金会、商会和农民专业合作社以及随着经济社会发展而出现的其他取得收入的组织。

（2）境外个人独资企业和合伙企业。依照外国（地区）法律法规在境外成立的个人独资企业和合伙企业，应依法缴纳企业所得税；依照中国法律法规成立的个人独资企业和合伙企业不缴纳企业所得税，应依法缴纳个人所得税。

税法 Q&A 5-2

个人独资企业和合伙企业的含义各是什么？

税法 Q&A 5-2

（3）法人汇总纳税。目前大多数国家对个人（自然人）以外的组织或实体征收企业所得税，一般是以法人作为纳税主体。由于我国目前的企业所得税实行法人所得税制，因此企业设有多个不具有法人资格营业机构的，实行法人汇总纳税。

5.2.2.2 居民企业与非居民企业的划分

我国根据国际惯例，将企业划分为居民企业和非居民企业。

1）居民企业

居民企业是指依法在中国境内成立，或依照外国（地区）法律成立但实际管理机构在中国境内的企业。其中：

（1）依法在中国境内成立的企业需要同时符合以下3个方面的条件：一是依据中国法律、行政法规成立；二是在中国境内成立；三是属于取得收入的经济组织。

（2）实际管理机构在中国境内的企业，即对企业生产经营、人员、账务、财产等实施实质性全面管理和控制的机构在中国境内。

境外中资企业同时符合以上条件的，应判定其为实际管理机构在中国境内的居民企业（以下称非境内注册居民企业），并实施相应的税收管理，就其来源于中国境内、境外的所得征收企业所得税。其中，“境外中资企业”是指由中国境内的企业或企业集团作为主要控股投资者，在境外依据外国（地区）法律注册成立的企业。

2）非居民企业

非居民企业是指依照外国（地区）法律成立且实际管理机构不在中国境内，但在中国境内设立机构、场所的，或在中国境内未设立机构、场所，但有来源于中国境内所得的企业。非居民企业可从以下几个方面理解：

（1）依照外国（地区）法律成立。依照外国（地区）法律成立的企业，需要同时具备3个条件：一是成立的法律依据为外国（地区）法律法规；二是在中国境外成立；三是属于取得收入的经济组织。

（2）非居民企业形式。企业所得税的非居民纳税人，包括以下3种依照外国（地区）法律成立的企业：①在中国境内设立机构、场所的非居民企业，即依照外国（地区）法律成立且实际管理机构不在中国境内，但在中国境内设立机构、场所的企业。②视同设立机构、场所的委托营业代理人。外国企业除了在中国境内设立机构、场所进行生产经营活动外，还可能通过其在中国境内的营业代理人从事上述活动。同时具备以下3个条件的，按实际情况视同设立机构、场所：一是接受外国企业委托的主体是中国境内的单位和个人；二是代理活动必须是经常性的行为；三是代理的具体行为包括代其签订合同或储存、交付货物等。③在中国境内未设立机构、场所的非居民企业，即依照外国（地区）法律成立，在中国境内未设立机构、场所，但有来源于中国境内所得的企业。

5.2.3 企业所得税的税率

5.2.3.1 一般企业适用法定税率

我国企业所得税的法定税率确定为25%。其主要原因为：一是内企减轻税负，外企尽可能不增加税负；二是将财政减收控制在国家可承受的范围内；三是考虑国际上尤其是周边国家（地区）税率水平，实行企业所得税的159个国家（地区）平均税率为28.6%、周边18个国家（地区）为26.7%，由此看我国实行25%的税率在国际上属适中偏低水平，有利于提高企业竞争力和吸引外商投资。

企业所得税的法定税率适用于下列企业的所得：一是居民企业来源于中国境内、境外的所得；二是非居民企业在中国境内设立机构、场所的，其所设机构、场所取得的来源于中国境内的所得；三是非居民企业在中国境内设立机构、场所的，发生在中国境外但与其所设机构、场所有实际联系的所得。

5.2.3.2 预提所得税税率

预提所得税是指一国政府对外国企业来自本国特定项目所得的征税。预提所得税不是一个独立的税种，而是所得税的源泉征收方式。预提所得税以实际收益人为纳税人，以支付人为扣缴义务人，税款由支付人在每次支付额中按照税法规定的税率扣缴。我国税法规定，预提所得税的税率为20%，目前减按10%的税率征收。

预提所得税的适用范围：非居民企业在中国境内未设立机构、场所的，其机构、场所来源于中国境内的所得；非居民企业在中国境内设立了机构、场所，来源于中国境内与其所设机构、场所没有实际联系的所得。

5.2.4 企业所得税的优惠政策

我国企业所得税实施以产业导向优惠政策为主、兼顾区域性的税收优惠政策。《企业所得税法》规定的企业所得税的税收优惠政策包括免税、减税、加计扣除、加速折旧、减计收入、税额抵免等。税收优惠的主要规定包括以下几个方面：

5.2.4.1 法定减免税

1）免税收入

根据税法规定，企业取得的下列收入免征企业所得税：

（1）国债利息收入。其指企业持有国务院财政部门发行的国债取得的利息收入。

（2）地方政府债券利息收入。其指企业取得的地方政府债券利息收入（所得）。

（3）符合条件的居民企业之间的股息、红利等权益性投资收益。其指居民企业直接投资于其他居民企业取得的投资收益，不包括连续持有居民企业公开发行并上市流通的股票不足12个月取得的投资收益。

（4）在中国境内设立机构、场所的非居民企业从居民企业取得与该机构、场所有实际联系的股息、红利等权益性投资收益，但不包括连续持有居民企业公开发行并上市流通的股票不足12个月取得的投资收益。

（5）内地居民企业通过沪港通、深港通投资且连续持有H股满12个月取得的股息红利所得。内地企业投资者通过沪港通、深港通投资香港联交所上市股票取得的股息红利所得，计入其收入总额，依法计征企业所得税。其中，内地居民企业连续持有H股满12个月取得的股息红利所得，依法免征企业所得税。

（6）符合条件的非营利组织的收入。除国务院财政、税务主管部门另有规定外，符合条件的非营利组织的收入，免征企业所得税，但不包括非营利组织从事营利性活动取得的收入。

2）从事农、林、牧、渔业项目的税收优惠

对蔬菜、谷物、薯类、油料、豆类、棉花、麻类、糖料、水果和坚果的种植，农作物新品种的选育，中药材的种植，林木的培育和种植，牲畜及家禽的饲养，林产品的采集，灌溉农产品初加工（农产品初加工范围详见财税〔2008〕149号）、兽医、农技推广、农机作业和维修等农林牧渔服务业项目，远洋捕捞等免征企业所得税。花卉、茶及其他饮料作物和香料作物的种植，海水养殖、内陆养殖等减半征收企业所得税。企业从事国家限制和禁止发展的项目，不得享受上述规定的企业所得税优惠。以“公司＋农户”经营模式从事农、林、牧、渔业项目生产的企业，比照上述规定享受减免企业所得税优惠政策。

3）从事国家重点扶持的公共基础设施项目投资经营所得的减免

对居民企业（以下简称企业）经有关部门批准，从事符合《公共基础设施项目企业所得税优惠目录》规定范围、条件和标准的公共基础设施项目的投资经营所得，自该项目取得第一笔生产经营收入（包括试运营）所属纳税年度起，第1～3年免征企业所得税、第4～6年减半征收企业所得税（以下简称“免三减三”）。企业承包经营、承包建设和内部自建自用本条规定的项目，不得享受本条规定的企业所得税优惠。

饮水工程运营管理单位从事《公共基础设施项目企业所得税优惠目录》规定的饮水工程新建项目投资经营的所得，比照上述规定减免企业所得税。

4）小型微利企业减免

符合条件的小型微利企业（不包括非居民企业），按20%的税率征收企业所得税。

（1）小型微利企业的条件。小型微利企业是指从事国家非限制和禁止行业，并符合下列条件的企业：年度应纳税所得额不超过300万元，从业人数不超过300人，资产总额不超过5 000万元。其中，年应纳税所得额300万元是指弥补了以前年度亏损后的应纳税所得额。

（2）税法补充优惠规定。自2019年1月1日至2021年12月31日，对年应纳税所得额低于100万元（含）的小型微利企业，其所得减按25%计入应纳税所得额，按20%的税率缴纳企业所得税；对年应纳税所得额超过100万元但不超过300万元的部分，减按50%计入应纳税所得额，按20%的税率缴纳企业所得税。

（3）从业人数和资产总额的规定。从业人数包括与企业建立劳动关系的职工人数和企业接受的劳务派遣用工人数。所称从业人数和资产总额指标，按企业全年的季度平均值确定。其具体计算公式为：

季度平均值=（季初值＋季末值）÷2

全年季度平均值=全年各季度平均值之和÷4

年度中间开业或终止经营活动的，以实际经营期作为一个纳税年度确定上述相关指标。

课堂训练 5-1

某企业2020年从业人数为280人，资产总额4 000万元，假如2020年度应纳税所得额为260万元，则应纳企业所得税税额为：

（1）拆分年应纳税所得额100万元+160万元。

（2）不超过100万元的部分，减按25%计入：应纳税额=100×25%×20%=5（万元）

（3）100万～300万元的部分，减按50%计入：应纳税额=160×50%×20%=16（万元）

（4）应纳企业所得税税额=5+16=21（万元）

5）高新技术企业减免

国家重点扶持的高新技术企业，减按15%的税率征收企业所得税。高新技术企业需同时符合以下6个条件：一是拥有核心自主知识产权；二是产品（服务）属于《国家重点支持的高新技术领域》规定的范围；三是研究开发费用占销售收入的比例达标；四是高新技术产品（服务）收入占企业总收入的比例达标；五是科技人员占企业职工总数的比例达标；六是符合高新技术企业认定管理办法规定的其他条件。

以下两类企业也适用减按15%的税率征收企业所得税：一是从事文化产业支撑技术等领域的文化企业，按规定认定为高新技术企业的；二是经认定的技术先进型服务企业。

6）创业投资企业抵免

创业投资企业是指依照《创业投资企业管理暂行办法》和《外商投资创业投资企业管理规定》在中华人民共和国境内设立的专门从事创业投资活动的企业或其他经济组织。其税收优惠主要包括以下几个方面：一是创业投资企业采取股权方式投资于未上市的中小高新技术企业2年以上的，可按投资额的70%在股权持有满2年的当年抵扣该创业投资企业的应纳税所得额；当年不足抵扣的，可在以后纳税年度结转抵扣。二是公司制创业投资企业采取股权方式直接投资于种子期、初创期科技型企业满2年的，可以按照投资额的70%在股权持有满2年的当年抵扣该公司制创业投资企业的应纳税所得额；当年不足抵扣的，可以在以后纳税年度结转抵扣。三是有限合伙制创业投资企业采取股权方式投资于未上市的中小高新技术企业2年以上，该企业的法人合伙人可按照其对未上市中小高新技术企业投资额的70%抵扣该法人合伙人从该企业分得的应纳税所得额，当年不足抵扣的，可以在以后纳税年度结转抵扣。四是有限合伙制创业投资企业采取股权方式直接投资于种子期、初创期科技型企业满2年的，该合伙创投企业的法人合伙人可以按照对种子期、初创期科技型企业投资额的70%抵扣法人合伙人从有限合伙制创业投资企业分得的所得；当年不足抵扣的，可以在以后纳税年度结转抵扣。

7）技术转让所得减免

在一个纳税年度内，居民企业技术转让所得不超过500万元的部分，免征企业所得税；超过500万元的部分，减半征收企业所得税。

5.2.4.2 其他税收优惠

（1）鼓励资源综合利用的税收优惠。企业以《资源综合利用企业所得税优惠目录》规定的资源作为主要原材料，生产国家非限制和非禁止并符合国家及行业相关标准产品取得的收入，减按90%计入收入总额。

（2）环境保护、节能节水的税收优惠。符合条件的环境保护、节能节水项目的所得，自项目取得第一笔生产经营收入所属纳税年度起实施“免三减三”优惠政策。

（3）非居民企业所得的税收优惠。非居民企业取得的下列所得可免征企业所得税：外国政府向中国政府提供贷款取得的利息所得；国际金融组织向中国政府和居民企业提供优惠贷款取得的利息所得；经国务院批准的其他所得。

（4）扶持民族自治地方的减免。民族自治地方的自治机关对本民族自治地方的企业应缴纳的企业所得税中属于地方分享的部分，可决定减免所得税；自治州、自治县决定减免的，须报省、自治区、直辖市人民政府批准。但对在民族自治地方内从事国家限制和禁止行业的企业，不得减免所得税。

（5）环境保护、节能节水、安全生产专用设备投资抵免。企业购置并实际使用《环境保护专用设备企业所得税优惠目录》《节能节水专用设备企业所得税优惠目录》《安全生产专用设备企业所得税优惠目录》规定的环境保护、节能节水、安全生产等专用设备的，该专用设备投资额的10%可从企业当年的应纳税额中抵免；当年不足抵免的，可在以后5个纳税年度结转抵免。企业购置上述专用设备在5年内转让、出租的，应当停止享受企业所得税优惠，并补缴已经抵免的企业所得税税款。

（6）实施清洁发展机制项目的税收优惠。清洁发展机制项目（以下简称“CDM项目”）实施企业将温室气体减排量转让收入的65%上缴给国家的HFC和PFC类CDM项目，以及将温室气体减排量转让收入的30%上缴给国家的N_2O类CDM项目，其实施该类CDM项目的所得，自项目取得第一笔减排量转让收入所属纳税年度起实施“免三减三”优惠政策。

（7）节能服务公司实施合同能源管理项目的税收优惠。对符合条件的节能服务公司实施合同能源管理项目，符合《企业所得税法》有关规定的，自项目取得第一笔生产经营收入所属纳税年度起实施“免三减三”优惠政策（后三年的税率为25%）。

（8）企业支出的加计扣除。企业的下列支出可在计算应纳税所得额时加计扣除：

第一，研发费用加计扣除。2018年1月1日至2021年12月31日期间企业为开发新技术、新产品、新工艺而发生的研究开发费用，未形成无形资产计入当期损益的，在按照规定据实扣除的基础上，按照研究开发费用的75%加计扣除；形成无形资产的，按照无形资产成本的175%摊销。从事文化产业支撑技术等领域的文化企业，开发新技术、新产品、新工艺发生的研究开发费用，允许按照税收法律法规的规定，在计算应纳税所得额时加计扣除。

企业为获得创新性、创意性、突破性的产品进行创意设计活动而发生的相关费用，可以按照规定进行税前加计扣除。创意设计活动是指多媒体软件、动漫游戏软件开发，数字动漫、游戏设计制作；房屋建筑工程设计（绿色建筑评价标准为三星）、风景园林工程专项设计；工业设计、多媒体设计、动漫及衍生产品设计、模型设计等。

科技型中小企业开展研发活动中实际发生的研发费用，未形成无形资产计入当期损益的，在按规定据实扣除的基础上，再按照实际发生额的75%在税前加计扣除；形成无形资产的，在上述期间按照无形资产成本的175%在税前摊销。

第二，安置残疾人员加计扣除。企业安置残疾人员的，在按照支付给残疾职工工资据实扣除的基础上，按照支付给残疾职工工资的100%加计扣除。企业就支付给残疾职工的工资，在进行企业所得税预缴申报时，允许据实计算扣除。在年度终了进行企业所得税年度申报和汇算清缴时，再依照规定计算加计扣除。

（9）企业固定资产或购入软件等加速折旧或摊销，主要包括以下几个方面：

第一，企业固定资产由于技术进步等原因确需加速折旧的，可缩短折旧年限或加速折旧。集成电路生产企业的生产设备，其折旧年限可以适当缩短，最短可为3年。企业外购的软件，凡符合固定资产或无形资产确认条件的，可以按照固定资产或无形资产进行核算，其折旧或摊销年限可以适当缩短，最短可为2年。

第二，对全部制造业企业新购进的固定资产，可缩短折旧年限或采取加速折旧的方法。对小型微利企业新购进的研发和生产经营共用的仪器、设备，单位价值不超过500万元的，允许一次性计入当期成本费用在计算应纳税所得额时扣除，不再分年度计算折旧；单位价值超过500万元的，可由企业选择缩短折旧年限或采取加速折旧的方法。

第三，对所有行业企业新购进的专门用于研发的仪器、设备，单位价值不超过500万元的，允许一次性计入当期成本费用在计算应纳税所得额时扣除，不再分年度计算折旧；单位价值超过500万元的，可缩短折旧年限或采取加速折旧的方法。对所有行业企业持有的单位价值不超过5 000元的固定资产，允许一次性计入当期成本费用在计算应纳税所得额时扣除，不再分年度计算折旧。

（10）西部大开发税收优惠。自2021年1月1日至2030年12月31，对设在西部地区以《西部地区鼓励类产业目录》中规定的产业项目为主营业务，且其当年度主营业务收入占企业收入总额70%以上的企业，经企业申请，主管税务机关审核确认后，可减按15%税率缴纳企业所得税。

（11）软件和集成电路产业税收优惠。其主要包括以下几个方面：

第一，对2017年12月31日前设立但未获利的集成电路线宽小于0.8微米（含）的集成电路生产企业，自获利年度起给予“免二减三”（后3年的税率为25%）优惠政策，并享受至期满为止。

第二，对2017年12月31日前设立但未获利的集成电路线宽小于0.25微米或投资额超过80亿元，且经营期在15年以上的集成电路生产企业，自获利年度起，给予“免五减五”（后5年的税率为25%）优惠政策，并享受至期满为止。

第三，对2018年1月1日后投资新设的集成电路线宽小于130纳米，且经营期在10年以上的集成电路生产企业或项目，给予“免二减三”（后3年的税率为25%）优惠政策，并享受至期满为止。

第四，对2018年1月1日后投资新设的集成电路线宽小于65纳米或投资额超过150亿元，且经营期在15年以上的集成电路生产企业或项目，给予“免五减五”（后5年的税率为25%）优惠政策，并享受至期满为止。

第五，对依法成立且符合条件的集成电路设计企业和软件企业，在2019年12月31日前自获利年度起计算优惠期给予“免二减三”（后3年的税率为25%）优惠政策，并享受至期满为止。

第六，对国家规划布局内的重点软件和集成电路设计企业，如当年未享受免税优惠的，可减按10%的税率征收企业所得税。符合条件的软件企业按照财政部、国家税务总局《关于软件产品增值税政策的通知》（财税〔2011〕100号）规定取得的即征即退增值税款，由企业专项用于软件产品研发和扩大再生产并单独进行核算的，可作为不征税收入。

第七，对符合条件的集成电路封装、测试企业、关键专用材料生产企业、集成电路专用设备生产企业，在2017年（含2017年）前实现获利的，自获利年度起，给予“免二减三”（后3年的税率为25%）；2017年前未实现获利的，自2017年起计算优惠期，享受至期满为止。

（12）税收优惠过渡政策。为保证新旧企业所得税的顺利衔接，国务院出台了关于企业所得税过渡优惠政策的办法，自2008年1月1日起原享受低税率优惠政策的企业，在新税法施行后5年内逐步过渡到法定税率。

5.3 企业所得税计税管理

5.3.1 企业应纳税所得额的计算

企业所得税以企业应纳税所得额为计税依据。应纳税所得额是企业每一纳税年度的收入总额，减除不征税收入、免税收入、各项扣除和允许弥补的以前年度亏损后的余额。其基本计算公式为：

应纳税所得额=收入总额-不征税收入-免税收入-各项扣除-允许弥补的以前年度亏损

除特殊规定外，企业应纳税所得额的计算，以权责发生制为原则，属于当期的收入和费用，不论款项是否收付，均作为当期的收入和费用；不属于当期的收入和费用，即使款项已经在当期收付，也不作为当期的收入和费用。在计算应纳税所得额时，企业财务会计处理办法与税收法律、行政法规的规定不一致的，应依照税收法律、行政法规的规定计算；依法缴纳的企业所得税以人民币计算，所得以人民币以外的货币计算的，应当折合成人民币计算并缴纳税款。

5.3.1.1 收入总额的确定

1）收入的形式

收入总额是企业以货币和非货币形式从各种来源取得的收入。企业以非货币形式取得的收入，应当按照市场价格的公允价值确定。

2）收入总额的构成

企业收入总额具体包括销售货物收入、提供劳务收入、转让财产收入、股息红利等权益性投资收益、利息收入、租金收入、特许权使用费收入、接受捐赠收入和其他收入。各种收入释义如下：

（1）销售货物收入是指企业销售商品、产品、原材料、包装物、低值易耗品和其他存货取得的收入。

（2）提供劳务收入是指企业从事建筑安装、修理修配、交通运输、仓储租赁、金融保险、邮电通信、咨询经纪、文化体育、科学研究、技术服务、教育培训、餐饮住宿、中介代理、卫生保健、社区服务、旅游、娱乐、加工和其他劳务服务活动取得的收入。

（3）转让财产收入是指企业转让固定资产、生物资产、无形资产、股权、债权等财产取得的收入。

（4）股息、红利等权益性投资收益是指企业因权益性投资从被投资方所取得的收入。除国务院财政、税务主管部门另有规定外，股息、红利等权益性投资收益按照被投资方作出利润分配决定的日期确认收入的实现。

（5）利息收入是指企业将资金提供给他人使用但不构成权益性投资，或因他人占用本企业资金取得的收入，包括存款利息、贷款利息、债券利息、欠款利息等收入。利息收入按照合同约定的债务人应付利息的日期确认收入的实现。

（6）租金收入是指企业提供固定资产、包装物或其他有形资产的使用权所取得的收入。租金收入按照合同约定的承租人应付租金的日期确认收入的实现。

（7）特许权使用费收入是指企业提供专利权、非专利技术、商标权、著作权以及其他特许权的使用权取得的收入。特许权使用费收入按照合同约定的特许权使用人应付特许权使用费的日期确认收入的实现。

（8）接受捐赠收入是指企业接受的来自其他企业、组织或个人无偿给予的货币性资产、非货币性资产。接受捐赠收入按照实际收到捐赠资产的日期确认收入的实现，接受捐赠收入的金额按照捐赠资产的公允价值确定。

（9）其他收入是指企业取得的除上述收入以外的其他收入，主要包括企业资产溢余收入、逾期未退包装物押金收入、确实无法偿付的应付款项、已作坏账损失处理后又收回的应收款项、债务重组收入、补贴收入、违约金收入和汇兑收益等。

3）视同销售收入

除国务院财政、税务主管部门另有规定外，企业发生非货币性资产交换以及将货物、财产、劳务用于捐赠、偿债、赞助、集资、广告、样品、职工福利或利润分配等用途的，应当视同销售货物、转让财产或提供劳务。

企业所得税法采用法人所得税的模式，因而缩小了视同销售的范围，对货物在同一法人实体内部之间的转移，如用于在建工程、管理部门和分公司等，不视同销售处理。

5.3.1.2　不征税收入的确定

所谓不征税收入，是指性质上不属于企业营利性活动带来的经济利益、不负有纳税义务且不作为应纳税所得额组成部分的收入。企业所得税法规定，收入总额中的下列收入为不征税收入：

（1）财政性资金。它是指企业取得的来源于政府及其有关部门的财政补助、补贴、贷款贴息以及其他各类财政专项资金。它包括直接减免的增值税和即征即退、先征后退、先征后返的各种税收，但不包括企业按规定取得的出口退税款。

（2）行政事业性收费。它是指依照法律、行政法规等有关规定，按照国务院规定程序批准，在实施社会公共管理以及在向公民、法人或其他组织提供特定公共服务过程中，向特定对象收取并纳入财政管理的费用。

（3）政府性基金。它是指企业依照法律、行政法规等有关规定，代政府收取的具有专项用途的财政资金。

（4）其他不征税收入。它是指企业取得的，由国务院财政、税务主管部门规定专项用途并经国务院批准的财政性资金。

5.3.1.3　扣除的原则与项目

企业实际发生的与取得收入有关的、合理的支出，包括成本、费用、税金、损失和其他支出，准予在计算应纳税所得额时扣除。

1）扣除的原则

确定企业支出应遵循如下原则：

（1）相关性原则。企业实际发生的与取得收入有关的支出，是与取得收入直接相关的支出。

（2）合理性原则。企业实际发生的合理支出是指符合生产经营活动常规，应计入当期损益或有关资产成本的必要的、正常的支出。

（3）收益性原则。企业发生的支出应区分收益性支出和资本性支出。前者在发生当期直接扣除；后者应分期扣除或计入有关资产成本，不得在发生当期直接扣除。

（4）配比性原则。企业发生的费用应当与收入配比扣除，企业的不征税收入用于支出所形成的费用或财产，不得扣除或计算对应的折旧、摊销扣除。

（5）不重复原则。除另有规定外，企业实际发生的成本、费用、税金、损失和其他支出按规定准予在计算应纳税所得额时扣除，但不得重复扣除。

2）准予扣除的项目

企业实际发生的与取得收入有关的、合理的支出，包括成本、费用、税金、损失和其他支出。其支出项目具体规定为：

（1）成本是指企业在生产经营活动中发生的销售成本、销货成本、业务支出和其他耗费。

（2）费用是指企业在生产经营活动中发生的销售费用、管理费用和财务费用，已经计入成本的有关费用除外。

（3）税金是指企业在生产经营活动中发生的，除企业所得税和允许抵扣的增值税以外的各项税金及其附加。

（4）损失是指企业在生产经营活动中发生的固定资产和存货的盘亏、毁损、报废损失，以及转让财产损失、呆账损失、坏账损失、自然灾害等不可抗力因素造成的损失和其他损失。

微课5-2

准予扣除项目的标准

（5）其他支出是指除成本、费用、税金、损失外，企业在生产经营活动中发生的与生产经营活动有关的、合理的支出。

5.3.1.4　准予扣除项目的标准

（1）工资、薪金。企业发生的合理的工资、薪金准予扣除，即企业每一纳税年度支付给在本企业任职或受雇员工的所有现金或非现金形式的劳动报酬，包括基本工资、奖金、津贴、补贴、年终加薪、加班工资以及与员工任职或受雇有关的其他支出。

（2）三项经费。它是指企业发生的职工福利费、工会经费和职工教育经费支出。具体规定为：①企业发生的职工福利费支出，不超过工资、薪金总额14%的部分准予扣除。②企业拨缴的工会经费，不超过工资、薪金总额2%的部分准予扣除。③企业发生的职工教育经费支出，除国务院财政、税务主管部门另有规定外，不超过工资、薪金总额8%的部分准予扣除；超过部分，准予在以后纳税年度结转扣除。

需要说明的是：集成电路设计企业和符合条件的软件企业的职工培训费用，应单独进行核算并按实际发生额在计算应纳税所得额时扣除；航空企业实际发生的飞行员养成费、飞行训练费、乘务训练费、空中保卫员训练费等空勤训练费用，可以作为航空企业运输成本在税前扣除；核力发电企业为培养核电厂操纵员发生的培养费用，可作为企业的发电成本在税前扣除等。

课堂训练5-2

某电视机厂为居民企业，某纳税年度实际发生的工资、薪金支出为100万元，本期“三项经费”的实际发生额为15万元，其中福利费为10万元、拨缴的工会经费为2万元、已取得工会拨缴收据实际发生职工教育经费为9万元，则该厂允许扣除的“三项经费”支出计算过程如下：

（1）福利费扣除限额=100×14%=14（万元）

实际发生额10万元可据实扣除。

（2）工会经费扣除限额=100×2%=2（万元）

实际发生额2万元可据实扣除。

（3）职工教育经费扣除限额=100×8%=8（万元）

实际发生额9万元可扣除8万元，另1万元应调增应纳税所得额，并结转下年继续抵扣。

（4）允许扣除“三项经费”支出合计为20万元（10+2+8）。

（3）五险一金。企业依照国务院有关主管部门或省级人民政府规定的范围和标准为职工缴纳的“五险一金”，即基本养老保险费、基本医疗保险费、失业保险费、工伤保险费、生育保险费等基本社会保险费和住房公积金准予扣除。

（4）借款费用。它是指企业因借款而发生的利息、折价或溢价的摊销和辅助费用，以及因外币借款而发生的汇兑差额。企业在生产经营活动中发生的合理的不需要资本化的借款费用可以扣除。扣除标准是：企业在生产经营活动中发生的非金融企业向金融企业借款、金融企业的各项存款、同业拆借和企业经批准发行债券的利息支出，以及非金融企业向非金融企业借款的利息支出不超过按照金融企业同期同类贷款利率计算的部分，可以扣除。

课堂训练5-3

某服装厂为居民企业，2020年实现利润总额23万元。本年度共发生两笔借款业务：一是从银行借入流动资金200万元，借款期限6个月，支付利息费用4.5万元；二是经批准从其他企业借入流动资金50万元，借款期限9个月，支付利息费用2.6万元。该企业无其他纳税调整事项，则该厂的应纳税所得额计算过程如下：

（1）从银行借入流动资金年利率=（4.5÷200）×2×100%=4.5%

（2）从其他企业借款的费用扣除标准=50×4.5%÷12×9=1.6875（万元）

小于实际发生的利息费用2.6万元，只能按标准扣除，应调增应纳税所得额0.9125万元（2.6−1.6875）。

（3）应纳税所得额=23+0.9125=23.9125（万元）

（5）汇兑损失。企业在货币交易中和纳税年度终了时将人民币以外的货币性资产、负债按照期末即期人民币汇率中间价折算为人民币时产生的汇兑损失，除已经计入有关资产成本以及与向所有者进行利润分配部分外，准予扣除。

（6）业务招待费。企业发生的与生产经营活动有关的业务招待费支出，按照发生额的60%扣除，但最高不得超过当年销售（营业）收入的5‰。企业在计算业务招待费扣除限额时，其销售（营业）收入额基数应包括主营业务收入、其他业务收入和视同销售（营业）收入额。

课堂训练5-4

某化工厂纳税年度利润总额为200万元，按利润总额申报缴纳企业所得税。该企业当年产品销售收入5 000万元，业务招待费22万元，无其他纳税调整项目，则该厂的应纳税所得额计算过程如下：

（1）业务招待费扣除限额=5 000×5‰=25（万元）

扣除标准=22×60%=13.2（万元）

按13.2万元进行扣除。

（2）应纳税所得额=200+22−13.2=208.8（万元）

（7）广告费和业务宣传费。企业发生的符合条件的广告费和业务宣传费支出，除财政部和国家税务总局另有规定外，不超过当年销售（营业）收入15%的部分准予扣除，超过部分准予在以后纳税年度结转扣除。企业在计算广告费和业务宣传费扣除限额时，其销售（营业）收入额基数应包括主营业务收入、其他业务收入和视同销售（营业）收入额。

需要说明的是：自2021年1月1日起至2025年12月31日，对化妆品制造或销售、医药制造和饮料制造（不含酒类制造）企业发生的广告费和业务宣传费支出，不超过当年销售（营业）收入30%的部分准予扣除；超过部分准予在以后纳税年度结转扣除。烟草企业的烟草广告费和业务宣传费支出，一律不得在计算应纳税所得额时扣除。

课堂训练 5-5

某商贸公司某纳税年度实现主营业务收入2 000万元，发生广告费244万元，业务宣传费76万元，则该公司当年广告费和业务宣传费的税务处理为：

广告费和业务宣传费扣除限额=2 000×15%=300（万元）

实际发生额=244+76=320（万元）

发生额大于扣除限额，当年计算所得税前只准予扣除300万元，超标的20万元可结转以后纳税年度扣除。

（8）固定资产的租赁费。企业根据生产经营活动的需要租入固定资产支付的租赁费，按照以下方法扣除：以经营租赁方式租入固定资产发生的租赁费支出，按照租赁期限均匀扣除；以融资租赁方式租入固定资产发生的租赁费支出，按照规定构成融资租入固定资产价值的部分应当提取折旧费用、分期扣除。

课堂训练 5-6

某市汽车制造厂某纳税年度3月1日以经营租赁方式租入固定资产，租期1年，一次性支付年租金12万元；6月1日以融资租赁方式租入机器设备一台，租期2年，当年支付租金15万元，则该厂当年计算应纳税所得额时应扣除的租赁费用为：

（1）经营租赁的租赁费扣除额=12÷12×10=10（万元）

（2）融资租赁的租赁费不得税前扣除，但可通过折旧分期扣除。

（9）公益性捐赠。它是指企业通过公益性社会团体或县级以上政府及其部门，用于《中华人民共和国公益事业捐赠法》规定的公益事业的捐赠支出。企业发生的公益性捐赠支出在年度利润总额12%以内的部分，准予在计算应纳税所得额时扣除，超过年度利润总额12%的部分，准予结转以后3年内在计算应纳税所得额时扣除。企业直接针对受赠人的捐赠和非公益性捐赠，不得在税前扣除。

自2019年1月1日至2022年12月31日，企业通过公益性社会组织或县级（含）以上人民政府及其组成部门和直属机构，用于目标脱贫地区的扶贫捐赠支出，准予在计算企业所得税应纳税所得额时据实扣除。

课堂训练 5-7

某工业企业纳税年度的利润总额为4 000万元，全年发生公益性捐赠500万元、非公益性捐赠40万元，无其他调整项目，则该企业的应纳税所得额计算过程如下：

公益性捐赠扣除限额=4 000×12%=480（万元）

应纳税所得额=4 000+500+40−480=4 060（万元）

超限额20万元的部分，准予结转以后3年内在计算应纳税所得额时扣除。

（10）转让资产净值。它是指资产计税基础（一般指资产原值）减除已经按照规定扣除的折旧、折耗、摊销、准备金等后的余额。企业转让资产的净值，准予在计算应纳税所得额时扣除。

（11）财产损失。它是指企业在生产经营活动中发生的固定资产和存货的盘亏、毁损和报废损失，转让财产损失、呆账损失和坏账损失以及自然灾害等不可抗力因素造成的损失和其他损失。企业发生的损失减除责任人赔偿和保险赔款后的余额，可依照国务院财政、税务主管部门的规定扣除。

（12）手续费及佣金。企业通过发行债券、取得贷款和吸收保户储金等方式融资而发生的合理的费用支出，符合资本化条件的计入相关资产成本，不符合资本化条件的作为财务费用准予据实扣除。

从事代理服务、主营业务收入为手续费、佣金的企业（如证券、期货等企业），为取得该类收入而实际发生的营业成本（包括手续费及佣金支出），准予据实扣除。

保险企业发生的与其经营活动有关的手续费及佣金支出，不超过当年全部保费收入扣除退保金等后余额的18%（含）的部分，在计算应纳税所得额时准予扣除；超过部分，允许结转以后年度扣除。

电信企业在发展客户、拓展业务等过程中（如委托销售电话入网卡和电话充值卡等），需向经纪人、代办商支付手续费及佣金的，其实际发生的相关手续费及佣金支出不超过企业当年收入总额5%的部分准予据实扣除。

（13）保险保障基金。保险公司按下列规定缴纳的保险保障基金，准予在所得税前据实扣除：

第一，非投资型财产保险业务，不得超过保费收入的0.8%。投资型财产保险业务有保证收益的，不得超过业务收入的0.08%；无保证收益的，不得超过业务收入的0.05%。

第二，有保证收益的人寿保险业务，不得超过业务收入的0.15%；无保证收益的人寿保险业务，不得超过业务收入的0.05%。

第三，短期健康保险业务，不得超过保费收入的0.8%；长期健康保险业务，不得超过保费收入的0.15%。

第四，非投资型意外伤害保险业务，不得超过保费收入的0.8%。投资型意外伤害保险业务，有保证收益的，不得超过业务收入的0.08%；无保证收益的，不得超过业务收入的0.05%。

（14）其他准予扣除项目。企业因雇用季节工、临时工、实习生，返聘离退休人员以及接受外部劳务派遣用工所实际发生的费用，应区分为工资、薪金支出和职工福利费支出，并按《企业所得税法》规定在企业所得税前扣除。其中属于工资、薪金支出的，准予计入企业工资、薪金总额的基数，作为计算其他各项相关费用扣除的依据。

企业在筹建期间发生的与筹办活动有关的业务招待费支出，可按实际发生额的60%计入企业筹办费，并按有关规定在税前扣除；发生的广告费和业务宣传费，可按实际发生额计入企业筹办费，并按有关规定在税前扣除。

企业发现以前年度实际发生的、按照税收规定应在所得税前扣除而未扣除或少扣除的支出，企业作出专项申报及说明后，准予追补至该项目发生年度计算扣除，但追补确认期限不得超过5年。

5.3.1.5　不得扣除的支出项目

在计算应纳税所得额时，不得扣除的支出项目主要包括：

（1）向投资者支付的股息、红利等权益性投资收益款项。

（2）企业所得税税款。

（3）税收滞纳金。

（4）罚金、罚款和被没收财物的损失。

（5）公益性、救济性以外的捐赠支出。

（6）赞助支出，即企业发生的与生产经营活动无关的各种非广告性质支出。

（7）未经核定的准备金支出，即不符合国务院财政、税务主管部门规定的各项资产减值准备、风险准备等准备金支出。

（8）企业对外投资期间投资资产的成本。

（9）与取得收入无关的其他支出。

5.3.1.6　亏损弥补

亏损是指企业依照企业所得税法的规定将纳税年度的收入总额减除不征税收入、免税收入和各项扣除后小于零的数额，即按税法规定计算的亏损，而非企业会计核算的亏损。税法规定，企业纳税年度发生的亏损准予向以后年度结转，用以后年度的所得弥补，但结转年限最长不得超过5年（高新技术企业和科技型中小企业亏损结转年限为10年；受新冠肺炎疫情影响较大的困难行业企业2020年度发生的亏损最长结转年限延长至8年）。5年（8年或10年）当中无论盈亏，均应作为实际弥补期连续计算，先亏先补、顺序弥补。但企业在汇总计算缴纳所得税时，其境外营业机构的亏损不得抵减境内营业机构的盈利。

课堂训练5-8

假定某企业7年来的经营情况见表5-1。

表5-1　某企业7年来的经营情况　金额单位：万元

年度	1	2	3	4	5	6	7
所得	-150	30	20	30	20	40	50

则该企业7年来的应纳税企业所得额为：该企业第1年亏损150万元，准予向以后年度结转5年，即可结转至第6年。第2～6年的所得用于弥补第1年的亏损后无所得不纳税。虽然亏损仍未补完，但因结转年限已到而不能再向以后年度结转，为此第7年应纳税所得额为50万元，应纳企业所得税额为12.5万元（50×25%）。

5.3.2　各项资产的税务处理

企业所得税法关于资产的税务处理的规定与企业会计准则的规定基本相同。企业所得税法规定了纳税人资产的税务处理，其目的是通过对资产的分类，区别资本性支出与收益性支出，确定准予扣除和不准予扣除的项目，正确计算应纳税所得额。企业的各项资产以其取得该项资产时实际发生支出的历史成本为计税基础。企业持有各项资产期间资产增值或减值，除国务院财政、税务主管部门规定可以确认损益外，不得调整该资产的计税基础。税法规定的各项资产的税务处理如下：

5.3.2.1　固定资产的税务处理

固定资产是指企业为生产产品、提供劳务、出租或经营管理而持有的、使用时间超过1年的非货币性资产，包括房屋、建筑物、机器、机械、运输工具和其他与生产经营活动有关的设备、器具、工具等。固定资产在购入时因其一次性支出数额较大，在计算应纳税所得额时，除特殊规定外，企业不得一次性列支固定资产的购置或建造费用，准予企业在所得税前扣除按照规定计提的固定资产折旧费。

（1）固定资产的折旧范围。企业在计算应纳税所得额时，按照规定计算的固定资产折旧准予扣除。但下列固定资产不得计算折旧扣除：房屋、建筑物以外的未投入使用的固定资产；以经营租赁方式租入的固定资产；以融资租赁方式租出的固定资产；已足额提取折旧仍继续使用的固定资产；与经营活动无关的固定资产；单独估价作为固定资产入账的土地；其他不得计算折旧扣除的固定资产。

（2）固定资产的折旧方法。固定资产按照直线法计算的折旧，准予扣除。企业应当自固定资产投入使用月份的次月起计算折旧；停止使用的固定资产，应当自停止使用月份的次月起停止计算折旧。

（3）固定资产的折旧年限。除国务院财政、税务主管部门另有规定外，固定资产计算折旧的最低年限：房屋、建筑物为20年；飞机、火车、轮船、机器、机械和其他生产设备为10年；与生产经营活动有关的器具、工具、家具等为5年；飞机、火车、轮船以外的运输工具为4年；电子设备为3年。

此外，从事开采石油、天然气等矿产资源的企业，在开始商业性生产前发生的费用和有关固定资产的折耗、折旧方法，由国务院财政、税务主管部门另行规定。

（4）固定资产加速折旧。企业拥有并用于生产经营的主要或关键的固定资产，由于技术进步，产品更新换代较快，常年处于强震动、高腐蚀状态等原因确需加速折旧的，可以缩短折旧年限或采取加速折旧的方法。

5.3.2.2　存货的税务处理

存货是指企业持有以备出售的产品或商品、处在生产过程中的在产品、在生产或提供劳务过程中耗用的材料和物料等。存货价格的确定方法会影响企业的收入和支出，因此企业所得税法规定了存货的成本和计价的方法。

（1）存货成本的确定。通过支付现金方式取得的存货，以购买价款和支付的相关税费为成本；通过支付现金以外的方式取得的存货，以该存货的公允价值和支付的相关税费为成本；生产性生物资产收获的农产品，以产出或采收过程中发生的材料费、人工费和分摊的间接费用等必要支出为成本。

（2）存货计价方法的选择。企业使用或销售的存货的成本计算方法，可以在先进先出法、加权平均法、个别计价法中选用一种。计价方法一经选用，不得随意变更。

5.3.2.3　无形资产的税务处理

无形资产是指企业为生产产品、提供劳务、出租或经营管理而持有的、没有实物形态的非货币性长期资产，包括专利权、商标权、著作权、土地使用权、非专利技术和商誉等。一般来说，企业受让的无形资产一次性支出数额较大，在计算应纳税所得额时除特殊规定外，不得一次性列支无形资产的受让支出，准予企业在所得税前扣除按照规定计提的无形资产的摊销费。

（1）无形资产的摊销范围。在计算应纳税所得额时，企业按照规定计算的无形资产摊销费用准予扣除。但下列无形资产不得计算摊销费用扣除：自行开发的支出已在计算应纳税所得额时扣除的无形资产；自创商誉；与经营活动无关的无形资产；其他不得计算摊销费用扣除的无形资产。

（2）无形资产的摊销方法。其主要规定为：无形资产按照直线法计算的摊销费用，准予扣除；无形资产的摊销年限不得低于10年；作为投资或受让的无形资产，有关法律规定或合同约定了使用年限的，可按照规定或约定的使用年限分期摊销；外购商誉的支出在企业整体转让或清算时，准予扣除。

5.3.2.4 投资资产的税务处理

（1）准予扣除的投资资产成本。投资资产是指企业对外进行权益性投资和债权性投资形成的资产。企业在转让或处置投资资产时，投资资产的成本准予扣除。投资资产按照以下方法确定成本：通过支付现金方式取得的投资资产，以购买价款为成本；通过支付现金以外的方式取得的投资资产，以该资产的公允价值和支付的相关税费为成本。

（2）不准扣除的投资资产成本。企业对外投资期间，投资资产的成本在计算应纳税所得额时不得扣除。

5.3.2.5 长期待摊费用的税务处理

（1）长期待摊费用的界定。长期待摊费用是指不能全部计入当年损益，应在以后年度内较长时期摊销的除固定资产和无形资产以外的其他费用支出，包括开办费、经营租赁租入固定资产改良支出、固定资产大修理支出以及建设部门转来在建设期内发生的不计入交付使用财产价值的生产职工培训费、样品样机购置费等。

（2）长期待摊费用的扣除。根据税法规定，企业在计算应纳税所得额时，发生的下列支出作为长期待摊费用，按照规定摊销的，准予扣除：已足额提取折旧的固定资产的改建支出；租入固定资产的改建支出；固定资产的大修理支出；其他应当作为长期待摊费用的支出。

5.3.2.6 生产性生物资产的税务处理

（1）生产性生物资产的计税基础。生产性生物资产是指企业为产出农产品、提供劳务或出租等目的而持有的生物资产。生物资产分为消耗性生物资产、生产性生物资产和公益性生物资产。税法规定，只有生产性生物资产可计提折旧。生产性生物资产包括经济林、薪炭林、产畜和役畜等。企业外购的生产性生物资产，以购买价款和支付的相关税费为计税基础；通过捐赠、投资、非货币性资产交换、债务重组等方式取得的生产性生物资产，以该资产的公允价值和支付的相关税费为计税基础。

（2）生产性生物资产的折旧方法。其主要规定为：生产性生物资产按照直线法计算的折旧，准予扣除。企业应自生产性生物资产投入使用月份的次月起计提折旧，停止使用的生产性生物资产应自停止使用月份的次月起停止计提折旧；企业应根据生产性生物资产的性质和使用情况，合理确定生产性生物资产的预计净残值；生产性生物资产的预计净残值一经确定，不得变更。

（3）生产性生物资产的折旧年限。林木类生产性生物资产的折旧年限为10年，畜类生产性生物资产的折旧年限为3年。

5.3.3 特别纳税调整

特别纳税调整是指税务机关出于反避税目的而对纳税人特定纳税事项所作的税务调整。我国企业所得税法中规定的特别纳税调整的条款，主要包括针对关联企业、受控外国子公司和资本弱化所进行的纳税调整。

5.3.3.1 关联企业的纳税调整

关联方是指有下列关联关系之一的企业、其他组织或个人：一是在资金、经营、购销等方面存在直接或间接的控制关系；二是直接或间接地同为第三者控制；三是在利益上具有相关联的其他关系。关联企业的关联方之间业务往来使用的内部交易价格，称为转让定价。关联企业之间由于存在管理上的特殊关系，可能会出现关联企业之间的业务往来中制定的价格与独立企业之间业务往来的市场价格不符的情况，从而导致企业的应纳税所得额减少，转移利润，逃避纳税。为防止关联企业之间利用转让定价避税，税法规定了关联企业之间的特别纳税调整的条款。

（1）关联交易原则。企业所得税法规定关联企业之间的关联交易以及业务往来应遵循以下两个原则：①关联交易制定的价格应符合独立交易原则。这就要求关联企业之间业务往来取得的收入和支付的费用应符合独立交易原则。②关联交易成本的分摊应符合独立交易原则。企业与其关联方共同开发、受让无形资产，或共同提供、接受劳务发生的成本，在计算应纳税所得额时应当按照独立交易原则进行分摊。

（2）转让定价调整。企业与其关联方之间的业务往来，不符合独立交易原则而减少企业或其关联方应纳税收入或所得额的，税务机关有权按照合理方法进行调整。

（3）预约定价安排。它是国际通行的一种转让定价调整方法，与上述转让定价纳税调整不同的是：预约定价安排是事前调整，而上述纳税调整是事后调整。预约定价安排是指企业就其未来年度关联交易的定价方法和计算标准，向税务机关提出申请，与税务机关按照独立交易原则协商、确认后达成的协议。预约定价安排既能使纳税人在独立交易原则的约束下节约其提供大量关联交易资料的物力和人力成本，同时又可节约税务机关的审查成本，使征纳双方在相互谅解的经营环境中提高经营和管理效率。

5.3.3.2 受控外国子公司的纳税调整

（1）受控外国子公司的判定。受控外国子公司是指由居民企业或由居民企业和中国居民个人控制的设立在实际税负明显低于法定税率水平的国家（地区）的企业。

（2）受控外国子公司避税。受控外国子公司避税是指一国的居民公司利用居住国的延期纳税规定，在避税地设立受控外国子公司，将其实现的利润既不分配也不汇回，以此为基地累积利润，达到摆脱母公司所在居住国税法控制的目的。

（3）受控子公司的纳税调整方法。由居民企业或由居民企业和中国居民控制的受控外国子公司，并非由于合理的经营需要而对利润不作分配或减少分配的，上述利润中应归属于该居民企业的部分，应计入该居民企业的当期收入。

5.3.3.3 资本弱化的纳税调整

（1）融资方式与资本弱化。融资方式是指经济主体获取资金的形式、手段和途径，一般包括债权性投资和权益性投资。前者是指企业直接或间接从关联方获得的，需要偿还本金和支付利息或需要以其他具有支付利息性质的方式予以补偿的融资；后者是指为获取其他企业的权益或净资产所进行的投资，如对其他企业的普通股股票投资、为获取其他企业股权的联营投资等。按照企业所得税的基本原理，企业贷款支付的利息作为财务费用一般可在税前扣除，而为股权资本支付的股息不得在税前扣除。因此，有些企业为加大税前扣除而减少应纳税所得额，在筹资时多采用贷款而不是募集股份的方式，以此来达到避税的目的，这种行为被称为资本弱化。

（2）债权性投资的判定。企业和企业的投资者为自身利益最大化或其他目的，在融资和投资方式的选择上，常通过降低股本比重、提高贷款比重的方式进行避税。债权性投资与权益性投资的比例超过一定限额，可判定为资本弱化避税。根据经济合作与发展组织的解释，企业权益资本与债务资本的比例应为1：1，当权益资本小于债务资本时即为资本弱化。企业所得税法规定下列融资方式均属于债权性投资：关联方通过无关联第三方提供的债权性投资；无关联第三方提供的、由关联方担保且负有连带责任的债权性投资；其他间接从关联方获得的具有负债实质的债权性投资。

（3）资本弱化的纳税调整方法。我国企业所得税法规定，企业从其关联方接受的债权性投资与权益性投资的比例超过标准而发生的利息支出，不得在税前扣除。企业债权性投资与权益性投资的比例标准，由国务院财政、税务主管部门另行规定。

5.3.4 企业所得税应纳税额的计算

5.3.4.1 境内所得应纳税额的计算

居民企业来源于中国境内、境外的所得，在中国境内设立机构、场所的非居民企业来源于中国境内的所得，其应纳的企业所得税为应纳税所得额乘以适用税率，减除依照税法规定减免和抵免的所得税额后的余额。其计算公式为：

应纳税额=应纳税所得额×适用税率−减免所得税额−抵免所得税额

课堂训练 5-9

丰华机械厂纳税年度收入总额为1 500万元，其中到期国债利息收入为5万元，财政拨款为30万元，符合税法规定的各项扣除额为800万元，1—11月已缴纳企业所得税115万元，则该厂汇算清缴应补缴所得税额计算过程如下：

全年应纳税所得额=1 500−800−5−30=665（万元）

全年应纳所得税额=665×25%=166.25（万元）

汇算清缴应补缴所得税额=166.25−115=51.25（万元）

课堂训练 5-10

某企业主要生产饮料，某纳税年度生产经营情况如下：

（1）取得产品销售收入总额1 000万元，已扣除销售折扣20万元，销售额与折扣额在同一张发票上注明。

（2）准予扣除的产品销售成本为640万元。

（3）发生产品销售费用80万元，其中广告费用25万元；管理费用120万元，其中业务招待费10万元；不需资本化的借款利息40万元，其中20万元为向非金融机构借款利息，年利率为5.5%，同期同类金融机构贷款年利率为5%。

（4）应缴纳的增值税额为30万元，其他销售税费80万元。

（5）营业外支出14万元，其中通过县政府向山区某农村义务教育机构捐款5万元，直接向遭受自然灾害的学校捐款2万元，缴纳税收滞纳金4万元。

该企业当年应纳所得税额计算过程如下：

（1）企业年度利润总额=1 000−640−80−120−40−80−14=26（万元）

（2）广告费扣除限额=1 000×15%=150（万元）

实际发生的广告费25万元未超标准。

（3）业务招待费按销售收入总额计算的扣除限额为5万元（1 000×5‰），按实际业务招待费60%计算的扣除限额为6万元（10×60%），两者比较可扣除5万元，因此：

超标准业务招待费=10−5=5（万元）

（4）向非金融机构借款发生利息扣除限额=20÷5.5%×5%=18.18（万元）

实际发生的向非金融机构借款利息为20万元。

超标准借款利息=20−18.18=1.82（万元）

（5）公益性捐赠扣除限额=26×12%=3.12（万元）

通过县政府向山区某农村义务教育机构捐款5万元。

超标准捐赠额=5−3.12=1.88（万元）

直接向学校捐款2万元不符合税法规定的公益性捐赠要求，不得扣除。

（6）缴纳税收滞纳金4万元不得在税前扣除。

（7）应纳税所得额=26+5+1.82+1.88+2+4=40.7（万元）

（8）应纳所得税额=40.7×25%=10.18（万元）

5.3.4.2　境外所得应纳税额的抵免

税额抵免是指国家对企业来自境外的所得依法征收企业所得税时，允许企业将其已在境外缴纳的所得税额从其应向本国缴纳的所得税额中扣除。我国税法规定，居民企业和非居民企业在中国境内设立机构、场所的，应依照税法规定，在其应纳税额中抵免在境外缴纳的所得税额。境外所得应纳税额计算的具体规定和计算步骤如下：

（1）分国别（地区）确定已缴纳境外所得税额。可抵免境外所得税额是指企业来源于中国境外的所得依照中国境外税收法律以及相关规定应当缴纳并已实际缴纳的企业所得税性质的税款。

（2）分国别（地区）计算境外应纳税所得额。居民企业在境外投资设立不具有独立纳税地位的分支机构，其来源于境外的所得，以境外收入总额扣除与取得境外收入有关的各项合理支出后的余额为应纳税所得额。各项收入、支出按税法的有关规定确定。

（3）分国别（地区）计算境外所得税抵免限额。其具体规定为：

某国（地区）所得税抵免限额 = 中国境内、境外所得依照企业所得税法及其实施条例的规定计算的应纳税总额 × 来源于某国（地区）的应纳税所得额 ÷ 中国境内、境外应纳税所得总额

除国务院财政、税务主管部门另有规定外，该抵免限额应当分国别（地区）不分项计算。上述公式中应纳税总额适用的税率，除国务院财政、税务主管部门另有规定外，应为法定税率25%。

企业按照企业所得税法有关规定计算的当期境内、境外应纳税所得总额小于零的，应以零计算当期境内、境外应纳税所得总额，其当期境外所得税的抵免限额也为零。

（4）分国别（地区）确定实际应抵免的境外已缴纳的所得税额。在计算实际应抵免的境外已缴纳所得税额时，企业在境外一国（地区）当年缴纳所得税额低于所计算的该国（地区）抵免限额的，应以该项税额作为境外所得税抵免额从企业应纳税所得总额中据实抵免；超过抵免限额的，当年应以抵免限额作为境外所得税抵免额进行抵免，超过抵免限额的余额允许从次年起在连续5个纳税年度内，用每年度抵免限额抵免当年应抵税额后的余额进行抵补。

（5）计算企业实际应纳所得税额。企业抵免境外所得税额后实际应纳所得税额的计算公式为：

企业实际应纳所得税额 = 企业境内外所得应纳税总额 − 企业所得税减免、抵免优惠税额 − 境外所得税抵免额

课堂训练5-11

伟华贸易公司为居民纳税人，在甲、乙两国分别设有分支机构。2020年境内所得100万元，甲国分支机构取得所得折合人民币50万元。其中，生产经营所得40万元，已缴纳甲国企业所得税额12万元；特许权使用费所得10万元，已缴纳甲国企业所得税额2万元。乙国分支机构取得所得折合人民币80万元，已缴纳乙国企业所得税额16万元。该公司当年实际应纳所得税额计算过程如下：

（1）已缴纳境外所得税：已缴纳甲国所得税额14万元（12+2），已缴纳乙国所得税额16万元。

（2）境外应纳税所得额：甲国应纳税所得额50万元，乙国应纳税所得额80万元。

（3）境外税额的抵免限额为：

①甲国所得税抵免限额=（100+50+80）×25%×［50÷（100+50+80）］=12.5（万元）

②乙国所得税抵免限额=（100+50+80）×25%×［80÷（100+50+80）］=20（万元）

（4）确定实际应抵免的境外已缴纳的所得税额：

①因为当年已缴纳甲国所得税额大于该国（地区）的抵免限额，所以应抵免的已缴纳甲国所得税额为12.5万元，超过抵免限额的1.5万元（14−12.5）可以从次年起在连续5个纳税年度内用该国每年度抵免限额抵免当年应抵税额后的余额进行抵补。

②因为当年已缴纳乙国所得税额小于该国（地区）的抵免限额，所以应抵免的已缴纳乙国所得税额为16万元。

（5）实际应纳所得税额=（100+50+80）×25%−（12.5+16）=29（万元）

5.3.4.3　预提所得税应纳税额的计算

非居民企业在中国境内未设立机构、场所但有来源于中国境内的所得，以及非居民企业在中国境内设立机构、场所而来源于中国境内与其所设机构、场所没有实际联系的所得，按下列公式计算缴纳预提所得税：

应纳预提所得税额=应纳税所得额×适用税率

应纳税所得额按照下列方法计算确定：股息、红利等权益性投资收益和利息、租金、特许权使用费所得，以收入全额为应纳税所得额；转让财产所得，以收入全额减除财产净值后的余额为应纳税所得额，其中财产净值是指财产的计税基础（一般指财产原值）减除已经按照规定扣除的折旧、折耗、摊销、准备金等后的余额；其他所得，参照上述两项规定的方法计算应纳税所得额。

5.3.4.4　核定征收所得税的计算

核定征收是由税务机关审核确定纳税人的应纳税额或收入额、所得率等，并据以征收税款的一种方法。

1）核定征收的适用范围

除特殊规定外，纳税人具有下列情形之一的，应采取核定征收方式征收企业所得税：

（1）依照税收法律、法规规定可不设账簿的，或按照税收法律、法规规定应设置但未设置账簿的。

（2）只能准确核算收入总额，或收入总额能查实但其成本费用支出不能准确核算的。

（3）只能准确核算成本费用支出，或成本费用支出能查实但其收入总额不能准确核算的。

（4）收入总额及成本费用支出均不能正确核算，不能向主管税务机关提供真实、准确、完整纳税资料，难以查实的。

（5）账目设置和核算虽然符合规定，但并未按规定保存有关账簿、凭证及有关纳税资料的。

（6）发生纳税义务，未按照税收法律、法规规定的期限办理纳税申报，经税务机关责令限期申报，逾期仍不申报的。

2）核定征收的方法

核定征收的具体方法主要包括定额征收和核定应税所得率征收两种方法：

（1）定额征收。它是指税务机关按照一定的标准、程序和方法，直接核定纳税人年度应纳企业所得税额，由纳税人按规定申报缴纳的办法。

（2）核定应税所得率征收。它是指税务机关按照一定的标准、程序和方法，预先核定纳税人的应税所得率，由纳税人根据纳税年度内的收入总额或成本费用等项目的实际发生额，按预先核定的应税所得率计算缴纳企业所得税的办法。应纳所得税额的计算公式如下：

应税收入额=收入总额-不征税收入-免税收入

应纳税所得额=应税收入额×应税所得率

或 =成本费用支出额÷（1-应税所得率）×应税所得率

应纳所得税额=应纳税所得额×适用税率

公式中应税所得率见表5-2。

表5-2 应税所得率表

序号	行 业	应税所得率（%）
1	农、林、牧、渔业	3～10
2	制造业	5～15
3	批发和零售贸易业	4～15
4	交通运输业	7～15
5	建筑业	8～20
6	饮食业	8～25
7	娱乐业	15～30
8	其他行业	10～30

注：①房地产开发企业按照法律法规有关规定执行。

②企业经营多业的，无论其经营项目是否单独核算，均由主管税务机关根据其主营项目，核定其适用某一行业的应税所得率。

③纳税人年度应纳所得税额或应税所得率一经核定，除发生下列情况外，一个纳税年度内一般不得调整：实行改组改制的；生产经营范围、主营业务发生重大变化的；遭受风、火、水、震等人力不可抗拒灾害的。

课堂训练5-12

滨海市某私营企业能准确核算收入总额，但其成本费用支出不能准确核算。经主管税务机关审定，纳税年度该企业收入总额为80万元，核定其应税所得率为12%，则该企业应纳所得税额计算过程如下：

应纳税所得额=80×12%=9.6（万元）

应纳所得税额=9.6×25%=2.4（万元）

5.3.5 企业所得税的征收管理

5.3.5.1 企业所得税的缴纳办法

（1）企业所得税的纳税年度。企业所得税按纳税年度计算。纳税年度自公历1月1日起至12月31日止。

企业在一个纳税年度中间开业，或终止经营活动，使该纳税年度的实际经营期不足12个月的，应以其实际经营期为一个纳税年度；企业依法清算时，应当以清算期间作为一个纳税年度。

（2）企业所得税的缴纳准则。企业在纳税年度内无论盈利或亏损，都应依照企业所得税法规定的期限，向税务机关办理纳税申报手续。“企业所得税年度纳税申报表”和“一般企业收入明细表”的内容和格式分别见表5-3和表5-4。

表 5-3　　中华人民共和国企业所得税年度纳税申报表（A 类）　　单位：元

行次	类别	项　目	金　额
1	利润总额计算	一、营业收入（填写 A101010\101020\103000）	
2		减：营业成本（填写 A102010\102020\103000）	
3		减：税金及附加	
4		减：销售费用（填写 A104000）	
5		减：管理费用（填写 A104000）	
6		减：财务费用（填写 A104000）	
7		减：资产减值损失	
8		加：公允价值变动收益	
9		加：投资收益	
10		二、营业利润（1-2-3-4-5-6-7+8+9）	
11		加：营业外收入（填写 A101010\101020\103000）	
12		减：营业外支出（填写 A102010\102020\103000）	
13		三、利润总额（10+11-12）	
14	应纳税所得额计算	减：境外所得（填写 A108010）	
15		加：纳税调整增加额（填写 A105000）	
16		减：纳税调整减少额（填写 A105000）	
17		减：免税、减计收入及加计扣除（填写 A107010）	
18		加：境外应税所得抵减境内亏损（填写 A108000）	
19		四、纳税调整后所得（13-14+15-16-17+18）	
20		减：所得减免（填写 A107020）	
21		减：弥补以前年度亏损（填写 A106000）	
22		减：抵扣应纳税所得额（填写 A107030）	
23		五、应纳税所得额（19-20-21-22）	
24	应纳税额计算	税率（25%）	
25		六、应纳所得税额（23×24）	
26		减：减免所得税额（填写 A107040）	
27		减：抵免所得税额（填写 A107050）	
28		七、应纳税额（25-26-27）	
29		加：境外所得应纳所得税额（填写 A108000）	
30		减：境外所得抵免所得税额（填写 A108000）	
31		八、实际应纳所得税额（28+29-30）	
32		减：本年累计实际已缴纳的所得税额	
33		九、本年应补（退）所得税额（31-32）	
34		其中：总机构分摊本年应补（退）所得税额（填写 A109000）	
35		财政集中分配本年应补（退）所得税额（填写 A109000）	
36		总机构主体生产经营部门分摊本年应补（退）所得税额（填写 A109000）	

表5-4 一般企业收入明细表 单位：元

行次	项目	金额
1	一、营业收入（2+9）	
2	（一）主营业务收入（3+5+6+7+8）	
3	1.销售商品收入	
4	其中：非货币性资产交换收入	
5	2.提供劳务收入	
6	3.建造合同收入	
7	4.让渡资产使用权收入	
8	5.其他	
9	（二）其他业务收入（10+12+13+14+15）	
10	1.销售材料收入	
11	其中：非货币性资产交换收入	
12	2.出租固定资产收入	
13	3.出租无形资产收入	
14	4.出租包装物和商品收入	
15	5.其他	
16	二、营业外收入（17+18+19+20+21+22+23+24+25+26）	
17	（一）非流动资产处置利得	
18	（二）非货币性资产交换利得	
19	（三）债务重组利得	
20	（四）政府补助利得	
21	（五）盘盈利得	
22	（六）捐赠利得	
23	（七）罚没利得	
24	（八）确实无法偿付的应付款项	
25	（九）汇兑收益	
26	（十）其他	

企业所得税实行分月或分季预缴、年终汇算清缴、多退少补的缴纳方法。企业应自月份或季度终了之日起15日内，向税务机关报送预缴企业所得税纳税申报表，预缴税款。企业应当自年度终了之日起5个月内，向税务机关报送年度企业所得税纳税申报表，并汇算清缴，结清应缴应退税款。

（3）企业所得税的预缴办法。企业分月或分季预缴企业所得税时，应按照月度或季度的实际利润额预缴；按照月度或季度的实际利润额预缴有困难的，可按照上一纳税年度应纳税所得额的月度或季度平均额预缴，或按照经税务机关认可的其他方法预缴。预缴方法一经确定，该纳税年度内不得随意变更。

（4）企业所得税的汇算清缴。企业在报送企业所得税纳税申报表时，应按照规定附送财务会计报告和其他有关资料。企业在年度中间终止经营活动的，应自实际终止经营之日起60日内，向税务机关办理当期企业所得税汇算清缴。

5.3.5.2　企业所得税的纳税地点

1）居民企业纳税地点

其主要规定包括：

（1）除国家税收法律法规另有规定外，居民企业以企业登记注册地为纳税地点；但登记注册地在境外的，以实际管理机构所在地为纳税地点。企业登记注册地是指企业依照国家有关规定登记注册的住所地。

（2）居民企业在中国境内设立不具有法人资格的营业机构的，应当汇总计算缴纳企业所得税。

2）非居民企业纳税地点

其主要规定包括：

（1）在中国境内设立机构、场所的非居民企业取得的来源于中国境内的所得，发生在中国境外但与其所设机构、场所有实际联系的所得，以机构、场所所在地为纳税地点。

（2）在中国境内未设立机构、场所的非居民企业来源于中国境内的所得，或虽设立机构、场所但取得的来源于中国境内的与其所设机构、场所没有实际联系的所得，以扣缴义务人所在地为纳税地点。

（3）非居民企业在中国境内设立两个或两个以上机构、场所的，经税务机关审核批准，可以选择由其主要机构、场所汇总计算缴纳企业所得税。但主要机构、场所应同时符合下列条件：一是对其他各机构、场所的生产经营活动负有监督管理责任；二是设有完整的账簿和凭证，能够准确反映各机构、场所的收入、成本、费用和盈亏情况。

（4）非居民企业经批准汇总计算缴纳所得税后，需要增设、合并、迁移、关闭机构、场所或停止机构、场所业务的，应事先由负责汇总计算缴纳企业所得税的主要机构、场所向其所在地税务机关报告；需要变更汇总计算缴纳所得税的主要机构、场所的，按上述规定办理。

（5）企业汇总计算缴纳企业所得税时，应当统一核算应纳税所得额，具体办法由国务院财政、税务主管部门另行制定。除国务院另有规定外，企业之间不得合并缴纳企业所得税。

本章小结

- 企业所得税是指国家对企业在一定时期内的生产经营所得和其他所得征收的一种税。它是国家参与企业纯收益分配的重要手段。企业所得税法是指国家制定的用以调整国家与企业所得税纳税人之间征纳活动的权利和义务关系的法律规范。
- 我国企业所得税具有实行法人税制、符合税收中性、税基约束力强和税负不易转嫁的特点。其作用主要表现在：企业所得税是调控经济发展的重要方式；企业所得税是强化经济监督的重要工具；企业所得税是筹集财政收入的重要渠道；企业所得税是维护国家主权的重要手段。
- 企业所得税的纳税人是指在中国境内的企业和其他取得收入的组织，包括企业、事业单位、社会团体和其他取得收入的组织，但不包括个人独资企业和合伙企业。纳税人分为居民企业和非居民企业，前者负有无限纳税义务，后者负有有限纳税义务。

- 企业所得税的征税对象从构成内容看，包括销售货物所得、提供劳务所得、转让财产所得、股息红利所得、利息所得、租金所得、特许权使用费所得、接受捐赠所得和其他所得；从所得来源看，包括来源于我国境内的所得和来源于我国境外的所得。

- 企业所得税的法定税率确定为25%，符合条件的小型微利企业（不包括非居民企业）税率为20%。预提所得税的税率为20%，目前减按10%的税率征收。

- 我国企业所得税实施以产业导向优惠政策为主、兼顾区域性的税收优惠政策，主要包括免税收入、特定产业的税收优惠、技术创新的税收优惠、循环经济的税收优惠、特定地区的税收优惠、其他税收优惠和税收优惠的过渡政策以及新旧企业所得税优惠政策的衔接。

- 企业所得税以企业应纳税所得额为计税依据。应纳税所得额是企业每一纳税年度的收入总额，减除不征税收入、免税收入、各项扣除和允许弥补的以前年度亏损后的余额。其基本计算公式为：应纳税所得额=收入总额–不征税收入–免税收入–各项扣除–允许弥补的以前年度亏损。

- 收入总额为企业以货币形式和非货币形式从各种来源取得的收入，具体包括销售货物收入、提供劳务收入、转让财产收入、股息红利等权益性投资收益、利息收入、租金收入、特许权使用费收入、接受捐赠收入和其他收入。不征税收入包括财政资金、行政事业性收费、政府性基金和其他不征税收入；准予扣除项目包括成本、费用、税金、损失和其他支出。

- 资产税务处理的规定与企业会计准则的规定基本相同，主要包括固定资产、存货、无形资产、投资资产、长期待摊费用、生产性生物资产的税务处理；特别纳税调整包括关联企业、受控外国子公司和资本弱化的纳税调整。

- 居民企业来源于中国境内、境外的所得，在中国境内设立机构、场所的非居民企业来源于中国境内的所得，应纳的企业所得税为应纳税所得额乘以适用税率，减除依照税法规定减免和抵免的税额后的余额。其计算公式为：应纳税额=应纳税所得额×适用税率–减免所得税额–抵免所得税额。

- 我国对境外所得应纳企业所得税额，实行限额抵免办法。其抵免限额为该项所得依照我国税法规定计算的应纳税额。超过抵免限额的部分，可在以后5个纳税年度内用每年度抵免限额抵免当年应抵税额后的余额进行抵补。

- 核定征收是由税务机关审核确定纳税人的应纳税额或收入额、应税所得率等，据以征收税款的一种方法。具体方法包括定额征收和核定应税所得率征收两种方法。企业所得税按纳税年度计算，纳税年度自公历1月1日起至12月31日止。

- 企业所得税实行分月或分季预缴，年终汇算清缴、多退少补的缴纳方法。居民企业以企业登记注册地为纳税地点；企业登记注册地在境外的，以实际管理机构所在地为纳税地点；企业在中国境内设立不具有法人资格的营业机构的，应汇总计算缴纳企业所得税，并实行“统一计算、分级管理、就地预缴、汇总清算、财政调库”的征收管理办法。

关键概念

企业所得税　预提所得税　公益性捐赠　关联企业、转让定价

复习思考题

1. 如何理解企业所得税的概念和特点？
2. 企业所得税的优惠政策有哪些？
3. 企业所得税的资产税务处理是如何规定的？
4. 如何理解企业所得税的计税原理及其税额的计算？
5. 如何理解企业所得税的征收管理？

章后客观题及参考答案5

第6章

所得税税法

——个人所得税法

学习目标

了解个人所得税的由来及特点

理解开征个人所得税的现实意义。

掌握和理解个人所得税的基本法律规定。

熟悉个人所得税的计算与征收管理。

案例导引　　中国富豪为什么不是个人所得税的纳税大户

1999年“胡润百富榜”首次发布，荣毅仁家族以80亿元排在首位。2009年胡润财富报告显示：中国内地有82.5万位千万富豪和5.1万位亿万富豪，平均每1万人中有6人是千万富豪。在2017年“胡润内地百富榜”中，内地共有2 130位企业家财富达到20亿元，比2016年多74位。上榜企业家平均财富达到81亿元，比2016年上涨12.5%。中国共有749位10亿美元富豪，领先于拥有552位10亿美元富豪的美国。如果加上隐形富豪，中国可能有1 900位10亿美元富豪。自“胡润百富榜”推出以来，每年的放榜日总会引来国人的一阵议论。普通老百姓对富豪们数以亿计的身价既心存羡慕又不无困惑：富豪们身价数十亿，他们缴了多少个人所得税？他们也像我们工薪阶层那样申报缴纳个人所得税吗？

“中国（内地）私营企业纳税百强”是根据公司的营业额和利润来确定的，其营业额大、利润高则纳税多。而个人身价是根据其持有的股票市值计算出来的，也就是说，他们的财富是通常而言的“纸上财富”，是未实现的所得。我国税法对“纸上财富”是不征税的，因此富豪未必一定是个人所得税的纳税大户，两者不能画等号。但据世界经济组织估算，中国的个人所得税的完税率仅有50%左右，也就是说中国有一半的个人所得税流失，因此有评论认为富豪们有偷逃税嫌疑。

那么，富豪们在前期财富积累过程中是否做到了依法纳税？为什么他们可以拥有大量财富、过着富人生活，又不用缴纳更多的个人所得税呢？这是普通老百姓最大的疑问。

讨论：有资料表明“中国富豪并不是个人所得税的纳税大户”，分析其原因，并探讨个人所得税深化改革的政策措施。

个人所得税是国家参与个人收入分配、缩小贫富差距的重要手段，目前世界上有140多个国家开征个人所得税，在部分国家个人所得税已成为主体税种。从收入规模上看，2019年我国个人所得税税收收入为10 388亿元，同比下降25.1%，占全国税收收入（157 992亿元）的6.58%，个人所得税已成为地方税收的重要税种。

6.1 个人所得税基础知识

6.1.1 个人所得税的概念

6.1.1.1 个人所得税的含义

个人所得税一般是对个人应税所得征收的一种税。我国的个人所得税是指对居民个人来源于中国境内外的一切所得和非居民个人来源于中国境内的所得征收的一种税。

个人所得税法是指国家制定的用以调整国家与个人所得税纳税人之间征纳活动的权利和义务关系的法律规范。它的基本法律依据是2018年8月第十三届全国人大常委会第五次会议修订通过的《中华人民共和国个人所得税法》（1980年制定，1993年、1999年、2005年、2007年、2011年修订）和2018年12月国务院修订通过的《中华人民共和国个人所得税法实施条例》（1994年发布，2005年、2008年、2011年修订）等。

6.1.1.2 个人所得税的由来

个人所得税最早产生于1799年的英国，以纳税个人的综合所得为计税依据，税率为10%。我国政府在中华人民共和国成立初期曾设想对个人所得征税，后因与当时经济形势不相适应而未能开征。改革开放以后，来华并取得收入的外籍人员日益增多，为维护外籍人员的合法权益和国家的税收利益，我国于1980年制定了《中华人民共和国个人所得税法》，统一适用于中国公民和在我国取得收入的外籍人员。根据经济发展的形势，为适应对个体工商业户和个人收入调节的需要，1986年和1987年国家又先后颁布了《中华人民共和国城乡个体工商户所得税暂行条例》和《中华人民共和国个人收入调节税暂行条例》，由此，对个人所得的征税制度形成了“三税”并存的格局。

为适应社会主义市场经济发展的要求，在个人所得征税领域按照统一税法、公平税负和简化税制的原则，1993年10月第一次修订《中华人民共和国个人所得税法》，将原来对个人所得收入征税的三个税种合并为个人所得税，并废止了《中华人民共和国城乡个体工商户所得税暂行条例》和《中华人民共和国个人收入调节税暂行条例》，实现了“三税合一”；1999年8月第二次、2005年10月第三次、2007年6月第四次、2007年12月第五次、2011年6月第六次和2018年8月第七次修订《中华人民共和国个人所得税法》，使我国的个人所得税法建设走向了科学化、规范化、法制化的轨道。

6.1.2 个人所得税的立法原则、特点和作用

6.1.2.1 个人所得税的立法原则

我国个人所得税的立法原则是“内外一致、适当调节、合理负担”。内外一致是指不分国籍，只要是我国个人所得税的纳税人，就要按照我国的税法规定缴纳个人所得

税；适当调节是指个人所得税只对收入超过一定标准的纳税人征收，收入多的多交税、收入少的少交税、无收入的不交税；合理负担是指个人所得税采用超额累进税率和比例税率相结合的形式，根据纳税人的所得性质适用不同的税率，其收入项目不同，税收负担也不同。

6.1.2.2 个人所得税的特点和作用

1）个人所得税的特点

（1）税基广阔。个人所得税以纳税人所得为征税对象，所涉及的范围几乎囊括了纳税人的全部所得。因此，个人所得税虽然只对列举项目征税，但涉税范围广泛、税基广阔，为国家足额取得财政收入提供了保障。

（2）稳定经济。个人所得税实行超额累进税率和比例税率相结合的形式，按照所得多少确定征税额度。在经济繁荣时个人收入增加，税率也随之上升，应纳个人所得税税额就会增加，使纳税人税后收益相对降低，从而有效抑制纳税人的消费需求；在经济萧条时税率下降，就会减少应纳个人所得税税额，使纳税人税后可支配收入增加，刺激消费，扩大总需求，消除衰退。因此，个人所得税常被人们视为经济的“内在稳定器”。

（3）调节收入。人们取得收入的能力不同及对财产占有状况的差异，在市场经济体制下形成的收入分配也会存在很大差距。如果这种差距日益悬殊而不加以适当调节，就会影响社会的稳定。个人所得税通过设定累进税率，加之宽泛的费用扣除标准，既可以使纳税人在纳税后收入差距缩小，又能充分体现量力负担原则。

2）个人所得税的作用

我国个人所得税税基广阔、稳定经济和调节收入的特点，决定了该税种在筹集财政收入、缩小分配差距等方面有着其他税种无法替代的作用。

税法Q&A 6-1

我国个人所得税的地位及收入结构如何？

税法Q&A 6-1

6.2 个人所得税基本法律

6.2.1 个人所得税纳税人

微课 6-1

个人所得税的纳税人

个人所得税纳税人包括中国公民、个体工商户及在中国境内有所得的外籍人员（包括无国籍人员）和港澳台同胞，但不包括法人和其他组织。所称中国境内，是指中国内地，目前尚不包括中国香港、澳门和台湾地区。

我国实行属人兼属地的税收管辖权原则。参照国际惯例并结合我国的税收管辖权原则，我国个人所得税法规定了住所标准和时间标准，据以判定纳税人的性质，即将纳税人分为居民个人和非居民个人。

税法 Q&A 6-2

税法 Q&A 6-2

税收管辖权的种类有哪些？

6.2.1.1　居民个人

居民个人是指在中国境内有住所或无住所而一个纳税年度内在中国境内居住累计满183天的个人。居民个人负有无限的纳税义务，应就其来源于境内外的所得依法缴纳个人所得税。所称从中国境内取得的所得是指来源于中国境内的所得；所称从中国境外取得的所得是指来源于中国境外的所得。其判定标准有住所标准和时间标准。

（1）住所标准。在中国境内有住所的个人可以判定为居民个人。所称在中国境内有住所的个人是指因户籍、家庭、经济利益关系而在中国境内习惯性居住的个人，包括在中国境内定居的中国公民和外国侨民，但不包括虽具有中国国籍，却没有在中国内地定居，而是侨居海外的华侨和居住在我国港澳台地区的同胞。

（2）时间标准。一个纳税年度内在中国境内居住累计满183天的个人，即可认定为居民个人。所称一个纳税年度是指公历1月1日至12月31日。

上述两个标准的法律效力相同，纳税人只要具备其一，即可被判定为我国的居民个人。如果两个标准都不具备，则为非居民个人。

税法 Q&A 6-3

税法 Q&A 6-3

居民个人判定标准的国际惯例有哪些？

6.2.1.2　非居民个人

非居民个人是指在中国境内无住所又不在中国境内居住或在中国境内无住所且一个纳税年度内在中国境内居住累计不满183天的个人。非居民个人从中国境内取得的所得，应依法缴纳个人所得税。非居民个人负有有限的纳税义务，应就其来源于中国境内的所得依法缴纳个人所得税。

6.2.1.3　扣缴义务人

为便于个人所得税的征收管理和从源头控制税源，我国税法规定，对除经营所得以外的其他各项应税所得，其应纳的个人所得税均以支付应税所得的单位或个人为扣缴义务人。

上述支付应税所得的单位包括企业（公司）、事业单位、机关、社团组织、军队和驻华机构等。但这里所说的驻华机构，不包括外国驻华使领馆和联合国及其他依法享有外交特权和豁免权的国际组织驻华机构。

6.2.2　个人所得税的征税范围

6.2.2.1　应税所得项目

应税所得是指纳税人从中国境内和境外取得的所得。个人所得税的应税所得项目主要有以下9项。

1）工资、薪金所得

工资、薪金所得是指个人因任职或受雇而取得的工资、薪金、奖金、年终加薪、劳动分红、津贴、补贴及与任职或受雇有关的其他所得，即个人从任职或受雇单位取得的全部劳动报酬。根据税法的规定，下列所得属于工资、薪金所得征税范围，应征收个人所得税：

（1）个人因退职、退养和解除劳动关系而取得的收入。

（2）个人因内部退养取得的一次性补偿收入。

（3）个人因劳动人事制度改革与用人单位解除劳动关系而取得的一次性补偿收入。

（4）退休人员再任职取得的收入。

（5）单位或个人超过规定比例提取，并向指定金融机构实际缴付的住房公积金、医疗保险金、基本养老保险金、失业保险费超标准缴付部分。

（6）出租汽车经营单位对出租车驾驶员采取单车承包或承租方式运营，其出租车从事客货营运取得的收入。

此外，税法规定下列所得不属于工资、薪金所得征税范围：一是独生子女补贴；二是托儿补助费；三是执行公务员工资制度未纳入基本工资总额的补贴、津贴差额和家属成员的副食品补贴；四是差旅费津贴、误餐补助；五是远洋运输船员的伙食费补贴等。

2）劳务报酬所得

劳务报酬所得是指个人从事劳务取得的所得，包括从事设计、装潢、安装、制图、化验、测试、医疗、法律、会计、咨询、讲学、翻译、审稿、书画、雕刻、影视、录音、录像、演出、表演、广告、展览、技术服务、介绍服务、经纪服务、代办服务以及其他劳务取得的所得。

此外，税法对劳务报酬所得征税项目作了补充规定：企业和单位对其营销业绩突出的非雇员，以培训班、研讨会、工作考察等名义组织旅游活动，通过免收旅游费等对个人实行的营销业绩奖励（包括实物、有价证券等），应将所发生费用的全额并入该营销人员当期的劳务收入按照劳务报酬所得计税，并由提供上述费用的企业和单位代扣代缴。

3）稿酬所得

稿酬所得是指个人因其作品以图书、报刊形式出版或发表而取得的所得。其所得包括文学作品、书画作品、摄影作品等出版、发表取得的所得，以及财产继承人取得的遗作稿酬。不以图书、报刊形式出版、发表的翻译、审稿、书画所得，归为劳务报酬所得。

4）特许权使用费所得

特许权使用费所得是指个人提供专利权、商标权、非专利技术和其他特许权的使用权取得的所得。但提供著作权的使用权取得的所得，不包括稿酬所得。作者将其文学作品手稿原件或复印件公开拍卖取得的所得，应按本项目计税。上述专利权是指由国家专利主管机关依法授予专利申请人或其专利继承人在一定时期内享有的专有使用的权利；商标权是指商标注册人享有的商标专用权；著作权（版权）是指作者依法对文学、艺术和科学作品享有的专有权；非专利技术是指专利技术以外的专有技术。

5）经营所得

经营所得主要包括以下两大类：

（1）个体工商户的生产经营所得。它是指个体工商户从事工业、手工业、建筑业、交通运输业、商业、饮食业、服务业、修理业和其他行业取得的所得。属于本项目征税的，还包括以下特殊所得：

第一，个人经政府有关部门批准，取得执照，从事办学、医疗、咨询和其他有偿服务活动取得的所得。

第二，个体工商户和个人取得的与生产经营有关的各项应税所得。

第三，个人因从事彩票代销业务而取得的所得，应按照个体工商户的生产经营所得项目计税。

第四，从事个体出租车运营的出租车驾驶员取得的收入，按个体工商户的生产经营所得计税；出租车属个人所有，但挂靠出租汽车经营单位或企事业单位，驾驶员向挂靠单位缴纳管理费的，或出租汽车经营单位将出租车所有权转移给驾驶员的，出租车驾驶员从事客货运营取得的收入，比照个体工商户生产经营所得计税。

第五，自2000年1月起个人独资企业和合伙企业停止征收企业所得税，其投资者的生产经营所得，比照个体工商户生产经营所得征收个人所得税。

此外，个体工商户、从事生产经营的个人、个人独资和合伙企业的投资者取得的与生产经营活动无关的其他各项应税所得，应分别按照其他应税项目的有关规定计算缴纳个人所得税。

（2）企事业单位承包承租经营所得。它是指个人承包经营、承租经营及转包、转租取得的所得，包括个人按月或按次取得的工资、薪金性质的所得。由于实行承包承租经营的形式较多，分配方式也不相同，税法对企事业单位承包承租经营所得项目计征个人所得税作出了以下具体规定：

第一，企业实行个人承包承租经营后工商登记仍为企业的，不论其分配方式如何，均应先按照企业所得税法的规定缴税。承包承租经营者按照承包承租经营合同（协议）规定取得的所得，依照个人所得税法的规定缴纳个人所得税，具体为：承包承租人对企业经营成果不拥有所有权，仅是按合同（协议）规定取得一定所得的，其所得按工资、薪金所得征税；承包承租人按合同（协议）的规定只向发包、出租方交纳一定费用后，企业经营成果归其所有的，承包承租人取得的所得，按企事业单位承包承租经营所得征税。

第二，企业实行个人承包承租经营后，工商登记改变为个体工商户的，应依照个体工商户生产经营所得征税。

6）利息、股息、红利所得

利息、股息、红利所得是指个人拥有债权、股权而取得的利息、股息及红利所得。利息是指个人拥有债权而取得的利息，包括存款利息、贷款利息和各种债券的利息，不包括国债和国家发行的金融债券利息；股息是指股东定期按一定的比例从上市公司分取的盈利；红利是指在上市公司分派股息后按持股比例向股东分配的剩余利润。

7）财产租赁所得

财产租赁所得是指个人出租建筑物、土地使用权、机器设备、车船和其他财产取得的所得，但不包括分期收取的不属于租金的财产价款。

8）财产转让所得

财产转让所得是指个人转让有价证券、股权、建筑物、土地使用权、机器设备、车船和其他财产取得的所得，但目前暂不包括股票转让所得。

案例窗6-1 零价格转让股权牵出逃税案

2010年1月一家公司的财务人员来到深圳市宝安区税务局，代公司个人股东申报缴纳了财产转让个人所得税600多万元。

原来，这是一家不久前被另一家公司吸收合并的股份公司，在公司财务人员到税务局咨询有关注销税务登记业务时，税务人员发现该公司个人股东与吸收合并方个人股东存在股权转让行为，但转让价格却为零。根据税法的规定，企业兼并过程中发生的个人股东股权转让行为，应对股权增值部分按财产转让所得申报缴纳个人所得税。个人股东以零元无偿转让股权明显不合常理。在对该公司有关财务报表、吸收合并协议和股权转让协议等资料进行了仔细阅读后，税务人员怀疑该公司想通过这种方式逃税，于是对公司股东进行了耐心细致的税法辅导，并表明纳税人如果刻意隐瞒有关所得，税务机关有权参照每股净资产或个人股东享有的股权比例所对应的净资产份额核定计税依据。

税务人员随后多次上门向该公司个人股东讲解相关税收政策，最终得到了个人股东的理解和支持。经过核定，该公司个人股东应缴个人所得税600多万元。这笔税款已顺利入库。

资料来源 佚名. 零价格转让股权牵出逃税案［N］. 中国税务报，2010-01-15.

9）偶然所得

偶然所得是指个人得奖、中奖、中彩和其他偶然性质的所得。得奖是指参加各种有奖竞赛活动，取得名次得到的奖金；中奖、中彩是指参加各种有奖活动，如有奖销售、有奖储蓄或购买彩票，经过规定程序，抽中、摇中号码而取得的奖金。偶然所得应纳的个人所得税，一律由发奖单位或机构代扣代缴。

居民个人取得第1～4项所得（以下称综合所得）的，按纳税年度合并计算个人所得税；非居民个人取得第1～4项所得的，按月或者按次分项计算个人所得税。纳税人取得第5～9项所得的，按规定分别计算个人所得税。

个人取得的所得难以界定应纳税所得项目的，由主管税务机关确定。

案例窗6-2 中秋节发给员工和客户代表的月饼要缴纳个人所得税

某年中秋节，某公司给员工和客户代表发放了月饼。税务局在检查时注意到了该问题，并作了补税处理，这使公司领导和会计人员感到吃惊。根据我国税法规定：个人取得的应纳税所得，包括现金、实物和有价证券；企业在业务往来中向其他单位的员工发放实物，由于对方员工与公司没有雇佣劳动关系，取得的实物所得不属于工资、薪金所得，应按偶然所得缴纳20%的个人所得税，并由公司代扣代缴税款。所以，同样是月饼，由于发放对象不同，不但要纳税，还要适用不同的个人所得税政策。

资料来源 曾建斌. 个人所得税业务操作细节［M］. 广州：广东经济出版社，2005.有改动.

6.2.2.2 所得来源地的判定

1）所得来源地判定的必要性

根据居民税收管辖权的要求，居民个人负无限纳税义务，应就其来源于中国境内、境外的全部所得缴纳个人所得税；非居民个人负有限的纳税义务，仅就其来源于中国境内的所得缴纳个人所得税，这就使得所得来源地的判定尤为重要。所得来源地有发生地和支付地之分，所得的发生地与所得的支付地有时是一致的，有时是不一致的，各国对所得来源地的判定也不同。

2）我国所得来源地的判定

根据国际惯例及我国的法律规定，下列所得不论支付地在何处，均应判定为来源于中国境内的所得：

（1）因任职、受雇、履约等在中国境内提供劳务取得的所得。

（2）将财产出租给承租人在中国境内使用而取得的所得。

（3）许可各种特许权在中国境内使用而取得的所得。

（4）转让中国境内的不动产等财产或者在中国境内转让其他财产取得的所得。

（5）从中国境内企事业单位、其他组织以及居民个人取得的利息、股息、红利所得。

6.2.3 个人所得税税率

6.2.3.1 综合所得的适用税率

纳税人的综合所得，适用3%～45%的7级超额累进税率。其中，居民个人取得的年度综合所得适用的税率见表6-1。

表6-1 个人所得税税率表（综合所得适用）

级数	全年应纳税所得额（含税级距）	全年应纳税所得额（不含税级距）	税率（%）	速算扣除数（元）
1	不超过36 000元的部分	不超过34 920元的部分	3	0
2	超过36 000元至144 000元的部分	超过34 920元至132 120元的部分	10	2 520
3	超过144 000元至300 000元的部分	超过132 120元至256 920元的部分	20	16 920
4	超过300 000元至420 000元的部分	超过256 920元至346 920元的部分	25	31 920
5	超过420 000元至660 000元的部分	超过346 920元至514 920元的部分	30	52 920
6	超过660 000元至960 000元的部分	超过514 920元至709 920元的部分	35	85 920
7	超过960 000元的部分	超过709 920元的部分	45	181 920

注：1.表中全年应纳税所得额是指依照税法的规定，居民个人取得综合所得以每一纳税年度收入额减除费用6万元以及专项扣除、专项附加扣除和依法确定的其他扣除后的余额。

2.含税级距适用于由纳税人负担税款的综合所得；不含税级距适用于由他人（单位）代付税款的综合所得。

非居民个人取得工资薪金、劳务报酬、稿酬、特许权使用费4项所得以及选择单独计算纳税的全年一次性奖金收入，依照表6-2按月换算后的税率表计算应纳税额。

表6-2 个人所得税税率表（按月换算后）

级数	全月应纳税所得额（含税级距）	全月应纳税所得额（不含税级距）	税率（%）	速算扣除数（元）
1	不超过3 000元的部分	不超过2 910元的部分	3	0
2	超过3 000元至12 000元的部分	超过2 910元至11 010元的部分	10	210
3	超过12 000元至25 000元的部分	超过11 010元至21 410元的部分	20	1 410
4	超过25 000元至35 000元的部分	超过21 410元至28 910元的部分	25	2 660
5	超过35 000元至55 000元的部分	超过28 910元至42 910元的部分	30	4 410
6	超过55 000元至80 000元的部分	超过42 910元至59 160元的部分	35	7 160
7	超过80 000元的部分	超过59 160元的部分	45	15 160

6.2.3.2 经营所得的适用税率

个体工商户生产经营所得、企事业单位承包承租经营所得、个人独资企业和合伙企业生产经营所得等经营所得，适用5%～35%的5级超额累进税率，见表6-3。

表6-3 个人所得税税率表（经营所得适用）

级数	全年应纳税所得额（含税级距）	全年应纳税所得额（不含税级距）	税率（%）	速算扣除数（元）
1	不超过30 000元的部分	不超过28 500元的	5	0
2	超过30 000元至90 000元的部分	超过28 500元至82 500元的部分	10	1 500
3	超过90 000元至300 000元的部分	超过82 500元至250 500元的部分	20	10 500
4	超过300 000元至500 000元的部分	超过250 500元至390 500元的部分	30	40 500
5	超过500 000元的部分	超过390 500元的部分	35	65 500

注：表中全年应纳税所得额是指依照税法的规定，以每一纳税年度的收入总额减除成本、费用以及损失后的余额。

6.2.3.3 其他所得的适用税率

除上述所得外，利息、股息、红利所得，财产租赁所得，财产转让所得和偶然所得，均适用20%的比例税率。

6.2.4 个人所得税的优惠内容

6.2.4.1 法定减免税

（1）法定的免税项目。税法规定，下列各项个人所得免征个人所得税：①省级人民政府、国务院部委和中国人民解放军军以上单位以及外国组织、国际组织颁发的科学、教育、技术、文化、卫生、体育、环境保护等方面的奖金；②国债和国家发行的金融债券利息；③按照国家统一规定发给的补贴、津贴；④福利费、抚恤金、救济金；⑤保险赔款；

⑥军人的转业费、复员费、退役金；⑦按照国家统一规定发给干部、职工的安家费、退职费、基本养老金或者退休费、离休费及离休生活补助费；⑧依照有关法律规定应予免税的各国驻华使馆、领事馆的外交代表、领事官员和其他人员的所得；⑨中国政府参加的国际公约、签订的协议中规定免税的所得；⑩国务院规定的其他免税所得（由国务院报全国人民代表大会常务委员会备案）。

（2）法定的减税项目。根据个人所得税法的规定，有下列情形之一的，经批准可以减征个人所得税：①残疾、孤老人员和烈属的所得；②因自然灾害遭受重大损失的。

国务院可以规定其他减税情形，但需报全国人民代表大会常务委员会备案。

上述减税项目的减征幅度和期限，由省、自治区、直辖市人民政府规定。

6.2.4.2　补充减免税

我国个人所得税法自修订以来，国家补充的减免税主要包括：

（1）经乡镇以上人民政府或经县以上人民政府主管部门批准成立的有机构、有章程的见义勇为基金或类似性质组织奖励见义勇为者的奖金或奖品，经主管税务机关核准后免征个人所得税。

（2）个人举报、协查各种违法、犯罪行为而获得的奖金，免征个人所得税。

（3）个人取得单张有奖发票奖金所得不超过800元（含）的，暂免征收个人所得税；超过800元的，应按偶然所得全额计征个人所得税。

（4）个人购买体育彩票和社会福利有奖募捐奖券，一次中奖收入不超过1万元的，暂免征收个人所得税；超过1万元的，应按税法规定全额计征个人所得税。

（5）个人代扣代缴税款按规定取得的扣缴手续费，以及储蓄机构办税人员取得的扣缴利息税款手续费，免征个人所得税。

（6）个人取得的教育储蓄存款利息所得，以及公务员财政部门确定的其他专项储蓄存款或储蓄性专项基金存款的利息所得（包括人民币、外币储蓄利息），暂免征收个人所得税。

（7）按国家规定提取并向指定金融机构实际缴付的住房公积金、医疗保险金和基本养老保险金以及个人领取原提存的住房公积金、医疗保险金和基本养老保险金，免征个人所得税。

（8）城镇企业、事业单位及其职工个人缴纳的失业保险费（金）免征个人所得税。

（9）个人股票转让所得暂不征收个人所得税，但应按规定进行纳税申报。

（10）个人转让自用达5年以上且是唯一的家庭生活用房取得的所得免征个人所得税。对出售自有住房并拟在现住房出售后1年内按市场价重新购房的纳税人，其出售现住房所应缴纳的个人所得税，视其重新购房的价值可全部或部分予以免税。

（11）外籍个人的税收优惠。2019年1月1日至2021年12月31日期间，符合居民个人条件的外籍个人，可以选择享受个人所得税专项附加扣除，也可以选择按照相关规定享受住房补贴、语言训练费、子女教育费等津补贴免税优惠政策，但不得同时享受。外籍个人一经选择，在一个纳税年度内不得变更。自2022年起，外籍个人只能享受专项附加扣除。

（12）创业投资企业和天使投资个人的税收优惠。主要包括：一是有限合伙制创业投资企业采取股权方式直接投资于种子期、初创期科技型企业满2年的，该合伙创投企业的个人合伙人可以按照对种子期、初创期科技型企业投资额的70%抵扣个人合伙人从合伙创投企业分得的经营所得；当年不足抵扣的，可以在以后纳税年度结转抵扣。二是天使投资个人采取股权方式直接投资于种子期、初创期科技型企业满2年的，可按投资额70%抵扣转让该股权取得的应纳税所得额；当期不足抵扣的，可以在以后取得转让该股权的应纳税所得额时结转抵扣。

（13）科技人员取得职务科技成果转化现金奖励的税收优惠。自2018年7月1日起，依法批准设立的非营利性研究开发机构和高等学校根据《中华人民共和国促进科技成果转化法》的规定，从职务科技成果转化收入中给予科技人员的现金奖励，可减按50%计入科技人员当月“工资、薪金所得”。

（14）2019年1月1日至2023年12月31日，广东省、深圳市按内地与香港地区个人所得税税负差额，对在大湾区工作的境外（含中国香港、澳门、台湾）高端人才和紧缺人才给予补贴，该补贴免征个人所得税。其具体适用范围包括广东省广州市、深圳市、珠海市、佛山市、惠州市、东莞市、中山市、江门市和肇庆市。

（15）个人投资者持有2019—2023年发行的铁路债券取得的利息收入，减按50%计入应纳税所得额计算征收个人所得税。铁路债券是指以中国铁路总公司为发行和偿还主体的债券，包括中国铁路建设债券、中期票据、短期融资券等债务融资工具。

6.2.4.3 无住所个人免税项目

（1）无住所个人在一个纳税年度内在中国境内居住累计不超过90日的，其来源于中国境内的所得，由境外雇主支付且不由该雇主在中国境内的机构、场所负担的部分，免征个人所得税。

（2）无住所个人在境内居住累计满183天、连续不满6年的纳税人，经向主管税务机关备案，其来源于中国境外且由境外单位或者个人支付的所得，免征个人所得税。在中国境内居住累计满183天的任一年度中有一次离境超过30天的，其在中国境内居住累计满183天的连续年限重新起算。

（3）无住所个人在境内居住累计满183天的年度连续满6年的纳税人，且在6年内未发生单次离境超过30天情形的，从第7年起，在中国境内居住累计满183天的，应就其来源于中国境内、境外的全部所得缴纳个人所得税（见表6-4）。

表6-4 中国境内无住所个人工资、薪金所得征免税简表

居住时间	纳税人性质	境内所得		境外所得	
		境内支付	境外支付	境内支付	境外支付
90天以内	非居民	√	×	—	—
90～183天	非居民	√	√	—	—
满183天的年度不满6年	居民	√	√	√	×
满183天的年度满6年	居民	√	√	√	√

注：√表示征税，×表示免税，—表示不属于征税范围。

（4）无住所个人一个纳税年度内在境内累计居住天数，按其在境内累计停留的天数计算。停留的当天满24小时的，计入居住天数；停留的当天不足24小时的，不计入居住天数。

6.3 个人所得税计税管理

6.3.1 综合所得的税额计算

6.3.1.1 居民个人综合所得税额的计算

居民个人的综合所得，以每一纳税年度的收入额减除法定费用扣除额以及专项扣除、专项附加扣除和依法确定的其他扣除后的余额为应纳税所得额，适用表6–1的7级超额累进税率计算。其计算公式为：

应纳税额=应纳税所得额×适用税率–速算扣除数

应纳税所得额=年度收入额–法定费用扣除额–专项扣除–专项附加扣除–其他

1）年度收入额

年度收入额包括工资薪金、劳务报酬、稿酬和特许权使用费4项所得。其中，劳务报酬所得、稿酬所得、特许权使用费所得以收入减除20%的费用后的余额为收入额。稿酬所得的收入额减按70%计算。

2）法定费用扣除额

法定费用扣除额是指税法规定的有关个人生计费等费用的扣除。按照税法的规定，综合所得的费用扣除额为每年60 000元（每月5 000元）。

3）专项扣除

专项扣除包括居民个人按照国家规定的范围和标准缴纳的基本养老保险、基本医疗保险、失业保险等社会保险费和住房公积金等。

4）专项附加扣除

专项附加扣除包括子女教育、继续教育、大病医疗、住房贷款利息或者住房租金、赡养老人等支出。

（1）子女教育。子女教育专项附加扣除见表6–5。

表6–5 子女教育专项附加扣除

<table>
<tr><th colspan="2">扣除范围</th><th>扣除时间</th><th>扣除标准</th><th>扣除方式</th><th>资料备查</th></tr>
<tr><td>学前教育</td><td>3岁至小学前</td><td>3周岁当月至小学入学前1个月</td><td rowspan="4">每个子女每月扣1 000元</td><td rowspan="4">父母一方全扣或父母各扣50%</td><td rowspan="4">境内：无
境外：录取通知书、留学签证等</td></tr>
<tr><td rowspan="3">学历教育</td><td>义务教育（小学、初中教育）</td><td rowspan="3">入学的当月至结束的当月</td></tr>
<tr><td>高中教育（普高、中等职业、技工教育）</td></tr>
<tr><td>高等教育（专科、本科、硕士、博士）</td></tr>
</table>

注意：多个符合扣除条件的子女，均可享受扣除；扣除方式确定后，在一个纳税年度内不能变更；属于全日制学历教育的硕士、博士，由其父母按子女教育扣除；属于非全日

制的学历（学位）继续教育，由纳税人本人按照继续教育扣除。

（2）继续教育。继续教育专项附加扣除见表6-6。

表6-6 继续教育专项附加扣除

扣除范围		扣除时间	扣除标准	扣除方式	资料备查
学历（学位）教育	教育期间	入学的当月至结束的当月，同一学历（学位）不得超过48个月	每月400元	本科及以下的，父母扣或本人扣	无
职业资格继续教育	取得证书年度	取得相关证书的当年	3 600元	本人扣	相关证书

注意：学历（学位）教育必须在中国境内；职业资格继续教育指技能人员和专业技术人员教育，具体范围以人社部公布的国家职业资格目录为准；既有学历（学位）教育，又有职业教育，可叠加扣除，即每年最高可扣除8 400元（4 800+3 600）；同一学历（学位）教育事项，不得重复扣除。

（3）大病医疗。大病医疗专项附加扣除见表6-7。

表6-7 大病医疗专项附加扣除

扣除范围	扣除时间	扣除标准	扣除方式	资料备查
扣除医保报销后个人负担累计超过15 000元的部分	医疗保障信息系统记录的医药费用实际支出的当年	在80 000元限额内据实扣除	本人扣或配偶扣；未成年子女由父母一方扣	医药服务收费及医保报销相关票据原件（或者复印件）

注意：个人负担的部分是指医保目录范围内的自付部分；限额80 000元是指15 000～95 000元的部分；具体由纳税人在办理次年汇算清缴时扣除；夫妻二人同时有符合条件的大病医疗支出，可以选择都在一方扣除，每人最高扣除限额为80 000元。

（4）住房贷款利息。住房贷款利息专项附加扣除见表6-8。

表6-8 住房贷款利息专项附加扣除

扣除范围	扣除时间	扣除标准	扣除方式	资料备查
首套住房贷款利息	贷款合同约定开始还款的当月至还清或合同终止的当月，扣除期限最长为240个月	每月1 000元	夫妻约定一方扣除，在一个纳税年度内不能变更	住房贷款合同、贷款还款支出凭证

注意：首套住房贷款利息是指纳税人本人（或其配偶）单独（或共同）使用商业银行（或住房公积金）个人住房贷款，为本人（或其配偶）购买中国境内住房发生的利息支出。纳税人只能享受一次首套住房贷款的利息扣除；首套住房贷款是指购买住房享受首套住房贷款利率的住房贷款；夫妻双方婚前分别购买住房发生的首套住房贷款，其贷款利息支出，婚后可以选择其中一套购买的住房，由购买方按扣除标准的100%扣除，也可以由夫妻双方对各自购买的住房分别按扣除标准的50%扣除。

（5）住房租金。住房租金专项附加扣除见表6-9。

表 6-9　　住房租金专项附加扣除

扣除范围	扣除时间	扣除标准	扣除方式	资料备查
直辖市、省会（首府）城市、计划单列市及国务院确定的其他城市	租赁期开始的当月至结束的当月。提前终止合同（协议）的，以实际租赁期限为准	每月1 500元	夫妻同城一方扣除，不同城各自扣除。由签订租赁住房合同的承租人扣除。夫妻双方主要工作城市相同的，只能由一方扣除住房租金支出	住房租赁合同、协议等
市辖区户籍人口超过100万的城市		每月1 100元		
市辖区户籍人口不超过100万的城市		每月800元		

注意：纳税人或其配偶在纳税人主要工作城市没有自有住房而发生的住房租金支出，可以按标准定额扣除。主要工作城市是指纳税人任职受雇的直辖市、计划单列市、副省级城市、地级市（地区、州、盟）全部行政区域范围；纳税人无任职受雇单位的，为受理其综合所得汇算清缴的税务机关所在城市；表中市辖区户籍人口，以国家统计局公布的数据为准；合租租房的个人，若都与出租方签署了规范租房合同，可各自扣除。

（6）赡养老人。赡养老人专项附加扣除见表6-10。

表 6-10　　赡养老人专项附加扣除

扣除范围		扣除时间	扣除标准	扣除方式	资料备查
60岁（含）以上父母及子女均已去世的（外）祖父母	独生子女	年满60周岁的当月至赡养义务终止的年末	每月2 000元	一人扣除	书面分摊协议
	非独生子女		分摊每月2 000元，每人最高1 000元	均摊、约定或指定分摊	

注意：纳税人赡养1位及以上被赡养人的赡养支出，按统一标准定额扣除。纳税人为非独生子女的，每人分摊的额度可以由赡养人均摊或约定分摊，也可以由被赡养人指定分摊；约定或指定分摊的，需签订书面分摊协议，指定分摊优先于约定分摊。具体分摊方式和额度在一个纳税年度内不能变更。赡养岳父、岳母或公婆的费用不可以享受个人所得税专项附加扣除。

另外，还需要注意以下3点：一是专项附加扣除当年未扣完的，不得结转以后年度扣除；二是纳税人及其配偶不得同时分别享受住房贷款利息扣除和住房租金扣除；三是专项附加扣除中的父母是指生父母、继父母、养父母，子女是指婚生子女、非婚生子女、继子女、养子女，父母之外的其他人担任未成年人的监护人的，比照执行。

课堂训练 6-1

张先生和王女士为夫妻，张先生还有一个妹妹，王女士为独生子女，双方父母均已过60周岁，夫妻育有一子一女，分别在上小学和初中，家庭有首套住房贷款，丈夫正在攻读博士学位第三年，妻子正在攻读硕士学位第二年。假设两人扣除社会保险和公积金后月薪分别为20 000元和12 000元，除此无其他收入来源。张先生与妹妹约定各自分摊50%的赡养费用。夫妻商定，子女教育支出和住房贷款支出均由丈夫扣除。则当月夫妻双方各自应纳的个人所得税为：

张先生应纳个人所得税：

专项附加扣除分别为：赡养老人1 000元，子女教育2 000元，住房贷款1 000元，继续教育400元，共计4 400元。

个人所得税=（20 000−5 000−4 400）×10%−210=850（元）

王女士应纳个人所得税：

专项附加扣除分别为：赡养老人2 000元，继续教育400元，共计2 400元。

个人所得税=（12 000−5 000−2 400）×10%−210=250（元）

5）其他

其包括个人缴付符合国家规定的企业年金、职业年金，个人购买符合国家规定的商业健康保险、税收递延型商业养老保险的支出，以及国务院规定可以扣除的其他项目。

税法规定，对个人购买符合规定的商业健康保险产品的支出，允许在当年（月）计算应纳税所得额时予以税前扣除，扣除限额为2 400元/年（200元/月）。适用商业健康保险税收优惠政策的纳税人，是指取得工资薪金所得、连续性劳务报酬所得的个人，以及取得个体工商户生产经营所得、对企事业单位的承包承租经营所得的个体工商户业主、个人独资企业投资者、合伙企业合伙人和承包承租经营者。单位统一为员工购买符合规定的商业健康保险产品的支出，应分别计入员工个人工资薪金，视同个人购买，按上述限额予以扣除。

课堂训练6-2

李先生购买了一款符合条件的商业健康保险产品，全年共计支付3 000元，则其当年最多可在税前扣除2 400元（200元/月）。王女士购买了另一款符合条件的商业健康保险产品，全年共计支付2 000元，则其当年只能在税前扣除2 000元（166.67元/月）。

假定李先生全年综合收入额为100 000元，不考虑专项扣除和专项附加扣除，则其应纳的个人所得税为：

（1）无保险：年应纳税额=（100 000−60 000）×10%−2 520=1 480（元）

（2）有保险：年应纳税额=（100 000−60 000−2 400）×10%−2 520=1 240（元）

（3）一年可节省=1 480−1 240=240（元）

6.3.1.2　居民个人预扣预缴税额的计算

1）工资薪金所得预扣预缴税额的计算

居民个人取得的工资薪金所得应当由扣缴义务人按照累计预扣法计算预扣税款，并按月办理扣缴申报。其计算公式为：

$$\text{本期应预扣预缴税额}=(\text{累计预扣预缴应纳税所得额}\times\text{预扣率}-\text{速算扣除数})-\text{累计减免税额}-\text{累计已预扣预缴税额}$$

$$\text{累计预扣预缴应纳税所得额}=\text{累计收入}-\text{累计免税收入}-\text{累计减除费用}-\text{累计专项扣除}-\text{累计专项附加扣除}-\text{累计其他扣除}$$

其中，预扣率和速算扣除数按表6-1执行，预扣率即表中的税率；累计减除费用按照5 000元/月乘以纳税人当年截至本月在本单位的任职受雇月份数计算。

自2021年1月起，对上一完整纳税年度内每月均在同一单位预扣预缴工资、薪金所得个人所得税，且全年工资、薪金收入不超过6万元的居民个人，扣缴义务人在预扣预缴本年度个人所得税时，累计收入不超过6万元的月份，暂不预扣预缴；累计收入超过6万元的当月及年内后续月份，再预扣预缴。扣缴义务人应当按规定办理全员全额扣缴申报，并在《个人所得税扣缴申报表》相应纳税人的备注栏注明“上年各月均有申报且全年收入不超过6万元”字样。对按照累计预扣法预扣预缴劳务报酬所得个人所得税的居民个人，比照上述规定执行。

课堂训练6-3

郭某为某企业职员，2020年每月应发工资总额均为11 000元，每月“三险一金”等专项扣除合计为1 600元，与妻子育有一子，经协商子女教育费用由郭某扣除，无其他减免收入及减免税额等情况。以1—3月为例，郭某每月预扣预缴的个人所得税如下：

1月预扣预缴个税=（11 000-5 000-1 600-1 000）×3%=102（元）

2月预扣预缴个税=（11 000×2-5 000×2-1 600×2-1 000×2）×3%-102=102（元）

3月预扣预缴个税=（11 000×3-5 000×3-1 600×3-1 000×3）×3%-102×2=102（元）

如果其他条件不变，郭某每月预扣预缴个人所得税均为102元。

2）劳务报酬等所得预扣预缴税额的计算

居民个人取得的劳务报酬所得、稿酬所得和特许权使用费所得应当由扣缴义务人按次或按月预扣预缴个人所得税，其预扣预缴税额的计算方法基本相同。按照税法的规定，劳务报酬等3项所得以纳税人每次取得的收入减除费用扣除额后的余额为预扣预缴应纳税所得额，稿酬所得的收入额减按70%计算。其计算公式为：

预扣预缴应纳税所得额=每次收入额-费用扣除额

（1）每次收入的确定。劳务报酬所得每次收入规定为：属于一次性收入的，以完成一次劳务取得该项收入为一次；属于同一事项连续取得收入的，以同一辖区（指县级市、区）1个月内取得的收入为一次，但当月跨辖区的劳务报酬所得应分别计税。

稿酬所得每次收入是指纳税人的作品每出版、发表一次取得的收入。具体规定包括：同一作品以图书、报刊方式出版、发表一次为一次收入；同一作品出版、发表后因添加印数追加稿酬的，应与以前出版、发表取得的稿酬合并作为一次收入计税；同一作品在多处出版、发表或再版的，可分别按各处取得的收入分次计算；同一作品在报刊上连载，以连载完毕取得的全部收入为一次收入，连载之外出版的，与连载收入分开，应视同再版稿酬分次征税；作者去世后，对取得遗作稿酬的个人按稿酬所得征税。

特许权使用费所得每次收入是指一项特许权一次许可使用所取得的收入。纳税人拥有多项特许权或将一项特许权多次转让，分别取得收入的，应分别作为一次征税；纳税人每次转让特许权取得的所得是分笔支付的，应将分笔支付收入合并为一次征税。个人从事技术转让所支付的中介费，能提供有效合法凭证的，允许从其所得中扣除。

（2）费用扣除的确定。劳务报酬等3项所得按定额扣除法或定率扣除法进行基础扣除。每次收入不超过4 000元的，定额扣除费用为800元；每次收入超过4 000元的，定率扣除率为20%。其计算公式为：

预扣预缴应纳税所得额=每次收入总额-800

或　　　　　　　　=每次收入总额×（1-20%）

（3）预扣预缴税额的计算。劳务报酬等3项所得应分别按预扣预缴应纳税所得额和规定的税率计算预扣预缴应纳税额。其计算公式为：

劳务报酬预扣预缴税额=预扣预缴应纳税所得额×预扣率-速算扣除数

稿酬所得、特许权使用费预扣预缴税额=预扣预缴应纳税所得额×20%

对劳务报酬所得一次收入畸高的实行加成征收。一次收入畸高是指一次取得劳务报酬在按税法规定做了费用扣除以后的应纳税所得额超过20 000元。加成征收是指对劳务报酬所得在按20%税率计算税额的基础上，再加征一部分税额。

其具体规定为：应纳税所得额超过20 000元至50 000元部分，按其应纳税额加征五成（50%）；超过50 000元的部分，加征十成（100%）。综合来看，实行加成征收后，劳务报酬所得的税率已经演化为3级超额累进税率，见表6-11。

表6-11　　　个人所得税预扣率表（居民个人劳务报酬所得预扣预缴适用）

级数	每次预扣预缴应纳税所得额	预扣率（%）	速算扣除数（元）
1	不超过20 000元的部分	20	0
2	超过20 000元至50 000元的部分	30	2 000
3	超过50 000元的部分	40	7 000

课堂训练6-4

中国居民李先生2020年10月在某公司（非任职公司）参加授课培训活动，取得该公司支付的税前一次性劳务报酬所得40 000元，无其他减免及特色事项，则该公司为扣缴义务人，应当预扣预缴的个人所得税如下：

劳务报酬预扣预缴应纳税所得额=40 000×（1-20%）=32 000（元）

劳务报酬预扣预缴税额=32 000×30%-2 000=7 600（元）

课堂训练6-5

中国居民苗女士为高校教师，2020年10月取得某出版社支付的税前一次性稿酬15 000元，无其他减免及特色事项，则该出版社为扣缴义务人，应当预扣预缴的个人所得税如下：

稿酬预扣预缴应纳税所得额=15 000×70%×（1-20%）=8 400（元）

稿酬预扣预缴税额=8 400×20%=1 680（元）

6.3.1.3　非居民个人扣缴税额的计算

对于非居民个人取得的工资薪金所得、劳务报酬所得、稿酬所得和特许权使用费所得，扣缴义务人应当按月或次代扣代缴个人所得税。其计算公式为：

应纳税额=应纳税所得额×税率−速算扣除数

其中，工资、薪金所得以每月收入额减除费用5 000元后的余额为应纳税所得额；劳务报酬所得、稿酬所得、特许权使用费所得，以每次收入额为应纳税所得额，适用表6-2按月换算后的7级超额累进税率表计算应纳税额。其中，劳务报酬所得、稿酬所得、特许权使用费所得以收入减除20%的费用后的余额为收入额。稿酬所得的收入额减按70%计算。

课堂训练6-6

非居民个人王先生2020年10月在中国境内某公司任职，取得税前工资所得12 000元，无其他减免及特殊事项，则该公司为扣缴义务人，应当代扣代缴的个人所得税如下：

代扣代缴个人所得税=（12 000−5 000）×10%−210=490（元）

6.3.2 经营所得的税额计算

纳税人取得的经营所得，以每一纳税年度的收入总额减除成本、费用以及损失后的余额为应纳税所得额。取得经营所得的个人，没有综合所得的，计算其每一纳税年度的应纳税所得额时，应当减除费用6万元、专项扣除、专项附加扣除以及依法确定的其他扣除。专项附加扣除在办理汇算清缴时减除。

从事生产经营的个体工商户、个人独资企业和合伙企业（以下简称纳税人），根据业务规模、经营性质和会计核算情况，分别按查账征收法和核定征收法两种方法计算征收个人所得税。

6.3.2.1 生产经营所得查账征收法应纳税额的计算

实行查账征收法的个体工商户、个人独资企业和合伙企业，以每一纳税年度的收入总额减除成本费用及损失后的余额为应纳税所得额计算缴纳个人所得税。其计算公式为：

应纳税额=应纳税所得额×适用税率−速算扣除数

应纳税所得额=收入总额−成本、费用及损失

个人独资企业的投资者，以全部生产经营所得为应纳税所得额；合伙企业的投资者按合伙企业全部生产经营所得和合伙协议约定的分配比例确定应纳税所得额，合伙协议没有约定分配比例的，以全部生产经营所得和合伙人数量平均计算各投资者的应纳税所得额。所称生产经营所得包括企业分配给投资者个人的所得和企业当年留存的所得（利润）。

1）收入总额

收入总额是指纳税人从事生产经营及其有关的活动所取得的各项收入，应按权责发生制原则确定，包括商品（产品）销售收入、营运收入、劳务服务收入、工程价款收入、财产出租或转让收入、利息收入、其他业务收入和营业外收入。

2）准予税前列支项目

准予税前列支项目是指纳税人发生的与取得生产经营收入有关的各项支出，即成本、费用及损失。其中成本、费用是指纳税人从事生产经营所发生的各项直接支出，分配计入成本的间接费用及销售费用、管理费用和财务费用，包括纳税人支付给生产经营从业人员的工资；损失是指纳税人在生产经营过程中发生的各项营业外支出，包括固定资产盘亏、报废、毁损和出售的净损失，自然灾害或意外事故损失，公益救济性捐赠，赔偿金和违约

金等。

3）准予扣除的具体标准

其规定主要包括：

（1）业主费用。费用扣除标准统一确定为60 000元/年（5 000元/月）。但个体工商户、个人独资企业和合伙企业业主的工资，不得扣除。

（2）员工工资。向从业人员实际支付的合理的工资、薪金，允许税前据实扣除。

（3）三项经费。工会经费、职工福利费和职工教育经费支出，分别在工资薪金总额2%、14%和2.5%的标准内据实扣除。

（4）开办费。符合税法规定的开办费，自开始生产经营之日起，在不短于5年的期限内分期均匀扣除。

（5）借款利息。在生产经营过程中的借款利息支出，未超过按中国人民银行规定的同期、同类贷款利率计算的数额部分，准予扣除；用于与取得固定资产有关的利息支出，在资产尚未交付使用之前发生的，应计入购建资产的价值，不得作为费用扣除。

（6）低值易耗品。购入低值易耗品的支出原则上一次摊销，但一次性购入价值较大的应分期摊销。分期摊销的价值标准和期限由各省、自治区、直辖市税务局确定。

（7）保险与统筹费用。与生产经营有关的财产保险、运输保险以及从业人员的养老、医疗和其他保险费用支出，按国家有关规定的标准计算扣除。

（8）修理费用。与生产经营有关的修理费用据实扣除。修理费用发生不均衡或数额较大的应分期扣除，其分期扣除标准和期限由各省、自治区、直辖市税务局确定。

（9）各项税金。按规定缴纳的消费税、城市维护建设税、资源税、城镇土地使用税、土地增值税、房产税、车船税、印花税、耕地占用税及教育费附加准予扣除。

（10）各项规费。按规定缴纳的工商管理费、个体劳动者协会会费、摊位费，按实际发生数扣除。缴纳的其他规费，其扣除项目和标准，由各省、自治区、直辖市税务局根据当地实际情况确定。

（11）租赁费。以经营租赁方式租入固定资产的租赁费据实扣除；以融资租赁方式租入固定资产而发生的租赁费应计入固定资产价值，不得直接扣除。

（12）开发费用。研究开发新产品、新技术、新工艺所发生的开发费用，以及研究开发新产品、新技术而购置单台价值在5万元以下的测试仪器和试验性装置的购置费，准予在当期扣除；单台价值在5万元以上的测试仪器和试验性装置以及购置费达到固定资产标准的其他设备，不得在当期扣除。

（13）财产损失。在生产经营过程中发生的固定资产和流动资产盘亏及毁损净损失，经主管税务机关审核后可在当期扣除。

（14）汇兑损益。在生产经营过程中发生以外币结算的往来款项增减变动时，由于汇率变动而发生折合人民币的差额作为汇兑损益，计入当期所得或在当期扣除。

（15）坏账损失。与生产经营有关的无法收回的账款，提供有效证明，报经主管税务机关审核后，按实际发生数扣除。上述已扣除的账款在以后年度收回时，应直接作收入处理。纳税人计提的各种准备金不得扣除。

（16）年度经营亏损。年度经营亏损经主管税务机关审核后，允许用下一年度的经营所得弥补，下一年度所得不足弥补的，允许逐年递延弥补，但最长不得超过5年。兴办两个或两个以上企业的，企业的年度经营亏损不能跨企业弥补。

（17）广告费和业务宣传费。每个纳税年度发生的广告费和业务宣传费用不超过当年销售（营业）收入15%的部分可据实扣除，超过部分准予在以后纳税年度结转扣除。

（18）业务招待费。每一纳税年度发生的与其生产经营业务直接相关的业务招待费支出，按照发生额的60%扣除，但最高不得超过当年销售（营业）收入的5‰。

（19）捐赠支出。通过中国境内的社会团体、国家机关向教育和其他社会公益事业以及遭受严重自然灾害地区、贫困地区的捐赠，捐赠额不超过其应纳税所得额30%的部分，可据实扣除。纳税人直接给受益人的捐赠不得扣除。

（20）律师分成收入。自2013年1月起律师事务所的雇员律师在当月分成收入的35%比例内确定扣除。合伙人律师在计算应纳税所得额时，应凭合法有效凭据按照个人所得税法和有关规定扣除费用。对确实不能提供合法有效凭据而实际发生与业务有关的费用，经当事人签名确认后，可再按下列标准扣除费用：个人年营业收入不超过50万元的部分，按8%扣除；个人年营业收入超过50万元至100万元的部分，按6%扣除；个人年营业收入超过100万元的部分，按5%扣除。

4）不准税前列支项目

其主要包括：资本性支出，被没收的财物，支付的罚款，缴纳的个人所得税及各种税收的滞纳金、罚金和罚款等，各种赞助支出，自然灾害或意外事故损失有赔偿的部分，分配给投资者的股利，用于个人和家庭的支出，个体工商户业主、个人独资企业和合伙企业投资者的工资支出，与生产经营无关的其他支出，国家税务总局规定不准扣除的其他支出。

5）应纳税额的计算

纳税人应按其应纳税所得额和5级超额累进税率表计算应纳的个人所得税，并实行按年计算、分月预缴、年终汇算清缴、多退少补的办法。其基本计算公式为：

应纳税额=应纳税所得额×适用税率−速算扣除数

（1）分月预缴所得税。其计算公式为：

本月应纳税所得额=本月收入总额−本月成本、费用及损失

本月累计应纳税所得额=本月应纳税所得额+上月累计应纳税所得额

全年应纳税所得额=本月累计应纳税所得额÷本月月份数×12

全年应纳税额=全年应纳税所得额×适用税率−速算扣除数

本月累计预缴所得税税额=全年应纳税额÷12×本月月份数

本月预缴所得税税额=本月累计预缴所得税−上月累计预缴所得税

（2）年终汇算清缴所得税。其计算公式为：

全年应纳所得税税额=（全年收入总额−全年成本、费用损失）×适用税率−速算扣除数

汇算清缴应补（退）的所得税税额=全年应纳所得税税额−1—11月份累计预缴所得税税额

课堂训练6-7

赵先生在市区内开办了一家个人独资副食品加工厂。某纳税年度经营情况如下：销售

收入为1 500 000元，支出合计1 200 000元。1—11月该厂预缴个人所得税40 000元。后经聘请的会计师事务所审计，发现下列各项未按税法规定处理：

（1）将加工的零售价为52 000元的副食品用于儿子婚宴，成本已列入支出总额，未确认收入。

（2）6月购置一台机器设备，取得普通发票注明价款4 200元。当月开始使用，但未进行任何账务处理。

（3）支出总额中列支广告费用20 000元，业务宣传费10 000元。

（4）支出总额中列支了赵先生的工资费用58 000元。

（5）其他相关资料：副食品加工厂为小规模纳税人；机器设备经税务机关核准的使用年限为3年，采用平均年限法计提折旧，无残值。

根据上述资料，计算该纳税年度赵先生应补缴的个人所得税税额。

（1）应补缴增值税=52 000÷（1+3%）×3%=1 514.56（元）

（2）应补缴城建税、教育费附加和地方教育费附加=1 514.56×（7%+3%+2%）=181.75（元）

（3）副食品用于儿子婚宴应调增收入=52 000÷（1+3%）=50 485.44（元）

（4）机器设备折旧应调增扣除额=4 200÷3×0.5=700（元）

（5）广告费和业务宣传费：

扣除限额=［1 500 000+52 000÷（1+3%）］×15%=232 572.82（元）

广告费和业务宣传费30 000元未超标，可据实扣除。

（6）扣除生计费用应调减收入=5 000×12−58 000=2 000（元）

（7）副食品加工厂应纳税所得额=1 500 000−1 200 000+50 485.44−181.75−700−2 000=347 603.69（元）

（8）副食品加工厂全年应纳所得税=347 603.69×30%−40 500=63 781.11（元）

（9）副食品加工厂汇算清缴应补缴所得税=63 781.11−40 000=23 781.11（元）

6.3.2.2 生产经营所得核定征收法应纳税额的计算

核定征收法包括定额征收、核定应税所得率征收和其他合理征收方式等。其中实行核定应税所得率征收方式的，其适用范围和计算公式为：

（1）核定应税所得率征收方式的适用范围。纳税人有下列情形之一的，应采取核定征收法征收个人所得税：①依照税收法律法规规定可不设账的或其应设置但未设账簿的。②能准确核算收入总额，或收入总额能查实但其成本费用支出不能准确核算的。③能准确核算成本费用，或成本费用支出能查实但其收入总额不能准确核算的。④收入总额及成本费用支出均不能准确核算，不能向主管税务机关提供真实、准确、完善的纳税资料，难以查实的。⑤账目设置和核算虽然符合规定，但并未按规定保存有关账簿、凭证和有关纳税资料的。⑥发生纳税义务未按照税收法律法规规定的期限办理纳税申报，经税务机关责令限期申报逾期仍不申报的。⑦纳税人申报的计税依据明显偏低，又无正当理由的。

（2）核定应税所得率征收方式的计算公式。其计算公式为：

应纳所得税税额=应纳税所得额×适用税率

应纳税所得额=收入总额×应税所得率

或　　　　=成本费用支出额÷（1−应税所得率）×应税所得率

应税所得率按表6-12规定的标准执行。

表 6-12 应税所得率表

行 业	应税所得率（%）
工业、交通运输业、商业	5 ~ 20
建筑业、房地产开发业	7 ~ 20
饮食服务业	7 ~ 25
娱乐业	20 ~ 40
其他行业	10 ~ 30

需要注意的是：企业经营多业的，无论其经营项目是否单独核算，均按主营项目确定其适用的应税所得率。实行核定征税的投资者，不能享受个人所得税的优惠政策。

课堂训练 6-8

某娱乐城为个人独资企业，主要营业项目为保龄球，兼营游艺场和餐厅。依照国家有关规定应设置但未设置账簿，成本费用无法确定。某纳税年度各营业项目收入为保龄球 126 000 元、游艺场 300 000 元、餐厅 270 000 元。当地饮食服务业应税所得率为 15%，娱乐业应税所得率为 25%。该娱乐城当年应纳的个人所得税为：

（1）应纳税所得额=（126 000+300 000）×25%+270 000×15%=147 000（元）

（2）应纳所得税税额=147 000×20%-10 500=18 900（元）

6.3.2.3 承包承租经营所得应纳税额的计算

（1）承包承租经营所得应纳税所得额的确定。承包承租经营所得按期纳税，纳税人取得的对企事业单位承包承租经营所得，以每一纳税年度的收入总额，减除必要费用后的余额为应纳税所得额。其计算公式为：

应纳税所得额=个人承包承租经营收入总额-必要费用

=个人承包承租经营收入总额-5 000×12

上述所称的“收入总额”是指纳税人按照合同规定分得的所得或取得工资薪金性质的所得，对纳税人在一个年度内分次获得所得的，应在每次分得所得后先预缴税款，年终汇算清缴，多退少补；“必要费用”是指按月减除 5 000 元，全年减除 60 000 元，实际相当于减除个人的生计及其他费用；实行承包承租经营的纳税人，应以每一纳税年度的承包承租经营所得计税，纳税人的承包承租期不足 1 年的，以实际经营月份数为一个纳税年度计算纳税，其计算公式为：

应纳税所得额=该年度承包承租经营收入总额-5 000×该年度实际承包承租经营月份数

（2）承包承租经营所得应纳税额的计算。承包承租经营所得应纳的个人所得税税额，按纳税人取得的应纳税所得额性质，分别适用综合所得税率和经营所得税率。对纳税人在 1 年内分次取得承包承租经营所得的，应在每次取得所得后预缴税额、年终汇算清缴、多退少补。

应纳税额=应纳税所得额×适用税率-速算扣除数

课堂训练 6-9

王先生于某年2月承包了一家饭店，按合同规定一年两次与发包方办理结算手续，上交一部分承包费后，该店的盈亏均归属于王先生。7月王先生取得承包收入30 000元，12月取得承包收入40 000元。次年1月因政府征地搬迁停业，当月除上交承包费外无盈利。经营期内王先生每月从店里领取工资500元。则王先生该年和次年1月应纳的个人所得税为：

（1）该年7月应预缴个人所得税为：

当月累计应纳税所得额=30 000+500×6−5 000×6=3 000（元）

全年应纳税所得额=3 000÷6×12=6 000（元）

全年应纳税额=6 000×5%=300（元）

应预缴所得税税额=300÷12×6=150（元）

（2）该年12月汇算清缴应补缴的个人所得税为：

全年应纳税所得额=30 000+40 000+500×11−5 000×11=20 500（元）

全年应纳税额=20 500×5%=1 025（元）

年终汇算清缴应补缴所得税税额=1 025−150=875（元）

（3）次年1月无盈利，不纳税。

6.3.3　财产租赁所得的税额计算

6.3.3.1　财产租赁所得应纳税所得额的确定

财产租赁所得以纳税人每次取得的收入减除费用扣除额后的余额为应纳税所得额。

（1）每次取得收入。财产租赁所得每次收入规定为：以纳税人每月租金收入为一次。

（2）税率减征。对个人按市场价格出租的居民住房取得的所得，暂减按10%的税率征税。

（3）减除费用扣除额。财产租赁所得的费用扣除额，除按劳务报酬所得的费用扣除额规定进行定额扣除或定率扣除外，还可扣除准予扣除项目。其计算公式为：

应纳税所得额=每次收入总额−准予扣除项目金额−800

或　　　　=（每次收入总额−准予扣除项目金额）×（1−20%）

上述公式中的“准予扣除项目金额”，包括纳税人在出租财产过程中缴纳的税金和教育费附加以及由纳税人负担的该出租财产实际开支的修缮费用，允许扣除的修缮费用以每次800元为限，一次扣除不完的，准予在下一次继续扣除，直到扣完为止。

6.3.3.2　财产租赁所得应纳税额的计算

财产租赁所得应按应纳税所得额和规定的税率计算其应纳税额。其计算公式为：

应纳税额=应纳税所得额×适用税率

课堂训练 6-10

工程师李先生在5月的招标中，取得为市政服务设施设计电脑操作程序的资格，并在规定的时间内完成了设计和调试，取得了市政府发放的26 000元报酬；7月转让一项非专利技术取得收入85 000元；10月出版一本程序设计教科书，获得稿酬24 000元，年底该书获得教育部颁发的优秀教材奖5 000元；出租一处居民住房，每月租金1 300元，2月份暖气漏水，发生修缮费600元。则李先生各项收入应纳的个人所得税为：

（1）劳务报酬预扣预缴应纳税额=26 000×（1−20%）×30%−2 000=4 240（元）。

（2）特许权使用费预扣预缴应纳税额=85 000×（1−20%）×20%=13 600（元）。

（3）稿酬预扣预缴应纳税额=24 000×（1−20%）×20%×（1−30%）=2 688（元）。

（4）教育部颁发的优秀教材奖5 000元免税。

（5）财产租赁所得应纳税额：

2月份应纳税所得额=1 300−1 300×5%×（1+7%+3%）−600=628.5（元），不足扣税额，不纳税。

除2月份外，其余11个月的应纳所得税税额=［1 300−1 300×5%×（1+7%+3%）−800］×10%×11=471.35（元）。

6.3.4 财产转让所得的税额计算

6.3.4.1 财产转让所得应纳税所得额的确定

财产转让所得按次纳税，以纳税人每次转让财产取得的收入额减除财产原值和合理费用后的余额为应纳税所得额。其计算公式为：

应纳税所得额=每次收入−财产原值−合理费用

（1）每次收入。它是指一项财产的所有权一次转让取得的收入。

（2）财产原值。具体规定为：有价证券的买入价及买入时按规定缴纳的有关费用；建筑物的建造费或购进价格以及其他有关费用；为取得土地使用权所支付的金额、开发土地的费用及其他有关费用；机器设备或车船的购进价格、运输费、安装费以及其他有关费用；纳税人未提供完整、准确的财产原值凭证，不能正确计算财产原值的，由主管税务机关核定其财产原值。

（3）合理费用。它是指卖出财产时按照规定支付的有关税费。

6.3.4.2 财产转让所得应纳税额的计算

财产转让所得应纳税额的计算公式为：

应纳税额=应纳税所得额×适用税率（20%）

课堂训练6-11

刘先生将自己2018年以10万元购入的一套单元住宅于2020年10月装修后出售，获财产转让所得20万元（出售前装修费用总支出为3万元）。则刘先生财产转让所得应缴纳的个人所得税税额为：

应纳税所得额=200 000−（100 000+30 000）=70 000（元）

应纳税额=70 000×20%=14 000（元）

6.3.5 利息等所得的税额计算

利息等所得包括利息、股息、红利所得和偶然所得，其应纳税额的计算方法基本相同。

6.3.5.1 利息等所得应纳税所得额的确定

利息、股息、红利所得和偶然所得，除减免税规定以外，其应纳税所得额为纳税人每次取得的收入额，不得从收入中扣除任何费用。

6.3.5.2 利息等所得应纳税额的计算

利息、股息、红利所得和偶然所得按应纳税所得额，适用20%的比例税率计算应纳个人所得税。其计算公式为：

应纳税额=应纳税所得额×适用税率（20%）

课堂训练6-12

中国居民王先生，2020年10月取得以下所得：福利彩票中奖收入9 000元；取得3年期国债利息收入3 888元；2020年10月1日到期5年期存款利息（2015年10月1日存入50 000元）。其他相关资料：银行定期存款自存款当日计息、到期日不计息，全年按365天计算，年利息率为3%。则王先生2020年10月应纳个人所得税为：

（1）国债利息收入免税。

（2）福利彩票中奖收入9 000元小于起征点（10 000元）不征税。

（3）储蓄存款利息收入暂免征税。

6.3.6 其他所得的税额计算

6.3.6.1 居民个人取得全年一次性奖金应纳税额的计算

全年一次性奖金是指机关、企事业单位等扣缴义务人，根据其全年经济效益和雇员全年工作业绩情况，向雇员发放的一次性奖金。居民个人取得全年一次性奖金，符合相关规定的，在2021年12月31日前，可选择并入当年综合所得计算纳税，也可选择单独计算纳税；自2022年起，只能并入当年综合所得计算纳税。

选择单独计算纳税的，以全年一次性奖金收入除以12个月得到的数额，按照表6-2按月换算后的7级超额累进税率表，确定适用税率和速算扣除数。其计算公式为：

应纳税额=全年一次性奖金收入×适用税率-速算扣除数

中央企业负责人取得的年度绩效薪金延期兑现收入和任期奖励，符合规定的，在2021年12月31日前，参照上述办法计算纳税；2022年后另行规定。

课堂训练6-13

假设中国公民王先生2020年在我国境内领取年终奖金45 000元，则王先生年终奖金应纳的个人所得税为（选择单独计算纳税）：

（1）确定年终奖金的适用税率和速算扣除数：

45 000÷12=3 750（元）

适用税率为10%，速算扣除数为210。

（2）年终奖金应纳税额=45 000×10%-210=4 290（元）

需要注意的是：上述规定同时适用于年终加薪、实行年薪制和绩效工资的单位以及个人取得年终兑现的年薪和绩效工资应纳个人所得税的计算。在一个纳税年度内，该办法对一个纳税人只允许采用一次，即取得除全年一次性奖金以外其他各种名目的奖金，如半年奖、季度奖、加班奖、先进奖和考勤奖等，一律与当月工资薪金所得合并按税法规定并入综合所得缴纳个人所得税。

6.3.6.2　同时取得雇用、派遣单位工资、薪金所得应纳税额的计算

在外商投资企业、外国企业和外国驻华机构工作的中方人员取得的工资、薪金，凡是由雇用单位和派遣单位分别支付的，先由支付单位分别扣缴应纳的个人所得税，然后由纳税人汇总申报纳税。其计税方法如下：

（1）雇用单位扣税。雇用单位在支付雇员工资、薪金时，按税法规定的减除费用扣除后的余额计算扣缴所得税，对能提供有效合同或资料证明其工资薪金所得应按有关规定上交派遣单位的，可按扣除其实际上交部分后的余额计税。

（2）派遣单位扣税。派遣单位支付的工资薪金所得不再减除费用，以支付全额确定适用税率计算扣税。

（3）纳税人汇总纳税。纳税人应将当月全部工资、薪金所得汇总申报缴纳所得税，多退少补。

课堂训练 6-14

某中国公民受雇于某外商投资企业，2020年1月取得雇用单位工资10 000元，取得派遣单位工资1 800元。则该公民应纳的个人所得税为：

（1）雇用单位应预扣预缴税额=（10 000-5 000）×3%=150（元）

（2）派遣单位应预扣预缴税额=1 800×3%=54（元）

6.3.6.3　退职、退养等取得一次性补偿收入应纳税额的计算

（1）个人取得退职费收入应纳税额的计算。退职费是指被雇主辞退或自行辞职人员（简称退职人员）取得的收入。符合规定标准的退职费免税，个人取得不符合规定退职条件和退职费标准的退职费收入，应缴纳个人所得税。

退职人员一次取得较高退职费收入的，可视为其一次取得数月工资、薪金收入，并以原每月工资、薪金收入总额为标准划分为若干月份的工资、薪金收入计税。但按上述方法划分超过6个月工资、薪金收入的，应按6个月平均划分计算。

课堂训练 6-15

在某外资公司担任部门主管的张女士获准移民英国，遂向公司提出辞职。公司按照合同约定，一次性支付给张女士90 000元提前解约补偿，即退职费，张女士在公司的月平均工资为5 000元。张女士的退职费应纳个人所得税为：

（1）退职费划分月份数=90 000÷5 000=18（个月）

超过规定的6个月，只能按6个月平均划分：

每月平均退职费收入=90 000÷6=15 000（元）

（2）退职费应纳税额=［（15 000-5 000）×10%-210］×6=4 740（元）

（2）个人取得内部退养一次性补偿收入应纳税额的计算。内部退养是指在机构改革、

人事制度改革期间，根据特殊政策在未达到法定退休年龄前离岗休养。实行内部退养的个人在其办理内部退养手续后至法定离退休年龄之间从原任职单位取得的工资、薪金，应按工资、薪金所得计税。

个人在办理内部退养手续后从原任职单位取得的一次性收入，应与工资合并计算纳税。其具体方法为：一是分摊补偿收入，在其办理内部退养手续后至法定离退休年龄之间的所属月份进行平均；二是确定适用税率，将分摊后的补偿收入与领取当月的工资、薪金所得合并后减除当月费用扣除标准，以余额为基数确定适用税率；三是计算应纳税额，将当月工资、薪金加上取得的一次性收入，减去费用扣除标准，按确定的税率和速算扣除数计征个人所得税。

课堂训练6-16

某县邮政局为减员增效，对距法定离退休年龄5年以内的在职员工实行自愿申请内部退养并给予一次性补偿，以解决公司富余人员问题。王先生距退休还有5年，一次性取得补偿60 000元，另每月从公司领取工资5 500元。则王先生应纳的个人所得税为：

（1）分摊补偿收入=60 000÷5÷12=1 000（元）

（2）确定适用税率与速算扣除数：

1 000+5 500−5 000=1 500（元），税率为3%，速算扣除数为0。

（3）应纳税额=（60 000+5 500−5 000）×3%=1 815（元）

（3）解除劳动关系取得的一次性补偿收入应纳税额的计算。个人因劳动人事制度改革，用人单位解除劳动关系而取得的一次性补偿收入，其收入在当地上年职工平均工资3倍数额以内的部分，免征个人所得税；超过的部分，不并入当年综合所得，单独适用表6-1的综合所得税率表计算纳税。一次性补偿收入包括用人单位发放的经济补偿金、生活补助费和其他补助费。

个人领取一次性补偿收入时按照国家和地方政府规定的比例实际缴纳的住房公积金、医疗保险费、基本养老保险费和失业保险费，可在计征一次性补偿收入的个人所得税时予以扣除。企业依照国家有关法律规定宣告破产，企业职工从该破产企业取得的一次性安置费收入，免征个人所得税。

（4）提前退休取得的一次性补贴收入应纳税额的计算。个人办理提前退休手续而取得的一次性补贴收入，应按照办理提前退休手续至法定离退休年龄之间实际年度数平均分摊，确定适用税率和速算扣除数，单独适用表6-1综合所得税率表计算纳税。其计算公式为：

$$\text{应纳税额}=\left\{\left[\left(\text{一次性补贴收入}\div\text{办理提前退休手续至法定退休年龄之间的实际年度数}\right)-\text{费用扣除标准}\right]\times\text{适用税率}-\text{速算扣除数}\right\}\times\text{办理提前退休手续至法定退休年龄之间的实际年度数}$$

（5）兼职和退休再任职取得收入应纳税额的计算。个人兼职取得的收入应按照劳务报酬所得缴纳个人所得税；退休人员再任职取得的收入，在减除法定费用扣除标准后，按工资、薪金所得缴纳个人所得税。

6.3.7 无住所个人的税款计算

6.3.7.1 无住所居民个人的税款计算

无住所居民个人取得综合所得，年度终了后，应按年计算个人所得税；有扣缴义务人的，由扣缴义务人按月或按次预扣预缴税款；需要办理汇算清缴的，按规定办理汇算清缴，年度综合所得应纳税额计算公式如下：

$$\text{年度综合所得应纳税额}=(\text{年度工资、薪金收入额}+\text{年度劳务报酬收入额}+\text{年度稿酬收入额}+\text{年度特许权使用费收入额}-\text{减除费用}-\text{专项扣除}-\text{专项附加扣除}-\text{依法确定的其他扣除})\times\text{适用税率}-\text{速算扣除数}$$

年度工资、薪金，劳务报酬，稿酬，特许权使用费收入额分别按年度内每月工资、薪金以及每次劳务报酬、稿酬、特许权使用费收入额合计数额计算。

（1）无住所居民个人在境内居住累计满183天的年度连续不满6年的，取得的全部工资、薪金所得，除归属于境外工作期间且由境外单位或个人支付的工资薪金所得部分外，均应计算缴纳个人所得税。工资、薪金所得收入额的计算公式如下：

$$\text{当月工资、薪金收入额}=\text{当月境内外工资、薪金总额}\times 1-\frac{\text{当月境外支付工资、薪金数额}}{\text{当月境内外工资、薪金总额}}\times\frac{\text{当月工资、薪金所属工作期间境外工作天数}}{\text{当月工资、薪金所属工作期间公历天数}}$$

（2）无住所居民个人在境内居住累计满183天的年度连续满6年的，从境内外取得的全部工资、薪金所得均应计算缴纳个人所得税。

6.3.7.2 无住所非居民个人的税款计算

（1）非居民个人当月取得工资、薪金所得，以当月工资、薪金收入额减去减除费用后的余额为应纳税所得额，适用表6-2按月换算后的综合所得税率表计算应纳税额。其中，当月工资、薪金收入额分别按照以下两种情形计算：

①境内居住时间累计不超过90天的，仅就归属于境内工作期间并由境内雇主支付或负担的工资、薪金所得计算缴纳个人所得税。当月工资、薪金收入额的计算公式如下：

$$\text{当月工资、薪金收入额}=\text{当月境内外工资、薪金总额}\times\frac{\text{当月境内支付工资、薪金数额}}{\text{当月境内外工资、薪金总额}}\times\frac{\text{当月工资、薪金所属工作期间境内工作天数}}{\text{当月工资、薪金所属工作期间公历天数}}$$

②境内居住时间累计超过90天不满183天的，归属于境内工作期间的工资、薪金所得，均应当计算缴纳个人所得税；归属于境外工作期间的工资、薪金所得，不征收个人所得税。当月工资、薪金收入额的计算公式如下：

$$\text{当月工资、薪金收入额}=\text{当月境内外工资、薪金总额}\times\frac{\text{当月工资、薪金所属工作期间境内工作天数}}{\text{当月工资、薪金所属工作期间公历天数}}$$

（2）非居民个人一个月内取得数月奖金，单独按照上述公式计算当月收入额，不与当月其他工资薪金合并，按6个月分摊计税，不减除费用，适用表6-2按月换算后的综合所得税率表计算应纳税额；在一个公历年度内，对每个非居民个人，该计税办法只允许适用一次。其计算公式如下：

$$\text{当月数月奖金应纳税额}=[(\text{数月奖金收入额}\div 6)\times\text{适用税率}-\text{速算扣除数}]\times 6$$

（3）非居民个人一个月内取得股权激励所得，单独按照上述公式计算当月收入额，不与当月其他工资、薪金合并，按6个月分摊计税（一个公历年度内的股权激励所得应合并计算），不减除费用，适用表6-2按月换算后的综合所得税率表计算应纳税额。其计算公式如下：

$$月股权激励所得应纳税额=\left[\left(\frac{本公历年度内股权激励所得合计额}{}\div 6\right)\times 适用税率-速算扣除数\right]\times 6-本公历年度内股权激励所得已纳税额$$

（4）非居民个人取得来源于境内的劳务报酬所得、稿酬所得、特许权使用费所得，以每次收入额为应纳税所得额，适用表6-2按月换算后的综合所得税率表计算应纳税额。

6.3.8　个人所得税的其他税务处理

6.3.8.1　共获同一项目收入的税务处理

税法规定，两人或两人以上共同获得同一项目收入的，应对每个人取得的收入分别按规定减除费用后，按先分、后扣、再税的顺序，计算各纳税人应纳税额。

6.3.8.2　雇主为雇员代付税款的税务处理

（1）雇主为雇员全额负担税款。其方法是：先将雇员取得的不含税收入换算为应纳税所得额（含税），然后再计算雇主应代扣代缴的个人所得税。其计算公式如下：

$$应纳税所得额=\frac{不含税收入额-费用扣除标准-速算扣除数}{1-个人所得税税率}$$

应纳税额=应纳税所得额×适用税率-速算扣除数

前一公式中税率为不含税所得对应的税率；后一公式中税率为含税所得对应的税率。

（2）雇主为雇员定率负担部分税款。其方法是：先将雇员取得的不含税收入换算为应纳税所得额（含税），然后再计算雇主应代扣代缴的个人所得税。其计算公式如下：

$$应纳税所得额=\frac{未含雇主负担税款的收入额-费用扣除标准-速算扣除数\times 负担比例}{1-个人所得税税率\times 负担比例}$$

应纳税额=应纳税所得额×适用税率-速算扣除数

前一公式中税率为不含税所得对应的税率；后一公式中税率为含税所得对应的税率。

（3）雇主为雇员定额负担部分税款。其方法是：先将雇员取得的不含税收入换算为应纳税所得额（含税），然后再计算雇主应代扣代缴的个人所得税。其计算公式为：

应纳税所得额=雇员取得的工资+雇主代雇员负担的税款-费用扣除标准

应纳税额=应纳税所得额×适用税率-速算扣除数

6.3.8.3　捐赠的税务处理

1）限额扣除

纳税人发生的下列捐赠支出，未超过纳税人申报的应纳税所得额30%的部分，准予从其应纳税所得额中扣除：

（1）纳税人将其所得通过中国境内的社会团体、国家机关向教育和其他社会公益事业以及遭受严重自然灾害地区、贫困地区捐赠。

（2）纳税人通过中国人口福利基金会、光华科技基金会进行的公益和救济性捐赠。

（3）纳税人通过中国金融教育发展基金会、中国国际民间组织合作促进会、中国社会工作协会孤残儿童救助基金管理委员会、中国发展研究基金会、陈嘉庚科学奖基金会、中国友好和平发展基金会、中华文学基金会、中华农业科教基金会、中国少年儿童文化艺术基金会和中国公安英烈基金会进行的用于公益、救济性的捐赠。

2）全额扣除

纳税人发生的下列捐赠支出，准予从其应纳税所得额中全额进行扣除：

（1）纳税人通过非营利的社会团体和国家机关向农村义务教育的捐赠，准予在缴纳个人所得税前的所得额中全额扣除。农村义务教育的范围包括政府和社会力量举办的农村乡镇（不含县和县级市政府所在地的镇）、村的小学和初中以及属于这一阶段的特殊教育学校。纳税人对农村义务教育与高中在一起的学校进行的捐赠，也享受此项所得税前扣除。

（2）个人的所得（不含偶然所得和其他所得）用于资助非关联的科研机构和高等学校研究开发新产品、新技术、新工艺所发生的研究开发经费，经主管税务机关确定，可全额在下月（工资、薪金所得）或下次（按次计征的所得）或当年（按年计征的所得）计征个人所得税时，从应纳税所得额中扣除。但不足抵扣的，不得结转抵扣。

3）特殊扣除

自2008年5月12日起，对个人通过公益性社会团体、县级以上人民政府及其部门向受灾地区的捐赠，允许在当年个人所得税前全额扣除。

6.3.8.4　境外所得的税务处理

居民个人从中国境内和境外取得的综合所得、经营所得，应当分别合并计算应纳税额；从中国境内和境外取得的其他所得，应当分别单独计算应纳税额。

（1）境外所得税的扣除限额。居民个人从中国境外取得的所得，准予其在应纳税额中抵免已在境外缴纳的个人所得税税额，但抵免额不得超过该纳税人境外所得依照我国税法规定计算的应纳税额。其中，已在境外缴纳的个人所得税税额是指对于居民个人来源于中国境外的所得，依照该所得来源国家或地区的法律应当缴纳并且实际已经缴纳的所得税税额。纳税人境外所得依照我国税法的规定计算的应纳税额是指居民个人抵免已在境外缴纳的综合所得、经营所得以及其他所得的所得税税额的限额（以下简称抵免限额）。除国务院财政、税务主管部门另有规定外，来源于中国境外一个国家或地区的综合所得抵免限额、经营所得抵免限额以及其他所得抵免限额之和，为来源于该国家或地区所得的抵免限额。

（2）境外个人所得税的扣除。居民个人在中国境外一个国家或地区实际已经缴纳的个人所得税税额，低于依照上述规定计算出的该国家或地区抵免限额的，应当在中国缴纳差额部分的税款；超过该国家或地区抵免限额的，其超出部分不得在本纳税年度的应纳税额中抵免，但可在以后纳税年度的该国家或地区抵免限额的余额中予以抵扣，抵扣期限最长不得超过5年。居民个人申请抵免已在境外缴纳的个人所得税税额，应当提供境外税务机关出具的税款所属年度的有关纳税凭证。

课堂训练6-17

吴先生从A、B两国取得应税收入如下：在A国某公司任职，取得工资、薪金收入150 000元（平均每月12 500元）；为其他公司提供一项工程设计服务，取得劳务报酬收入15 000元。这两项收入已在A国缴纳个人所得税5 000元。在B国取得中奖所得20 000元，已在B国缴纳该项收入的个人所得税4 320元。上述收入的税务处理为：

（1）来源于A国所得的税务处理：

①综合所得扣除限额=［150 000+15 000×（1-20%）-60 000］×10%-2 520=7 680（元）

②由于A国扣除限额合计7 680元>已在A国缴纳的个人所得税5 000元，应补缴所得税。

③源于A国的所得应补缴所得税=7 680-5 000=2 680（元）

（2）来源于B国所得的税务处理：

①中奖所得扣除限额=20 000×20%=4 000（元）

②由于B国扣除限额4 000元<已在B国缴纳的个人所得税4 320元，所以无须在B国补缴个人所得税，超限额的320元（4 320-4 000）可在以后纳税年度的B国扣除限额的余额中抵扣，抵扣期限最长不得超过5年。

需要注意的是：个人取得的现金、实物和有价证券形式的所得，均应缴纳个人所得税。所得为实物的，应按照取得凭证上所注明的价格计算应纳税所得额；无凭证或凭证上所注明的价格明显偏低的，由主管税务机关参照当地的市场价格核定应纳税所得额；所得为有价证券的，由税务机关根据票面价格和市场价格核定应纳税所得额。

6.3.8.5 其他情况的税务处理

1）佣金收入的税务处理

保险营销员、证券经纪人取得的佣金收入，属于劳务报酬所得，以不含增值税的收入减除20%的费用后的余额为收入额，收入额减去展业成本以及附加税费后，并入当年综合所得，计算缴纳个人所得税。保险营销员、证券经纪人展业成本按照收入额的25%计算。

扣缴义务人向保险营销员、证券经纪人支付佣金收入时，应按照规定的累计预扣法计算预扣税款。

2）个人持股的税务处理

个人从公开发行市场和转让市场取得上市公司股票，持股期限在1个月（含）以内的，其股息红利所得全额计入应纳税所得额；持股期限在1个月以上至1年（含）的，暂减按50%计入应纳税所得额；持股期限超过1年的，暂免征收个人所得税。按上述标准计算的应纳税所得额，统一适用20%的税率计征个人所得税。

3）年金的税务处理。

企业年金和职业年金按如下规定征收个人所得税：

（1）计入个人账户的企业年金。企业和事业单位（以下统称单位）根据国家有关政策规定的办法和标准，为在本单位任职或受雇的全体职工缴付的企业年金或职业年金（统称年金）单位缴费部分，在计入个人账户时，个人暂不缴纳个人所得税。

（2）个人按照规定缴付的企业年金。个人按照规定缴付的部分，不超过本人缴费工资计税基数4%标准内的，暂从个人当期的应纳税所得额中扣除。

（3）个人超过规定缴付的企业年金。超过上述第（1）项和第（2）项规定的标准缴付的年金单位缴费和个人缴费部分，应并入个人当期的工资、薪金所得依法计征个人所得税。税款由建立年金的单位代扣代缴，并向主管税务机关申报解缴。

（4）企业年金个人缴费工资计税基数为本人上一年度月平均工资。月平均工资按国家统计局的规定，列入工资总额项目计算。月平均工资超过职工工作地所在设区城市上一年度职工月平均工资300%以上的部分，不计入个人缴费工资计税基数。

（5）职业年金个人缴费工资计税基数为职工岗位工资和薪级工资之和。职工岗位工资和薪级工资之和超过职工工作地所在设区城市上一年度职工月平均工资300%以上的部分，不计入个人缴费工资计税基数。年金基金投资运营收益分配计入个人账户时，个人暂不缴纳个人所得税。

（6）个人退休领取的企业年金和职业年金。个人达到国家规定的退休年龄领取的企业年金、职业年金，符合规定的，不并入综合所得，全额单独计算应纳税款。其中，按月领取的，适用表6-2按月换算后的税率表计算纳税；按季领取的，平均分摊计入各月，适用表6-2按月换算后的税率表计算纳税；按年领取的，适用表6-1综合所得税率表计算纳税。

（7）个人因出境定居或死亡一次性领取的年金。个人因出境定居而一次性领取的年金个人账户资金，或个人死亡后，其指定的受益人或法定继承人一次性领取的年金个人账户余额，适用表6-1综合所得税率表计算纳税。个人除上述特殊原因外一次性领取年金个人账户资金或余额的，适用表6-2按月换算后的税率表计算纳税。

6.3.8.6　单位低价向职工售房的税务处理

单位按低于购置或建造成本价格出售住房给职工，职工因此而少支出的差价部分，符合规定的，不并入当年综合所得，以差价收入除以12个月得到的数额，按照表6-2按月换算后的税率表确定适用税率和速算扣除数，单独计算纳税。其计算公式为：

应纳税额=职工实际支付的购房价款低于该房屋的购置或建造成本价格的差额×适用税率-速算扣除数

6.3.9　个人所得税的征收管理

6.3.9.1　自行申报纳税

1）自行申报纳税的范围

其主要内容包括：

（1）取得综合所得的纳税人。取得综合所得且符合下列情形之一的纳税人，应当依法办理汇算清缴：一是从两处以上取得综合所得，且综合所得年收入额减除专项扣除后的余额超过6万元；二是取得劳务报酬所得、稿酬所得、特许权使用费所得中一项或多项所得，且综合所得年收入额减除专项扣除的余额超过6万元；三是纳税年度内预缴税额低于应纳税额；四是纳税人申请退税。

（2）取得经营所得的纳税人。这是指取得经营所得的个体工商户业主、个人独资企业投资者、合伙企业的个人合伙人、承包承租经营者个人以及其他从事生产、经营活动的个人，包括以下情形：一是个体工商户从事生产、经营活动取得的所得，个人独资企业投资者、合伙企业的个人合伙人来源于境内的生产、经营所得；二是个人依法从事办学、医疗、咨询以及其他有偿服务活动取得的所得；三是个人对企事业单位承包承租经营以及转包、转租取得的所得；四是个人从事其他生产、经营活动取得的所得。

（3）无扣缴义务人或扣缴义务人未扣缴税款的纳税人。取得应税所得没有扣缴义务人或扣缴义务人未扣缴税款的，于取得所得后按规定向主管税务机关办理纳税申报。

（4）取得境外所得的纳税人。这是指在中国境内有住所或无住所而在一个纳税年度中在中国境内居住累计满183天的纳税人。

（5）因移居境外注销中国户籍的纳税人。纳税人因移居境外注销中国户籍的，应当在申请注销中国户籍前，向户籍所在地主管税务机关办理纳税申报，进行税款清算。

（6）从两处以上取得工资、薪金所得的非居民纳税人。从中国境内两处以上取得工资、薪金所得的非居民个人，取得所得后应向主管税务机关办理纳税申报。

（7）国务院规定的其他情形。这是指除上述规定以外应当自行申报纳税的纳税人，但不包括取得免税所得、暂免征税所得和来源于中国境外免税所得的纳税人。

2）自行申报纳税的期限

其主要内容包括：

（1）取得综合所得的纳税人，应当在次年3月1日至6月30日内，向任职、受雇单位所在地主管税务机关办理纳税申报。

（2）取得经营所得的纳税人，在月度或季度终了后15日内办理预缴纳税申报，在次年3月31日前办理汇算清缴。

（3）取得应税所得，扣缴义务人未扣缴税款的，分以下情形办理纳税申报：一是居民个人取得综合所得的，按照综合所得纳税期限办理；二是非居民个人取得工资薪金、劳务报酬、稿酬和特许权使用费4项所得的，在次年6月30日前办理纳税申报，在次年6月30日前离境（临时离境除外）的，应当在离境前办理纳税申报；三是纳税人取得利息、股息、红利，财产租赁，财产转让和偶然所得的，在次年6月30日前，按相关规定办理纳税申报。税务机关通知限期缴纳的，纳税人应当按照期限缴纳税款。

（4）居民个人从中国境外取得所得的，在次年3月1日至6月30日内办理纳税申报。

（5）纳税人因移居境外注销中国户籍的，按取得所得不同分以下情况处理：一是取得综合所得的，在注销户籍前办理当年汇算清缴，尚未办理上一年度汇算清缴的，在办理注销户籍纳税申报时一并办理；二是取得经营所得的，在注销户籍前办理当年汇算清缴，尚未办理上一年度汇算清缴的，在办理注销户籍纳税申报时一并办理；三是取得利息、股息、红利，财产租赁，财产转让和偶然所得的，在注销户籍前申报当年完税情况；四是未缴或少缴税款的，在注销户籍前结清欠缴或未缴的税款，存在分期缴税且未缴纳完毕情况的，在注销户籍前结清尚未缴纳的税款。

（6）非居民个人在中国境内从两处以上取得工资、薪金所得的，在次月15日内办理纳税申报。

3）自行申报纳税的地点

其主要内容包括：

（1）取得综合所得的纳税人，有两处以上任职、受雇单位的，选择向其中一处所在地主管税务机关办理纳税申报。如仅取得境内综合所得，报送“个人所得税年度自行纳税申报表（A表）”（见表6-13）；如居民个人取得境外所得，报送“个人所得税年度自行纳税申报表（B表）”和“境外所得个人所得税抵免明细表”。纳税人没有任职、受雇单位的，向户籍所在地或经常居住地主管税务机关办理纳税申报。

（2）取得经营所得的纳税人，向经营管理所在地主管税务机关办理预缴申报和汇算清缴，预缴申报报送“个人所得税经营所得纳税申报表（A表）”（见表6-14），汇算清缴报送“个人所得税经营所得纳税申报表（B表）”。从两处以上取得经营所得的，选择向其中一处经营管理所在地主管税务机关办理年度汇总申报，并报送“个人所得税经营所得纳税申报表（C表）”。

表6-13 **个人所得税年度自行纳税申报表（A表）**

（仅取得境内综合所得年度汇算适用）

税款所属期：　　年　月　日至　年　月　日

纳税人姓名：

纳税人识别号：□□□□□□□□□□□□□□□□□□-□□　　　　金额单位：人民币元（列至角分）

<table>
<tr><td colspan="9">基本情况</td></tr>
<tr><td>手机号码</td><td></td><td>电子邮箱</td><td colspan="2"></td><td>邮政编码</td><td colspan="3">□□□□□□</td></tr>
<tr><td>联系地址</td><td colspan="8">省（区、市）　市　区（县）　街道（乡、镇）</td></tr>
<tr><td colspan="9">纳税地点（单选）</td></tr>
<tr><td colspan="4">1.有任职受雇单位的，需选本项并填写“任职受雇单位信息”：</td><td colspan="5">□任职受雇单位所在地</td></tr>
<tr><td rowspan="2">任职受雇单位信息</td><td>名称</td><td colspan="7"></td></tr>
<tr><td>纳税人识别号</td><td colspan="7">□□□□□□□□□□□□□□□□□□</td></tr>
<tr><td colspan="4">2.没有任职受雇单位的，可以从本栏次选择一地：</td><td colspan="5">□户籍所在地　□经常居住地</td></tr>
<tr><td colspan="2">户籍所在地/经常居住地</td><td colspan="7">省（区、市）　市　区（县）　街道（乡、镇）</td></tr>
<tr><td colspan="9">申报类型（单选）</td></tr>
<tr><td colspan="4">□ 首次申报</td><td colspan="5">□更正申报</td></tr>
<tr><td colspan="9">综合所得个人所得税计算</td></tr>
<tr><td colspan="6">项目</td><td colspan="2">行次</td><td>金额</td></tr>
<tr><td colspan="6">一、收入合计（第1行=第2行+第3行+第4行+第5行）</td><td colspan="2">1</td><td></td></tr>
<tr><td colspan="6">（一）工资、薪金</td><td colspan="2">2</td><td></td></tr>
<tr><td colspan="6">（二）劳务报酬</td><td colspan="2">3</td><td></td></tr>
<tr><td colspan="6">（三）稿酬</td><td colspan="2">4</td><td></td></tr>
<tr><td colspan="6">（四）特许权使用费</td><td colspan="2">5</td><td></td></tr>
<tr><td colspan="6">二、费用合计［第6行=（第3行+第4行+第5行）×20%］</td><td colspan="2">6</td><td></td></tr>
<tr><td colspan="6">三、免税收入合计（第7行=第8行+第9行）</td><td colspan="2">7</td><td></td></tr>
<tr><td colspan="6">（一）稿酬所得免税部分［第8行=第4行×（1-20%）×30%］</td><td colspan="2">8</td><td></td></tr>
<tr><td colspan="6">（二）其他免税收入（附报《个人所得税减免税事项报告表》）</td><td colspan="2">9</td><td></td></tr>
<tr><td colspan="6">四、减除费用</td><td colspan="2">10</td><td></td></tr>
<tr><td colspan="6">五、专项扣除合计（第11行=第12行+第13行+第14行+第15行）</td><td colspan="2">11</td><td></td></tr>
</table>

续表

项目	行次	金额
（一）基本养老保险费	12	
（二）基本医疗保险费	13	
（三）失业保险费	14	
（四）住房公积金	15	
六、专项附加扣除合计（附报《个人所得税专项附加扣除信息表》） （第16行=第17行+第18行+第19行+第20行+第21行+第22行）	16	
（一）子女教育	17	
（二）继续教育	18	
（三）大病医疗	19	
（四）住房贷款利息	20	
（五）住房租金	21	
（六）赡养老人	22	
七、其他扣除合计（第23行=第24行+第25行+第26行+第27行+第28行）	23	
（一）年金	24	
（二）商业健康保险（附报《商业健康保险税前扣除情况明细表》）	25	
（三）税延养老保险（附报《个人税收递延型商业养老保险税前扣除情况明细表》）	26	
（四）允许扣除的税费	27	
（五）其他	28	
八、准予扣除的捐赠额（附报《个人所得税公益慈善事业捐赠扣除明细表》）	29	
九、应纳税所得额 （第30行=第1行−第6行−第7行−第10行−第11行−第16行−第23行−第29行）	30	
十、税率（%）	31	
十一、速算扣除数	32	
十二、应纳税额（第33行=第30行×第31行−第32行）	33	
全年一次性奖金个人所得税计算 （无住所居民个人预判为非居民个人取得的数月奖金，选择按全年一次性奖金计税的填写本部分）		
一、全年一次性奖金收入	34	
二、准予扣除的捐赠额（附报《个人所得税公益慈善事业捐赠扣除明细表》）	35	

续表

项目	行次	金额
三、税率（%）	36	
四、速算扣除数	37	
五、应纳税额［第38行=（第34行-第35行）×第36行-第37行］	38	
税额调整		
一、综合所得收入调整额（需在“备注”栏说明调整具体原因、计算方式等）	39	
二、应纳税额调整额	40	
应补/退个人所得税计算		
一、应纳税额合计（第41行=第33行+第38行+第40行）	41	
二、减免税额（附报《个人所得税减免税事项报告表》）	42	
三、已缴税额	43	
四、应补/退税额（第44行=第41行-第42行-第43行）	44	

无住所个人附报信息			
纳税年度内在中国境内居住天数		已在中国境内居住年数	

退税申请 （应补/退税额小于0的填写本部分）			
□ 申请退税（需填写“开户银行名称”“开户银行省份”“银行账号”） □ 放弃退税			
开户银行名称		开户银行省份	
银行账号			
备注			
谨声明：本表是根据国家税收法律法规及相关规定填报的，本人对填报内容（附带资料）的真实性、可靠性、完整性负责。 纳税人签字：　　　　年　月　日			
经办人签字： 经办人身份证件类型： 经办人身份证件号码： 代理机构签章： 代理机构统一社会信用代码：		受理人： 受理税务机关（章）： 受理日期：　　年　月　日	

国家税务总局监制

表6-14　　个人所得税经营所得纳税申报表（A表）

税款所属期：　　年　月　日至　　年　月　日

纳税人姓名：

纳税人识别号：□□□□□□□□□□□□□□□□□□　　　　金额单位：人民币元（列至角分）

被投资单位信息		
名称		
纳税人识别号（统一社会信用代码）	□□□□□□□□□□□□□□□□□□	
征收方式（单选）		
□查账征收（据实预缴）　□查账征收（按上年应纳税所得额预缴）　□核定应税所得率征收　□核定应纳税所得额征收　□税务机关认可的其他方式		
个人所得税计算		
项目	行次	金额/比例
一、收入总额	1	
二、成本费用	2	
三、利润总额（第3行=第1行-第2行）	3	
四、弥补以前年度亏损	4	
五、应税所得率（%）	5	
六、合伙企业个人合伙人分配比例（%）	6	
七、允许扣除的个人费用及其他扣除（第7行=第8行+第9行+第14行）	7	
（一）投资者减除费用	8	
（二）专项扣除（第9行=第10行+第11行+第12行+第13行）	9	
1.基本养老保险费	10	
2.基本医疗保险费	11	
3.失业保险费	12	
4.住房公积金	13	
（三）依法确定的其他扣除（第14行=第15行+第16行+第17行）	14	
1.	15	
2.	16	
3.	17	
八、准予扣除的捐赠额（附报《个人所得税公益慈善事业捐赠扣除明细表》）	18	
九、应纳税所得额	19	
十　税率（%）	20	
十一、速算扣除数	21	
十二、应纳税额（第22行=第19行×第20行-第21行）	22	
十三、减免税额（附报《个人所得税减免税事项报告表》）	23	
十四、已缴税额	24	
十五、应补/退税额（第25行=第22行-第23行-第24行）	25	
备注		
谨声明：本表是根据国家税收法律法规及相关规定填报的，本人对填报内容（附带资料）的真实性、可靠性、完整性负责。 纳税人签字：　　　　年　月　日		
经办人签字： 经办人身份证件类型： 经办人身份证件号码： 代理机构签章： 代理机构统一社会信用代码：	受理人： 受理税务机关（章）： 受理日期：　　年　月　日	

国家税务总局监制

（3）纳税人取得应税所得，扣缴义务人未扣缴税款的，纳税申报地点如下：一是居民个人取得综合所得的，按照综合所得纳税地点办理。二是非居民个人取得工资、薪金，劳务报酬，稿酬和特许权使用费所得的，向扣缴义务人所在地主管税务机关办理纳税申报，并报送“个人所得税自行纳税申报表（A表）”（见表6-15）；如有两个以上扣缴义务人均未扣缴税款，选择向其中一处所在地主管税务机关办理纳税申报。三是纳税人取得利息、股息、红利，财产租赁，财产转让和偶然所得的，按相关规定向主管税务机关办理纳税申报，并报送“个人所得税自行纳税申报表（A表）”。

（4）居民个人从中国境外取得所得，向中国境内任职、受雇单位所在地主管税务机关办理纳税申报；没有任职、受雇单位的，向户籍所在地或中国境内经常居住地主管税务机关办理纳税申报；两者不一致的，选择其中一地办理纳税申报。在中国境内没有户籍的，向中国境内经常居住地主管税务机关办理纳税申报。

（5）纳税人因移居境外注销中国户籍的，向户籍所在地主管税务机关办理纳税申报。办理注销户籍纳税申报时，需要办理专项附加扣除、依法确定的其他扣除的，应当向税务机关报送“个人所得税专项附加扣除信息表”“商业健康保险税前扣除情况明细表”“个人税收递延型商业养老保险税前扣除情况明细表”等。

（6）非居民个人在中国境内从两处以上取得工资、薪金所得的，可向其中一处任职、受雇单位所在地主管税务机关办理纳税申报，并报送“个人所得税自行纳税申报表（A表）”。

4）自行申报纳税的方式

纳税人可以采用远程办税端、邮寄等方式申报，也可以直接到主管税务机关申报。纳税人办理自行纳税申报时，应当一并报送税务机关要求报送的其他有关资料。首次申报或者个人基础信息发生变化的，还应报送“个人所得税基础信息表（B表）”。纳税人在办理纳税申报时需要享受税收协定待遇的，按照享受税收协定待遇的有关办法办理。

6.3.9.2　个人所得税的代扣代缴纳税

1）代扣代缴的适用范围

负有代扣代缴税款义务的单位和个人，向纳税人支付除经营所得以外的各项应税所得时均应代扣代缴税款。

2）扣缴义务人的法定义务

其主要内容包括：

（1）扣缴义务人应当依法办理全员全额扣缴申报。全员全额扣缴申报是指扣缴义务人在代扣税款的次月15日内，向主管税务机关报送其支付所得的所有个人涉税信息资料。

（2）扣缴义务人每月或每次预扣、代扣的税款，应在次月15日内缴入国库，并向税务机关报送“个人所得税扣缴申报表”，内容及格式参见表6-16；首次向纳税人支付所得时，按照纳税人提供的纳税人识别号等基础信息，填写“个人所得税基础信息表（A表）”，并于次月扣缴申报时向税务机关报送；对纳税人向其报告的相关基础信息变化情况，于次月扣缴申报时向税务机关报送。纳税人识别号为中国公民身份号码；没有的，由税务机关赋予其纳税人识别号。

表6-15

个人所得税自行纳税申报表（A表）

税款所属期：　年　月　日至　年　月　日

纳税人姓名：

纳税人识别号：□□□□□□□□□□□□□□□□□□　　　　金额单位：人民币元（列至角分）

自行申报情形	□居民个人取得应税所得，扣缴义务人未扣缴税款 □非居民个人取得应税所得，扣缴义务人未扣缴税款 □非居民个人在中国境内从两处以上取得工资、薪金所得　　□其他________	是否为非居民个人	□是 □否	非居民个人本年度境内居住天数	□不超过90天 □超过90天不超过183天

序号	所得项目	收入额计算			减除费用	专项扣除				其他扣除			减按计税比例	准予扣除的捐赠额	税款计算							备注
		收入	费用	免税收入		基本养老保险费	基本医疗保险费	失业保险费	住房公积金	财产原值	允许扣除的税费	其他			应纳税所得额	税率	速算扣除数	应纳税额	减免税额	已缴税额	应补/退税额	
1	2	3	4	5	6	7	8	9	10	11	12	13	14	15	16	17	18	19	20	21	22	23

谨声明：本表是根据国家税收法律、法规及相关规定填报的，是真实的、可靠的、完整的。

纳税人签字：　　　　年　月　日

经办人签字： 经办人身份证件号码： 代理机构签章： 代理机构统一社会信用代码：	受理人： 受理税务机关（章）： 受理日期：年　月　日

国家税务总局监制

表 6-16

个人所得税扣缴申报表

税款所属期：　年　月　日至　年　月　日

扣缴义务人名称：

扣缴义务人纳税人识别号（统一社会信用代码）：□□□□□□□□□□□□□□□□□□□□□□□□□

金额单位：人民币元（列至角分）

序号	姓名	身份证件类型	身份证件号码	纳税人识别号	是否为非居民个人	所得项目	本月（次）情况														累计情况									减按计税比例	准予扣除的捐赠额	税款计算							备注
							收入额计算			减除费用	专项扣除				其他扣除						累计收入额	累计减除费用	累计专项扣除	累计专项附加扣除					累计其他扣除										
							收入	费用	免税收入		基本养老保险费	基本医疗保险费	失业保险费	住房公积金	年金	商业健康保险	税延养老保险	财产原值	允许扣除的税费	其他				子女教育	赡养老人	住房贷款利息	住房租金	继续教育				应纳税所得额	税率/预扣率	速算扣除数	应纳税额	减免税额	已缴税额	应补/退税额	
1	2	3	4	5	6	7	8	9	10	11	12	13	14	15	16	17	18	19	20	21	22	23	24	25	26	27	28	29	30	31	32	33	34	35	36	37	38	39	40
会计合计																																							

谨声明：本表是根据国家税收法律、法规及相关规定填报的，是真实的、可靠的、完整的。

扣缴义务人（签章）：　年　月　日

经办人签字： 经办人身份证件号码： 代理机构签章： 代理机构统一社会信用代码：	受理人： 受理税务机关（章）： 受理日期：　年　月　日

国家税务总局监制

（3）居民个人向扣缴义务人提供有关信息并依法要求办理专项附加扣除的，扣缴义务人应当按照规定在工资、薪金所得按月预扣预缴税款时予以扣除，不得拒绝。

（4）扣缴义务人向居民个人支付工资、薪金所得时，按照累计预扣法计算预扣税款，并按月办理扣缴申报。年度终了后两个月内，向纳税人提供其个人所得和已扣缴税款等信息。纳税人年度中间需要提供上述信息的，扣缴义务人应当提供。本期应预扣预缴税额的余额为负值时，暂不退税，纳税年度终了后余额仍为负值的，由纳税人通过办理综合所得年度汇算清缴，税款多退少补。

（5）扣缴义务人向居民个人支付劳务报酬、稿酬、特许权使用费所得时，按次或按月预扣预缴税款，并及时向纳税人提供其个人所得和已扣缴税款等信息。

（6）扣缴义务人向非居民个人支付工资、薪金，劳务报酬，稿酬和特许权使用费所得以及支付利息、股息、红利，财产租赁，财产转让或偶然所得时，按次或按月代扣代缴税款。

（7）扣缴义务人应当按照纳税人提供的信息计算税款，办理扣缴申报，不得擅自更改纳税人提供的信息；发现信息与实际情况不符的，可以要求纳税人修改，纳税人拒绝修改的，应当报告税务机关，税务机关应当及时处理。

（8）扣缴义务人对纳税人提供的“个人所得税专项附加扣除信息表”（内容及格式参见表6-17），应当按照规定妥善保存备查，依法对纳税人的相关涉税信息和资料保密。

（9）扣缴义务人有未按照规定向税务机关报送资料和信息、未按照纳税人提供的信息虚报虚扣专项附加扣除、应扣未扣税款、不缴或少缴已扣税款、借用或冒用他人身份等行为的，依照《征管法》等相关法律、行政法规处理。

3）代扣代缴的手续费

税务机关按税法的规定付给扣缴义务人所扣缴税额2%的手续费。扣缴义务人可将其用于提升办税能力、奖励办税人员。但由税务机关、司法机关等查补或者责令补扣的税款，不向扣缴义务人支付手续费。

6.3.9.3　个人所得税的纳税调整

有下列情形之一的，税务机关有权按照合理方法进行纳税调整：

（1）个人与其关联方之间的业务往来不符合独立交易原则而减少本人或其关联方应纳税额，且无正当理由的。

（2）居民个人控制或居民个人和居民企业共同控制的设立在实际税负明显偏低的国家（地区）的企业，无合理经营需要，对应当归属于居民个人的利润不作分配或者减少分配的。

（3）个人实施其他不具有合理商业目的的安排而获取不当税收利益的。

税务机关按规定作出纳税调整，需要补征税款的，应当补征税款，并依法加收利息。

表 6-17

个人所得税专项附加扣除信息表

填报日期：　　年　　月　　日　　　　扣除年度：

纳税人姓名：　　　　　　　　　　　　纳税人识别号：□□□□□□□□□□□□□□□□□□

纳税人信息	手机号码				电子邮箱	
	联系地址				配偶情况	□有配偶　□无配偶
纳税人配偶信息	姓名		身份证件类型		身份证件号码	□□□□□□□□□□□□□□□□□□
一、子女教育						
较上次报送信息是否发生变化：□首次报送（请填写全部信息）　□无变化（不需重新填写）　□有变化（请填写发生变化项目的信息）						
子女一	姓名		身份证件类型		身份证件号码	□□□□□□□□□□□□□□□□□□
	出生日期		当前受教育阶段	□学前教育　□义务教育　□高中教育　□高等教育		
	当前受教育阶段起始时间	年　月	当前受教育阶段结束时间	年　月	子女教育终止时间 *填写不再受教育时间	年　月
	就读国家（或地区）		就读学校		本人扣除比例	□100%（全额扣除）□50%（平均扣除）
子女二	姓名		身份证件类型		身份证件号码	□□□□□□□□□□□□□□□□□□
	出生日期		当前受教育阶段	□学前教育　□义务教育　□高中教育　□高等教育		
	当前受教育阶段起始时间	年　月	当前受教育阶段结束时间	年　月	子女教育终止时间 *填写不再受教育时间	年　月
	就读国家（或地区）		就读学校		本人扣除比例	□100%（全额扣除）□50%（平均扣除）
二、继续教育						
较上次报送信息是否发生变化：□首次报送（请填写全部信息）　□无变化（不需重新填写）　□有变化（请填写发生变化项目的信息）						
学历（学位）继续教育	当前继续教育起始时间	年　月	当前继续教育结束时间	年　月	学历（学位）继续教育阶段	□专科　□本科　□硕士研究生 □博士研究生　□其他
职业资格继续教育	职业资格继续教育类型	□技能人员　□专业技术人员			证书名称	
	证书编号		发证机关		发证（批准）日期	
三、住房贷款利息						
较上次报送信息是否发生变化：□首次报送（请填写全部信息）　□无变化（不需重新填写）　□有变化（请填写发生变化项目的信息）						
房屋信息	住房坐落地址	省（区、市）　市　县（区）　街道（乡、镇）				
	产权证号/不动产登记号/商品房买卖合同号/预售合同号					
房贷信息	本人是否借款人	□是　□否			是否婚前各自首套贷款，且婚后分别扣除50%	□是　□否
	公积金贷款I贷款合同编号					
	贷款期限（月）				首次还款日期	
	商业贷款I贷款合同编号				贷款银行	
	贷款期限（月）				首次还款日期	

续表

四、住房租金						
较上次报送信息是否发生变化：□首次报送（请填写全部信息） □无变化（不需重新填写） □有变化（请填写发生变化项目的信息）						
房屋信息	住房坐落地址	省（区、市） 市 县（区） 街道（乡、镇）				
租赁情况	出租方（个人）姓名		身份证件类型		身份证件号码	□□□□□□□□□□□□□□□□□□
	出租方（单位）名称				纳税人识别号（统一社会信用代码）	
	主要工作城市（*填写市一级）	年 月	当前受教育阶段结束时间	年 月	住房租赁合同编号（非必填）	
	租赁期起				租赁期止	
五、赡养老人						
较上次报送信息是否发生变化：□首次报送（请填写全部信息） □无变化（不需重新填写） □有变化（请填写发生变化项目的信息）						
纳税人身份		□独生子女 □非独生子女				
被赡养人一	姓名		身份证件类型		身份证件号码	□□□□□□□□□□□□□□□□□□
	出生日期		与纳税人关系	□父亲 □母亲 □其他		
被赡养人二	姓名		身份证件类型		身份证件号码	□□□□□□□□□□□□□□□□□□
	出生日期		与纳税人关系	□父亲 □母亲 □其他		
共同赡养人信息	姓名		身份证件类型		身份证件号码	□□□□□□□□□□□□□□□□□□
	姓名		身份证件类型		身份证件号码	□□□□□□□□□□□□□□□□□□
	姓名		身份证件类型		身份证件号码	□□□□□□□□□□□□□□□□□□
	姓名		身份证件类型		身份证件号码	□□□□□□□□□□□□□□□□□□
六、大病医疗（仅限综合所得年度汇算清缴申报时填写）						
较上次报送信息是否发生变化：□首次报送（请填写全部信息） □无变化（不需重新填写） □有变化（请填写发生变化项目的信息）						
患者一	姓名		身份证件类型		身份证件号码	□□□□□□□□□□□□□□□□□□
	医药费用总金额		个人负担金额		与纳税人关系	□本人 □配偶 □未成年子女
患者二	姓名		身份证件类型		身份证件号码	□□□□□□□□□□□□□□□□□□
	医药费用总金额		个人负担金额		与纳税人关系	□本人 □配偶 □未成年子女
需要在任职受雇单位预扣预缴工资、薪金所得个人所得税时享受专项附加扣除的，填写本栏						
重要提示：当您填写本栏，表示您已同意该任职受雇单位使用本表信息为您办理专项附加扣除						
扣缴义务人名称					扣缴义务人纳税人识别号（统一社会信用代码）	□□□□□□□□□□□□□□□□□□
本人承诺：我已仔细阅读了填表说明，并根据《中华人民共和国个人所得税法》及其实施条例、《个人所得税专项附加扣除暂行办法》《个人所得税专项附加扣除操作办法（试行）》等相关法律法规规定填写本表。本人已就所填的扣除信息进行了核对，并对所填内容的真实性、准确性、完整性负责。 纳税人签字： 年 月 日						
扣缴义务人签章： 经办人签字： 接收日期： 年 月 日		代理机构签章： 代理机构统一社会信用代码： 经办人签字： 经办人身份证件号码：			受理人： 受理税务机关（章）： 受理日期： 年 月 日	

国家税务总局监制

本章小结

● 个人所得税一般是对个人应税所得征收的一种税。我国的个人所得税是对居民个人来源于中国境内外的全部所得和非居民个人来源于中国境内的所得征收的一种税。个人所得税法是国家制定的用以调整国家与个人所得税纳税人之间征纳活动的权利与义务关系的法律规范。

● 世界各国的个人所得税征收制度可分为分类所得税制、综合所得税制和混合所得税制3种类型。自2019年起，我国个人所得税实行混合所得税制，并增加专项附加扣除项目，根据教育、医疗、住房、养老等民生支出的变化情况适时调整，体现公平合理、利于民生、简便易行的原则。

● 个人所得税的纳税人包括中国公民、个体工商业户、个人独资企业、合伙企业投资者、在中国境内有所得的外籍人员（包括无国籍人员）和港澳台同胞，但不包括法人或其他组织。其分为居民个人和非居民个人，居民个人负有无限纳税义务，非居民个人负有有限纳税义务。

● 个人所得税的征税范围是纳税人从中国境内和境外取得应纳个人所得税的所得，主要包括工资、薪金所得，劳务报酬所得，稿酬所得，特许权使用费所得，经营所得，利息、股息、红利所得，财产租赁所得，财产转让所得和偶然所得9项。其中，前4项统称为综合所得，经营所得又包括个体工商户的生产经营所得、企事业单位承包承租经营所得等。

● 个人所得税采用比例税率和超额累进税率两种形式，按应税项目的不同，综合所得适用3%～45%的7级超额累进税率；经营所得适用5%～35%的5级超额累进税率；上述所得以外的其他所得适用20%的比例税率；对于劳务报酬、稿酬等所得，另有加成征收或减征等特殊规定。

● 居民个人取得综合所得先按预扣预缴法计税，年度汇算清缴，多退少补。其中，工资薪金所得按累计预扣法，按月全额扣缴申报；劳务报酬、稿酬和特许权使用费3项所得，按次或月预扣预缴个人所得税。经营所得按年纳税，其他所得按次纳税。适用超额累进税率计算应纳税额的公式为：应纳税额=应纳税所得额×适用税率-速算扣除数；适用比例税率计算应纳税额的公式为：应纳税额=应纳税所得额×适用税率。

● 个人所得税的优惠政策包括免税奖金、免税利息、免税补贴、免税基金、免税股权、外籍个人收入免税项目和暂免征税所得，无住所个人工资薪金免税项目，其他所得免税项目和减税项目等规定。个人所得税的纳税办法，有自行申报和代扣代缴两种。

关键概念

个人所得税　居民个人　非居民个人

复习思考题

1.什么是个人所得税？如何理解其特点与原则？

2. 个人所得税法规定的应税所得项目有哪些？

3. 如何理解个人所得税的计税原理和税额的计算？

4. 个人所得税自行申报办法是如何规定的？

5. 如何确定扣缴义务人的适用范围和法定义务？

章后客观题及参考答案6

第7章

资源类税法

学习目标

理解资源类税法各税的基本概念和特点。

掌握资源类税法各税的征税范围、纳税人和税率。

熟悉资源类税法各税的优惠政策。

重点掌握资源类税法各税应纳税额的计算。

了解资源类税法各税的纳税时限和申报要求。

案例导引　　**可持续发展与我国资源税的完善**

可持续发展是既满足当代人的需求，又不损害后代人满足其需要的能力的发展。其重要标志是资源的永续利用和良好的生态环境。可持续发展是以自然资源为基础的，它要求人类选择的生活方式必须尊重并不得超过自然的承受力。从能耗问题来看，我国能源消耗增长高于经济增长的势头没有得到扭转，并存在资源储备相对不足、资源开采和利用效率较低等问题。鉴于税收对经济的调控作用，应充分运用税收政策进行调整，以促进资源得到合理配置和利用。

我国资源税自1994年税制改革以来调整较少，导致出现弃劣开优、弃小开大、弃难开易、滥开滥采甚至掠夺性开采等现象，亟待改革和完善。其问题主要包括：一是征收范围过窄，不能体现税收的效率和公平；二是计税依据采取从量定额，不能显现资源的稀缺性特征；三是税收负担总体过轻，且税额与资源价格长期脱钩；四是现行资源税收入主要分配给中央，地方政府及民众不能从其丰富的矿产资源中得到合理收益。

针对我国资源税存在的问题，其解决措施主要包括：一是扩大征税范围，如将不可再生的资源或可再生但影响环境的资源纳入征税范围；二是改革资源税的计税依据，即由现行按应税产品的销售数量和自用数量征收改为按划分给企业的资源可采储量征收；三是提高资源税税负，将税率与资源回采率挂钩，以限制掠夺性开采，提高资源的开发利用率；四是中央收入应适当向地方让利，建立资源开发和环境保护补偿机制，以促进有资源地区真正发挥其资源优势。

讨论：结合科学发展观说明各资源税法在经济可持续发展中的作用。

7.1　资源税法

7.1.1　资源税的基础知识

7.1.1.1　资源税的含义

微课 7-1

资源税法

一般认为，资源税是指对开发和利用各种自然资源的单位和个人征收的一种税。在我国，资源税是指对在中国领域及管辖的其他海域开发应税资源的单位和个人，就其销售额或销售数量征收的一种税。

资源税法是用以调整资源税征收与缴纳过程中权利与义务关系的法律规范。它的基本法律依据是2019年8月26日第13届全国人民代表大会常务委员会第12次会议通过的《中华人民共和国资源税法》，该法于2020年9月1日起施行。

7.1.1.2　资源税的由来

我国对资源征税有着悠久的历史。春秋时期的“官山海”，就是以专卖之名，行征税之实。以后各个时期，都以盐资源的专卖收入或征税收入作为主要财政收入之一。

中华人民共和国成立后，在全国统一开征的14种税中，盐税是一个独立的税种。1973年税制改革时，盐税并入工商税中征收。1984年工商税制改革时，工商税分为产品税、增值税、营业税和盐税四个税种，盐税成为独立税种，同时对原油、天然气、煤炭、金属矿产品和其他非金属矿产品（后两种暂缓征收）开始征收资源税。1993年12月国务院颁布了《中华人民共和国资源税暂行条例》，对矿产品和盐资源征收资源税，并从1994年1月1日起施行。2011年9月国务院修改了《中华人民共和国资源税暂行条例》，并于2011年11月1日起施行。为全面贯彻党的十九大精神，落实税收法定原则，提高立法公众参与度，2019年8月26日通过了《中华人民共和国资源税法》。2020年8月28日国家税务总局发布《关于资源税征收管理若干问题的公告》。

从2010年起我国开始实施资源税从价计征改革，分品目、分地区逐步推开。2010年6月率先在新疆开展原油、天然气资源税从价计征改革试点，同年12月起推广到其他西部地区；2011年11月起推广到全国；2014年12月起在全国范围实施煤炭资源税从价计征改革；2015年5月起在全国范围实施稀土、钨、钼资源税从价计征改革，并清理相关收费基金，自2020年9月1日起施行的资源税法已经基本完成从价计征改革。

7.1.1.3　资源税的特点

资源税主要是对自然资源因地理环境条件、蕴藏量、品位质量，以及开发技术、设备和交通运输等优劣差异而形成的级差收入进行调节。与其他各税相比，其特点是：

（1）征税范围的有限性。从理论上讲，资源税的征税范围应包括一切可以开发和利用的国有资源，但我国资源税法中只规定对矿产品和盐资源进行征税。

（2）纳税环节的一次性。资源税以开采者取得的原料产品级差收入为征税对象，不包括经过加工的产品，因而具有一次课征的特点。

（3）计税方法的复合性。资源税的应纳税额，绝大多数按照从价定率计征，极少数按照从量定额计征，分别以应税产品的销售额乘以纳税人具体适用的比例税率或以应税产品的销售数量乘以纳税人具体适用的定额税率计算。

7.1.1.4　资源税的作用

资源税的上述特点决定了它具有调节级差收入、促使企业在市场经济条件下公平竞争、鼓励企业合理开发并充分利用和节约国有资源等特定作用，客观上起到了对国家与纳税人间利益分配关系进行调节的作用，同时也有利于增加财政收入。

2019年我国资源税收入为1 822亿元，同比增长11.8%，占全国税收收入（157 992亿元）的1.15%，成为资源富集地区重要的税收来源。

7.1.2　资源税的基本法律

7.1.2.1　资源税的纳税人

在中国领域及管辖的其他海域开发应税资源的单位和个人，为资源税的纳税人，具体包括企业、行政单位、事业单位、军事单位、社会团体及外商投资企业、外国企业等其他单位，还包括个体工商户和其他个人。

中外合作开采陆上、海上石油资源的企业，依法缴纳资源税。但2011年11月1日前已依法订立中外合作开采合同的，在该合同有效期内，继续依照国家有关规定缴纳矿区使用费，不缴纳资源税；合同期满后，依法缴纳资源税。

独立矿山、联合企业和其他收购未税矿产品的单位，为资源税的扣缴义务人。

7.1.2.2　资源税的税目税率

根据税法规定，资源税按照应税资源的品位、开采条件、对生态环境影响等情况，采取从价定率或从量定额的办法计征。其税目税率见表7-1。

表7-1　资源税税目税率表

税目			征税对象	税率
能源矿产	原油		原矿	6%
	天然气、页岩气、天然气水合物		原矿	6%
	煤		原矿或者选矿	2% ~ 10%
	煤成（层）气		原矿	1% ~ 2%
	铀、钍		原矿	4%
	油页岩、油砂、天然沥青、石煤		原矿或者选矿	1% ~ 4%
	地热		原矿	1% ~ 20% 或者每立方米1 ~ 30元
金属矿产	黑色金属	铁、锰、铬、钒、钛	原矿或者选矿	1% ~ 9%
	有色金属	铜、铅、锌、锡、镍、锑、镁、钴、铋、汞	原矿或者选矿	2% ~ 10%
		铝土矿	原矿或者选矿	2% ~ 9%
		钨	选矿	6.5%
		钼	选矿	8%
		金、银	原矿或者选矿	2% ~ 6%
		铂、钯、钌、锇、铱、铑	原矿或者选矿	5% ~ 10%
		轻稀土	选矿	7% ~ 12%
		中重稀土	选矿	20%
		铍、锂、锆、锶、铷、铯、铌、钽、锗、镓、铟、铊、铪、铼、镉、硒、碲	原矿或者选矿	2% ~ 10%

续表

税目			征税对象	税率
非金属矿产	矿物类	高岭土	原矿或者选矿	1%~6%
		石灰岩	原矿或者选矿	1%~6%或者每吨（或者每立方米）1~10元
		磷	原矿或者选矿	3%~8%
		石墨	原矿或者选矿	3%~12%
		萤石、硫铁矿、自然硫	原矿或者选矿	1%~8%
		天然石英砂、脉石英、粉石英、水晶、工业用金刚石、冰洲石、蓝晶石、硅线石（矽线石）、长石、滑石、刚玉、菱镁矿、颜料矿物、天然碱、芒硝、钠硝石、明矾石、砷、硼、碘、溴、膨润土、硅藻土、陶瓷土、耐火黏土、铁矾土、凹凸棒石黏土、海泡石黏土、伊利石黏土、累托石黏土	原矿或者选矿	1%~12%
		叶蜡石、硅灰石、透辉石、珍珠岩、云母、沸石、重晶石、毒重石、方解石、蛭石、透闪石、工业用电气石、白垩、石棉、蓝石棉、红柱石、石榴子石、石膏	原矿或者选矿	2%~12%
		其他黏土（铸型用黏土、砖瓦用黏土、陶粒用黏土、水泥配料用黏土、水泥配料用红土、水泥配料用黄土、水泥配料用泥岩、保温材料用粘土）	原矿或者选矿	1%~5%或者每吨（或者每立方米）0.1~5元
	岩石类	大理岩、花岗岩、白云岩、石英岩、砂岩、辉绿岩、安山岩、闪长岩、板岩、玄武岩、片麻岩、角闪岩、页岩、浮石、凝灰岩、黑曜岩、霞石正长岩、蛇纹岩、麦饭岩、泥灰岩、含钾岩石、含钾砂页岩、天然油石、橄榄岩、松脂岩、粗面岩、辉长岩、辉石岩、正长岩、火山灰、火山渣、泥炭	原矿或者选矿	1%~10%
		砂石	原矿或者选矿	1%~5%或者每吨（或者每立方米）0.1~5元
	宝玉石类	宝石、玉石、宝石级金刚石、玛瑙、黄玉、碧玺	原矿或者选矿	4%~20%
水气矿产	二氧化碳气、硫化氢气、氦气、氡气		原矿	2%~5%
	矿泉水		原矿	1%~20%或者每立方米1~30元
盐	钠盐、钾盐、镁盐、锂盐		选矿	3%~15%
	天然卤水		原矿	3%~15%或者每吨（或者每立方米）1~10元
	海盐			2%~5%

"资源税税目税率表"中规定实行幅度税率的和可以选择实行从价或从量计征的，由省、自治区、直辖市人民政府在幅度范围内提出，报同级人民代表大会常务委员会决定，并报全国人民代表大会常务委员会和国务院备案。征税对象为原矿或选矿的，应分别确定具体适用税率。

税法 Q&A 7-1

国外资源税的类型有哪些？

税法 Q&A 7-1

7.1.2.3 资源税的优惠政策

资源税贯彻有限征收、级差调节的原则，因此税法规定的减免税较为严格，优惠项目较少。其主要有以下规定：

（1）开采原油以及在油田范围内运输原油过程中用于加热的原油、天然气免税。

（2）煤炭开采企业因安全生产需要抽采的煤成（层）气免税。

（3）从低丰度油气田开采的原油、天然气，减征20%资源税。低丰度油气田包括陆上低丰度油田、陆上低丰度气田、海上低丰度油田、海上低丰度气田。陆上低丰度油田是指每平方千米原油可开采储量丰度低于25万立方米的油田；陆上低丰度气田是指每平方千米天然气可开采储量丰度低于2.5亿立方米的气田；海上低丰度油田是指每平方千米原油可开采储量丰度低于60万立方米的油田；海上低丰度气田是指每平方千米天然气可开采储量丰度低于6亿立方米的气田。

（4）高含硫天然气、三次采油和从深水油气田开采的原油、天然气，减征30%资源税。高含硫天然气是指硫化氢含量在每立方米30克以上的天然气；三次采油是指二次采油后继续以聚合物驱、复合驱、泡沫驱、气水交替驱、二氧化碳驱、微生物驱等方式进行采油；深水油气田是指水深超过300米的油气田。

（5）稠油、高凝油减征40%资源税。稠油是指地层原油黏度大于或等于每秒50毫帕或原油密度大于或等于每立方厘米0.92克的原油；高凝油是指凝固点高于40摄氏度的原油。

（6）从衰竭期矿山开采的矿产品，减征30%资源税。衰竭期矿山是指设计开采年限超过15年，且剩余可开采储量下降到原设计可开采储量的20%以下或剩余开采年限不超过5年的矿山。衰竭期矿山以开采企业下属的单个矿山为单位确定。

（7）纳税人开采或生产应税产品过程中，因意外事故或自然灾害等原因遭受重大损失，或纳税人开采共伴生矿、低品位矿、尾矿，由省、自治区、直辖市决定免征或减征资源税。由省、自治区、直辖市人民政府提出，报同级人民代表大会常务委员会决定，并报全国人民代表大会常务委员会和国务院备案。

（8）对青藏铁路公司及其所属单位运营期间自采自用的砂、石等材料免税。

（9）自2018年4月1日至2021年3月31日，对页岩气按6%的税率减征30%资源税。

（10）自2019年1月1日至2021年12月31日，对增值税小规模纳税人可在50%的税额幅度内减征资源税，具体幅度由各省、自治区、直辖市人民政府根据本地区实际情况确定。

（11）自2014年12月1日至2023年8月31日，对充填开采置换出来的煤炭减征50%资源税。

（12）根据国民经济和社会发展需要，国务院对有利于促进资源节约集约利用、保护环境等情形可以规定免征或减征资源税，报全国人民代表大会常务委员会备案。

纳税人的免减税项目，应当单独核算销售额或销售数量；未单独核算或不能准确提供销售额或销售数量的，不予免税或减税。

7.1.3　资源税的计税管理

7.1.3.1　资源税的税额计算

资源税应纳税额按照从价定率或从量定额的办法，分别以应税产品的销售额乘以适用的比例税率或以应税产品的销售数量乘以适用的定额税率计算。其计算公式为：

从价定率应纳税额=销售额×比例税率

从量定额应纳税额=销售数量×定额税率

纳税人开采或生产应税产品，自用于连续生产应税产品的，不缴纳资源税；自用于其他方面的，视同销售，应按照规定缴纳资源税。

1）销售额的一般规定

销售额为纳税人销售应税产品向购买方收取的全部价款和价外费用，但不包括收取的增值税销项税额。向购买方收取的各种价外费用包括：手续费、补贴、基金、集资费、返还利润、奖励费、违约金、滞纳金、延期付款利息、赔偿金、代收款项、代垫款项、包装费、包装物租金、储备费、优质费、运输装卸费和其他各种性质的价外收费。但下列项目不包括在内：

（1）同时符合以下条件的代垫运输费用：一是承运部门的运输费用发票开具给购买方的；二是纳税人将该项发票转交给购买方的。

（2）同时符合以下条件代为收取的政府性基金或行政事业性收费：一是由国务院或财政部批准设立的政府性基金，由国务院或省级人民政府及其财政、价格主管部门批准设立的行政事业性收费；二是收取时开具省级以上财政部门印制的财政票据；三是所收款项全额上缴财政。

2）销售额的特殊规定

其主要内容包括：

（1）纳税人以人民币以外的货币结算销售额的，应当折合成人民币计算。其销售额的人民币折合率可以选择销售额发生的当天或当月1日的人民币汇率中间价。纳税人应事先确定采用何种折合率计算方法，确定后1年内不得变更。

（2）纳税人开采或生产不同税目应税产品的，应当分别核算不同税目应税产品的销售额；未分别核算或不能准确提供不同税目应税产品销售额的，从高适用税率。

3）核定销售额的方法

纳税人申报的应税产品销售额明显偏低且无正当理由的、或有自用应税产品行为而无销售额的，主管税务机关可以按下列方法和顺序确定其应税产品销售额：

（1）按纳税人最近时期同类产品的平均销售价格确定。

（2）按其他纳税人最近时期同类产品的平均销售价格确定。

（3）按后续加工非应税产品销售价格，减去后续加工环节的成本利润后确定。

（4）按组成计税价格确定。组成计税价格的公式为：

组成计税价格=成本×（1+成本利润率）÷（1-资源税税率）

公式中的成本是指应税产品的实际生产成本；成本利润率由省、自治区、直辖市税务机关确定。

（5）按其他合理方法确定。

4）销售数量的规定

其主要内容包括：

（1）计征资源税的销售数量包括纳税人开采或生产应税产品的实际销售数量和视同销售的自用数量。

（2）纳税人不能准确提供应税产品销售数量的，以应税产品的产量或主管税务机关确定的折算比换算成的数量，为计征资源税的销售数量。

（3）纳税人开采或生产不同税目应税产品的，应当分别核算不同税目应税产品的销售数量；未分别核算或不能准确提供不同税目应税产品销售数量的，从高适用税率。

（4）对于连续加工前无法正确计算原煤移送使用量的煤炭，可按加工产品的综合回收率，将加工产品实际销量和自用量折算成原煤数量，以此作为课税数量。

（5）金属和非金属矿产品原矿因无法准确掌握纳税人移送使用原矿数量的，可将其精矿按选矿比折算成原矿数量，以此作为课税数量。

5）外购扣减的规定

纳税人以外购原矿与自采原矿混合为原矿销售，或以外购选矿产品与自产选矿产品混合为选矿产品销售的，在计算应税产品销售额或销售数量时，直接扣减外购原矿或外购选矿产品的购进金额或购进数量。

纳税人以外购原矿与自采原矿混合洗选加工为选矿产品销售的，在计算应税产品销售额或销售数量时，扣减方法的计算公式为：

$$\text{准予扣减的外购应税产品购进金额（数量）}=\text{外购原矿购进金额（数量）}\times\left(\frac{\text{本地区原矿适用税率}}{\text{本地区选矿产品适用税率}}\right)$$

不能按照上述方法计算扣减的，按照主管税务机关确定的其他合理方法进行扣减。

课堂训练 7-1

滨海油田某采油厂2020年10月对外销售原油450万吨，收取不含税价款2 250 000万元，工业锅炉烧用5万吨；对外销售天然气2 000千立方米，共收取不含税价款500万元。该油田原油和天然气适用税率均为6%。该厂应纳的资源税为：

应纳税额=（2 250 000+2 250 000÷450×5）×6%+500×6%

=136 530（万元）

课堂训练 7-2

某盐场2020年10月对外直接销售钠盐选矿100吨，开具的增值税专用发票注明金额18 000万元；直接销售天然卤水原矿200万立方米。当地钠盐选矿的资源税税率为8%，天然卤水原矿的资源税税率为每立方米5元。则该盐场当月应纳的资源税为：

应纳税额=18 000×8%+2 000 000×5÷10 000=2 440（万元）

课堂训练 7-3

某煤炭开采企业2020年10月销售煤原矿5万吨，开具的增值税专用发票注明金额5 000万元；销售煤成（层）气原矿2万吨，开具的增值税专用发票注明金额1 500万元。煤原矿和煤成（层）气原矿资源税税率分别为9%和2%，则该企业应缴纳的资源税为：

应纳税额=5 000×9%+1 500×2%=480（万元）

7.1.3.2 资源税的征收管理

1）纳税义务发生时间

（1）纳税人销售应税产品的，纳税义务发生时间为收讫销售款或取得索取销售款凭据的当日。

（2）纳税人自用应税产品的，纳税义务发生时间为移送应税产品的当日。

2）资源税的纳税期限

（1）资源税按月或按季申报缴纳；不能按固定期限计算缴纳的，可以按次申报缴纳。

（2）按月或按季申报缴纳的，应自月度或季度终了之日起15日内申报缴纳；按次申报缴纳的，应自纳税义务发生之日起15日内申报缴纳。

3）资源税的纳税地点

纳税人应纳的资源税，应向应税产品的开采地或生产地的税务机关申报缴纳。

4）资源税的纳税申报

资源税的纳税人应按规定的纳税期限进行纳税申报，并如实填写“资源税纳税申报表”。其申报表的内容和格式参见表7-2。

表7-2 资源税纳税申报表

纳税人识别号（统一社会信用代码）：□□□□□□□□□□□□□□□□□□

纳税人名称：　　　　　　　　　　　　　　　　　金额单位：人民币元（列至角分）

税款所属时间：自　　年　月　日至　　年　月　日

<table>
<tr><td colspan="5">本期是否适用增值税小规模纳税人减征政策（减免性质代码：06049901）</td><td colspan="2">是□ 否□</td><td colspan="2">减征比例（%）</td><td colspan="2"></td></tr>
<tr><td>税目</td><td>子目</td><td>计量单位</td><td>计税销售量</td><td>计税销售额</td><td>适用税率</td><td>本期应纳税额</td><td>本期减免税额</td><td>本期增值税小规模纳税人减征额</td><td>本期已缴税额</td><td>本期应补（退）税额</td></tr>
<tr><td>1</td><td>2</td><td>4</td><td>5</td><td>6</td><td>7</td><td>7①=4×6
7②=5×6</td><td>8</td><td>9=（7-8）×减征比例</td><td>10</td><td>11=7-8-9-10</td></tr>
<tr><td></td><td></td><td></td><td></td><td></td><td></td><td></td><td></td><td></td><td></td><td></td></tr>
<tr><td></td><td></td><td></td><td></td><td></td><td></td><td></td><td></td><td></td><td></td><td></td></tr>
<tr><td></td><td></td><td></td><td></td><td></td><td></td><td></td><td></td><td></td><td></td><td></td></tr>
<tr><td></td><td></td><td></td><td></td><td></td><td></td><td></td><td></td><td></td><td></td><td></td></tr>
<tr><td colspan="2">合 计</td><td>—</td><td></td><td></td><td>—</td><td></td><td></td><td></td><td></td><td></td></tr>
<tr><td colspan="11">谨声明：本纳税申报表是根据国家税收法律法规及相关规定填报的，是真实的、可靠的、完整的。
纳税人（签章）：　　年　月　日</td></tr>
<tr><td colspan="6">经办人：
经办人身份证号：
代理机构签章：
代理机构统一社会信用代码：</td><td colspan="5">受理人：
受理税务机关（章）：
受理日期：　　年　月　日</td></tr>
</table>

7.2 城镇土地使用税法

7.2.1 城镇土地使用税法的基础知识

7.2.1.1 城镇土地使用税的含义

城镇土地使用税简称土地使用税，是以城镇土地为征税对象，对拥有土地使用权的单位和个人征收的一种税。

城镇土地使用税法是用以调整城镇土地使用税征收与缴纳过程中权利与义务关系的法律规范。它的基本法律依据是2013年12月7日国务院修订的《中华人民共和国城镇土地使用税暂行条例》、1988年10月财政部、国家税务总局签发的《关于城镇土地使用税若干具体问题的解释和暂行规定》及各省、直辖市、自治区制定的城镇土地使用税暂行条例细则等。

7.2.1.2 城镇土地使用税的由来

我国最早对城镇土地征税始于民国时期，于1928年在广州开征土地税。1930年颁布了土地法，依据该法在部分城市和地区开征地价税和土地增值税。

中华人民共和国成立初期，地产税是一个独立税种，后与房产税合并为城市房地产税；1973年将工商业缴纳的城市房地产税并入工商税；1984年第二步利改税时，国务院决定单独开征土地使用税，但由于时机不成熟暂缓征收，直到1988年9月国务院才正式发布了《中华人民共和国城镇土地使用税暂行条例》。但对外商投资企业、在华的外国企业及外籍个人所使用的土地，仍按城市房地产税的规定征税。为适应对涉外企业土地使用的征税需要，国务院于2006年12月修订了《中华人民共和国城镇土地使用税暂行条例》，并于2011年1月和2013年12月再次进行了修订。

税法 Q&A 7-2

中华人民共和国成立初期土地制度的改革历程是怎样的？

税法 Q&A 7-2

7.2.1.3 城镇土地使用税的作用

城镇土地使用税是国家利用经济手段对土地进行有效的管理。其作用主要表现在：通过征税可以促进土地资源的合理配置和有效使用；调节土地级差收入，促进城镇建设的合理布局；理顺国家和土地使用者之间的分配关系；增加地方收入，保证城市建设的资金来源。2019年我国城镇土地使用税收入为2 195亿元，同比下降8%，占全国税收收入（157 992亿元）的1.39%。

7.2.2 城镇土地使用税的基本法律

7.2.2.1 城镇土地使用税的征税范围

城镇土地使用税的征税范围为城市、县城、建制镇、工矿区。

（1）城市。它是指经国务院批准设立的市，其征税范围为市区和郊区。

（2）县城。它是指县人民政府所在地，其征税范围为县人民政府所在的城镇。

（3）建制镇。它是指经省、自治区、直辖市人民政府批准设立的建制镇，其征税范围为镇人民政府所在地。

（4）工矿区。它是指经省、自治区、直辖市人民政府批准，工商业比较发达、人口比较集中、符合国务院规定的建制镇标准，但尚未设立建制镇的大中型工矿企业所在地。

上述的城市、县城、建制镇、工矿区的具体征税范围，由各省、自治区、直辖市人民政府划定。如大中型企业生产、办公、生活区，海关特殊监管区域以及各类产业聚集园区所在地纳入工矿区征收范围。

税法Q&A 7-3

中国对土地的所有权与使用权的规定有哪些？

税法Q&A 7-3

7.2.2.2　城镇土地使用税的纳税人

城镇土地使用税的纳税人是在征税区拥有土地的单位和个人。单位包括国有企业、集体企业、私营企业、股份制企业、外商投资企业、外国投资企业、其他企业和事业单位、社会团体、国家机关、军队及其他单位；个人包括个体工商户及其他个人。

具体规定为：土地属于国家所有的，为拥有土地使用权的单位和个人；土地属于集体所有的，为土地使用单位和个人；拥有土地使用权的纳税人不在土地所在地的，为代管人或实际使用人；土地使用权未确定或权属纠纷未解决的，为实际使用人；土地使用权共有的，由共有各方按实际使用面积占总面积的比例分别计算纳税。

7.2.2.3　城镇土地使用税的税率

城镇土地使用税实行从量定额计征，采用分类幅度税额，即按大城市，中等城市，小城市，县城、建制镇和工矿区4个档次，规定不同的单位幅度税额，具体规定见表7-3。

表7-3　城镇土地使用税税率表

土地所在地区	人口标准（人）	幅度税额（元/平方米）
大城市	50万以上	1.5～30
中等城市	20万～50万	1.2～24
小城市	20万以下	0.9～18
县城、建制镇、工矿区	—	0.6～12

知识窗7-1　我国城镇土地使用税法中有关的城市划分标准

城镇土地使用税法中规定的大、中、小城市，以公安部门登记在册的非农业正式户口人数为依据，按照国务院颁布的《城市规划条例》中规定的标准划分。现行的划分标准为：大城市为市区及郊区非农业人口总计在50万人以上；中等城市为市区及郊区非农业人口总计在20万人至50万人；小城市为市区及郊区非农业人口总计在20万人以下。

省、自治区、直辖市人民政府在上述所列法定税额幅度内，根据市政建设状况、经济繁荣程度等条件，确定所辖地区的适用税额幅度。市、县人民政府应根据实际情况，将本地区土地划分为若干等级，在省、自治区、直辖市人民政府规定的税额幅度内制定相应的适用税额标准，报省、自治区、直辖市人民政府批准执行。经省、自治区、直辖市人民政府批准，经济落后地区城镇土地使用税的适用税额标准可适当降低，但降低额不得超过规定最低税额的30%。经济发达地区城镇土地使用税的适用税额标准可以适当提高，但须报经财政部批准。

7.2.2.4　城镇土地使用税的优惠政策

1）城镇土地使用税的免税优惠

其主要规定如下：

（1）国家机关、人民团体、军队自用办公用地和公务用地。

（2）由国家财政部门拨付事业经费的单位自用的用地。

（3）企业办的学校、医院、托儿所、幼儿园用地能与其他用地明确区分的土地。

（4）宗教寺庙、公园、名胜古迹自用的土地。自2009年1月起公园、名胜古迹内的索道公司经营用地应按规定纳税。

（5）直接用于农、林、牧、渔业的生产用地，但不包括农副产品加工场地和生活办公用地。

（6）经批准开山填海整治的土地和改造的废弃土地，从使用的月份起5～10年免征城镇土地使用税。

（7）由财政部另行规定的免税的能源、交通、水利设施用地和其他用地，以及城市公交站场道路、客运站场。

（8）市政街道、广场、绿化地带等公共用地免税，但企业内部的街道、广场、绿化用地不属于公共用地，应按规定征税。

（9）非营利性医疗机构、疾病控制机构和妇幼保健机构等卫生机构自用的土地。

（10）对行使国家行政管理职能的中国人民银行总行（含国家外汇管理局）所属分支机构自用的土地。

（11）免税单位无偿使用纳税单位的土地（如公安、海关等单位使用铁路和民航等单位的土地）。但纳税单位无偿使用免税单位的土地，纳税单位应照章纳税。纳税单位与免税单位共同使用、共有使用权土地上的多层建筑，对纳税单位可按其占用的建筑面积占建筑总面积的比例计征城镇土地使用税。

2）城镇土地使用税的减免优惠

其主要规定如下：

（1）为支持重点产业的发展，对石油、电力、煤炭等能源用地，民用港口、铁路等交通用地和水利设施用地，三线调整企业、盐业、采石场、邮电等一些特殊用地，给予划分城镇土地使用税的征免税界限和政策性减免税照顾。

（2）向居民供热并向居民收取采暖费的供热企业，暂免征收城镇土地使用税。对既向居民供热，又向非居民供热的企业，可按向居民供热收取的收入占其总供热收入的比例划分城镇土地使用税的征免税界限；对兼营供热的企业，可按向居民供热收取的收入占其生产经营总收入的比例划分城镇土地使用税的征免税界限。

（3）对在一个纳税年度内月平均实际安置残疾人就业人数占单位在职职工总数的比例高于25%（含25%）且实际安置残疾人人数高于10人（含）的单位，可减征或免征该年度城镇土地使用税。

（4）自2016年1月起，体育场馆自用的房产和土地有关城镇土地使用税政策如下：①国家机关、军队、人民团体、财政补助事业单位、居民委员会、村民委员会拥有的体育场馆，用于体育活动的房产、土地，免征城镇土地使用税。②经费自理事业单位、体育社会团体、体育基金会、体育类民办非企业单位拥有并运营管理的体育场馆，同时符合下列条件的，其用于体育活动的房产、土地，免征城镇土地使用税：向社会开放，用于满足公众体育活动需要；体育场馆取得的收入主要用于场馆的维护、管理和事业发展；拥有体育场馆的体育社会团体、体育基金会及体育类民办非企业单位，除当年新设立或登记的以外，前一年度登记管理机关的检查结论为“合格”。③企业拥有并运营管理的大型体育场馆，其用于体育活动的房产、土地，减半征收城镇土地使用税。

（5）从2020年1月1日至2022年12月31日，对物流企业自有或承租的大宗商品仓储设施用地减半征收城镇土地使用税。

（6）自2019年1月1日至2021年12月31日，对增值税小规模纳税人可在50%的税额幅度内减征城镇土地使用税，具体幅度由各省、自治区、直辖市人民政府根据本地区实际情况确定。

（7）其他经国家税务总局批准，缴纳城镇土地使用税确实有困难需要定期减免的。

3）省级税务局的减免优惠

下列土地征免城镇土地使用税，由省、自治区、直辖市税务局确定：

（1）个人所有的居住用房及院落用地。

（2）免税单位职工家属的宿舍用地。

（3）房产管理部门在房租调整改革前经租的居民住房用地。

（4）集体和个人办的各类学校、医院、托儿所、幼儿园用地。

（5）民政部门举办的安置残疾人占一定比例的福利工厂用地。

（6）企业搬迁后原场地不使用的、企业范围内荒山等尚未利用的土地。

（7）各类危险品仓库、厂房所需的防火、防爆、防毒等安全防范用地。

（8）城镇内的集贸市场（农贸市场）用地。

（9）基建项目在建期间使用的土地，原则上应照章征收城镇土地使用税。但对有些基建项目，特别是国家产业政策扶持发展的大型基建项目，纳税人纳税确有困难的，可由省级税务局予以减免税；对已完工或已经使用的基建项目，其用地应照章征收城镇土地使用税。

（10）房地产开发公司建造商品房的用地，原则上应按规定征收城镇土地使用税。但商品房在出售之前纳税确有困难的，其用地是否给予缓征或减征、免征照顾，可由省级税务局从严确定。

（11）应税单位按照国家住房制度改革有关规定，将住房出售给职工并按规定进行核销账务处理后，住房用地在未办理土地使用权过户期间的城镇土地使用税的征免，比照各省、自治区、直辖市对个人所有住房用地的现行政策执行。

（12）对房产管理部门在房租调整改革前经租的居民住房用地纳税确有困难的，报经批准后给予适当的减征或免征城镇土地使用税的照顾；房租调整改革后，房产管理部门经租的居民住房用地（不论是何时经租的），都应缴纳城镇土地使用税。

（13）原房管部门代管的私房落实政策后，有些私房产权已归还给房主，但由于各种原因，房屋仍由原住户居住，且住户仍按房管部门在房租调整改革之前确定的租金标准向房主缴纳租金。对这类房屋用地纳税确有困难的，可由各省、自治区、直辖市税务局根据实际情况，给予定期减征或免征城镇土地使用税的照顾。

（14）经贸仓库、冷库企业纳税确有困难的，向企业所在地的地方税务机关提出减免税申请，由省、自治区、直辖市税务局审核后，报国家税务总局批准，享受减免城镇土地使用税的照顾。

（15）对中国物资储运总公司所属物资储运企业的露天货场、库区道路、铁路专用线等非建筑用地征免城镇土地使用税问题，可由省、自治区、直辖市税务局按照下述原则处理：对经营状况好、有负税能力的企业，应恢复征收城镇土地使用税；对经营状况差、纳税确有困难的企业，可在授权范围内给予适当减免城镇土地使用税的照顾。

除上述规定外，纳税人缴纳城镇土地使用税确有困难需要定期减免的，由县以上税务机关批准。

7.2.3 城镇土地使用税的计税管理

7.2.3.1 城镇土地使用税的税额计算

城镇土地使用税以纳税人实际占用的土地面积为计税依据，采用从量定额方法计算应纳税额。其计算公式为：

应纳税额=实际占用土地面积×适用税率（单位税额）

上述纳税人实际占用的土地面积是指省、自治区、直辖市人民政府确定的测量工作单位测定的土地面积。对尚未组织测量的，凡纳税人持有政府部门核发的土地使用证书，以证书确定的土地面积为准；尚未核发土地使用证书的，由纳税人据实申报土地的使用面积，待土地面积测定后按测定的面积进行调整。

课堂训练 7-4

某市兴隆购物中心实行统一核算，土地使用证上载明企业实际占用土地情况为：中心店占地面积为8 200平方米，一分店占地3 600平方米，二分店占地5 800平方米，企业仓库占地6 300平方米，企业自办托儿所占地360平方米。经税务机关确认，该企业所占用土地分别适用市政府确定的以下税额：中心店为一等土地地段，每平方米年税额15元；一、二分店为三等土地地段，每平方米年税额7元；仓库为五等土地地段，每平方米年税额4元。另该市政府规定，企业自办托儿所、幼儿园、学校用地免征城镇土地使用税。则购物中心应纳的城镇土地使用税为：

应纳税额=8 200×15+（3 600+5 800）×7+6 300×4=214 000（元）

7.2.3.2 城镇土地使用税的征收管理

1）城镇土地使用税的征管办法

其主要规定如下：

（1）城镇土地使用税实行按年计算、分期缴纳的征收方法。其具体纳税期限由省、自治区、直辖市人民政府确定。

（2）城镇土地使用税在土地所在地缴纳。纳税人使用的土地不属于同一省、自治区、直辖市管辖的，由纳税人分别向土地所在地的税务机关缴纳城镇土地使用税；在同一省、自治区、直辖市管辖范围内，纳税人跨地区使用的土地，其纳税地点由各省、自治区、直辖市税务局确定。

（3）城镇土地使用税纳税人应按税法有关规定及时办理纳税申报，并如实填写“城镇土地使用税　房产税纳税申报表”，其申报表的内容及格式参见表7-4。

表 7-4

城镇土地使用税　房产税纳税申报表

税款所属期：自　年　月　日至　年　月　日

纳税人识别号（统一社会信用代码）：□□□□□□□□□□□□□□□□□□

纳税人名称：　　　　　　　　　　　　　　　　　　金额单位：人民币元（列至角分）；面积单位：平方米

<table>
<tr><td colspan="13">一、城镇土地使用税</td></tr>
<tr><td colspan="4" rowspan="2">本期是否适用增值税小规模纳税人减征政策
（减免性质代码 10049901）</td><td rowspan="2">□是 □否</td><td colspan="3">本期适用增值税小规模纳税人减征政策起始时间</td><td colspan="2">年　月</td><td colspan="2" rowspan="2">减征比例（%）</td><td rowspan="2"></td></tr>
<tr><td colspan="3">本期适用增值税小规模纳税人减征政策终止时间</td><td colspan="2">年　月</td></tr>
<tr><td>序号</td><td>土地编号</td><td>宗地号</td><td>土地等级</td><td>税额标准</td><td>土地总面积</td><td>所属期起</td><td>所属期止</td><td>本期应纳税额</td><td>本期减免税额</td><td>本期增值税小规模纳税人减征额</td><td>本期已缴税额</td><td>本期应补（退）税额</td></tr>
<tr><td>1</td><td>*</td><td></td><td></td><td></td><td></td><td></td><td></td><td></td><td></td><td></td><td></td><td></td></tr>
<tr><td>2</td><td>*</td><td></td><td></td><td></td><td></td><td></td><td></td><td></td><td></td><td></td><td></td><td></td></tr>
<tr><td>3</td><td>*</td><td></td><td></td><td></td><td></td><td></td><td></td><td></td><td></td><td></td><td></td><td></td></tr>
<tr><td>合计</td><td>*</td><td>*</td><td>*</td><td>*</td><td></td><td>*</td><td>*</td><td></td><td></td><td></td><td></td><td></td></tr>
<tr><td colspan="13">二、房产税</td></tr>
<tr><td colspan="4" rowspan="2">本期是否适用增值税小规模纳税人减征政策
（减免性质代码 08049901）</td><td rowspan="2">□是 □否</td><td colspan="3">本期适用增值税小规模纳税人减征政策起始时间</td><td colspan="2">年　月</td><td colspan="2" rowspan="2">减征比例（%）</td><td rowspan="2"></td></tr>
<tr><td colspan="3">本期适用增值税小规模纳税人减征政策终止时间</td><td colspan="2">年　月</td></tr>
</table>

续表

（一）从价计征房产税											
序号	房产编号	房产原值	其中：出租房产原值	计税比例	税率	所属期起	所属期止	本期应纳税额	本期减免税额	本期增值税小规模纳税人减征额	本期已缴税额	本期应补（退）税额
1	*											
2	*											
3	*											
合计	*	*	*	*	*	*	*					

（二）从租计征房产税							
序号	本期申报租金收入	税率	本期应纳税额	本期减免税额	本期增值税小规模纳税人减征额	本期已缴税额	本期应补（退）税额
1							
2							
3							
合计	*	*					

声明：此表是根据国家税收法律法规及相关规定填写的，本人（单位）对填报内容（及附带资料）的真实性、可靠性、完整性负责。

纳税人（签章）：　　　　年　月　日

经办人： 经办人身份证号： 代理机构签章： 代理机构统一社会信用代码：	受理人： 受理税务机关（章）： 受理日期：　年　月　日

本表一式两份，一份纳税人留存，一份税务机关留存。

2）城镇土地使用税与耕地占用税的协调

凡缴纳耕地占用税的，从批准之日起满1年时开始征收城镇土地使用税；征用非耕地因不需缴纳耕地占用税，应从批准征用次月起征收城镇土地使用税。

7.3　耕地占用税法

7.3.1　耕地占用税的基础知识

7.3.1.1　耕地占用税的含义

耕地占用税是对在中国境内占用耕地建设建筑物、构筑物或从事非农业建设的单位和个人，就其占用的耕地面积征收的一种税。

耕地占用税法是用以调整耕地占用税征收与缴纳过程中权利与义务关系的法律规范。它的基本法律依据是2018年12月第13届全国人民代表大会常务委员会第7次会议通过的《中华人民共和国耕地占用税法》，该法自2019年9月1日起施行。

7.3.1.2　耕地占用税的意义

耕地是从事农业生产的基本条件，开征耕地占用税是加强土地管理、防止乱占耕地及综合治理非农业占用耕地的一种法律和经济手段，同时也有利于增加财政收入。2019年我国耕地占用税收入为1 390亿元，同比增长5.4%，占全国税收收入（157 992亿元）的0.88%。

根据“取之于民、用之于民”的税收原则，征收耕地占用税的税款还要返还于发展农业、增加农业投资，特别是用于开垦宜农荒地、开发利用滩涂草场、改善农田灌溉条件和加强农田基本建设，提高土地质量，以此来弥补一些占地给农业生产带来的损失。

7.3.2　耕地占用税的基本法律

7,3.2.1　耕地占用税的征税范围

耕地占用税是以占用农用耕地从事其他非农业建设为征税范围。所谓耕地，是指用于种植农作物的土地，包括菜地、园地。其中，园地包括花圃、苗圃、茶园、果园、桑园和其他种植经济林木的土地。占用鱼塘及其他农用土地建房或从事其他非农业建设，也视同占用耕地。

征收耕地占用税的前提条件：一是占用土地的性质为农用耕地；二是占用土地的目的是建房或从事其他非农业建设。两个条件同时具备的，属于耕地占用税的征税范围。对非耕地或占用耕地用于农田水利设施的，则不属于该税的征税范围。

7.3.2.2　耕地占用税的纳税人

耕地占用税的纳税人是占用耕地建设建筑物、构筑物或从事非农业建设的单位和个人。所称单位，包括国有企业、集体企业、私营企业、股份制企业、外商投资企业、外国企业，以及其他企业和事业单位、社会团体、国家机关、军队和其他单位；所称个人，包括个体工商户和其他个人。

7.3.2.3　耕地占用税的税率

（1）法定税率。耕地占用税实行定额税率，见表7–5。

表7–5　耕地占用税税额表

级别	人均耕地标准（以县级行政区域为单位）	税额幅度	计税单位
1	人均耕地不超过1亩的地区	10～50元	每平方米
2	人均耕地超过1亩但不超过2亩的地区	8～40元	每平方米
3	人均耕地超过2亩但不超过3亩的地区	6～30元	每平方米
4	人均耕地超过3亩的地区	5～25元	每平方米

（2）适用税率。国家根据人均耕地面积和经济发展情况，确定各省、自治区、直辖市人民政府的平均税额。根据《中华人民共和国耕地占用税法》的规定，各省、自治区直辖市、人民政府每平方米平均税额见表7–6。

表7–6　耕地占用税平均税额表

序号	适用地区	平均税额（元/平方米）
1	上海	45
2	北京	40
3	天津	35
4	浙江、福建、江苏、广东	30
5	湖北、湖南、辽宁	25
6	河北、山东、江西、安徽、河南、四川、重庆	22.5
7	广西、陕西、贵州、云南、海南	20
8	山西、黑龙江、吉林	17.5
9	甘肃、宁夏、内蒙古、青海、新疆、西藏	12.5

各地区在制定或确定适用税额时，需要注意以下几个问题：

①各地适用税额，由省、自治区、直辖市人民政府根据人均耕地面积和经济发展等情况，在规定的税额幅度内，报同级人民代表大会常务委员会决定，并报全国人民代表大会常务委员会和国务院备案。各省、自治区、直辖市人民政府核定的适用税额的平均水平，不得低于国家规定的平均税额。

②人均耕地低于0.5亩的地区，适用税额可以适当提高，但提高的部分最高不得超过各省、自治区、直辖市人民政府规定的当地适用税额的50%。

③占用基本农田的，适用税额应在上述规定的当地适用税额的基础上提高50%。

④占用园地、林地、草地、农田水利用地、养殖水面、渔业水域滩涂及其他农用地的适用税额，可适当低于占用耕地的适用税额，但降低的部分不得超过50%。具体适用税额由省、自治区、直辖市人民政府提出，报同级人民代表大会常务委员会决定，并报全国人民代表大会常务委员会和国务院备案。如占用以上农用地建设直接为农业生产服务的生产设施的，不缴纳耕地占用税。

7.3.2.4 耕地占用税的优惠政策

（1）耕地占用税的免征。其主要规定如下：①军事设施占用耕地免税；②学校、幼儿园、社会福利机构、医疗机构占用耕地免税；③农村居民经批准搬迁，新建自用住宅占用耕地不超过原宅基地面积的部分免税。

（2）耕地占用税的减征。其主要规定如下：①铁路线路、公路线路、飞机场跑道、停机坪、港口、航道、水利工程占用耕地，减按每平方米2元的税额征收耕地占用税；②农村居民在规定用地标准以内占用耕地新建自用住宅的，可按当地适用税额减半征收耕地占用税；③农村烈士遗属、因公牺牲军人遗属、残疾军人以及符合农村最低生活保障条件的农村居民，在规定用地标准以内新建自用住宅免税；④自2019年1月1日至2021年12月31日，对增值税小规模纳税人可在50%的税额幅度内减征耕地占用税，具体幅度由各省、自治区、直辖市人民政府根据本地区实际情况确定。

根据国民经济和社会发展的需要，国务院可以规定免征或减征耕地占用税的其他情形，报全国人民代表大会常务委员会备案。

需要说明的是：按规定免征或减征耕地占用税后，纳税人改变原占地用途，不再属于免征或减征耕地占用税情形的，应按照当地适用税额补缴耕地占用税。

7.3.3 耕地占用税的计税管理

7.3.3.1 耕地占用税的税额计算

耕地占用税以纳税人实际占用的耕地面积为计税依据，按规定的单位税额计算应纳税额。其计算公式为：

应纳税额=实际占用耕地面积×单位税额

课堂训练7-5

滨海市某公司2020年有关纳税资料如下：

（1）土地使用证书记载公司总部占用土地面积为4 000平方米，其中企业自办托儿所占地面积为1 000平方米。

（2）公司下属A、B两个分公司，其中A公司占地为2 000平方米（含占用学校免税土地700平方米）；B公司在郊区占地为3 000平方米，其中包括2004年占用耕地800平方米。

（3）经批准在郊区占用一块耕地，面积1 200平方米，用于扩建C公司。

公司采取汇总纳税办法，适用的城镇土地使用税税率为市区5元/平方米、郊区3元/平方米，耕地占用税税率4元/平方米，则该公司应纳的城镇土地使用税和耕地占用税分别为：

应纳城镇土地使用税=（4 000−1 000）×5+2 000×5+3 000×3

=34 000（元）

应纳耕地占用税=1 200×4=4 800（元）

7.3.3.2 耕地占用税的征收管理

耕地占用税由当地税务局负责征收管理。获准征用或占用耕地的单位和个人，应自收到自然资源主管部门的通知之日起30日内申报缴纳耕地占用税。耕地占用税纳税申报表的内容及格式参见表7-7。

表 7-7

耕地占用税纳税申报表

申报日期：　　　　　　　　　　　　　　　　　　　　　　　　　　金额单位：人民币元（列至角分）；面积单位：平方米

纳税人识别号（统一社会信用代码）：　　　　　　　　　　　　纳税人名称：

<table>
<tr><td rowspan="7">土地占用信息</td><td colspan="2">占地方式</td><td colspan="13"></td></tr>
<tr><td colspan="2">□1. 经批准按批次转用</td><td rowspan="4">项目（批次）名称</td><td rowspan="4"></td><td rowspan="4">批准占地文号</td><td rowspan="4"></td><td rowspan="4">批准占地部门</td><td rowspan="4"></td><td rowspan="4">经批准占地面积</td><td rowspan="4"></td><td rowspan="4">书面通知日期（或经批准改变原占地用途日期）</td><td rowspan="4"></td><td rowspan="4">批准时间</td><td rowspan="4"></td></tr>
<tr><td colspan="2">□2. 经批准单独选址转用</td></tr>
<tr><td colspan="2">□3. 经批准临时占用</td></tr>
<tr></tr>
<tr><td colspan="2">□4. 未批先占</td><td colspan="6">实际占地日期（或未经批准改变原占地用途日期）</td><td colspan="7"></td></tr>
<tr><td colspan="2">损毁耕地</td><td colspan="6">□挖损　□采矿塌陷　□压占　□污染</td><td colspan="3">损毁耕地认定日期</td><td colspan="4"></td></tr>
<tr><td rowspan="9">申报计税信息</td><td>*税款所属期起</td><td></td><td>*税款所属期止</td><td></td><td colspan="4">本期是否适用增值税小规模纳税人减征政策（减免性质代码：14049901）</td><td colspan="3">□是 □否</td><td colspan="4">减征比例（%）</td></tr>
<tr><td rowspan="2">税源编号</td><td rowspan="2">*占地位置</td><td rowspan="2">*占地用途</td><td rowspan="2">*征收品目</td><td rowspan="2">计税面积</td><td colspan="2">其中：</td><td rowspan="2">适用税额</td><td rowspan="2">计征税额</td><td rowspan="2">减免性质代码</td><td rowspan="2">减税税额</td><td rowspan="2">免税税额</td><td rowspan="2">本期增值税小规模纳税人减征额</td><td rowspan="2">已缴税额</td><td rowspan="2">应补（退）税额</td></tr>
<tr><td>减税面积</td><td>免税面积</td></tr>
<tr><td></td><td></td><td></td><td></td><td></td><td></td><td></td><td></td><td></td><td></td><td></td><td></td><td></td><td></td><td></td></tr>
<tr><td></td><td></td><td></td><td></td><td></td><td></td><td></td><td></td><td></td><td></td><td></td><td></td><td></td><td></td><td></td></tr>
<tr><td></td><td></td><td></td><td></td><td></td><td></td><td></td><td></td><td></td><td></td><td></td><td></td><td></td><td></td><td></td></tr>
<tr><td></td><td></td><td></td><td></td><td></td><td></td><td></td><td></td><td></td><td></td><td></td><td></td><td></td><td></td><td></td></tr>
<tr><td></td><td></td><td></td><td></td><td></td><td></td><td></td><td></td><td></td><td></td><td></td><td></td><td></td><td></td><td></td></tr>
<tr><td>合计</td><td></td><td></td><td></td><td></td><td></td><td></td><td></td><td></td><td></td><td></td><td></td><td></td><td></td><td></td></tr>
<tr><td colspan="16">声明：本纳税申报表是根据国家税收法律法规及相关规定填报的，是真实的、可靠的、完整的。
纳税人（签章）：　　年　月　日</td></tr>
<tr><td colspan="8">经办人：</td><td colspan="8">受理人：</td></tr>
<tr><td colspan="8">经办人身份证号：</td><td colspan="8">受理税务机关（章）：</td></tr>
<tr><td colspan="8">代理机构签章：</td><td colspan="8">受理日期：　年　月　日</td></tr>
<tr><td colspan="8">代理机构统一社会信用代码：</td><td colspan="8"></td></tr>
</table>

国有和乡镇集体企业，有条件的可自行计算缴纳税款，或按征收机关填开的缴款书缴纳税款；对农村居民，由乡（镇）财政机关征收，也可由村民委员会、自然资源主管部门或其他部门代征。

7.4 土地增值税法

7.4.1 土地增值税的基础知识

7.4.1.1 土地增值税的含义

土地增值税是对转让国有土地使用权、地上建筑物及其附着物并取得收入的单位和个人，就其转让所取得的增值额征收的一种税。

土地增值税法是用以调整土地增值税征收和缴纳过程中权利及义务关系的法律规范。它的基本法律依据是1993年12月国务院颁布的《中华人民共和国土地增值税暂行条例》和1995年1月财政部制定的《中华人民共和国土地增值税暂行条例实施细则》。2019年7月16日发布了《中华人民共和国土地增值税法（征求意见稿）》。

税法Q&A 7-4

西方国家征收土地增值税的理论依据是什么？

税法Q&A 7-4

7.4.1.2 土地增值税的必要性

1987年我国对国有土地实行有偿出让、转让的土地使用制度改革，使得国内房地产业得到了迅速发展，这对改善人民居住条件，合理配置土地资源，充分发挥国有土地的资产效益，改善投资环境等起到了很大作用。但也出现了一些问题，如成片批租地量过大、价格低，房地产投资开发规模偏大、价格上涨过猛、开发利用率低，房地产市场“炒”风过盛等。

上述问题的主要原因在于房地产管理制度不健全、不严密，特别是国有土地的出让价格太低，使得转让土地及炒买炒卖者能够获得暴利。为规范土地、房地产市场交易秩序，调节土地增值收益，维护国家权益，国务院于1993年12月发布了《中华人民共和国土地增值税暂行条例》，并决定自1994年1月起对转让土地及地上建筑物的单位和个人征收土地增值税。

近年来土地增值税收入稳定增长，2019年我国土地增值税收入为6 465亿元，同比增长14.6%；占全国税收收入（157 992亿元）的4.09%。

税法Q&A 7-5

我国台湾的土地增值税情况如何？

税法Q&A 7-5

7.4.2 土地增值税的基本法律

7.4.2.1 土地增值税的征税范围

按现行税法的规定，土地增值税以有偿转让的国有土地使用权、地上建筑物及其附着物（简称土地权属）为征税范围。“地上建筑物及其附着物”是指建于土地上的一切建筑物、地上地下的各种附属设施，以及附着于该土地上的不能移动、一经移动即遭损坏的物品。

1）征税范围的判定标准

确定土地增值税的征税范围是征税的关键，土地增值税的征税范围必须同时满足下列条件，缺一不可：

（1）转让的是否为国有土地使用权。土地增值税仅对转让国有土地使用权及地上建筑物征税。法律规定对集体土地实行征用，依法被征用后的土地属于国家所有。

（2）国有土地使用权的产权是否转让。土地增值税仅对产权转让征税，但不包括国有土地使用权出让取得收入和未转让房产、土地使用权的行为（如房地产的出租）。

（3）国有土地使用权的转让是否取得收入。土地增值税只对有偿转让国有土地使用权并取得收入征税，不论是单独转让，还是与房屋产权一并转让。但不包括房地产的权属虽转让但未取得收入的行为，如房地产的继承等。

2）征税范围的具体规定

根据上述土地增值税征税范围的判定标准，可对以下若干具体情况是否属于土地增值税的征税范围进行界定。

（1）以出售方式转让土地权属。其主要包括：一是出售国有土地使用权的，属于国有土地使用权的有偿转让，应纳入征税范围；二是取得国有土地使用权后进行房屋开发建造然后出售的，应纳入征税范围；三是在存量房地产的买卖中，对已经建成并已投入使用的房地产，其房屋所有人将房产、国有土地使用权一并转让给其他单位和个人，应纳入征税范围。

（2）以继承、赠与方式转让房地产。只发生房地产产权的转让，没有取得相应的收入，属无偿转让房地产的行为，不应纳入征税范围。但“赠与”应符合两个条件：一是房产、土地使用权所有人，将房产、土地使用权赠与直系亲属或承担直接赡养义务的人；二是房产、土地使用权所有人通过中国境内非营利的社会团体、国家机关，将房产、土地使用权赠与教育、民政和其他社会福利、公益事业。

（3）房地产的出租。它是指房地产的产权所有人和依法取得土地使用权的土地使用人，将房屋、土地使用权租赁给承租人使用，由承租人向出租人支付租金的行为。房地产的出租人虽取得了收入，但没有发生房地产的产权、土地使用权的转让，因此，房地产出租不属于征税范围。

（4）房地产的抵押。它是指房地产的产权所有人、依法取得土地使用权的土地使用人作为债务人或第三人向债权人提供不动产作为清偿债务的担保而不转移权属的法律行为。对房地产在抵押期间不征收土地增值税，待抵押期满后视该房地产是否转移占有而确定是否征收土地增值税。对以房地产抵债而发生房地产权属转让的，应列入征税范围。

（5）房地产的交换。它是指一方以房地产与另一方的房地产进行交换的行为。房地产交换既发生了房地产产权、土地使用权的转移，交换双方又取得了实物形态的收入，因此，房地产交换属于土地增值税征税范围。但对个人之间互换自有居住用房地产的，经当地税务机关核实，可以免征土地增值税。

（6）房地产的投资。它是指以房地产形式进行投资、联营的行为。当投资、联营的一方以土地（房地产）作价入股进行投资或作为联营条件，将房地产转让到所投资、联营的企业中即房地产投出时，暂免征收土地增值税。对投资、联营企业将上述房地产再转让的，应征收土地增值税。

（7）房地产的合建。它是指一方出地，另一方出资金，双方合作建房，建成后按比例分房自用的行为。按照税法规定，自用的合作建房暂免征收土地增值税；建成后转让的，应征收土地增值税。

（8）房地产的代建。它是指房地产开发公司代客户进行房地产开发，开发完成后向客户收取代建房收入的行为。房地产开发公司虽取得收入，但没有发生房地产权属的转移，其收入属于劳务收入性质，因而对房地产开发公司不征收土地增值税。

（9）房地产的征用。它是指因国家收回土地权属而使房地产权属发生转让的行为。原房产所有人、土地使用权人虽因国家征用取得了一定的收入，但其收入属于补偿性质，因此，可免征土地增值税。对因城市实施规划、国家建设的需要而搬迁，由纳税人自行转让原房地产的，也可免征土地增值税。

（10）房地产的兼并。按照税法的规定，对被兼并企业将房地产转让到兼并企业，暂免征收土地增值税。

（11）房地产的评估。国有企业在清产核资、重新评估后升值的房地产，因没有发生房地产权属的转移，房地产产权、土地使用权人也未取得收入，所以评估增值的房地产不属于土地增值税的征税范围。

7.4.2.2　土地增值税的纳税人

土地增值税以转让国有土地使用权、地上建筑物及其附着物并取得收入的单位和个人为纳税人，其中，单位包括各类企事业单位、国家机关和社会团体及其他组织。

概括地说，不分法人与自然人、不分经济性质、不分内资与外资、不分部门，只要有偿转让房地产，都是土地增值税的纳税人。

7.4.2.3　土地增值税的税率

土地增值税实行4级超率累进税率，其具体规定见表7-8。

表7-8　土地增值税税率表

级　数	土地增值额占扣除项目金额的比例	税　率	速算扣除率
1	未超过50%（含）的部分	30%	0
2	超过50%未超过100%（含）的部分	40%	5%
3	超过100%未超过200%（含）的部分	50%	15%
4	超过200%以上的部分	60%	35%

7.4.2.4　土地增值税的优惠政策

1）土地增值税的减免优惠

其主要规定如下：

（1）纳税人建造普通标准住宅出售，其增值额未超过扣除项目金额20%的，免征土地增值税。普通标准住宅是指按所在地一般民用住宅标准建造的居住用住宅，但高级公寓、别墅及度假村等不属于普通标准住宅。

（2）因国家建设需要依法征用、收回的房地产免税。依法征用、收回的房地产是指因城市实施规划、国家建设的需要而被政府批准征用的房产或收回的土地使用权。

（3）个人因工作调动或改善居住条件而转让原自用的住房，经向税务机关申报核准，凡居住满5年或5年以上的予以免税；居住满3年未满5年的减半征税；居住未满3年的，应按规定计征土地增值税。

2）土地增值税的其他征免

在前述土地增值税征税范围11种行为的界定中，规定了其中10种征税或不征税的项目，见表7-9。

表7-9 土地增值税征免范围简表

有关事项	界　定	适用范围	
		征　收	不　征
1.继承、赠与	征免	非公益性赠与	继承及公益性赠与 赠与直系亲属或承担直接赡养义务人
2.房地产出租	不征		因无权属转移
3.房地产抵押	征免	抵押期满房地产抵债	抵押期及抵押期满偿还债务本息
4.房地产交换	征免	单位之间换房	个人互换自住房
5.房地产投资	征免	将投资联营房地产再转让	房地产转让到投资联营企业
6.合建房地产	征免	建成后转让	建成后自用
7.代建房地产	不征		因无权属转移
8.征用房地产	不征		国家依法征用而使土地权属发生转让
9.兼并房地产	不征		未取得收入
10.评估房地产	不征		未取得收入

7.4.3 土地增值税的计税管理

7.4.3.1 土地增值税的税额计算

土地增值税应纳税额的计算，可以利用速算扣除率，按照简易办法计算。其计算公式为：

应纳土地增值税=土地增值额×适用税率-扣除项目金额×速算扣除率

土地增值额=应税收入-扣除项目金额

1）确定应税收入

按照税法规定，纳税人转让房地产取得的应税收入应包括转让房地产的全部价款及有关的经济收入，包括货币性收入、实物收入和其他收入（无形资产收入或具有财产价值的权利)。

2)扣除项目金额

其主要规定包括:

(1)转让新开发房地产的扣除项目金额。其内容主要包括:

①取得土地使用权所支付的金额，即纳税人为取得土地使用权所支付的地价款和按国家统一规定缴纳的有关费用。其中有关费用是指按国家统一规定缴纳的有关登记费及过户手续费等。

②房地产开发成本，即纳税人房地产开发项目实际发生的成本（以下简称房地产开发成本），包括土地征用费、拆迁补偿费、前期工程费、建筑安装工程费、基础设施费、公共配套设施费和开发间接费。房地产开发企业销售已装修的房屋，其装修费用可以计入房地产开发成本。

③房地产开发费用，即与房地产开发项目有关的销售费用、管理费用和财务费用。对财务费用中的利息支出，凡能够按转让房地产项目计算分摊并能提供金融机构证明的，允许据实扣除，但最高不能超过按商业银行同类同期贷款利率计算的金额，其他房地产开发费用按上述两项，即按①和②规定计算的金额之和的5%以内计算扣除；凡不能按转让房地产项目计算分摊利息支出或不能提供金融机构证明的，房地产开发费用按上述两项规定计算的金额之和的10%以内计算扣除。

④与转让房地产有关的税金，即在转让房地产时缴纳的城市维护建设税、印花税及教育费附加。房地产开发企业不得扣除印花税，其他纳税人可按产权转移凭证所载金额的5‰扣除印花税。

⑤加计扣除。对从事房地产开发的纳税人，可按上述①和②两项即取得土地使用权所支付的金额和房地产开发成本之和20%以内部分计算加计扣除。

上述的扣除项目金额的计算可简化为：

$$\frac{\text{非房地产开发纳税人的}}{\text{扣除项目金额}}=\frac{\text{取得土地使用权}}{\text{所支付的金额}}\times 105\%+\frac{\text{房地产}}{\text{开发成本}}\times 105\%+\frac{\text{合法的}}{\text{利息支出}}+\frac{\text{与转让房地产}}{\text{有关的税金}}$$

$$\frac{\text{从事房地产开发纳税人的}}{\text{扣除项目金额}}=\frac{\text{取得土地使用权}}{\text{所支付的金额}}\times 125\%+\frac{\text{房地产}}{\text{开发成本}}\times 125\%+\frac{\text{合法的}}{\text{利息支出}}+\frac{\text{与转让房地产}}{\text{有关的税金}}$$

(2)转让旧房地产的扣除项目金额。其内容主要包括:

①房屋及建筑物的评估价格。税法中是指在转让已使用的房屋及建筑物时，用政府批准设立的房地产评估机构评定的重置成本乘以成新度折扣率后的价格。评估价格须经当地税务机关确认。

房地产的评估价格是指由政府批准设立的房地产评估机构根据相同地段、同类房地产进行综合评定的，并经当地税务机关确认的价格；重置成本是指对旧房及建筑物，按转让时的建材价格及人工费用计算建造同样面积、同样楼层、同样结构、同样建设标准的新房及建筑物所需花费的成本费用；成新度折扣率是指按旧房的新旧程度作一定比例的折扣。

②取得土地使用权所支付的地价款和按规定交纳的有关费用。对取得土地使用权时未支付地价或不能提供已支付的地价款凭据的，在计征土地增值税时不允许扣除。

③在转让环节缴纳的税金。其包括城市维护建设税、教育费附加和印花税。

（3）特殊情形的房地产评估价格。纳税人有下列情形之一的，按房地产评估价格计算征收土地增值税：隐瞒、虚报房地产成交价格的；提供扣除项目金额不实的；转让房地产的成交价格低于房地产评估价格，又无正当理由的。

3）确定土地增值额

土地增值额为纳税人的应纳税收入与扣除项目金额的差额。其计算公式如下：

土地增值额=应纳税收入-扣除项目金额

4）土地增值额占扣除项目金额的比率

其计算公式为：

土地增值额占扣除项目金额的比率=土地增值额÷扣除项目金额×100%

纳税人应依据上述比例确定税率和速算扣除率，按公式计算应纳土地增值税税额。

需要注意的是：土地增值税纳税人转让房地产取得的收入不含增值税。土地增值税扣除项目涉及的增值税进项税额，允许在销项税额中计算抵扣的，不计入扣除项目；不允许在销项税额中计算抵扣的，可以计入扣除项目。

知识窗 7-2

土地增值税的计税原理

计算土地增值税的应纳税额，涉及应税收入、扣除项目金额、土地增值额和适用税率等因素，其联系和次序等见表7-10。

表7-10 土地增值税应纳税额计算表

计算步骤		内容
1.房地产转让收入		包括货币、实物和其他收入
2.扣除项目金额		
转让新房地产	（1）支付地价款	地价款和有关费用
	（2）房地产开发成本	房地产开发项目实际发生的成本
	（3）房地产开发费用	销售费用、管理费用和财务费用
	（4）与转让房地产有关的税金	城市维护建设税、印花税和教育费附加
	（5）加计扣除（房地产开发企业适用）	（1）、（2）两项之和的20%
转让旧房地产	（1）房屋及建筑物的评估价格	重置成本乘以成新度折扣率
	（2）地价款和有关费用	支付的有关凭证
	（3）转让环节缴纳的税金	城市维护建设税、印花税和教育费附加
3.土地增值额		3=1-2
4.适用税率		①3÷2×100%；②查表
5.应纳税额		5=3×税率-2×速算扣除率

课堂训练 7-6

某房地产开发公司2020年10月转让一幢写字楼取得收入5 100万元（不含税），公司按规定缴纳了有关税金。该公司为取得国有土地使用权而支付的地价款和有关费用为510万元，投入的房地产开发成本为1 550万元；房地产开发费用中的利息支出为120万元（能按房地产项目分摊，并提供金融机构证明），比按工商银行同类同期贷款利率计算的利息多出10万元。公司所在地政府规定的其他房地产开发费用的计算扣除比例为5%，增值税税率为9%，城市维护建设税税率为7%，教育费附加征收率为3%，印花税税率为5‰，则公司应纳的土地增值税计算过程为：

（1）收入额5 100万元。

（2）扣除项目金额。

①取得土地使用权支付的地价款510万元。

②房地产开发成本1 550万元。

③房地产开发费用=（120−10）+（510+1 550）×5%=213（万元）

④与转让房地产有关的税金=5 100×9%×（7%+3%）=45.9（万元）

签订转让房地产合同应缴纳印花税=5 100×5‰=2.55（万元）

⑤加计扣除=（510+1 550）×20%=412（万元）

⑥扣除项目金额合计=510+1 550+213+45.9+412=2 730.9（万元）

（3）土地增值额=5 100−2 730.9=2 369.1（万元）

（4）土地增值额占扣除项目比例=2 369.1÷2 730.9×100%=86.75%

适用税率为40%，速算扣除率为5%。

（5）应纳土地增值税税额=2 369.1×40%−2 730.9×5%=811.1（万元）

7.4.3.2　土地增值税的征收管理

1）土地增值税的纳税申报

其主要规定包括：

（1）纳税人应于转让房地产合同签订之日起7日内向房地产所在地主管税务机关办理纳税申报，同时提交土地使用权、房屋及建筑物产权证书，土地转让、房产买卖合同，房地产评估报告及其他与转让房地产有关的资料。纳税人因经常发生房地产转让而难以在每次转让后申报的，经税务机关批准并规定具体期限可定期进行纳税申报。其中从事房地产开发的纳税人预征适用的土地增值税纳税申报表（一）的内容及格式参见表7-11，非从事房地产开发纳税人适用的土地增值税纳税申报表（二）的内容及格式参见表7-12。

（2）纳税人在项目全部竣工结算前转让房地产取得的收入，由于涉及成本确定及其他原因而无法据以计算土地增值税的，可以预缴土地增值税，待该项目全部竣工、办理结算后再进行清算，多退少补。具体办法，由各省、自治区、直辖市税务机关根据当地情况制定。

2）土地增值税的纳税地点

土地增值税由土地所在地税务机关负责征收。房地产管理部门应向当地主管税务机关提供有关房屋及建筑物产权、土地使用权、土地出让金数额、土地基准地价、房地产市场交易价格及产权变更等方面的资料，并协助税务机关做好征收管理工作。纳税人未按规定缴纳土地增值税的，土地、房产管理部门不得办理有关的权属变更手续。

表 7-11

土地增值税纳税申报表（一）

（从事房地产开发的纳税人预征适用）

税款所属时间：　年　月　日至　年　月　日　　　　填表日期：　年　月　日

项目名称：　　　　　项目编号：

纳税人识别号 □□□□□□□□□□□□□□□□□□□□　　　　金额单位：元至角分；面积单位：平方米

房产类型	房产类型子目	收入				预征率（%）	应纳税额	税款缴纳	
		应税收入	货币收入	实物收入及其他收入	视同销售收入			本期已缴税额	本期应缴税额计算
	1	2=3+4+5	3	4	5	6	7=2×6	8	9=7-8
普通住宅									
非普通住宅									
其他类型房地产									
合计	—					—			

以下由纳税人填写：					
纳税人声明	此纳税申报表是根据《中华人民共和国土地增值税暂行条例》及其实施细则和国家有关税收规定填报的，是真实的、可靠的、完整的。				
纳税人签章		代理人签章		代理人身份证号	
以下由税务机关填写：					
受理人		受理日期	年　月　日	受理税务机关签章	

本表一式两份，一份纳税人留存，一份税务机关留存。

表7-12　　土地增值税纳税申报表（二）

（非从事房地产开发的纳税人适用）

税款所属时间：　年　月　日至　年　月　日　填表日期：　年　月　日

金额单位：元至角分；面积单位：平方米

纳税人识别号

纳税人名称		项目名称			项目地址		
所属行业		登记注册类型		纳税人地址		邮政编码	
开户银行		银行账号		主管部门		电话	

项目			行次	金额
一、转让房地产收入总额 1=2+3+4			1	
其中	货币收入		2	
	实物收入		3	
	其他收入		4	
二、扣除项目金额合计 （1）5=6+7+10+15 （2）5=11+12+14+15			5	
（1）提供评估价格	1.取得土地使用权所支付的金额		6	
	2.旧房及建筑物的评估价格 7=8×9		7	
	其中	旧房及建筑物的重置成本价	8	
		成新度折扣率	9	
	3.评估费用		10	
（2）提供购房发票	1.购房发票金额		11	
	2.发票加计扣除金额 12=11×5%×13		12	
	其中：房产实际持有年数		13	
	3.购房契税		14	
4.与转让房地产有关的税金等 15=16+17+18+19			15	
其中	营业税		16	“营改增”后此项不存在
	城市维护建设税		17	
	印花税		18	
	教育费附加		19	
三、增值额 20=1−5			20	
四、增值额与扣除项目金额之比（%）21=20÷5			21	
五、适用税率（%）			22	
六、速算扣除系数（%）			23	
七、应缴土地增值税税额 24=20×22−5×23			24	
八、减免税额（减免性质代码：　　　）			25	
九、已缴土地增值税税额			26	
十、应补（退）土地增值税税额 27=24−25−26			27	

以下由纳税人填写：					
纳税人声明	此纳税申报表是根据《中华人民共和国土地增值税暂行条例》及其实施细则和国家有关税收规定填报的，是真实的、可靠的、完整的。				
纳税人签章		代理人签章		代理人身份证号	
以下由税务机关填写：					
受理人		受理日期	年　月　日	受理税务机关签章	

本表一式两份，一份纳税人留存，一份税务机关留存。

本章小结

• 资源税是指对开发和利用各种自然资源的单位和个人征收的一种税。在我国，资源税是指对在中国领域及管辖的其他海域开发应税资源的单位和个人，就其销售额或销售数量征收的一种税。

• 资源税纳税人是从事应税资源开采或生产并进行销售或自用的单位和个人。资源税的征税范围仅限于矿产和盐，包括能源矿产、金属矿产、非金属矿产、水气矿产和盐5大类，并采用从价定率或者从量定额方式征收。

• 城镇土地使用税是以城镇土地为征税对象征收的一种税。其征税范围是城市、县城、建制镇和工矿区，以在征税范围内使用土地的单位和个人为纳税人；按纳税人实际占用的土地面积，从量定额征收。

• 耕地占用税是对占用耕地建房或从事其他非农业建设的单位和个人，就其占用的耕地面积征收的一种税。以占用耕地建房或从事其他非农业建设的单位和个人为纳税人，但不包括涉外企业和外籍个人；按纳税人实际占用的耕地面积，实行从量定额征收耕地占用税。

• 土地增值税是对转让国家土地使用权、地上建筑物及其附着物并取得收入的单位和个人，就其转让房地产所取得的增值额征收的一种税；实行4级超率累进税率，从价定率征收土地增值税。

关键概念

资源税　城镇土地使用税　耕地占用税　土地增值税

复习思考题

1. 如何理解资源税的特点？
2. 如何确定城镇土地使用税的纳税人？
3. 开征耕地占用税有何现实意义？
4. 土地增值税的征税范围有哪些？
5. 如何理解资源类税法中各税的计税原理？

章后客观题及参考答案7

第8章

其他各税税法

学习目标

理解财产税与行为目的税各税的概念及现实意义。

掌握财产税与行为目的税各税的基本要素。

掌握财产税与行为目的税各税的计算与征收管理。

理解和掌握非税征收制度的基本内容。

案例导引 世界各国财产税的体系及类型

财产税是对纳税人所有财产征税的总称。它具有悠久的历史，居民有着良好的纳税习惯，较之开办新税种易于接受、省力易行。各国财产税分为三大体系：一是对转让财产的交易行为征税，如转让税等；二是对占有与使用财产进行课税，分为对全部财产征税和对个别财产征税（如房产税等）；三是对转让财产的收益征税，如土地增值税。

财产税按征税范围或计征方式，可分为一般财产税和个别财产税：前者是对纳税人所有的一切财产的综合征收；后者是对纳税人所有的土地、房屋、资本或其他财产的分别课征。按课征财产状态，可分为动态财产税和静态财产税：前者是对财产的转移、变动进行的一次性课征，如遗产税和继承税等；后者是对财产占有者的定期征收，不管其财产的来源和未来的变化。

一般财产税和个别财产税是世界各国的普遍划分方法，为各国所重视和研究。一般财产税在征税时要考虑日常生活必需品的免税、一定货币数量以下的财产免征和负债的扣除等，在征收技术上较有难度；个别财产税主要有对土地课征的土地税，对房屋课征的房产税，对土地与房屋合并课征的房地产税，对土地、房屋同其他不动产合并课征的不动产税，对车、船、金融资产等动产课征的动产税等，在征收技术上较为简便易行。

财产税可为地方财政提供稳定的收入来源，世界上许多国家多把财产税作为地方税，甚至视其为地方财政收入的主要来源。但我国目前只开征了个别财产税，如房产税和车船税等，尚未开征一般财产税。在新一轮税制改革中，完善地方税制体系应以具有相对独立税基的财产税制改革为突破口，并在建立财产法律制度、划分税收管理权限及财产评估制度等方面进行配套改革。

讨论：查阅国内外财产税资料，探讨我国财产税改革与完善地方税体系的关系。

其他各税税法主要研究除流转税税法、所得税税法和资源税税法以外其他各种税的税法，主要包括财产税税法、行为目的税税法和非税征收制度。其中，财产税税法包括房产税法、车船税法和契税法，行为目的税税法包括印花税法、车辆购置税法、环境保护税法和城市维护建设税法，非税征收制度包括教育附加费、文化事业建设费和社会保险费等。其他各税税法是税法体系的重要组成部分，对有效发挥税收宏观调控作用具有重要的现实意义。

8.1 财产税税法

财产税的实质是对涉及财产相关权利（如财产所有权、使用权等）的征税，有别于对财产征税的其他税种，如区别于对财产转让征收的流转税、对财产所得征收的所得税、对财产资源征收的收益税等，以体现能力纳税、平等负担的原则，可弥补其他各税的不足，因此，为世界各国所重视和运用。我国的财产税税法包括房产税法、车船税法和契税法，并与流转税税法等税法共同构成了现行的税收法律体系。

8.1.1 房产税法

8.1.1.1 房产税的基础知识

1）房产税的含义

房产税是以房产为征税对象，依据房产价格或租金收入向房产所有人征收的一种税。房产税法是指国家制定的调整房产税征收与缴纳之间权利与义务关系的法律规范。它的基本法律依据是《中华人民共和国房产税暂行条例》。

2）房产税的由来

房产税是一个历史悠久的税种，最早始于周朝的“廛布”，唐朝开征的“间架税”、清初的“市廛输钞”以及清末和国民政府的“房捐”等，均属房产税的范畴。

中华人民共和国成立后，在政务院于1950年1月公布的《全国税政实施要则》中，规定全国统一征收房产税和地产税，同年6月将房产税和地产税合并为房地产税。1951年8月政务院颁布了《城市房地产税暂行条例》。1973年工商税制改革时，把对企业征收的城市房地产税并入工商税，只对拥有房产的个人、外商独资企业和房产管理部门继续征收城市房地产税。

1984年10月工商税制全面改革时，国务院确定将城市房地产税分为房产税和城镇土地使用税两个独立税种分别征收。1986年9月由国务院颁布了《中华人民共和国房产税暂行条例》，同年10月1日起施行。

3）房产税的作用

房产税对地方财政筹集资金、支持地方市政建设、提高房屋使用效益、促进生产发展和提高社会生活水平等方面，都具有积极的现实意义。其作用主要表现在以下几个方面：

（1）运用税收杠杆调节，理顺分配关系。国家运用房产税的方式有效参与房产收益的分配，其收入归地方财政，这不仅理顺了财政分配关系，调节产权所有人的收入，也开拓了城镇建设资金的来源。

（2）加强房产监督管理，提高使用效益。房产是社会财产的一部分，必须管好和用好。征收房产税能有效地配合有关部门加强对私房出租的管理，取缔违法活动；同时用经济与税收法律手段来管理房产，以减少房产的闲置和浪费，提高房屋的使用效益。

（3）控制固定资产投资，促进住房改革。对已建成的房屋，不管利用情况如何和收益多少，均应按规定征收房产税，这在一定程度上制约了固定资产的盲目投资；同时通过采取某些减免税等优惠措施，支持和促进我国经济建设和宏观调控等综合改革。

（4）征收较为简便易行，保证地方收入。房屋是人们最基本的生产和生活资料，现行房产税计税简便、宜于操作，征收房产税税源广泛、稳定。随着我国税制的完善和执法力度的加大，房产税也将成为地方财政收入的重要来源。2019年我国房产税收入2 988亿元，同比增长3.5%，占全国税收收入（157 992亿元）的1.89%。

税法Q&A 8-1

美国的房地产税制是怎样的？

税法Q&A 8-1

8.1.1.2 房产税的征税对象与范围

（1）房产税的征税对象。房产税的征税对象是房产。所谓房产，是指有屋面和围护结构（有墙或两边有柱），能够遮风避雨，可供人们在其中生产、学习、工作、娱乐、居住或储藏物资的场所。

具体征税对象包括：一是包括与房屋不可分割的各种附属设备或一般不单独计价的配套设施；二是包括具备房屋功能的与地上房屋相连的地下建筑以及完全建在地面以下的建筑、地下人防设施等。

（2）房产税的征税范围。按现行税法规定，房产税的征税范围为城市、县城、建制镇和工矿区。其中，城市是指国务院批准设立的市；县城是指县人民政府所在地的地区；建制镇是指经省、自治区、直辖市人民政府批准设立的建制镇；工矿区是指工商业比较发达、人口比较集中、符合国务院规定的建制镇标准而尚未设立建制镇的大中型工矿企业所在地，但对工矿区的开征须经省、直辖市、自治区人民政府批准。

需要注意的是，不是所有的房产都征收房产税，即不属房屋的性质、在税法规定范围之外的房产等，诸如水塔、室外游泳池、玻璃暖房、围墙等独立于房屋之外的建筑物则不属于房屋的范畴，因而不征房产税；现行房产税的征税范围不包括农村，主要是为了减轻农民的负担。因为农村的房屋除农副业生产用房外，大部分是农民居住用房。对农村房屋不纳入房产税的征收范围，有利于支持农业发展、繁荣农村经济、促进社会稳定。

8.1.1.3 房产税的纳税人与税率

（1）房产税的纳税人。房产税以房屋的产权所有人为纳税人，包括中外所有的单位和个人，具体包括产权所有人、经营管理单位、承典人、代管人或使用人。其中，产权所有人是指拥有房产的单位和个人，即房产的使用、收益、出卖、赠送等权利归其所有；经营管理单位是指虽不具有房屋产权但拥有其经营管理权的人；承典人是指以押金形式并付出一定费用，在一定的期限内享有典当房产使用权、收益权的人；代管人是接受产权人、承典人的委托代为管理房产或虽未受委托而在事实上已代管房产的人；使用人是直接使用房产的人。

产权属于国家所有的，由经营管理单位缴纳；产权属于集体和个人所有的，由集体单位和个人缴纳；产权出典的，由承典人缴纳；产权的所有人、承典人不在房产所在地的，或产权未确定及租典纠纷未解决的，由房产代管人或使用人缴纳。纳税单位和个人无租使用房产管理部门、免税单位及纳税单位的房产，应由使用人代为缴纳房产税。

（2）房产税的税率。我国现行房产税采用比例税率，即从价计税的，税率为1.2%；从租计税的，税率为12%。

从2008年3月起，对个人出租住房不区分用途，按4%的税率征收房产税。对企事业单位、社会团体以及其他组织按市场价格向个人出租用于居住的住房，减按4%的税率征收房产税。

8.1.1.4 房产税的计税依据

房产税的计税依据是房产计税价值或房产租金收入，即按照房产计税价值从价计征和按照房产租金收入从租计征两种。

1）从价计征

房产税依照房产原值一次减除10%～30%后的余值计算缴纳。所谓房产原值，是指纳税人按照会计制度规定，在会计账簿“固定资产”科目中记载的房屋造价（或原价），包括与房屋不可分割的各种附属设备或一般不单独计算价值的配套设备，以及给排水、采暖、消防、中央空调、电气及智能化楼宇设备等房屋内不可随意移动的附属设备和配套设施的价值。房产原值的具体规定如下：

（1）自2009年1月1日起，对依照房产原值计税的房产，不论是否记载在会计账簿“固定资产”科目中，均应按照房屋原价计税。房屋原价应根据国家有关会计制度规定进行核算。

（2）对属于征税范围内的具备房屋功能的地下建筑，包括与地上房屋相连的地下建筑及完全建在地面以下的建筑、地下人防设施等，均应当依照有关规定征收房产税；与地上房屋相连的地下建筑，应将地下部分与地上房屋视为一个整体，按照地上的房屋建筑计算征收；出租的地下建筑，按照出租地上房屋建筑的有关规定计算征收房产税。

（3）对纳税人未按会计制度规定记载原值的，应按规定调整房产原值计税；对房产原值明显不合理的，应重新评估；对没有房产原值的，应由房屋所在地的税务机关参考同类房屋的价值核定。

（4）对投资联营的房产，在计税时应予以区别对待。对以房产投资联营，投资者参与投资利润分红、共担风险的，按房产余值计税；对以房产投资，收取固定收入，不承担联营风险的，实际上是以联营名义取得房产租金，由出租方按租金收入计税。

（5）融资租赁的房屋，其租赁费包括购进房屋的价款、手续费和借款利息等，当租赁期满承租方偿还最后一笔租赁费时，房屋产权要转移到承租方，这实际上是一种变相的分期付款购买固定资产的形式，因此应按房产余值计税。

课堂训练 8-1

滨海市某商场2018年5月建造一自用的地下停车场，原价800万元，2020年1月开始对外开放。该地区规定以房屋原价的70%作为应税房产原值，房产税依照房产原值一次减除30%后的余值计算缴纳，则2020年该商场应税房产原值为：

应税房产原值=800×70%=560（万元）

（6）对居民住宅区内业主共有的经营性房产，由实际经营（包括自营和出租）的代管人或使用人缴纳房产税。其中自营的，依照房产原值减除10%～30%后的余值计征，没有房产原值或不能将业主共有房产与其他房产的原值准确划分开的，由房产所在地税务机关参照同类房产核定房产原值；出租的，依照租金收入计征。

2）从租计征

房产出租的，以房产租金收入为房产税的计税依据。所谓房产的租金收入是指房屋产权所有人出租房产使用权所得的报酬，包括货币收入和实物收入。如以劳务或其他形式为报酬抵付房租收入，应根据当地同类房产的租金水平，确定一个标准租金额从租计征。

值得注意的是：房产出租的，计征房产税的租金收入不含增值税。纳税人对个人出租房屋的租金收入申报不实或申报数与同一地段同类房屋的租金收入相比明显不合理的，税务部门可按《征管法》等的规定，采取科学合理的方法核定其应纳税款。具体办法由各省、自治区、直辖市税务局结合当地的实际情况制定。

3）计税依据的其他规定

其主要包括：

（1）对房地产开发企业建造的商品房，在售出前不征收房产税；但对售出前房地产开发企业已使用或出租、出借的商品房，应按规定征收房产税。

（2）房产税以人民币缴纳。以人民币以外的货币为记账本位币的外资企业及外籍个人在缴纳房产税时，均应将其根据记账本位币计算的税款按照缴款上月最后一日的人民币汇率中间价折合成人民币。

8.1.1.5　房产税的优惠政策

1）房产税的免税优惠

其主要包括：

（1）对国家机关、人民团体、军队自用的房产免征房产税。但免税单位的出租房产以及非自身业务使用的生产、营业用房，不属于免税范围。其中，人民团体是指经国务院授权的政府部门批准设立或登记备案并由国家拨付行政事业费的各种社会团体；自用的房产是指上述单位本身的办公用房和公务用房。

（2）对由国家财政部门拨付事业经费的单位自用的房产免征房产税。如学校、医疗卫生单位、托儿所、幼儿园、敬老院、文化、体育及艺术等实行全额或差额预算管理的事业单位所有的，本身业务范围内使用的房产免征房产税，但不包括上述单位所属的附属工厂、商店及招待所等的用房。

（3）对宗教寺庙、公园、名胜古迹自用的房产免征房产税。宗教寺庙自用的房产是指举行宗教仪式等的房屋和宗教人员使用的生活用房屋；公园、名胜古迹自用的房产是指供公共参观游览的房屋及其管理单位的办公用房屋。但上述单位中附设的营业单位，如影剧院、饮食部、茶社、照相馆等所使用的房产及出租的房产，不属于免税范围。

（4）对个人所有的非营业用房（是指居民住房、不分面积多少）免征房产税。对个人拥有的营业用房或出租的房产，应照章征税。

2）房产税的其他减免

其他减免是指经财政部、国家税务总局批准免税、减税的其他房产。这类房产情况特殊、范围较小，是根据实际情况确定的。其内容主要包括：

（1）损坏不堪仍使用的房屋和危险房屋，经有关部门鉴定后可免征房产税。

（2）房产大修停用半年以上的，经税务机关审核批准，在大修期间可免征房产税。

（3）非营利性医疗、疾病控制和妇幼保健等卫生机构自用的房产，免征房产税；非营利性科研机构自用的房产免征房产税。

（4）老年服务机构自用的房产，包括老年社会福利院、敬老院（养老院）、老年服务中心、老年公寓等免征房产税。

（5）坐落在城市、县城、建制镇和工矿区以外的，尚在县邮政局内核算的房产，在单位财务账中能划分清楚的，不再征收房产税。

（6）向居民供热并向居民收取采暖费的供热企业，暂免征收房产税，但不包括从事热力生产但不直接向居民供热的企业。

（7）在基建工地为基建工地服务的各种工棚、材料棚、休息棚和办公室、食堂、茶炉房、汽车房等临时性房屋，在施工期间一律免征房产税；但工程结束后，施工企业将这种临时性房屋交还或估价转让给基建单位的，应从基建单位接受的次月起照章纳税。

（8）对按政府规定价格出租的公有住房和廉租住房，暂免征收房产税，包括企业和自收自支事业单位向职工出租的单位自有住房，房管部门向居民出租的公有住房，落实私房政策中带户发还产权并以政府规定租金标准向居民出租的私有住房等。

（9）自2016年1月起，体育场馆自用的房产和土地房产税减免优惠规定为：①国家机关、军队、人民团体、财政补助事业单位、居民委员会、村民委员会拥有的体育场馆，用于体育活动的房产、土地，免征房产税。②经费自理事业单位、体育社会团体、体育基金会、体育类民办非企业单位拥有并运营管理的体育场馆，同时符合下列条件的，其用于体育活动的房产、土地，免征房产税：向社会开放，用于满足公众体育活动需要；体育场馆取得的收入主要用于场馆的维护、管理和事业发展；拥有体育场馆的体育社会团体、体育基金会及体育类民办非企业单位，除当年新设立或登记的以外，前一年度登记管理机关的检查结论为“合格”。③企业拥有并运营管理的大型体育场馆，其用于体育活动的房产、土地，减半征收房产税。

除上述减免缴纳房产税的情况以外，如纳税人确有困难的，可由省、自治区、直辖市人民政府确定定期减征或免征房产税。

（10）自2019年1月1日至2021年12月31日，对增值税小规模纳税人可在50%的税额幅度内减征房产税，具体幅度由各省、自治区、直辖市人民政府根据本地区实际情况确定。

8.1.1.6　房产税的税额计算

1）从价计征应纳税额的计算

其包括基本计算方法和特殊计算方法两种情况：

（1）基本计算方法。这种方法是按房产的原值，减除一定比例后的余值计征。其计算公式为：

应纳税额=应税房产原值×（1−扣除比例）×1.2%

公式中的“扣除比例”为10%～30%，具体比例由省、自治区、直辖市人民政府根据当地的实际情况确定。

课堂训练8-2

某写字楼由国家某机关和某信托投资公司共同使用，其中国家机关占用的面积占楼房总面积的2/3，另外1/3归信托投资公司使用。该楼经核准原值为6 000万元，当地规定允许减除房产原值的30%，则应纳房产税税额为：

应纳税额=6 000×（1−30%）×1/3×1.2%=16.8（万元）

（2）特殊计算方法。自用的地下建筑按以下两种方式计税：一是工业用途房产，以房屋原价的50%～60%作为应税房产原值；二是商业和其他用途房产，以房屋原价的70%～80%作为应税房产原值。房屋原价折算为应税房产原值的具体比例，由各省、自治区、直辖市和计划单列市财政和地方税务部门在上述幅度内自行确定。其计算公式与上述相同。

2）从租计征应纳税额的计算

从租计征是按房产的租金收入（不含增值税）计征。其计算公式为：

应纳税额=租金收入×12%（或4%）

课堂训练8-3

某公司2020年自用房屋原值1 000万元；出租门市房年租金（不含增值税）80万元，年底全部结清；当年10月新购置一处房屋200万元，已投入使用；另委托施工单位建设的房屋造价500万元，11月验收手续办理完毕，当月出租给某中外合资经营企业，月收取租金（不含增值税）25万元。当地房产原值扣除比例为20%，则公司当年应纳的房产税为：

（1）自用房屋应纳税额=1 000×（1−20%）×1.2%=9.6（万元）

（2）新购置房屋应纳税额=200×（1−20%）×1.2%×2/12=0.32（万元）

（3）出租房屋应纳税额=80×12%+25×12%=12.6（万元）

8.1.1.7　房产税的征收管理

1）纳税义务发生时间

其主要规定包括：

（1）纳税人将原有房产用于生产经营，从生产经营之月起缴纳房产税。

（2）纳税人自行新建房屋用于生产经营，从建成之次月起缴纳房产税。

（3）纳税人委托施工企业建设的房屋，从办理验收手续之次月起缴纳房产税。纳税人在办理手续前，已经使用或出租、出借的新建房屋，应从使用或出租、出借的当月起缴纳房产税。

（4）纳税人购置新建商品房，从房屋交付使用之次月起缴纳房产税。

（5）纳税人购置存量房，自办理房屋权属转移、变更登记手续，房地产权属登记机关签发房屋权属证书之次月起缴纳房产税。

（6）纳税人出租、出借房产，自交付出租、出借房产之次月起缴纳房产税。

（7）房地产开发企业自用、出租、出借本企业建造的商品房，自房屋使用或交付之次月起缴纳房产税。

2）房产税的纳税申报

房产税的纳税人应按税法的有关规定，及时办理纳税申报，并如实填写“城镇土地使用税 房产税纳税申报表”。申报表的格式和内容，参见表7-4。

8.1.2 车船税法

8.1.2.1 车船税的基础知识

1）车船税的含义

车船税是指在中华人民共和国境内的车辆、船舶的所有人或者管理人按照《中华人民共和国车船税法》应缴纳的一种税。

微课8-1

车船税法

车船税法是指国家制定的用以调整国家与车船税纳税人之间征纳活动的权利和义务关系的法律规范。它的基本法律依据是《中华人民共和国车船税法》和《中华人民共和国车船税法实施条例》。

2）车船税的由来

我国对车船征税历史悠久。公元前129年汉武帝已开始对商人运输货物的车船征收“初算商车”，明、清两代对内河商船征收“船钞”，国民政府对车船征收“牌照税”，均属对车船征税的范畴。

中华人民共和国成立后，政务院于1951年9月颁布了《车船使用牌照税暂行条例》；1973年简化税制，把对企业征收的车船使用牌照税并入工商税不再单独征收，只对涉外企业和外籍个人的车船继续征收；1984年全面改革工商税制时，国务院决定恢复征收，并考虑改名为车船使用税；1986年9月国务院正式发布了《中华人民共和国车船使用税暂行条例》。出于对涉外企业和外籍个人车船征税的需要，2006年12月国务院公布了《中华人民共和国车船税暂行条例》，并决定于2007年1月1日起实施，同时取消原有的车船使用牌照税和车船使用税两个税种；为适应经济发展的新形势，2011年2月中华人民共和国第十一届全国人民代表大会常务委员会第十九次会议通过了《中华人民共和国车船税法》，2011年11月国务院公布了《中华人民共和国车船税法实施条例》，均于2012年1月1日起施行。

3）车船税的作用

车船税属于财产税的性质，国家征收车船税不仅有利于增加地方财政收入和提高车船使用效率，而且能有效地配合交通部门加强车船管理，支持交通运输事业的发展。其作用主要表现为：

（1）开辟财产税源，增加地方财政收入。征收车船税将分散在车船拥有人的部分收入通过再分配形式集中起来，开辟税源，缓解地方财政收入紧张状况。2019年我国车船税收入为880.95亿元，同比增长5.99%，占全国税收收入（157 992亿元）的0.56%。

（2）运用税收杠杆，提高车船使用效率。车船税以拥有车船的单位和个人为纳税人，纳税人应纳的车船税税额会随着车船数量的增加而增加，从而促使其精打细算、合理购置车船，并对已有车船加强管理、节约使用，以提高车船的使用效率。

（3）配合有关部门，加强车船管理。开征车船税在一定程度上制约了车船的盲目购置，能够配合交通部门加强对车船的管理；同时有利于增加地方财力，使地方能及时进行市政建设、道路维修和航道保养等交通基础建设，从而保证了车船行驶的安全。

8.1.2.2　车船税的征税对象与纳税人

1）车船税的征税对象

以依法应在车船登记管理部门登记及不需要在车船登记管理部门登记的在单位内部场所行驶或作业的机动车辆和船舶为车船税的征税对象，即应税车船。具体包括机动车辆和船舶两类。

（1）机动车辆。其包括乘用车、商用车、挂车、专用作业车、轮式专用机械车和摩托车。其中：乘用车是指在设计和技术特性上主要用于载运乘客及随身行李，核定载客人数包括驾驶员在内不超过9人的汽车；商用车是指除乘用车外，在设计和技术特性上用于载运乘客、货物的汽车，划分为客车和货车，货车又包括半挂牵引车、三轮汽车、低速载货汽车等；半挂牵引车是指装备有特殊装置用于牵引半挂车的商用车；三轮汽车是指最高设计车速不超过每小时50千米，具有3个车轮的货车；低速载货汽车是指以柴油机为动力，最高设计车速不超过每小时70千米，具有4个车轮的货车；挂车是指就其设计和技术特性需由汽车或拖拉机牵引，才能正常使用的一种无动力的道路车辆；专用作业车是指在其设计和技术特性上用于特殊工作的车辆；轮式专用机械车是指有特殊结构和专门功能，装有橡胶车轮可以自行行驶，最高设计车速大于每小时20千米的轮式工程机械车；摩托车是指无论采用何种驱动方式，最高设计车速大于每小时50千米，或使用内燃机，其排量大于50毫升的两轮或三轮车辆。

（2）船舶。它是指各类机动、非机动驳船和其他水上移动装置，但是船舶上装备的救生艇筏和长度小于5米的艇筏除外。其中机动船舶是指用机器推进的船舶；拖船是指专门用于拖（推）动运输船舶的专业作业船舶；非机动驳船是指在船舶登记管理部门登记为驳船的非机动船舶；游艇是指具备内置机械推进动力装置，长度在90米以下，主要用于游览观光、休闲娱乐、水上体育运动等活动，并应当具有船舶检验证书和适航证书的船舶。

2）车船税的纳税人

车船税以应税车船的所有人或管理人，即在我国境内拥有车船的单位和个人为纳税人。单位是指行政机关、事业单位、社会团体和中外各类企业；个人是指我国境内的居民和外籍个人。

应税车船的所有人或管理人未缴纳车船税的，应由使用人代缴。

8.1.2.3　车船税的计税标准

（1）计税标准的内容。车船税以应税车船为征税对象，按车船的种类和性能分为：

①以“辆”为计税标准，主要适用于乘用车、商用车客车和摩托车的计税；②以“整备质量每吨”为计税标准，主要适用于商用车货车、挂车、专用作业车和轮式专用机械车的计税；③以“净吨位”为计税标准，主要适用于机动船舶的计税；④以“米”为计税标准，主要是指游艇的艇身长度，适用于游艇的计税。

（2）计税标准的确定。计税确定的排气量、整备质量、核定载客人数、净吨位、千瓦及艇身长度，以车船登记管理部门核发的车船登记证书或行驶证所载数据为准。

依法不需要办理登记的车船和依法应当登记而未办理登记或者不能提供车船登记证书、行驶证的车船，以车船出厂合格证明或进口凭证标注的技术参数、数据为准；不能提供车船出厂合格证明或进口凭证的，由主管税务机关参照国家相关标准核定，没有国家相关标准的参照同类车船核定。

8.1.2.4　车船税的适用税率

（1）车船税的税目税率。车船税实行幅度定额税率，如商用车客车的年税额为每辆480～1 440元等。车船税具体的税目税额见表8-1。

表8-1　车船税税目税额表

税目			计税单位	年基准税额（元）	备注
乘用车*	1.0升（含）以下的		每辆	60~360	核定载客人数9人（含）以下
	1.0升以上至1.6升（含）的			300~540	
	1.6升以上至2.0升（含）的			360~660	
	2.0升以上至2.5升（含）的			660~1 200	
	2.5升以上至3.0升（含）的			1 200~2 400	
	3.0升以上至4.0升（含）的			2 400~3 600	
	4.0升以上的			3 600~5 400	
商用车	客车		每辆	480~1 440	核定载客人数9人以上（包括电车）
	货车		整备质量每吨	16~120	1.包括半挂牵引车、挂车、客货两用汽车、三轮汽车和低速载货汽车等 2.挂车按照货车税额的50%计算
其他车辆	专用作业车		整备质量每吨	16~120	不包括拖拉机
	轮式专用机械车			16~120	
摩托车			每辆	36~180	
船舶	机动船舶	净吨位不超过200吨	净吨位每吨	3	拖船、非机动驳船分别按照机动船舶税额的50%计算
		净吨位201~2 000吨		4	
		净吨位2 001~10 000吨		5	
		净吨位超过10 000吨		6	
	游艇	艇身长度不超过10米	每米	600	辅助动力帆艇税额为600元
		艇身长度超过10米但不超过18米		900	
		艇身长度超过18米但不超过30米		1 300	
		艇身长度超过30米		2 000	

注：* 乘用车按发动机气缸容量（排气量）分档。

（2）省、自治区、直辖市人民政府根据车船税法所附《车船税税目税额表》确定车辆具体适用税额，应当遵循以下规定，并报国务院备案：①乘用车依排气量从小到大递增税额；②客车按照核定载客人数20人以下和20人（含）以上两档划分，递增税额。

8.1.2.5 车船税的优惠政策

1）法定的减免税车船

其主要包括下列车船：

（1）捕捞、养殖渔船，即在渔业船舶登记管理部门登记为捕捞船或养殖船的船舶。

（2）军队、武装警察部队专用的车船，即按照规定在军队、武装警察部队车船登记管理部门登记，并领取军队、武警牌照的车船。

（3）警用车船，即公安机关、国家安全机关、监狱、人民法院、人民检察院等领取警用牌照的车辆和执行警务的专用船舶。

（4）悬挂应急救援专用号牌的国家综合性消防救援车辆和国家综合性消防救援船舶。

（5）对节约能源汽车，减半征收车船税；对使用新能源的车船，免征车船税。减半征收车船税的节约能源乘用车和商用车、免征车船税的新能源汽车均应符合规定的标准。

（6）省、自治区、直辖市人民政府根据当地实际情况，可对公共交通车船，农村居民拥有并主要在农村地区使用的摩托车、三轮汽车和低速载货汽车给予定期减免车船税。

2）其他减免税车船

其主要包括下列车船：

（1）经批准临时入境的外国车船和港澳特别行政区、台湾地区的车船，不征收车船税。

（2）按照规定缴纳船舶吨税的机动船舶，自车船税法实施之日起5年内免征车船税。

（3）依法不需要在车船登记管理部门登记的机场、港口、铁路站场内部行驶或作业的车船，自车船税法实施之日起5年内免征车船税。

8.1.2.6 车船税的税额计算

车船税以征税对象数量和计税标准的乘积从量定额计算，按年缴纳应纳税额。其基本计算公式为：

年应纳税额=计税数量×计税标准×适用税率

纳税人购置新车船的应纳税额，自纳税义务发生的当月起按月计算。其计算公式为：

新购置车船应纳税额=年应纳税额÷12×应纳税月份数

应纳税月份数=12−纳税义务发生时间（取月份）+1

根据上述车船税应纳税额的基本计算公式和计税标准，各类车船应纳税额计算公式为：

乘用车、商用车客车、摩托车应纳税额=车辆数×适用单位税额

商用车货车、挂车、专用作业车、轮式专用机械车应纳税额=吨数×适用单位税额

机动船舶应纳税额=净吨位×适用单位税额

游艇应纳税额=艇身长度（米）×适用单位税额

车船税法及其涉及的整备质量、净吨位、艇身长度等计税单位，有尾数的一律按照含尾数的计税单位据实计算车船税应纳税额。计算得出的应纳税额小数点后超过两位的可四舍五入保留两位小数。

课堂训练 8-4

某公司2020年拥有乘用车10辆，其中发动机气缸容量（排气量）在1.0升以上至1.6升（含）的有5辆，年税额400元/辆；在2.0升以上至2.5升（含）的有3辆，年税额900元/辆；在3.0升以上至4.0升（含）的有2辆，年税额3 000元/辆。商用车货车5辆，每辆整备质量4吨，年税额100元/吨。机动船舶5艘，其中净吨位1 000吨的有3艘，5 000吨的有2艘。游艇2艘，游艇身长分别为15米和20米。则公司当年应纳的车船税为：

（1）乘用车应纳税额=5×400+3×900+2×3 000=10 700（元）

（2）商用车货车应纳税额=5×4×100=2 000（元）

（3）机动船舶应纳税额=3×1 000×4+2×5 000×5=62 000（元）

（4）游艇应纳税额=15×900+20×1 300=39 500（元）

（5）公司应纳税额合计=10 700+2 000+62 000+39 500=114 200（元）

8.1.2.7　车船税的征收管理

1）纳税义务发生时间

车船税的纳税义务发生时间为取得车船所有权或者管理权的当月。

2）车船税的纳税申报

车船税按年申报，分月计算，一次性缴纳。纳税年度为公历1月1日至12月31日。具体申报期限由省、自治区、直辖市人民政府确定。纳税人应按照有关规定及时办理纳税申报，并如实填写“车船税纳税申报表”。其基本内容与格式见表8-2和表8-3。

3）车船税的征收缴纳

车船税实行源泉控制，由地方税务机关负责征收。从事机动车交通事故责任强制保险业务的保险机构，为机动车车船税的扣缴义务人，应当依法代收代缴车船税。纳税人在购买机动车交通事故责任强制保险时缴纳车船税的，不再向税务机关申报纳税。

扣缴人在代收车船税时，应在机动车交通事故责任强制保险的保险单以及保费发票上注明已收税款的信息，作为代收税款凭证；已完税或依法减免税的车辆，纳税人应向扣缴人提供登记地的主管税务机关出具的完税凭证或减免税证明；纳税人没有按照规定期限缴纳车船税的，扣缴人在代收代缴税款时可一并代收代缴欠缴税款的滞纳金；没有扣缴人的，纳税人应向主管税务机关自行申报缴纳车船税。

表 8-2

车船税纳税申报表

管理代码：

税款所属期限：自　　年　　月　　日至　　年　　月　　日　　填表日期：　　年　　月　　日

纳税人识别号 □□□□□□□□□□□□□□□□□□□□　　　　金额单位：元至角分

纳税人名称						纳税人身份证照类型							
纳税人身份证照号码						居住（单位）地址							
联系人						联系方式							
序号	（车辆）号牌号码/（船舶）登记号码	车船识别代码（车架号/船舶识别号）	征收品目	计税单位	计税单位的数量	单位税额	年应缴税额	本年减免税额	减免性质代码	减免税证明号	当年应缴税额	本年已缴税额	本年应补（退）税额
	1	2	3	4	5	5	7=5×6	8	9	10	11=7-8	12	13=11-12
申报车辆总数（辆）							申报船舶总数（艘）						
以下由申报人填写：													
纳税人声明	此纳税申报表是根据《中华人民共和国车船税法》和国家有关税收规定填报的，是真实的、可靠的、完整的。												
纳税人签章			代理人签章				代理人身份证号						
以下由税务机关填写：													
受理人			受理日期				受理税务机关（签章）						

本表一式两份，一份纳税人留存，一份税务机关留存。

表 8-3

车船税代收代缴报告表

管理代码：

税款所属期限：自　　年　　月　　日至　　年　　月　　日　　填表日期：　　年　　月　　日

扣缴义务人纳税识别号 □□□□□□□□□□□□□□□□□□□□　　金额单位：元至角分

扣缴义务人名称		扣缴义务人地址	
联系人		联系方式	

序号	纳税人名称	纳税人身份证照类型	纳税人身份证照号码	保险信息：保险单号	保险信息：保单起期	保险信息：保单止期	保险信息：签单日期	机动车信息：号牌号码	机动车信息：车辆识别代码（车架号）	机动车信息：发动机号码	机动车信息：品牌型号	机动车信息：机动车种类	机动车信息：车辆发票或注册登记日期	机动车信息：使用性质	机动车信息：燃料种类	机动车信息：排（气）量	机动车信息：核定载客	机动车信息：整备质量	纳税信息：征收品目	纳税信息：计税单位	纳税信息：计税单位的数量	纳税信息：单位税额	纳税信息：年应缴税额	纳税信息：本年减免税额	纳税信息：减免税证明号	纳税信息：减免性质代码	纳税信息：完税凭证号	纳税信息：开具税务机关	纳税信息：纳税人拒绝代收信息	纳税信息：当年应缴税额	纳税信息：往年补缴税额	纳税信息：滞纳金	纳税信息：实际缴纳税款滞纳金合计
	1	2	3	4	5	6	7	8	9	10	11	12	13	14	15	16	17	18	19	20	21	22	23=21×22	24	25	26	27	28	29	30=23−24	31	32	33=30+31+32
合计	—	—	—	—	—	—	—	—	—	—	—	—	—	—	—	—	—	—	—	—	—	—			—	—	—	—	—				

本期代收代缴车船税车辆总数(辆)					
扣缴义务人声明	此代收代缴报告表是根据《中华人民共和国车船税法》和国家有关税收规定填报的,是真实的、可靠的、完整的。 扣缴义务人(公章)				
以下由税务机关填写：					
受理日期		受理人		受理税务机关（盖章）	

本表一式两份,一份扣缴义务人留存,一份税务机关留存。

在一个纳税年度内，已完税的车船被盗抢、报废、灭失的，纳税人可凭有关管理机关出具的证明和完税凭证，向纳税所在地的主管税务机关申请退还自被盗抢、报废、灭失月份起至该纳税年度终了期间的税款。已办理退税的被盗抢车船失而复得的，纳税人应从公安机关出具相关证明的当月起计算缴纳车船税。已缴纳车船税的车船在同一纳税年度内办理转让过户的，不另纳税，也不退税。

4）船舶车船税的委托代征

为贯彻落实车船税法及其实施条例，方便纳税人缴纳车船税，提高船舶车船税的征管质量和效率，2013年1月5月国家税务总局、交通运输部公布了《船舶车船税委托代征管理办法》（自2013年2月1日起施行）。其主要规定包括：

（1）船舶车船税委托代征是指税务机关根据有利于税收管理和方便纳税的原则，委托交通运输部门海事管理机构（简称海事管理机构）代为征收船舶车船税税款的行为。

（2）在海事管理机构登记的应税船舶，其车船税由船籍港所在地的税务机关委托当地海事管理机构代征。

（3）税务机关与海事管理机构应签订委托代征协议书，明确代征税种、代征范围、完税凭证领用要求、代征税款的解缴要求、代征手续费比例和支付方式、纳税人拒绝纳税时的处理措施等事项，并向海事管理机构发放委托代征证书。

（4）海事管理机构受税务机关委托，在办理船舶登记手续或受理年度船舶登记信息报告时代征船舶车船税。

（5）船舶按一个年度计算车船税。购置的新船舶，购置当年的应纳税额自纳税义务发生时间起至该年度终了按月计算。在计税时，船舶的相关技术信息以船舶登记证书所载相应数据为准。

（6）对以前年度未依照车船税法及其实施条例的规定缴纳船舶车船税的，海事管理机构应代征欠缴税款，并按规定代收滞纳金。

（7）海事管理机构依法履行委托代征税款职责时，纳税人不得拒绝。纳税人拒绝的，海事管理机构应当及时报告税务机关。

（8）海事管理机构应根据委托代征协议约定的方式、期限及时将代征税款解缴入库，并向税务机关提供代征船舶名称、代征金额及税款所属期等情况，不得占压、挪用、截留船舶车船税。

（9）税务机关应按委托代征协议的规定及时、足额向海事管理机构支付代征税款手续费。海事管理机构取得的手续费收入纳入预算管理，专项用于委托代征船舶车船税的管理支出，也可适当奖励相关工作人员。

（10）各级税务机关应主动与海事管理机构协调配合，协助海事管理部门做好船舶车船税委托代征工作。税务机关要及时向海事管理机构通报车船税政策变化情况，传递直接征收车船税和批准减免车船税的船舶信息。

8.1.3 契税法

8.1.3.1 契税的基础知识

（1）契税的含义。契税是以在中国境内出让、转让、买卖、赠与、互换发生权属转移的土地、房屋为征税对象而征收的一种税。

契税法是指国家制定的调整契税征收与缴纳之间权利与义务关系的法律规范。它的基本法律依据是《中华人民共和国契税法》。

（2）契税的由来。契税在我国历史悠久，最早起源于东晋的“估税”。南朝的宋、齐、梁、陈等国将其作为定制。此后，历代封建王朝对不动产的买卖、典当等产权转移都要征收契税，但征税范围和税率不尽相同。

中华人民共和国成立以后，废止了成立以前的契税。1950年4月政务院公布了《契税暂行条例》。1997年7月7日国务院重新制定了《中华人民共和国契税暂行条例》，此条例一直沿用20多年。2020年8月11日中华人民共和国第十三届全国人民代表大会常务委员会第二十一次会议通过了《中华人民共和国契税法》，并于2021年9月1日起施行。契税一次性征收，并且普遍适用于内外资企业和中国公民、外籍人员。

（3）契税的意义。契税属于地方税种，对产权承受者而不是转让方征收；采用有幅度的比例税率，税负较轻。

契税对公平税负、促进房地产经济的发展和建立良好的房地产市场秩序，以及增加财政收入等方面，都有着十分重要的现实意义。2019年我国实现契税收入6 213亿元，同比增长8.4%，占全国税收收入（157 992亿元）的3.93%。

8.1.3.2 契税的纳税人与征税范围

1）契税的纳税人

契税是以在中华人民共和国境内转移土地、房屋权属，承受的单位和个人为契税的纳税人。所谓土地、房屋权属是指土地使用权和房屋所有权；单位是指企业单位、事业单位、国家机关、军事单位、社会团体和其他组织；个人是指个体经营者和其他个人，包括中国公民和外籍人员。

2）契税的征税对象

以在中国境内转移土地、房屋权属的交易行为，为契税的征税对象。具体征税范围包括以下5项内容：

（1）土地使用权出让，即指土地使用者向国家交付土地使用权出让费用，国家将土地使用权在一定年限内让与土地使用者的行为。对以国家作价出资（入股）方式转移国有土地使用权的行为，应视同土地使用权转让，由土地使用权的承受方按规定缴纳契税。

（2）土地使用权的转让，即指土地使用者以出售、赠与、互换或其他方式将土地使用权转移给其他单位和个人的行为，不包括土地承包经营权和土地经营权的转移。

（3）房屋买卖，即指房屋所有者将其房屋出售，由承受者交付货币、实物、无形资产或其他经济利益的行为。

（4）房屋赠与，即指房屋所有者将其房屋无偿转让给受赠者的行为。

（5）房屋互换，即指房屋所有者之间互相交换房屋的行为。

随着市场经济形势的发展，有些特殊方式转移土地、房屋权属的，也应视同土地使用权转让、房屋买卖或房屋赠与缴纳契税，主要包括以土地、房屋权属作价投资（入股）、偿还债务、划转、奖励等。

8.1.3.3 契税的税率与计税依据

1）契税的税率

契税实行3%～5%的幅度税率。各省、自治区、直辖市人民政府可以在规定的幅度税率范围内，按照本地区的实际情况提出具体适用的税率，报同级人民代表大会常务委员会决定，并报全国人民代表大会常务委员会和国务院备案。省、自治区、直辖市可依规定的程序对不同主体、地区或类型住房的权属转移确定差别税率。

2）契税的计税依据

总体上说，契税的计税依据为不动产的价格，根据不动产转移方式不同，契税的计税依据具体规定为：

（1）土地使用权出让、出售和房屋买卖以成交价格为计税依据。成交价格是指土地、房屋权属转移合同确定的价格，包括承受者应交付的货币、实物或其他经济利益。

（2）土地使用权赠与、房屋赠与以及其他没有价格的转移土地、房屋权属行为，由税务机关参照土地使用权出售、房屋买卖的市场价格核定。

（3）土地使用权互换、房屋互换，为所互换的土地使用权、房屋价格的差额，即交换价格相等时免征契税，交换价格不等时由多交付的一方缴纳契税。

此外，纳税人申报的成交价格、互换价格差额明显偏低且无正当理由的，由税务机关依照《征管法》的规定核定。

8.1.3.4 契税的优惠政策

1）免征契税的基本规定

（1）国家机关、事业单位、社会团体、军事单位承受土地、房屋权属用于办公、教学、医疗、科研和军事设施。

（2）非营利性的学校、医疗机构、社会福利机构承受土地、房屋权属用于办公、教学、医疗、科研、养老、救助。

（3）承受荒山、荒地、荒滩土地使用权用于农、林、牧、渔业生产。

（4）婚姻关系存续期间夫妻之间变更土地、房屋权属。

（5）法定继承人通过继承承受土地、房屋权属。

（6）依照法律规定应当予以免税的外国驻华使馆、领事馆和国际组织驻华代表机构承受土地、房屋权属。

根据国民经济和社会发展的需要，国务院对居民住房需求保障、企业改制重组、灾后重建等情形可以规定免征或者减征契税，报全国人民代表大会常务委员会备案。

2）由省、自治区、直辖市决定免征或减征契税的情形

（1）因土地、房屋被县级以上人民政府征收、征用，重新承受土地、房屋权属。

（2）因不可抗力灭失住房，重新承受住房权属。

上述规定的具体办法，由省、自治区、直辖市人民政府提出，报同级人民代表大会常务委员会决定，并报全国人民代表大会常务委员会和国务院备案。

以上经批准减免税的纳税人改变有关土地、房屋的用途，不在减免税之列的，应当补缴已减免的契税。

8.1.3.5 契税税额的计算

契税采用从价定率征收，其基本计算公式为：

应纳税额=计税依据×适用税率

需要注意的是，计征契税的成交价格不含增值税。

课堂训练 8-5

庆华公司2020年10月出售一处位于郊区的仓库，取得收入（不含增值税）150万元；购入一处位于市区繁华地段的门市房，买卖双方成交价（不含增值税）为850万元；与另一单位互换经营用房产，庆华公司的房产价格（不含增值税）为490万元，另一单位房产价格（不含增值税）为600万元，庆华公司支付差价款。当地契税税率为3%。则庆华公司应纳的契税为：

（1）出售位于郊区的仓库，不纳契税。

（2）购入门市房应纳契税=850×3%=25.5（万元）

（3）与另一单位互换经营用房应纳契税=（600-490）×3%=3.3（万元）

8.1.3.6 契税的征收管理

（1）纳税义务发生时间。纳税人在签订土地、房屋权属转移合同的当天，或取得其他具有土地、房屋权属转移合同性质凭证的当天，为纳税义务发生时间。经批准减免税的纳税人改变有关土地、房屋用途的，纳税义务发生时间为改变土地、房屋用途的当天。

（2）契税的申报与征收。纳税人应当在依法办理土地、房屋权属登记手续前，向土地、房屋所在地税务机关办理纳税申报，并在契税税务机关核定的期限内缴纳税款，索取完税凭证。契税纳税申报表的内容与格式见表8-4。

（3）契税的退还。在依法办理土地、房屋权属登记前，权属转移合同、权属转移合同性质凭证不生效、无效、被撤销或被解除的，纳税人可以向税务机关申请退还已缴纳的税款，税务机关应当依法办理。

表 8-4

契税纳税申报表

填表日期：　　年　　月　　日

纳税人识别号　　　　　　　　　　　　金额单位：元至角分；面积单位：平方米

<table>
<tr><td rowspan="4">承受方信息</td><td>名称</td><td colspan="3"></td><td colspan="4">□单位　□个人</td></tr>
<tr><td>登记注册类型</td><td colspan="3"></td><td colspan="2">所属行业</td><td colspan="2"></td></tr>
<tr><td>身份证件类型</td><td colspan="3">□身份证　□护照　□其他________</td><td colspan="2">身份证件号码</td><td colspan="2"></td></tr>
<tr><td>联系人</td><td colspan="3"></td><td colspan="2">联系方式</td><td colspan="2"></td></tr>
<tr><td rowspan="3">转让方信息</td><td>名称</td><td colspan="3"></td><td colspan="4">□单位　□个人</td></tr>
<tr><td>纳税人识别号</td><td></td><td colspan="2">登记注册类型</td><td colspan="2"></td><td>所属行业</td><td></td></tr>
<tr><td>身份证件类型</td><td></td><td colspan="2">身份证件号码</td><td colspan="2"></td><td>联系方式</td><td></td></tr>
<tr><td rowspan="4">土地房屋
权属转移信息</td><td>合同签订日期</td><td></td><td colspan="2">土地房屋坐落地址</td><td colspan="2"></td><td>权属转移对象</td><td></td></tr>
<tr><td rowspan="2">权属转移方式</td><td rowspan="2"></td><td colspan="2" rowspan="2">用途</td><td colspan="2" rowspan="2"></td><td>家庭唯一普通住房</td><td>□90平米以上
□90平米及以下</td></tr>
<tr><td>家庭第二套住房</td><td>□90平米以上
□90平米及以下</td></tr>
<tr><td>权属转移面积</td><td></td><td colspan="2">成交价格</td><td colspan="2"></td><td>成交单价</td><td></td></tr>
<tr><td rowspan="2">税款征收信息</td><td>评估价格</td><td></td><td colspan="2">计税价格</td><td colspan="2"></td><td>税率</td><td></td></tr>
<tr><td>计征税额</td><td></td><td>减免性质代码</td><td></td><td>减免税额</td><td></td><td>应纳税额</td><td></td></tr>
<tr><td colspan="9">以下由纳税人填写：</td></tr>
<tr><td>纳税人声明</td><td colspan="8">此纳税申报表是根据《中华人民共和国契税法》和国家有关税收规定填报的，是真实的、可靠的、完整的。</td></tr>
<tr><td>纳税人签章</td><td></td><td>代理人签章</td><td colspan="2"></td><td colspan="2">代理人身份证号</td><td colspan="2"></td></tr>
<tr><td colspan="9">以下由税务机关填写：</td></tr>
<tr><td>受理人</td><td></td><td>受理日期</td><td colspan="2">年　月　日</td><td colspan="2">受理税务机关签章</td><td colspan="2"></td></tr>
</table>

本表一式两份，一份纳税人留存，一份税务机关留存。

8.2 行为目的税税法

行为目的税是政府为特定的社会经济政策目的而设计征收的税种。各国开征的行为税名目繁多，如赌博税、彩票税和狩猎税等。国家征收行为目的税的目的，有的是为限制某些行为，有的是为开辟财源，有的则是基于对某种经济活动或权益的认可等。我国现行行为目的税税法包括印花税法、车辆购置税法、环境保护税法、城市维护建设税法。

8.2.1 印花税法

8.2.1.1 印花税的基础知识

（1）印花税法的含义。印花税是对经济活动和经济交往中书立、使用、领受具有法律效力的凭证的单位和个人征收的一种税。

印花税法是指国家制定的调整印花税征收与缴纳之间权利与义务关系的法律规范。它的基本法律依据是《中华人民共和国印花税暂行条例》和《中华人民共和国印花税暂行条例施行细则》等。

（2）印花税的由来。印花税是一个古老的税种，1624年创始于荷兰，中华人民共和国成立之前也曾开征印花税。1950年12月政务院发布了《印花税暂行条例》，在全国开征了印花税，以后又随着经济的发展变化，对印花税税率进行了多次调整。1958年税制改革时，将印花税并入工商统一税。党的十一届三中全会以来，经济活动中依法书立和领受各种凭证已成为普遍现象，为了有利于建立社会主义经济新秩序，保护凭证的法律效力，1988年8月国务院颁布了《中华人民共和国印花税暂行条例》，自同年10月1日起施行，并于2011年进行了修订。

2019年我国印花税收入为2 463亿元，同比增长12%，占全国税收收入（157 992亿元）的1.56%。其中，证券交易印花税1 229亿元，同比增长25.8%。

（3）印花税的特点。其包括以下几个方面：

第一，税源广泛，征收普遍。印花税规定的征税范围广泛，凡税法列举的合同或具有合同性质的凭证，产权转移书据，营业账簿及权利、许可证照等，都必须依法纳税。印花税的应税凭证共有5大类、13个税目，涉及经济活动的各个领域和环节，充分体现了税源的广泛性和征收的普遍性。

第二，税率极低，税负从轻。印花税采用从价定率和从量定额进行征收，比例税率最高税率为1‰、最低税率为0.5‱，按定额税率征税每件只有5元。采用自行贴花、汇贴或汇缴和委托代征三种纳税办法。印花税与其他税种相比税负极低，计算方便，易为征纳双方所接受。

第三，自行完税，征收简便。纳税人在书立、使用、领受应税凭证时，先按凭证所载计税金额和适用税率，自行计算其应纳税额；再由纳税人自行购买印花税票，并一次足额粘贴在应税凭证上；最后由纳税人按规定对已粘贴的印花税票自行注销或划销。而对于其他税种，则一般先由纳税人申报纳税，再由税务机关审核确定其纳税额，然后由纳税人办理缴纳税款手续。

（4）印花税的作用。其主要表现在：增加地方财政收入，为国家经济建设与发展积累资金；加强经济合同的管理和监督，提高合同的兑现率；在对外经济交往中贯彻税收政策的互惠原则，维护国家的经济权益，促进对外经济关系的发展；加强法治建设，增强人们依法纳税的观念和意识等。

8.2.1.2　印花税的征税范围与纳税人

1）印花税的征税范围

印花税具体征收范围分为以下5大类：

（1）经济合同，包括购销、加工承揽、建设工程勘察设计、建设安装工程承包、财产租赁、货物运输、仓储保管、借款、财产保险、技术等合同或具有合同性质的凭证。

（2）产权转移书据，包括财产所有权、版权、商标专用权、专利权、专有技术使用权等转移书据。

（3）营业账簿，包括单位和个人从事生产经营活动所设立的各种账册，即记载资金的账簿和其他账簿。

（4）权利、许可证照，包括房屋产权证、工商营业执照、商标注册证、专利证、土地使用证。

（5）财政部确定征收的其他凭证。同一性质的凭证名称各异、不统一，但不论以任何形式或名称书立，只要其性质属于税法中列举的征税范围的，均应照章征税。有些业务部门将货物运输、仓储保管、银行借款和财产保险等单据作为合同使用的，应按合同凭证纳税。纳税人以电子形式签订的各类应税凭证，按规定征收印花税。

2）印花税的纳税人

印花税以在中国境内书立、使用、领受应税凭证的单位和个人为纳税人。所谓单位和个人是指国内各类企业单位、事业单位、机关、团体、部队以及中外合资企业、合作企业、外资企业、外国公司和其他经济组织及其在华机构等单位和个人。上述单位和个人，按照书立、使用、领受应税凭证的不同，可以分别确定为立合同人、立据人、立账簿人、领受人、使用人和各类电子应税凭证的签订人。

（1）立合同人是指合同的当事人。所谓当事人是指对凭证有直接权利义务关系的单位和个人，但不包括合同的担保人、证人和鉴定人。各类合同的纳税人是立合同人，包括立合同的各方。

（2）产权转移书据的纳税人是立据人。

（3）营业账簿的纳税人是立账簿人，即指设立并使用营业账簿的单位和个人。

（4）权利、许可证照的纳税人是领受人，即领取或接受并持有该项凭证的单位和个人。

（5）在国外书立、领受，但在国内使用的应税凭证，其纳税人是使用人。

（6）各类电子应税凭证的签订人，即以电子形式签订的各类应税凭证的当事人。

对应税凭证，凡由两方或两方以上当事人共同书立的，其当事人各方都是印花税的纳税人，应就其所持凭证的计税金额各自履行纳税义务。

8.2.1.3 印花税的税目与税率

1）印花税的税目

印花税的税目采取正列举法，即列入税目的征税，未列入税目的不征税。印花税包括以下13个税目：

（1）购销合同。其包括供应、预购、采购、购销结合和协作、调剂、补偿、贸易等合同，以及出版单位与发行单位之间订立的图书、报纸、期刊和音像制品的应税凭证（如订购单、订数单等）；还包括发电厂与电网之间、电网与电网之间（国家电网公司系统、南方电网公司系统内部各级电网互供电量除外）签订的购售电合同。但电网与用户之间签订的供用电合同不属于印花税列举征税的凭证，不征收印花税。

（2）加工承揽合同。其包括加工、定做、修缮、修理、印刷、广告、测绘、测试等合同。

（3）建设工程勘察设计合同。其包括勘察、设计合同。

（4）建筑安装工程承包合同。其包括建筑、安装工程承包合同，其中承包合同包括总承包合同、分包合同和转包合同。

（5）财产租赁合同。其包括租赁房屋、飞机、机动车辆、机械、器具、设备等合同，以及企业、个人出租门店、柜台等签订的合同。

（6）货物运输合同。其包括民用航空、铁路运输、海上运输、公路运输和联运合同，以及作为合同使用的单据。

（7）仓储保管合同。其包括仓储合同、保管合同，以及作为合同使用的仓单、栈单等。

（8）借款合同。其包括银行及其他金融组织与借款人（不包括银行同业拆借）所签订的合同（包括融资租赁合同），以及只填开借据并作为合同使用、取得银行借款的借据。

（9）财产保险合同。其包括财产、责任、保证、信用保险合同，以及作为合同使用的单据。

（10）技术合同。其包括技术开发、转让、咨询、服务等合同，以及作为合同使用的单据。其中，技术转让合同包括专利申请权转让和非专利技术转让。

（11）产权转移书据。其是指单位和个人产权的买卖、继承、赠与、交换、分割等所立的书据，包括财产所有权和版权、商标专用权、专利权、专有技术使用权等转移书据。其征税范围是经政府管理机关登记注册的动产、不动产的所有权转移所立的书据，以及企业股权转让所立的书据。

（12）营业账簿。其是指单位或个人记载生产经营活动的财务会计核算账簿。按其反映内容的不同，可分为记载资金的账簿和其他账簿。记载资金的账簿是指反映生产经营单位资本金数额增减变化的账簿；其他账簿是指除上述账簿以外的有关其他生产经营活动内容的账簿，包括日记账簿和各明细分类账簿。但对金融系统的营业账簿应结合金融系统财务会计核算的实际情况进行具体分析。

（13）权利、许可证照。其包括政府部门颁发的房屋产权证、工商营业执照、商标注册证、专利证和土地使用证。

2）印花税的税率

印花税税率设计遵循“税负从轻、共同负担”原则，设有比例税率和定额税率两种形式。

（1）比例税率。在印花税的13个税目中，各类合同和具有合同性质的凭证、产权转移书据、营业账簿中记载资金的账簿适用比例税率，共4个档次，分别为0.5‰、3‰、5‰和1‰。

（2）定额税率。在印花税的13个税目中，权利、许可证照适用按件贴花，税额为5元。

印花税的具体税率见表8-5。

表8-5　印花税税率表

税率形式	具体税率	适用范围
比例税率	0.5‰	借款合同
	3‰	购销合同、建筑安装工程承包合同、技术合同
	5‰	加工承揽合同、建筑工程勘察设计合同、货物运输合同、产权转移书据、营业账簿中记载资金的账簿
	1‰	财产租赁合同、仓储保管合同、财产保险合同、股权转让书据
定额税率	每件5元	权利、许可证照

税法Q&A 8-2

如何从印花税税率变动看我国财政政策的运用？

税法Q&A 8-2

8.2.1.4　印花税的计税依据

1）计税依据的基本规定

其主要内容包括：

（1）购销合同为购销金额。

（2）加工承揽合同为加工或承揽收入额。其具体规定为：

对于由受托方提供原材料的加工、定做合同，凡在合同中分别记载加工费金额和原材料金额的，应分别按“加工承揽合同”“购销合同”计税，两项税额相加数即为合同应贴印花数；若合同中未分别记载，则应就全部金额依照加工承揽合同计税贴花。

对于由委托方提供主要材料或原料，受托方只提供辅助材料的加工合同，无论加工费和辅助材料金额是否分别记载，均以辅助材料和加工费的合计数，依照加工承揽合同计税贴花。对委托方提供的主要材料或原料金额不计税贴花。

（3）建设工程勘察设计合同为收取的费用。

（4）建筑安装工程承包合同为承包金额。

（5）财产租赁合同为租赁金额。经计算，税额不足1元的，按1元贴花。

（6）货物运输合同为运输费用，但不包括所运货物的金额、装卸费和保险费等。

（7）仓储保管合同为仓储保管费用。

（8）借款合同为借款金额。

（9）财产保险合同为保险费收入。

（10）技术合同为合同所载价款、报酬或使用费。

（11）产权转移书据为所载金额。

（12）营业账簿税目中记载资金的账簿，为“实收资本”与“资本公积”两项的合计金额。其中，实收资本包括现金、实物、无形资产和材料物资；资本公积包括接受捐赠、法定财产重估增值、资本折算差额、资本溢价等。其他账簿的计税依据为应税凭证件数。

（13）权利、许可证照为应税凭证件数。

2）计税依据的补充规定

其主要内容包括：

（1）上述凭证以“金额”“收入”“费用”作为计税依据的，应当全额计税，不得作任何扣除。

（2）同一凭证，载有两个或两个以上经济事项而适用不同税目税率，如分别记载金额的，应分别计算应纳税额，相加后按合计税额贴花；如未分别记载金额的，按税率高的计税贴花。

（3）按金额比例贴花的应税凭证，未标明金额的，应按照凭证所载数量及国家牌价计算的金额作为计税依据；没有国家牌价的，按市场价格计算的金额作为计税依据。

（4）应税凭证为外国货币并未标明金额的，应按照凭证所载数量及国家外汇牌价计算的金额作为计税依据；没有国家外汇牌价的，按市场价格计算的金额作为计税依据。

（5）应纳税额不足1角的，免纳印花税；1角以上的，其税额尾数不满5分的不计，满5分的按1角计算。

（6）下列情况下，由地方税务机关核定其计税依据：未建立应税凭证登记簿，或未如实登记和完整保存应税凭证的；拒不提交应税凭证或不如实提供应税凭证致使计税依据明显偏低的；采用汇总缴纳办法但未及时报送汇总缴纳情况报告，经责令仍无效的，税务机关可核定其计税依据。

（7）合同在签订时无法确定计税金额的，可在签订时先按定额5元贴花，以后结算时再按实际金额计算补缴印花税。

（8）应税合同在签订时不论合同是否兑现或是否按期兑现，均应贴花完税。对已履行并贴花的合同，所载金额与合同履行后实际结算金额不一致的，只要双方未修改合同金额，一般不再办理完税手续。

（9）对有经营收入的事业单位，凡属由国家财政拨付事业经费，实行差额预算管理的单位，其记载经营业务的账簿按每件5元征税。

（10）商品购销活动中，采用以货换货方式进行商品交易签订的合同，应按合同所载的购、销合计金额计税贴花。

（11）施工单位将自己承包的建设项目，分包或转包给其他施工单位所签订的分包合同或转包合同，应按新的分包或转包合同所载金额计算缴纳印花税。

（12）对股票交易征收印花税均按书立时证券市场当日实际成交金额，由出让方按1‰的税率缴纳印花税。

（13）对国内各种形式的货物联运，凡在起运地统一结算全程运费的，应以全程运费作为计税依据，由起运地运费结算双方缴纳印花税；凡分程结算运费的，应以分程的运费作为计税依据，分别由办理运费结算的各方缴纳印花税。对国际货运，凡由我国运输企业运输的，不论在我国境内、境外起运或中转分程运输，我国运输企业所持的一份运费结算凭证，均按本程运费计算缴纳印花税。

8.2.1.5 印花税的优惠政策

1）印花税的免税优惠

其主要内容包括：

（1）对已缴纳印花税凭证的副本或抄本。

（2）对财产所有人将财产赠与政府、社会福利单位、学校所立的书据。

（3）对国家指定的收购部门与村民委员会、农民个人书立的农副产品收购合同。

（4）对无息、贴息贷款合同。

（5）对外国政府或国际金融组织向我国政府及国家金融机构提供优惠贷款所书立的合同。

（6）对房地产管理部门与个人签订的用于生活居住的租赁合同。

（7）对农牧业保险合同。

（8）对特殊货运合同。

（9）对与高校学生签订的高校学生公寓租赁合同。

2）印花税的补充免税

其主要内容包括：

（1）对财产所有人将财产（物品）直接捐赠或通过公益性社会团体、县级以上人民政府及其部门捐赠给“5·12”地震受灾地区或受灾居民所书立的产权转移书据，免征印花税。

（2）对个人销售或购买住房，暂免征收印花税；对个人出租、承租住房签订的租赁合同，免征印花税。

（3）对期货保障基金公司新设立的资金账簿、期货保障基金参加被处置期货公司的财产清算而签订的产权转移书据，以及期货保障基金以自有财产和接受的受偿资产与保险公司签订的财产保险合同等，免征印花税。但对上述应税合同和产权转移书据的其他当事人，照章征收印花税。

（4）对企业集团内具有平等法律地位的主体之间自愿订立、明确双方购销关系、据以供货和结算、具有合同性质的凭证，应按规定征收印花税。对企业集团内部执行计划使用的、不具有合同性质的凭证，不征收印花税。

（5）对商品储备管理公司及其直属库资金账簿，免征印花税；对其承担商品储备业务过程中书立的购销合同，免征印花税；对合同其他各方当事人应缴纳的印花税，照章征收。

（6）对廉租住房、经济适用住房经营管理单位与廉租住房、经济适用住房相关的印花税，以及廉租住房承租人、经济适用住房购买人涉及的印花税，予以免征。

（7）由外国运输企业运输进出口货物的，对外国运输企业所持的一份运费结算凭证，免征印花税。

（8）自2018年5月1日起，对纳税人设立的资金账簿按实收资本和资本公积合计金额，减半征收印花税；对按件征收的其他账簿，免征印花税。

（9）自2019年1月1日至2021年12月31日，对增值税小规模纳税人可在50%的税额幅度内减征印花税（不含证券交易印花税），具体幅度由各省、自治区、直辖市人民政府根据本地区实际情况确定。

税法Q&A 8-3

企业改制过程中的印花税政策有哪些？

税法Q&A 8-3

8.2.1.6　印花税的税额计算和税票种类

（1）印花税应纳税额的计算。印花税纳税人的应纳税额，根据应纳税凭证的计税金额或件数，采取从价定率或从量定额方法进行计算。其计算公式为：

应纳税额=应税凭证计税金额（或件数）×适用税率（或单位税额）

课堂训练 8-6

滨海市某外贸公司于2020年10月18日开业，领受工商营业执照、房产证、商标注册证各一件；注册资本480万元，实收资本300万元，除记载资金的账簿外，还建有7本其他账簿；开业当月签订财产保险合同一份，投保金额123万元，收取保险费2.5万元；向银行借款签订合同一份，借款金额50万元（利率8%）；签订购销合同两份，其中一份为外销合同，所载金额185万元，另一份为内销合同，所载金额150万元；11月该公司与某公司签订技术转让合同一份，金额30万元；与货运公司签订运输合同一份，支付运输费7万元，装卸费0.4万元；营业账簿册数未变，只是记载资金的账簿中实收资本数额增加到380万元。该企业10月和11月应纳的印花税为：

该企业10月应纳的印花税为：

（1）领受权利、许可证照应纳税额=3×5=15（元）

（2）资金账簿应纳税额=3 000 000×5‱×50%=750（元）

（3）其他营业账簿免税。

（4）财产保险合同应纳税额=25 000×1‰=25（元）

（5）借款合同应纳税额=500 000×0.5‱=25（元）

（6）购销合同应纳税额=（1 850 000+1 500 000）×3‱=1 005（元）

（7）应纳印花税合计=15+750+25+25+1 005=1 820（元）

该企业11月应纳的印花税为：

（1）技术转让合同应纳税额=300 000×3‱=90（元）

（2）货物运输合同应纳税额=70 000×5‱=35（元）

（3）资金账簿应纳税额=（3 800 000−3 000 000）×5‱×50%=200（元）

（4）应纳印花税合计=90+35+200=325（元）

（2）印花税票的种类。印花税票是印花税法定的完税凭证，也是一种有价证券。其票面金额以人民币为单位，分为1角、2角、5角、1元、2元、5元、10元、50元和100元，共9种。

税法Q&A 8-4

税法Q&A 8-4

我国2019年发行的印花税税票有哪些？

8.2.1.7 印花税的征收管理

1）印花税的纳税地点

印花税一般实行就地纳税。对全国性商品物资订货会（包括展销会、交易会等）上所签订合同应纳的印花税，由纳税人回其所在地后及时办理贴花完税手续；对地方主办、不涉及省际关系的订货会、展销会上所签合同的印花税，其纳税地点由各省、自治区、直辖市人民政府自行确定。

2）印花税的纳税办法

印花税根据税额的大小、贴花次数及税收征管的需要，分别采用以下三种纳税办法：

（1）自行贴花办法。纳税人书立、领受或使用印花税法列举的应税凭证，应根据应纳税凭证的性质和适用的税目税率，自行计算应纳税额，自行购买印花税票，自行一次贴足印花税票并加以注销或划销。该办法一般适用于应税凭证较少或贴花次数较少的纳税人。

对已贴花的凭证，修改后所载金额增加的，其增加部分应当补贴印花税票。凡多贴印花税票者，不得申请退税或抵用。

（2）汇贴或汇缴办法。对于一份凭证应纳税额超过500元的，应向当地税务机关申请填写缴款书或完税凭证，将其中一联粘贴在凭证上或由税务机关在凭证上加注完税标记代替贴花，即“汇贴”。

同一种类应纳税凭证，需频繁贴花的，应向当地税务机关申请按期汇总缴纳印花税。获准汇总缴纳印花税的纳税人，应持有税务机关发给的汇缴许可证。汇总缴纳的限期限额由当地税务机关确定，但最长期限不得超过1个月。

印花税按期汇总缴纳的单位，对征税凭证和免税凭证汇总时，凡分别汇总的，按本期征税凭证的汇总金额计算缴纳印花税；凡确属不能分别汇总的，应按本期全部凭证的实际汇总金额计算缴纳印花税。汇总缴纳印花税的凭证，应加注税务机关指定的汇缴戳记、编号并装订成册后，将已贴印花或缴款书的一联粘附册后，盖章注销，保存备查。

（3）委托代征办法。委托代征主要是通过税务机关的委托，经由发放或办理应纳税凭证的单位代为征收印花税税款。市场监督管理机关核发各类营业执照和商标注册证的同时，负责代售印花税票，征收印花税款，并监督领受单位或个人负责贴花。税务机关委托市场监督管理机关代售印花税票，按代售金额5%的比例支付代售手续费。

3）印花税的纳税申报

纳税人应按照税法的有关规定及时办理纳税申报，并如实填写印花税纳税申报表（见表8-6）。

4）印花税的违法处罚

印花税法规定，纳税人有下列行为之一的，由税务机关根据情节轻重处以罚款：

（1）纳税人应税凭证上未贴或少贴印花税票或已粘贴在应税凭证上的印花税票未注销或未划销的，除追缴所欠税款、滞纳金外，并处不缴或少缴税款50%以上5倍以下的罚款。

表 8-6

印花税纳税申报表

税款所属期限：自　　年　月　日至　　年　月　日

纳税人识别号（统一社会信用代码）：□□□□□□□□□□□□□□□□□□

纳税人名称：　　　　　　　　　　　　　　　　　　　　　　　　金额单位：人民币元（列至角分）

本期是否适用增值税小规模纳税人减征政策（减免性质代码：09049901）					□是 □否	减征比例（%）				
应税凭证	计税金额或件数	核定征收		适用税率	本期应纳税额	本期已缴税额	本期减免税额		本期增值税小规模纳税人减征额	本期应补（退）税额
		核定依据	核定比例				减免性质代码	减免税额		
	1	2	3	4	5=1×4+2×3×4	6	7	8	9	10=5－6－8–9
购销合同				0.3‰						
加工承揽合同				0.5‰						
建设工程勘察设计合同				0.5‰						
建筑安装工程承包合同				0.3‰						
财产租赁合同				1‰						
货物运输合同				0.5‰						
仓储保管合同				1‰						
借款合同				0.05‰						
财产保险合同				1‰						
技术合同				0.3‰						
产权转移书据				0.5‰						
营业账簿（记载资金的账簿）		—		0.5‰						
营业账簿（其他账簿）		—		5				—		
权利、许可证照		—		5						
合计	—	—		—						

谨声明：本纳税申报表是根据国家税收法律、法规及相关规定填报的，是真实的、可靠的、完整的。

纳税人（签章）：　　　　年　月　日

经办人： 经办人身份证号： 代理机构签章： 代理机构统一社会信用代码：	受理人： 受理税务机关（章）： 受理日期：　　年　月　日

（2）纳税人将已贴用的税票揭下重用造成未缴或少缴税款的，除追缴所欠税款、滞纳金外，并处不缴或少缴税款50%以上5倍以下的罚款；构成犯罪的，依法追究刑事责任。

（3）纳税人伪造印花税票的，由税务机关责令改正，处以2 000元以上1万元以下的罚款；情节严重的，处以1万元以上5万元以下的罚款；构成犯罪的，依法追究刑事责任。

（4）汇总缴纳印花税的纳税人，超过纳税期限未缴或少缴印花税款的，除追缴所欠税款和滞纳金外，并处不缴或少缴税款50%以上5倍以下的罚款；情节严重的，撤销其汇缴许可证；构成犯罪的，依法追究刑事责任。

（5）纳税人违反以下规定的，由税务机关责令限期改正，可处以2 000元以下的罚款；情节严重的，处以2 000元以上1万元以下的罚款：①凡汇总缴纳印花税的凭证，应加注税务机关指定的汇缴戳记，编号并装订成册，将已贴印花或缴款书的一联粘附册后，盖章注销，保存备查。②纳税人对纳税凭证应妥善保存，其凭证的保存期限按国家的有关规定办理；没有明确规定的其余凭证，均应在履行完毕后保存1年。

（6）代售户所收税款逾期不缴或挪作他用或违反合同将所领印花税票转托他人代售或转至其他地区销售，或未按规定详细提供领、售印花税票情况的，视其情节轻重给予警告或取消其代售资格的处罚。

8.2.2 车辆购置税法

8.2.2.1 车辆购置税的基础知识

（1）车辆购置税的含义。车辆购置税是对在中国境内购买应税车辆的单位和个人征收的一种税。

微课8-2

车辆购置税法

车辆购置税法是指国家制定的用以调整车辆购置税征收与缴纳之间权利与义务关系的法律规范。它的基本法律依据是2018年12月第十三届全国人民代表大会常务委员会第七次会议通过的《中华人民共和国车辆购置税法》，并自2019年7月1日起施行。

（2）车辆购置税的意义。车辆购置税的前身是1985年经国务院批准的在全国范围内征收的专项用于国家公路建设的政府性基金——车辆购置附加费。可以说，车辆购置税是税费改革的产物。将车辆购置附加费改为车辆购置税，要求纳税人依法缴纳税款，有利于理顺政府分配关系，增强政府宏观调控能力。

征收车辆购置税，有利于合理筹集财政资金，规范政府行为，调节收入差距，也有利于配合打击车辆走私和维护国家权益。2019年我国车辆购置税收入3 498亿元，同比增长1.3%，占全国税收收入（157 992亿元）的2.21%。

8.2.2.2 车辆购置税的征税范围与纳税人

1）车辆购置税的征收范围

车辆购置税征收范围包括汽车、有轨电车、汽车挂车和摩托车，不包括地铁、轻轨等城市轨道交通车辆，装载机、平地机、挖掘机、推土机等轮式专用机械车，以及起重机（吊车）、叉车、电动摩托车。其内涵及规定如下：

（1）汽车，包括各类汽车。

（2）有轨电车，是指以电能为动力、在轨道上行驶的公共车辆。

（3）汽车挂车，包括全挂车和半挂车两种。全挂车是指无动力设备、独立承载、由牵引车牵引行驶的车辆；半挂车是指无动力设备、与牵引车共同承载、由牵引车牵引行驶的车辆。

（4）摩托车，只要是排气量超过150毫升的摩托车均为车辆购置税的征税范围。

2）车辆购置税的纳税人

车辆购置税以在中国境内购买应税车辆的单位或个人为纳税人。其中，单位包括国有企业、集体企业、私营企业、股份制企业、外商投资企业、外国企业及其他企业，以及事业单位、社会团体、国家机关、部队和其他单位；个人包括个体工商户和其他个人。已经办理免减税手续的车辆因转让、改变用途等原因不再属于免减税范围，发生转让行为的，纳税人为受让人；未发生转让行为的，纳税人为车辆所有人。

税法 Q&A 8-5

税法 Q&A 8-5

车辆购置税应税行为是如何分类的？

8.2.2.3　车辆购置税的计税依据与税率

1）车辆购置税的计税依据

其主要内容包括：

（1）纳税人购买自用应税车辆的计税价格，为纳税人实际支付给销售者的全部价款，此价款依据纳税人购买应税车辆时相关凭证载明的价格确定，但不包括增值税税款。

（2）纳税人进口自用的应税车辆，以组成计税价格为计税依据。其计算公式为：

计税价格=关税完税价格+关税+消费税

=［关税完税价格×（1+关税税率）］÷（1-消费税税率）

（3）纳税人自产自用应税车辆的计税价格，按照同类应税车辆（即车辆配置序列号相同的车辆）的销售价格确定，不包括增值税税款；没有同类应税车辆销售价格的，按照组成计税价格确定。其计算公式为：

组成计税价格=成本×（1+成本利润率）÷（1-消费税税率）

上述公式中的成本利润率，由国家税务总局各省、自治区、直辖市和计划单列市税务局确定。

（4）纳税人受赠、获奖和以其他方式取得并自用的应税车辆的计税价格，按购置应税车辆时相关凭证载明的价格确定，但不包括增值税税款。

（5）已经办理免减税手续的车辆因转让、改变用途等原因不再属于免减税范围的，计税价格为初次办理纳税申报时确定的价格。

纳税人申报的应税车辆计税价格明显偏低，且无正当理由的，由主管税务机关按照规定核定其应纳税额。

2）车辆购置税的税率

现行车辆购置税实行单一比例税率，即10%。

8.2.2.4　车辆购置税的优惠政策

其主要内容包括：①外国驻华使馆、领事馆和国际组织驻华机构及其有关人员自用的车辆免税；②中国人民解放军和中国人民武装警察部队列入军队武器装备订货计划的车辆免税；③悬挂应急救援专用号牌的国家综合性消防救援车辆免税；④设有固定装置的非运输专用作业车辆免税；⑤城市公交企业购置的公共汽电车辆免税；⑥自2021年1月1日至2022年12月31日，对购置的新能源汽车免征车辆购置税；⑦从2018年7月1日至2021年6月30日，对挂车减半征收车辆购置税；⑧国务院规定免税或减税的其他情形，按照规定免税或减税，报全国人民代表大会常务委员会备案。

8.2.2.5 车辆购置税应纳税额的计算

车辆购置税实行从价定率法计算应纳税额。其计算公式为：

应纳税额=计税价格×税率

课堂训练8-7

某市职工技术协作站2020年10月购买国产汽车一辆，购进价格为198 000元。另为来华定居专家购进免税进口小汽车1辆（已使用2年），该车最新同类型车辆最低价格为234 000元（1年扣减10%），则该站应纳的车辆购置税为：

应纳税额=198 000×10%+234 000×（1−10%×2）×10%=38 520（元）

已经办理免减税手续的车辆因转让、改变用途等原因不再属于免减税范围的，应纳税额的计算公式为：

应纳税额=初次办理纳税申报时确定的计税价格×（1−使用年限×10%）×10%−已纳税额

应纳税额不得为负数。使用年限为自纳税人初次办理纳税申报之日起，至不再属于免税、减税范围的情形发生之日止。使用年限取整计算，不满一年的不计算在内。

8.2.2.6 车辆购置税的征收管理

（1）车辆购置税的纳税义务发生时间。纳税义务发生时间以纳税人购置应税车辆所取得的车辆相关凭证上注明的时间为准（以下简称凭证上注明时间）。已经办理免减税手续的车辆因转让、改变用途等原因不再属于免减税范围的，纳税义务发生时间为车辆转让或用途改变等情形发生之日。

（2）车辆购置税的纳税期限。纳税人购买进口自用的应税车辆，应当进口之日起60日内申报纳税；自产、受赠、获奖和以其他方式取得并自用的应税车辆，应自取得之日起60日内申报纳税。

（3）车辆购置税的纳税地点。车辆购置税由各地税务机关负责征收。需要办理车辆登记注册手续的纳税人，向车辆登记注册地的主管税务机关办理纳税申报；不需要办理车辆登记手续的纳税人，向纳税人所在地的主管税务机关办理纳税申报。

（4）车辆购置税的纳税申报。车辆购置税实行一次课征制，并实行一车一申报制度。纳税人办理纳税申报时，应填写“车辆购置税纳税申报表”（见表8-7），并同时提供车主身份证明、车辆价格证明、车辆合格证明和税务机关要求提供的其他资料。纳税人办理纳税申报时，税务人员应实地验车。税务机关经审批后，核发“车辆购置税完税证明”，并在完税证明相应栏中加盖征税专用章。

（5）车辆购置税的退税管理。已经缴纳车辆购置税的，纳税人向原征收机关申请退税时，应当如实填报“车辆购置税退税申请表”，提供纳税人身份证明，并区别不同情形提

表 8-7

车辆购置税纳税申报表

填表日期：　　年　月　日　　　　　　　　　　金额单位：元

<table>
<tr><td>纳税人名称</td><td colspan="2"></td><td>申报类型</td><td colspan="2">□征税　□免税　□减税</td></tr>
<tr><td>证件名称</td><td colspan="2"></td><td>证件号码</td><td colspan="2"></td></tr>
<tr><td>联系电话</td><td colspan="2"></td><td>地　址</td><td colspan="2"></td></tr>
<tr><td>合格证编号（货物进口证明书号）</td><td colspan="2"></td><td>车辆识别代号/车架号</td><td colspan="2"></td></tr>
<tr><td>厂牌型号</td><td colspan="5"></td></tr>
<tr><td>排量（cc）</td><td colspan="2"></td><td>机动车销售统一发票代码</td><td colspan="2"></td></tr>
<tr><td>机动车销售统一发票号码</td><td colspan="2"></td><td>不含税价</td><td colspan="2"></td></tr>
<tr><td colspan="4">海关进口关税专用缴款书（进出口货物征免税证明）号码</td><td colspan="2"></td></tr>
<tr><td>关税完税价格</td><td></td><td>关　税</td><td></td><td>消费税</td><td></td></tr>
<tr><td>其他有效凭证名称</td><td></td><td>其他有效凭证号码</td><td></td><td>其他有效凭证价格</td><td></td></tr>
<tr><td>购置日期</td><td></td><td>申报计税价格</td><td></td><td>申报免（减）税条件或者代码</td><td></td></tr>
<tr><td>是否办理车辆登记</td><td></td><td>车辆拟登记地点</td><td colspan="3"></td></tr>
<tr><td colspan="6">纳税人声明：
本纳税申报表是根据国家税收法律法规及相关规定填报的，我确定它是真实的、可靠的、完整的。
纳税人（签名或盖章）：</td></tr>
<tr><td colspan="6">委托声明：
现委托（姓名）________（证件号码）____________办理车辆购置税涉税事宜，提供的凭证、资料是真实、可靠、完整的。任何与本申报表有关的往来文件，都可交予此人。
委托人（签名或盖章）：　　　　被委托人（签名或盖章）：</td></tr>
<tr><td colspan="6">以下由税务机关填写</td></tr>
<tr><td colspan="2">免（减）税条件代码</td><td colspan="4"></td></tr>
<tr><td>计税价格</td><td>税率</td><td>应纳税额</td><td>免（减）税额</td><td>实纳税额</td><td>滞纳金金额</td></tr>
<tr><td></td><td></td><td></td><td></td><td></td><td></td></tr>
<tr><td colspan="2">受理人：
年　月　日</td><td colspan="2">复核人（适用于免、减税申报）：
年　月　日</td><td colspan="2">主管税务机关（章）</td></tr>
</table>

供相关资料：①车辆退回生产企业或者销售企业的，提供生产企业或者销售企业开具的退车证明和退车发票。②其他依据法律法规规定应当退税的，根据具体情形提供相关资料。纳税人将已征车辆购置税的车辆退回车辆生产企业或者销售企业的，可以向主管税务机关申请退还车辆购置税。退税额以已缴税款为基准，自缴纳税款之日至申请退税之日，每满一年扣减10%；未满一年的，按已缴税款全额退税。

8.2.3 环境保护税法

8.2.3.1 环境保护税法的基础知识

（1）环境保护税法的概念。环境保护税是指对在中华人民共和国领域和中华人民共和国管辖的其他海域，直接向环境排放应税污染物的企事业单位和其他生产经营者征收的一种税。

环境保护税法是指国家制定的调整环境保护税征收与缴纳之间权利与义务关系的法律规范。其基本法律依据是2016年12月中华人民共和国第十二届全国人民代表大会常务委员会第二十五次会议通过的《中华人民共和国环境保护税法》和2017年12月25日国务院公布的《中华人民共和国环境保护税法实施条例》，均自2018年1月1日起施行。

（2）环境保护税的意义。环境保护税的前身是2002年1月国务院第54次常务会议通过的《排污费征收使用管理条例》，于2003年7月1日起施行。可以说，环境保护税是费改税的产物。2019年我国环境保护税收入221亿元，同比增长46.1%，占全国税收收入（157 992亿元）的0.14%。

将征收排污费改为征收环境保护税，要求纳税人依法缴纳税款，具有积极的现实意义，主要体现在：一是解决排污费执法刚性不足和地方政府干预等问题，提高纳税人的环保意识和遵从度；二是强化企业治污减排的责任，构建促进经济结构调整和发展方式转变的绿色税制体系；三是强化税收调控作用，形成有效的约束激励机制，提高全社会环境保护意识；四是推进生态文明建设和绿色发展，规范政府分配秩序，优化财政收入结构等。

8.2.3.2 环境保护税的基本内容

（1）环境保护税的征税范围。环境保护税以在中华人民共和国领域和中华人民共和国管辖的其他海域直接向环境排放应税污染物为征税对象，其征税范围主要包括大气污染物、水污染物、固体废物和噪声四类，但不包括以下两类：一是向依法设立的污水集中处理、生活垃圾集中处理场所排放应税污染物未超标的；二是在符合国家和地方环境保护标准的设施、场所贮存或处置固体废物的。

（2）环境保护税的纳税人。在中华人民共和国领域和中华人民共和国管辖的其他海域直接向环境排放应税污染物的单位，均为环境保护税的纳税人。所称单位包括企业单位、事业单位和其他生产经营者。

达到省级人民政府确定的规模标准且有污染物排放口的畜禽养殖场，应当依法缴纳环境保护税。依法对畜禽养殖废弃物进行综合利用和无害化处理的，不属于直接向环境排放污染物，不缴纳环境保护税。

（3）环境保护税的税目税额。环境保护税实行定额税率，如大气污染物的税率为每污染当量1.2～12元；水污染物的税率为每污染当量1.4～14元；固体废物的税率为每吨5～1 000元不等；噪声的税率为超标分贝每月350～11 200元不等，具体见表8-8。应税大气污染物和水污染物的具体适用税额的确定和调整，由省、自治区、直辖市人民政府统筹考虑本地区环境承载能力、污染物排放现状和经济社会生态发展目标要求，在表8-8规定的税额幅度内提出，报同级人民代表大会常务委员会决定，并报全国人民代表大会常务委员会和国务院备案。

表8-8　　环境保护税税目税额表

税目		计税单位	税额
大气污染物		每污染当量	1.2～12元
水污染物			1.4～14元
固体废物	煤矸石	每吨	5元
	尾矿		15元
	危险废物		1 000元
	冶炼渣、粉煤灰、炉渣、其他固体废物（含半固体、液态废物）		25元
噪声	工业噪声	超标1～3分贝	每月350元
		超标4～6分贝	每月700元
		超标7～9分贝	每月1 400元
		超标10～12分贝	每月2 800元
		超标13～15分贝	每月5 600元
		超标16分贝以上	每月11 200元

备注：①一个单位边界上有多处噪声超标，根据最高一处超标声级计算应纳税额；当沿边界长度超过100米有两处以上噪声超标，按照两个单位计算应纳税额。②一个单位有不同地点作业场所的，应当分别计算应纳税额，合并计征。③昼、夜均超标的环境噪声，昼、夜分别计算应纳税额，累计计征。④声源一个月内超标不足15天的，减半计算应纳税额。⑤夜间频繁突发和夜间偶然突发厂界超标噪声，按等效声级和峰值噪声两种指标中超标分贝值高的一项计算应纳税额。

8.2.3.3　环境保护税的优惠政策

（1）环境保护税的暂免政策。下列情形，暂予免征环境保护税：①农业生产（不包括规模化养殖）排放应税污染物的。②机动车、铁路机车、非道路移动机械、船舶和航空器等流动污染源排放应税污染物的。③依法设立的城乡污水集中处理、生活垃圾集中处理场所排放相应应税污染物，不超过国家和地方规定的排放标准的。④纳税人综合利用的固体废物，符合国家和地方环境保护标准的。⑤国务院批准免税的其他情形。

（2）环境保护税的减免政策。纳税人排放应税大气污染物或水污染物的浓度值低于国家和地方规定的污染物排放标准30%的，减按75%征收环境保护税；纳税人排放应税大气污染物或水污染物的浓度值低于国家和地方规定的污染物排放标准50%的，减按50%

征收环境保护税。按规定减征环境保护税的，应当对每一排放口排放的不同应税污染物分别计算。

上述的浓度值是指纳税人安装使用的污染物自动监测设备当月自动监测的应税大气污染物浓度值的小时平均值再平均所得数值或者应税水污染物浓度值的日平均值再平均所得数值，或监测机构当月监测的应税大气污染物、水污染物浓度值的平均值。

8.2.3.4 环境保护税的计税管理

1）环境保护税的计税价格

（1）应税大气污染物和水污染物按照污染物排放量折合的污染当量数确定计税价格。其中污染当量是指根据污染物或污染排放活动对环境的有害程度以及处理的技术经济性，衡量不同污染物对环境污染的综合性指标或计量单位。应税大气污染物、水污染物的污染当量数，以该污染物的排放量除以该污染物的污染当量值计算。每种应税大气污染物、水污染物的具体污染当量值，依照《应税污染物和当量值表》执行。每一排放口或没有排放口的应税大气污染物，按照污染当量数从大到小排序，对前三项污染物征收环境保护税。每一排放口的应税水污染物，按照《应税污染物和当量值表》，区分第一类水污染物和其他类水污染物，按照污染当量数从大到小排序，对第一类水污染物按照前五项征收环境保护税，对其他类水污染物按照前三项征收环境保护税。省、自治区、直辖市人民政府根据本地区污染物减排的特殊需要，可以增加同一排放口征收环境保护税的应税污染物项目数，报同级人民代表大会常务委员会决定，并报全国人民代表大会常务委员会和国务院备案。

（2）应税固体废物按照固体废物的排放量确定计税价格。其中排放量为当期应税固体废物的产生量减去当期应税固体废物的贮存量、处置量、综合利用量的余额。纳税人有下列情形之一的，以其当期应税固体废物的产生量作为固体废物的排放量：一是非法倾倒应税固体废物；二是进行虚假纳税申报。

（3）应税噪声按照超过国家规定标准的分贝数确定计税价格。

2）环境保护税的税额计算

应税大气污染物、水污染物、固体废物的排放量和噪声的分贝数，按照下列方法和顺序计算：一是纳税人安装使用符合国家规定和监测规范的污染物自动监测设备的，按照污染物自动监测数据计算；二是纳税人未安装使用污染物自动监测设备的，按照监测机构出具的符合国家有关规定和监测规范的监测数据计算；三是因排放污染物种类多等原因不具备监测条件的，按照国务院环境保护主管部门规定的排污系数、物料衡算方法计算；四是不能按照前三项规定的方法计算的，按照省、自治区、直辖市人民政府环境保护主管部门规定的抽样测算的方法核定计算。

环境保护税应纳税额是按征税对象数量和计税标准的乘积从量定额计算。其计算公式为：

大气污染物应纳税额=污染当量数×适用单位税额

水污染物应纳税额=污染当量数×适用单位税额

固体废物应纳税额=排放量×适用单位税额

噪声应纳税额=超标准分贝数×适用单位税额

课堂训练 8-8

某市某公司某月自动监测排放大气污染物数据如下：烟尘5毫克/立方米，二氧化硫20毫克/立方米，氮氧化物50毫克/立方米，排放量为500 000立方米。已知烟尘、二氧化硫、氮氧化物污染当量值分别为2.18千克、0.95千克、0.95千克，该省大气污染物适用税率为每污染当量1.8元。则公司当月应纳的环境保护税为：

（1）确定应税污染物：均为应税大气污染物。

（2）确定每一类污染物的排放量。

①烟尘=5×0.000001×500 000=2.5（千克）

②二氧化硫=20×0.000001×500 000=10（千克）

③氮氧化物=50×0.000001×500 000=25（千克）

（3）确定每一类污染物的污染当量数。

①烟尘=2.5÷2.18=1.15

②二氧化硫=10÷0.95=10.53

③氮氧化物=25÷0.95=26.32

（4）应纳税额=（1.15+10.53+26.32）×1.8=68.4（元）

8.2.3.5　环境保护税的征收管理

（1）环境保护税的纳税义务发生时间。环境保护税的纳税义务发生时间为纳税人排放应税污染物的当日。

（2）环境保护税的纳税地点。纳税人应当向应税污染物排放地的税务机关申报缴纳环境保护税。

（3）环境保护税的纳税期限。纳税人按季申报缴纳的，应当自季度终了之日起15日内，向税务机关办理纳税申报并缴纳税款。纳税人按次申报缴纳的，应当自纳税义务发生之日起15日内，向税务机关办理纳税申报并缴纳税款。

（4）环境保护税的纳税申报。环境保护税按月计算，按季申报缴纳。不能按固定期限计算缴纳的，可以按次申报缴纳。纳税人申报缴纳时，应当向税务机关报送所排放应税污染物的种类、数量，大气污染物、水污染物的浓度值，以及税务机关根据实际需要要求纳税人报送的其他纳税资料。纳税人办理纳税申报时，应填写“环境保护税纳税申报表（A类）”（见表8-9）或“环境保护税纳税申报表（B类）”（见表8-10）。

8.2.4　城市维护建设税法

8.2.4.1　城市维护建设税的基础知识

1）城市维护建设税的含义

城市维护建设税简称“城建税”，是对缴纳增值税和消费税（简称“两税”）的单位和个人，按其实缴税额为计税依据而征收的一种税。

城市维护建设税法是指国家制定的调整城市维护建设税征收与缴纳之间权利与义务关系的法律规范。其基本法律依据是2020年8月11日中华人民共和国第十三届全国人民代表大会常务委员会第二十一次会议通过的《中华人民共和国城市维护建设税法》，并于2021年9月1日起施行。

表 8-9

环境保护税纳税申报表（A类）

税款所属期：自　年　月　日至　年　月　日　　填表日期：　年　月　日　　金额单位：元至角分

<table>
<tr><td colspan="2">纳税人名称</td><td colspan="4">（公章）</td><td colspan="2">统一社会信用代码（纳税人识别号）</td><td colspan="3"></td></tr>
<tr><td colspan="2">税源编号</td><td>排放口名称或噪声源名称</td><td>税目</td><td>污染物名称</td><td>计税依据或超标噪声综合系数</td><td>单位税额</td><td>本期应纳税额</td><td>本期减免税额</td><td>本期已缴税额</td><td>本期应补（退）税额</td></tr>
<tr><td colspan="2">（1）</td><td>（2）</td><td>（3）</td><td>（4）</td><td>（5）</td><td>（6）</td><td>（7）=（5）×（6）</td><td>（8）</td><td>（9）</td><td>（10）=（7）-（8）-（9）</td></tr>
<tr><td colspan="2"></td><td></td><td></td><td></td><td></td><td></td><td></td><td></td><td></td><td></td></tr>
<tr><td colspan="2"></td><td></td><td></td><td></td><td></td><td></td><td></td><td></td><td></td><td></td></tr>
<tr><td colspan="2"></td><td></td><td></td><td></td><td></td><td></td><td></td><td></td><td></td><td></td></tr>
<tr><td colspan="2"></td><td></td><td></td><td></td><td></td><td></td><td></td><td></td><td></td><td></td></tr>
<tr><td colspan="2"></td><td></td><td></td><td></td><td></td><td></td><td></td><td></td><td></td><td></td></tr>
<tr><td colspan="2"></td><td></td><td></td><td></td><td></td><td></td><td></td><td></td><td></td><td></td></tr>
<tr><td colspan="2">合计</td><td>—</td><td>—</td><td>—</td><td>—</td><td>—</td><td></td><td></td><td></td><td></td></tr>
<tr><td colspan="2">授权声明</td><td colspan="4">如果你已委托代理人申报　请填写下列资料：
为代理一切税务事宜，现授权　　　（地址）
（统一社会信用代码）　　为本纳税人的代理申报人，任何与本申报表有关的往来文件，都可寄予此人。
授权人签字：</td><td colspan="2">申报人声明</td><td colspan="3">本纳税申报表是根据国家税收法律法规及相关规定填写的，是真实的、可靠的、完整的。
声明人签字：</td></tr>
</table>

经办人：　　主管税务机关：　　受理人：　　受理日期：　年　月　日

本表一式两份，一份纳税人留存，一份税务机关留存。

表 8-10

环境保护税纳税申报表（B类）

税款所属期：自　年　月　日至　年　月　日　　填表日期：　年　月　日　　金额单位：元至角分

纳税人名称：　　（公章）　　统一社会信用代码（纳税人识别号）：

月份	税目	污染物名称	特征指标	单位	特征指标数量	特征系数	污染当量值（特征值）	计税依据	单位税额	本期应纳税额	减免性质代码（减免项目名称）	本期减免税额	本期已缴税额	本期应补（退）税额
(1)	(2)	(3)	(4)	(5)	(6)	(7)	(8)	(9)	(10)	(11) = (9) × (10)	(12)	(13)	(14)	(15) = (11) − (13) − (14)
合计	—	—	—	—	—	—	—	—			—			
授权声明	如果你已委托代理人申报，请填写下列资料： 为代理一切税务事宜，现授权　（地址）　（统一社会信用代码）　为本纳税人的代理申报人，任何与本申报表有关的往来文件，都可寄予此人。 授权人签字：							申报人声明	本纳税申报表是根据国家税收法律法规及相关规定填写的，是真实的、可靠的、完整的。 声明人签字：					

经办人：　　主管税务机关：　　受理人：　　受理日期：　年　月　日

本表一式两份，一份纳税人留存，一份税务机关留存。

近年来城建税收入稳定增长，2019年城建税收入4 821亿元，同比下降0.4%，占全国税收收入（157 992亿元）的3.05%。

2）城市维护建设税的特点

现行城建税按照“两税”税额计征，其具有以下两个特点：

（1）具有附加税的性质。城建税以纳税人实际缴纳的“两税”税额为计税依据，附加于“两税”税额，本身并没有特定的、独立的征税对象。

（2）取消专项用途规定。随着预算制度的不断改革，自2016年起城建税收入已由一般公共预算统筹安排，不再指定专项用途。同时，考虑税收分配和使用属于财政体制和预算管理问题，一般不在税法中规定，因此，城建税法取消专项用途的规定。

3）城市维护建设税的作用

其主要表现在以下两个方面：

（1）调动地方政府的积极性。城市维护建设税收入的绝大部分由地方政府安排，虽然取消了专项用于城市公用事业和公共设施的维护建设的规定，但在一定程度上可以充实地方政府收入，调动地方政府的积极性。

（2）有利于地方税体系建立。城市维护建设税收入在地方税中规模较大，是整个地方税体系中的骨干税种，因此，开征城市维护建设税是扩大地方财政收入的重要手段，对建立和完善地方税体系，更好地实行分税制等具有重要的作用。

8.2.4.2　城市维护建设税的基本内容

（1）城建税的纳税人。城建税以负有缴纳“两税”义务的单位和个人为纳税人，包括国有企业、集体企业、私营企业、股份制企业、外商投资企业、外国企业、其他企业和行政单位、事业单位、军事单位、社会团体和其他单位，以及个体工商户、外籍人员、华侨、港澳台同胞及其他个人。

城建税的扣缴义务人为负有增值税、消费税扣缴义务的单位和个人，在扣缴增值税、消费税的同时扣缴城建税。

（2）城建税的征税范围。其征税范围不仅包括城市和县城、镇，还包括城市和县城、镇以外的地区。或者说，只要缴纳增值税和消费税的，通常都要缴纳城建税。

（3）城建税的计税依据。城建税以纳税人实际缴纳的“两税”税额为计税依据，其应按规定扣除期末留抵退税退还的增值税税额。具体确定办法，由国务院依法规定，报全国人民代表大会常务委员会备案。

纳税人违反“两税”有关税法而加收的滞纳金和罚款，是税务机关对纳税人违法行为的经济制裁，不作为城建税的计税依据。但纳税人在被查补“两税”和被处以罚款时，应同时对其偷逃的城建税进行补税和罚款。

城建税以“两税”税额为计税依据并同时征收，如减免“两税”，也就要同时减免城建税，但对出口产品退还增值税、消费税的，不退还已缴纳的城建税。

（4）城建税的适用税率。城建税按纳税人所在地的不同，设置三档差别比例税率，即纳税人所在地为市区的，税率为7%；纳税人所在地为县城、镇的，税率为5%；纳税人所在地不在市区、县城或镇的，税率为1%。纳税人所在地是指纳税人住所地或与生产经营活动相关的其他地点，具体地点由省、自治区、直辖市确定。

城建税的适用税率，应当按纳税人所在地的规定税率执行。但对下列两种情况，可按缴纳“两税”所在地的规定税率就地缴纳城建税：一是由受托方代征代扣“两税”的单位和个人，其代征代扣的城建税按受托方所在地适用税率执行；二是流动经营等无固定纳税地点的单位和个人，在经营地缴纳“两税”的，其城建税的缴纳按经营地适用税率执行。

（5）城建税的优惠政策。城建税原则上不单独减免，但因城建税具有附加税性质，当主税发生减免时，势必要影响城建税而相应发生税收减免。

现行税收优惠政策包括：①对进口货物或境外单位和个人向境内销售劳务、服务、无形资产缴纳的增值税、消费税税额，不征城建税。②对“两税”实行先征后返、先征后退、即征即退办法的，除另有规定外，对随“两税”附征的城建税，一律不予退（返）还。③对小规模纳税人月销售额小于3万元（含）的，免征城建税。④自2019年1月1日至2021年12月31日，对增值税小规模纳税人可在50%的税额幅度内减征城市维护建设税，具体幅度由各省、自治区、直辖市人民政府根据本地区实际情况确定。

根据国民经济和社会发展的需要，国务院对重大公共基础设施建设、特殊产业和群体以及重大突发事件应对等情形可以规定减征或免征城建税，报全国人民代表大会常务委员会备案。

8.2.4.3 城市维护建设税应纳税额的计算

城建税的应纳税额是由纳税人实际缴纳的“两税”税额决定的。其计算公式为：

应纳税额=纳税人实缴的增值税、消费税税额×适用税率

课堂训练 8-9

某市区一企业2020年10月缴纳增值税18万元、消费税2万元，则该企业应纳的城建税为：

应纳城建税=（18+2）×7%=1.4（万元）

8.2.4.4 城市维护建设税的征收管理

（1）纳税义务发生时间。城建税的纳税义务发生时间与增值税、消费税一致，分别与增值税、消费税同时缴纳。

（2）城建税的纳税期限。由于城建税是由纳税人在缴纳“两税”的同时缴纳的，所以其纳税期限与“两税”的纳税期限一致。增值税、消费税的纳税人的具体纳税期限，由主管税务机关根据税法规定和纳税人应纳税额的大小分别核定；不能按照固定期限纳税的，可以按次纳税。

（2）城建税的纳税申报。城建税的纳税人应按规定期限及时办理纳税申报手续，并如实填写“城市维护建设税 教育费附加 地方教育附加申报表”（见表8-11）。

（3）城建税的纳税地点。城建税以纳税人实际缴纳的“两税”税额为计税依据，与“两税”同时缴纳，因此纳税人缴纳“两税”的地点即为缴纳城建税的地点，但下列情况除外：①代扣代缴、代收代缴“两税”的单位和个人，其城建税的纳税地点在代扣代收地。②跨省开采的油田，下属生产单位与核算单位不在一个省内的，各油井应纳的城建税，应由核算单位计算，随同增值税一并汇拨油井所在地，由油井在缴纳增值税的同时，一并缴纳城建税。③对流动经营等无固定缴纳税地点的单位和个人，应随同“两税”在经营地缴纳城建税。

表 8-11 城市维护建设税 教育费附加 地方教育附加申报表

税款所属期限：自 年 月 日至 年 月 E

纳税人识别号（统一社会信用代码）：□□□□□□□□□□□□□□□□□□

纳税人名称：金额单位：人民币元（列至角分）

本期是否适用增值税小规模纳税人减征政策（减免性质代码__城市维护建设税：07049901，减免性质代码_教育费附加：61049901，减免性质代码_地方教育附加：99049901）	□是 □否	减征比例_城市维护建设税（%）	
		减征比例_教育费附加（%）	
		减征比例_地方教育附加（%）	

税（费）种	计税（费）依据				税率（征收率）	本期应纳税（费）额	本期减免税（费）额		本期增值税小规模纳税人减征额	本期已缴税（费）额	本期应补（退）税（费）额
	增值税		消费税	合计			减免性质代码	减免税（费）额			
	一般增值税	免抵税额									
	1	2	3	5=1+2+3	6	7=5×6	8	9	10	11	12=7-9-10-11
城建税											
教育费附加											
地方教育附加											
—											
合计	—				—						

谨声明：本纳税申报表是根据国家税收法律法规及相关规定填报的，是真实的、可靠的、完整的。

纳税人（签章）： 年 月 日

经办人： 经办人身份证号： 代理机构签章： 代理机构统一社会信用代码：	受理人： 受理税务机关（章）： 受理日期： 年 月 日

8.3 烟叶税法

8.3.1 烟叶税的基础知识

8.3.1.1 烟叶税的含义

烟叶税是指对在中国境内从事烟叶收购的单位，按其收购金额计算征收的一种税。

烟叶税法是指用以调整国家烟叶税征收与缴纳之间权利义务关系的法律规范。它的基本法律依据是《中华人民共和国烟叶税法》。

2019年我国烟叶税收入为111.03亿元，与上年基本持平（2018年为111.35亿元），占全国税收收入（157 992亿元）的0.07%。

8.3.1.2 烟叶税的演变

1958年我国统一实施《中华人民共和国农业税条例》(简称《农业税条例》)，1983年国务院以《农业税条例》为依据，对特定农业产品征收农林特产农业税，但烟叶另外征收产品税或工商统一税。1994年1月国务院发布了《关于对农业特产收入征收农业税的规定》，将原农林特产农业税与原产品税和工商统一税中的农林牧水产品税目合并，改为统一征收农业特产税，烟叶在收购环节征收，税率为31%，1999年税率下调为20%。

2004年6月，财政部、国家税务总局制定了《财政部 国家税务总局关于取消除烟叶外的农业特产税有关问题的通知》，规定从2004年起，除对烟叶暂保留征收农业特产税外，取消对其他农业特产品征收的农业特产税。2005年12月29日，第十届全国人民代表大会常务委员会第十九次会议决定，于2006年1月1日起废止《农业税条例》，使烟叶征收农业特产税失去了法律依据。为加强对烟叶的征税管理，2006年4月28日国务院公布了《中华人民共和国烟叶税暂行条例》，并自公布之日起施行，从而提升了烟叶税的法律地位而使其成为一个独立的税种。2017年12月27日，第十二届全国人民代表大会常务委员会第三十一次会议通过了《中华人民共和国烟叶税法》，并自2018年7月1日起施行。

8.3.1.3 烟叶税的意义

按照国家农村税费改革和税制建设的总体要求，通过征收烟叶税取代原烟叶征收农业特产税，有利于实现烟叶税制的转变，完善烟草税制体系，保证地方财政收入稳定，引导烟叶种植和烟草行业健康发展。

8.3.2 烟叶税的征收管理

1）烟叶税的征税对象

其包括晾晒烟叶、烤烟叶。晾晒烟叶包括列入名晾晒烟名录的晾晒烟叶和未列入名晾晒烟名录的其他晾晒烟叶。

2）烟叶税的纳税人

在中华人民共和国境内收购烟叶的单位为烟叶税的纳税人。所谓收购烟叶的单位是指依照《中华人民共和国烟草专卖法》规定，有权收购烟叶的烟草公司或受其委托收购烟叶的单位。

3）烟叶税的税率

烟叶税实行20%的比例税率。

4）烟叶税的计税依据

烟叶税以纳税人收购烟叶的收购金额为计税依据。所谓收购金额包括纳税人支付给烟叶销售者的烟叶收购价款和价外补贴。按照简化手续、方便征收的原则，对价外补贴国家统一暂按烟叶收购价款的10%计入收购金额征税。其计算公式为：

烟叶收购金额=收购价款×（1+10%）

依照《中华人民共和国烟草专卖法》查处没收的违法收购的烟叶，由收购罚没烟叶的单位按照购买金额计算缴纳烟叶税。

8.3.3 烟叶税的计税管理

8.3.3.1 烟叶税的应纳税额

烟叶税的应纳税额按照纳税人收购烟叶的收购金额和规定的税率计算。其计算公式为：

应纳税额=烟叶收购金额×税率

课堂训练 8-10

某烟草公司为增值税一般纳税人，2020年10月收购烟叶10 000千克，其收购价格为7元/千克，总计70 000元，货款已全部支付，则该公司应纳的烟叶税为：

应纳税额=70 000×（1+10%）×20%=15 400（元）

8.3.3.2 烟叶税的征收管理

烟叶税的纳税义务发生时间为纳税人收购烟叶的当天。纳税人应当于纳税义务发生月终了之日起15日内申报并缴纳税款。

纳税人收购烟叶，应当向烟叶收购地的主管税务机关申报纳税。

8.4 非税征收制度

非税征收制度是指由税务机关负责征收的非税财政收入性质的行为规范。按国务院有关规定，现行由税务机关组织征收的非税财政收入包括教育附加费、文化事业建设费和社会保险费。它们虽称为费，但也具备税收性质。

8.4.1 教育附加费

8.4.1.1 教育附加费的基础知识

教育附加费是对缴纳增值税、消费税的单位和个人，就其实际缴纳的税额为计算依据征收的附加费，包括教育费附加和地方教育附加两种。

为加快发展地方教育事业，扩大地方教育经费的资金来源，1984年国务院颁布了《国务院关于筹措农村学校办学经费的通知》，开征了农村教育事业经费附加。1985年中共中央作出了《中共中央关于教育体制改革的决定》，决定中指出：必须在国家增拨教育基本建设投资和教育经费的同时，开辟多种渠道筹措经费。为此，国务院于1986年4月颁布了《征收教育费附加的暂行规定》，决定从同年7月1日开始在全国范围内征收教育费附加，并于2011年进行了修订。2010年财政部下发了《财政部关于统一地方教育附加政策有关问题的通知》，对各省、自治区、直辖市的地方教育附加进行了统一。

8.4.1.2　教育附加费的基本制度

（1）教育附加费的计征办法。教育费附加和地方教育附加对缴纳增值税和消费税的单位和个人征收，以其实际缴纳的增值税和消费税为计征依据，分别与增值税、消费税同时缴纳。

（2）教育附加费的计征比率。教育费附加征收比率为3%，地方教育附加征收比率为2%。

（3）教育附加费的减免规定。其主要内容包括：对海关进口的产品征收的增值税、消费税，不征收教育费附加和地方教育附加。对由于减免增值税和消费税而发生退税的，可同时退还已征收的教育费附加和地方教育附加；但对出口产品退还增值税、消费税的，不退还已征的教育费附加和地方教育附加。对“两税”实行先征后返、先征后退、即征即退办法的，除另有规定外，对随“两税”附征的教育费附加和地方教育附加，一律不予退（返）还。对国家重大水利工程建设基金，免征教育费附加和地方教育附加；对纳税人月销售额小于10万元（含）的，免征教育费附加和地方教育附加。自2019年1月1日至2021年12月31日，对增值税小规模纳税人可在50%的税额幅度内减征教育费附加和地方教育附加，具体幅度由各省、自治区、直辖市人民政府根据本地区实际情况确定。

8.4.1.3　教育附加费的计算

教育费附加和地方教育附加的基本计算公式为：

应纳教育费附加或地方教育附加=实纳增值税、消费税税额×征收比率

案例窗8-1　　**缴纳增值税勿忘缴纳城建税和教育费附加**

某市税务机关稽查局于2020年10月对一家企业进行税务检查时发现下列问题：该企业2020年9月应纳增值税52万元，但未按规定缴纳城建税和教育附加费；为他人代开增值税专用发票5份，价款20万元。稽查局根据上述情况作出处罚决定：依法按规定补缴增值税、城建税、教育费附加和地方教育附加并加征滞纳金（滞纳天数10天）；按代开专用发票应纳增值税处以2倍罚款。其计算过程及结果如下：

（1）按应纳增值税52万元补缴城建税、教育费附加和地方教育附加。

补缴城建税=520 000×7%=36 400（元）

补缴教育费附加和地方教育附加=520 000×（3%+2%）=26 000（元）

（2）按代开专用发票20万元补缴各税。

应补缴增值税=200 000×13%=26 000（元）

补缴城建税=26 000×7%=1 820（元）

补缴教育费附加和地方教育附加=26 000×（3%+2%）=1 300（元）

（3）按上述补缴各税加征滞纳金。

应缴各税滞纳金=（36 400+26 000+26 000+1 820+1 300）×5‱×10=457.6（元）

（4）按代开专用发票20万元补缴增值税处以罚款。

增值税罚款=26 000×2=52 000（元）

8.4.2 文化事业建设费

8.4.2.1 文化事业建设费的概念

文化事业建设费是国家为了引导和调控文化事业的发展而征收的一种专项资金。1996年9月5日，国务院发布《国务院关于进一步完善文化经济政策的若干规定》，从1997年1月1日起在全国范围内开征文化事业建设费；1997年7月7日，财政部、国家税务总局发布了经国务院批准的《文化事业建设费征收管理暂行办法》，进一步完善征收制度。

为促进我国文化事业的发展，加强全国营业税改征增值税试点中文化事业建设费的征收管理，2013年8月财政部、国家税务总局制定了《关于营业税改征增值税试点有关文化事业建设费征收管理问题的通知》；2016年3月财政部、国家税务总局制定了《关于营业税改征增值税试点有关文化事业建设费政策及征收管理问题的通知》；2016年5月财政部、国家税务总局又制定了《关于营业税改征增值税试点有关文化事业建设费政策及征收管理问题的补充通知》。

8.4.2.2 文化事业建设费的计征办法

（1）缴纳人与扣缴人。在中华人民共和国境内提供广告服务的广告媒介单位和户外广告经营单位为缴纳人。中国境外的广告媒介单位和户外广告经营单位在境内提供广告服务，在境内未设有经营机构的，以广告服务接受方为文化事业建设费的扣缴义务人。在中华人民共和国境内提供娱乐服务的单位和个人应按规定缴纳文化事业建设费。

（2）免征政策的规定。提供应税服务未达到增值税起征点的个人，以及增值税小规模纳税人中月销售额不超过2万元（按季纳税6万元）的企业和非企业性单位提供的应税服务，免征文化事业建设费。

自2019年7月1日至2024年12月31日，对中央所属企事业单位减半征收文化事业建设费，并授权各省（自治区、直辖市）在50%幅度内对地方企事业单位和个人减征。

（3）应缴费额的计算。缴纳人应按照提供广告服务取得的计费销售额和3%的费率计算应缴费额；扣缴人应按提供广告服务支付的广告服务含税价款和3%的费率，计算应扣缴费额。其计算公式为：

应缴费额=计费销售额×3%

应扣缴费额=支付的广告服务含税价款×3%

上述的计费销售额是指为纳税人提供广告服务取得的全部含税价款和价外费用，减除支付给其他广告公司或广告发布者的含税广告发布费后的余额。缴纳人减除价款的，应取得增值税专用发票或国家税务总局规定的其他合法有效凭证，否则不得减除。

缴纳义务人应按照提供娱乐服务取得的计费销售额和3%的费率计算娱乐服务应缴费额，计算公式如下：

娱乐服务应缴费额=娱乐服务计费销售额×3%

娱乐服务计费销售额，为缴纳义务人提供娱乐服务取得的全部含税价款和价外费用。

8.4.2.3 文化事业建设费的征收管理

文化事业建设费缴纳义务发生时间、缴纳期限和缴纳地点，与缴纳人的增值税纳税义务发生时间、纳税期限和纳税地点相同。

文化事业建设费由国家税务总局征收，纳入财政预算管理，建立专项资金，用于文化事业建设。

8.4.3 社会保险费

8.4.3.1 社会保险费的概念

社会保险费是国家为了发展社会保险事业而征收的一种专项资金，类似国外的社会保障税。我国的社会保险费是指由用人单位及其职工依法参加社会保险并缴纳的职工基本养老保险费、职工基本医疗保险费、工伤保险费、失业保险费和生育保险费。

国家建立社会保险制度应坚持广覆盖、保基本、多层次、可持续的原则，社会保险水平应与经济社会发展水平相适应，以保障公民在年老、疾病、工伤、失业、生育等情况下依法从国家和社会获得物质帮助的权利。

我国征收社会保险费的基本法律依据是1999年1月国务院发布的《社会保险费征缴暂行条例》、2010年10月中华人民共和国第十一届全国人民代表大会常务委员会第十七次会议通过的《中华人民共和国社会保险法》(2011年7月1日起施行)、2013年9月26日人力资源和社会保障部制定的《社会保险费申报缴纳管理规定》(2013年11月1日起施行)、2016年2月国务院第122次常务会议通过的《全国社会保障基金条例》和2016年10月国务院印发的《关于激发重点群体活力 带动城乡居民增收的实施意见》等。

2018年社会保险之养老金开始全国统筹；2018年8月20日，社会保险费改由税务部门征收；2018年12月10日前完成社会保险费和第一批非税收入征管职责划转交接工作，2019年1月1日起由税务部门统一征收各项社会保险费和先行划转的非税收入。

8.4.3.2 社会保险费的计征办法

1）社会保险费的征缴范围

其主要内容包括：

(1) 基本养老保险费。职工应当参加基本养老保险，由用人单位和职工共同缴纳基本养老保险费。无雇工的个体工商户、未在用人单位参加基本养老保险的非全日制从业人员，以及其他灵活就业人员可参加基本养老保险，由个人缴纳基本养老保险费。

(2) 基本医疗保险费。职工应当参加职工基本医疗保险，由用人单位和职工共同缴纳基本医疗保险费。无雇工的个体工商户、未在用人单位参加职工基本医疗保险的非全日制从业人员，以及其他灵活就业人员可参加职工基本医疗保险，由个人按照国家规定缴纳基本医疗保险费。

(3) 失业保险费。职工应当参加失业保险，由用人单位和职工按照国家规定共同缴纳失业保险费。

(4) 工伤保险费。职工应当参加工伤保险，由用人单位缴纳工伤保险费，职工不缴纳工伤保险费。

(5) 生育保险费。职工应当参加生育保险，由用人单位按照国家规定缴纳生育保险费，职工不缴纳生育保险费。

2）社会保险费的费率和计费依据

其主要规定包括：

（1）基本养老保险费的费率和计费依据。企业单位：企业缴费费率为20%左右，计费依据为上月工资总额；职工个人费率为8%，计费依据为上年职工月平均工资，由社保经办机构核定。事业单位：费率依地区不同而不同，具体由社保经办机构核定，单位以全部职工个人缴费之和为计费依据，职工计费依据为本人上月应发基本工资。城镇个体工商户、自由职业者和解除劳动关系后接续缴费人员：费率为20%，8%计入个人账户，计费依据为本人月工资收入。个体工商户的雇工：费率为8%，计费依据由社保经办机构负责核定。

（2）基本医疗保险费的费率和计费依据。用人单位缴费费率一般为职工工资总额的6%左右，个人缴费费率为本人工资的2%。个人缴费全部计入个人账户，用人单位缴费的30%左右划入个人账户，其余部分用于建立统筹基金。企业缴费部分的计费依据为上月工资总额，机关事业单位、民办非企业单位、社会团体和职工个人缴费的计费依据由社保经办机构负责核定。

（3）失业保险费的费率和计费依据。用人单位按照本单位工资总额的2%缴纳失业保险费，用人单位职工按照本人工资的1%缴纳失业保险费；计费依据为上月工资总额。累计缴费1~5年的，领取期限最长为12个月；累计缴费5~10年的，领取期限最长为18个月；累计缴费时间满10年及以上的，领取期限最长为24个月。

（4）工伤保险费的费率和计费依据。根据2003年4月国务院发布，2010年12月修订的《工伤保险条例》等规定，国家根据不同行业的工伤风险程度确定行业的差别费率，并根据工伤保险费使用、工伤发生率等情况在每个行业内确定若干费率档次。不同工伤风险类别的行业执行不同的工伤保险行业基准费率。各行业工伤风险类别对应的全国工伤保险行业基准费率为，一类至八类分别控制在该行业用人单位职工工资总额的0.2%、0.4%、0.7%、0.9%、1.1%、1.3%、1.6%、1.9%左右。通过费率浮动的办法确定每个行业内的费率档次。一类行业分为三个档次，即在基准费率的基础上，可向上浮动至120%、150%，二类至八类行业分为五个档次，即在基准费率的基础上，可分别向上浮动至120%、150%或向下浮动至80%、50%。工伤保险费由单位缴纳，个人不用缴纳。

（5）生育保险费的费率和计费依据。根据1995年1月1日起实施的《企业职工生育保险试行办法》，生育保险费的缴纳比例由当地政府根据计划生育人数、生育津贴和生育医疗费用确定，并可根据费用支出情况适时调整，但最高不得超过工资总额的1%。各地实际缴纳费率一般为0.6%～0.8%。生育保险费由单位缴纳，个人不用缴纳。

除上述规定的“五险”之外，还有“住房公积金”（即统称的“五险一金”）。根据1999年4月国务院发布，2002年3月和2019年3月修订的《住房公积金管理条例》，职工和单位住房公积金的缴存比例均不得低于职工上一年度月平均工资的5%；有条件的城市，可以适当提高缴存比例。具体缴存比例由住房公积金管理委员会拟订，经本级人民政府审核后，报省、自治区、直辖市人民政府批准。

8.4.3.3 社会保险费的征收管理

1）社会保险费的缴纳

社会保险费实行集中、统一征收与缴纳，不得减征、免征，由税务机关征收。缴费单位和缴费个人应当及时、足额缴纳社会保险费。

应当缴纳社会保险费的单位，必须向当地社会保险经办机构办理社会保险登记，参加社会保险；按月向经办机构申报应缴纳的社会保险费数额，经核定后在规定的期限内缴纳；缴费个人应缴纳的社会保险费，由其所在单位从其工资中代扣代缴。

缴费单位不按照规定申报应当缴纳的社会保险费数额的，由经办机构暂按该单位上月缴费数额的110%确定应缴数额；没有上月缴费数额的，暂按该单位的经营状况、职工人数等有关情况确定应缴数额。

2）社会保险费的处罚

其主要规定包括：

（1）社会保险行政部门及其人员作出划拨社会保险费决定时有下列行为之一的，按照《中华人民共和国行政强制法》的规定，由上级社会保险行政部门或有关部门责令改正，对直接负责的主管人员和其他直接责任人员依法给予处分；给用人单位或个人造成损失的，依法承担赔偿责任；构成犯罪的，依法追究刑事责任：①违反法定程序作出划拨社会保险费决定的；②未在规定时限内及时作出划拨社会保险费决定并书面通知用人单位开户银行或其他金融机构的；③决定划拨的社会保险费数额错误的；④向当事人泄露信息影响划拨社会保险费的；⑤有违反法律、法规和规章的其他行为的。

（2）社会保险经办机构及其工作人员有下列行为之一的，由社会保险行政部门责令改正，视情节轻重对直接负责的主管人员和其他直接责任人员依法给予相应处分：①未按照规定核定或确定用人单位应当缴纳的社会保险费数额的；②对已征收的社会保险费未按照国家规定记账的；③未依法责令欠缴社会保险费的用人单位限期补缴社会保险费、加收滞纳金的；④申请人民法院强制执行不符合规定的；⑤签订担保合同和延期缴费协议不符合规定的；⑥未按照规定审核、处置担保财产的；⑦法律、法规和规章规定的其他情形。

（3）社会保险经办机构擅自更改社会保险费缴费基数、费率，导致少收或多收社会保险费的，由社会保险行政部门责令其追缴应当缴纳的社会保险费或退还不应当缴纳的社会保险费；对直接负责的主管人员和其他直接责任人员依法给予处分。

（4）用人单位未按照规定向社会保险经办机构进行缴费申报或未按照规定缴纳社会保险费的，社会保险行政部门应当依法查处。

（5）用人单位未按时足额缴纳社会保险费的，由社会保险经办机构按照规定责令其限期缴纳或补足，并自欠缴之日起按日加收5‰的滞纳金；逾期仍不缴纳的，由社会保险行政部门处欠缴数额1倍以上3倍以下的罚款。

3）社会保险费的用途

社会保险费收入纳入社会保险基金，分别建立基本养老保险基金、基本医疗保险基金、失业保险基金和工伤保险基金，单独核算、专款专用，且不得计征任何税费。

缴费单位应每年向本单位职工公布本单位全年社会保险费缴纳情况，接受职工监督；

社会保险经办机构应定期向社会公告社会保险费征收情况，接受社会监督。

本章小结

● 房产税是以房产为征税对象，依据房产价格或租金收入向房产所有人征收的一种税。其征税范围是在城市、县城、建制镇和工矿区的房屋（不包括农村房屋）；按房产余值12%或租金1.2%的比例税率从价计征房产税；实行按年计算、分期缴纳的征收办法。

● 车船税是指在中华人民共和国境内的车辆、船舶的所有人或者管理人按照《中华人民共和国车船税法》应缴纳的一种税。在中国境内拥有并且使用车船的单位和个人，原则上为车船税的纳税人；计税单位按车船的种类和性能，分别确定为辆、吨和米；采用从量定额征收。

● 契税是以境内出让、转让、买卖、赠与、互换发生权属转移的土地、房屋为征税对象而征收的一种税。以在中国境内转移土地、房屋权属的承受单位和个人为纳税人；按不动产价格的3%～5%的幅度比例税率从价计征。省、自治区、直辖市可依规定的程序对不同主体、地区或类型住房的权属转移确定差别税率。

● 印花税是对经济活动和经济交往中书立、使用、领受具有法律效力的凭证的单位和个人征收的一种税。印花税具体征收范围分为5类、13个税目，分别采用从价定率和从量定额进行征收；根据税额的大小、贴花次数及征管需要，分别采用自行贴花、汇贴或汇缴、委托代征三种纳税办法。

● 车辆购置税是对在中国境内购买应税车辆的单位和个人征收的一种税。其征收范围包括汽车、有轨电车、汽车挂车和摩托车；以车辆购置价格为计税依据，按10%的单一比例税率计算征收；车辆购置税实行一次课征制，即购置已征车辆购置税的车辆不再征税。

● 环境保护税是指对在中华人民共和国领域和中华人民共和国管辖的其他海域直接向环境排放应税污染物的企业事业单位和其他生产经营者征收的一种税。其征税范围包括大气污染物、水污染物、固体废物和噪声；采用定额税率征收；按月计算，按季申报缴纳。

● 城市维护建设税是对缴纳增值税和消费税的单位和个人，按其实缴税额为计税依据而征收的一种税。其税率按纳税人所在地的不同，设置了三档（7%、3%和1%）差别比例税率。按照城建税法要求，取消专项用途的规定。

● 烟叶税是指对在中国境内从事烟叶收购的单位，按其收购金额计算征收的一种税，以晾晒烟叶、烤烟叶为征税对象，以收购烟叶的单位为纳税人，按照纳税人收购烟叶的收购金额和20%的税率计算缴纳烟叶税。

● 非税征收制度是指由税务机关负责征收的非税财政收入性质的行为规范。按国务院有关规定，现行由税务机关组织征收的非税财政收入包括教育费附加、地方教育附加、文化事业建设费和社会保险费。

关键概念

房产税　车船税　契税　烟叶税　印花税　车辆购置税　环境保护税　城市维护建设税　教育费附加　地方教育附加　文化事业建设费　社会保险费

复习思考题

1.如何掌握财产税与行为目的税的计算与征收管理?
2.印花税的特点是什么?它对股市有何影响?
3.城建税与流转税“两税”有何联系?
4.烟叶税有何现实意义?其应纳税额如何计算?
5.现行非税财政收入有哪些?如何进行缴纳与管理?

章后客观题及参考答案8

第9章

税收征收管理法

学习目标

掌握税务登记的种类、范围及要求。
理解账证管理、发票管理的基本要求。
熟悉纳税申报、税款征收的内容和方式。
掌握纳税评估的指标与方法。
了解税务检查的权力与责任。
理解税务违法的内涵及处理依据。

案例导引

我国的金税工程建设

金税工程是“中国税收管理信息系统”的简称，英文缩写为CTAIS，是指利用防伪税控系统对增值税专用发票的开具、抵扣等使用情况进行全面监控的系统。金税工程是国家电子政务“十二金”工程之一，是增值税乃至新税制的“生命线”和打击偷骗税的“杀手锏”。“金税工程一期”由国家税务总局于1994年开始实施。

金税工程的主要内容可概括为“一个平台、两级处理、三个覆盖、四个系统”。“一个平台”即建立一个包含网络硬件和基础软件的统一技术基础平台；“两级处理”即依托统一的技术基础平台，根据国家税务总局和省级税务局管理上对数据的不同要求，逐步实现税务系统的数据信息在总局和省局的集中处理；“三个覆盖”即将应用内容逐步覆盖所有税种，覆盖所有工作环节，覆盖各级税务机关，并与有关部门联网；“四个系统”即通过业务的重组、优化和规范，逐步形成一个以征管业务为主，包括行政管理、外部信息和决策支持在内的信息管理应用系统。

“金税工程二期”建设，即增值税征管信息系统建设，于1998年启动，其从“金税工程一期”建设的3个子系统扩展到4个子系统，即增值税防伪税控开票子系统、增值税防伪税控认证子系统、增值税交叉稽核子系统和发票协查信息管理子系统。

“金税工程三期”建设的主要内容包括建立管理、征收、稽查、处罚、执行、救济和监控等7个子系统，共35个模块，使“金税工程二期”的发票管理功能与整个涉税管理功能紧密结合、融为一体，从而全面覆盖基层税务机关的所有税种、各个环节、各个方面的税收业务处理。其建设于2002年启动；2005年9月7日，国务院审议通过金税三期工程项目建议书；发改委于2007年4月9日批准金税三期工程可研报告，2008年9月24日，正式批准初步设计方案和中央投资概算；2010年，工程进入全面建设阶段。这项具有重要战略地位的国家级信息系统工程，融合了税收业务变革和技术创新，具有六大创新点：一是运用先进的税收管理理念和信息技术做好总体规划；二是统一全国征管数据标准和口径；三是实现全国征管数据应用的大集中；四是统一全国税务征管应用系统版本；五是统一规范纳税服务系统；六是建立统一的网络发票系统。

讨论：查阅资料分析我国金税工程的现实效应及发展方向。

税收征收管理是国家及其税务机关依据税收法律、行政法规的规定，按照统一的标准，通过法定的程序对纳税人应纳税额组织入库的一种行政行为。税收征收管理法是有关税收征收管理等方面的法律规范的总称，包括《中华人民共和国税收征收管理法》（以下简称《征管法》）及其实施细则和《发票管理办法》等法律文件，以及刑法中有关涉税犯罪等的规定，其核心内容是《征管法》。《征管法》于1992年9月第七届全国人大常委会第二十七次会议通过，并于1995年2月、2001年4月、2013年6月和2015年4月经全国人大常委会修订，共分总则、税务管理、税款征收、税务检查、法律责任和附则6章94条。2016年2月，国务院又修订颁布了《中华人民共和国税收征收管理法实施细则》（以下简称《征管法实施细则》）。《征管法》及《征管法实施细则》的颁布与实施，是依法行政、依法治税和以德治国思想在社会主义市场经济条件下的新发展，对打击税收违法行为、整顿规范市场经济秩序、进一步保护纳税人合法权益、规范税务机关执法行为、促进经济发展和社会进步等具有重要的现实意义。

9.1 税务管理

税务管理是税务机关在税收征收管理中对征纳过程实施的基础性的管理制度和管理行为，包括税务登记、账证管理、发票管理和纳税申报等内容。它是整个税收征管工作的基础环节，是做好税款征收和税务检查的前提工作。

9.1.1 税务登记

9.1.1.1 税务登记的概念

税务登记又称“纳税登记”，是指税务机关对纳税人的生产经营活动进行登记并据此对纳税人实施税务管理的一种法定制度。建立税务登记制度便于税务机关掌握和控制经济税源，对纳税人履行纳税义务的情况进行监督和管理，也有利于增强纳税人依法纳税的观念，保护纳税人的合法权益。

税务登记主要依据《国家税务总局关于修改〈税务登记管理办法〉的决定》，自2015年3月1日起施行。自2015年9月29日起，实行“三证合一”登记制度改革。所谓

“三证合一”登记制度，是指企业原先由市场监督管理部门核发工商营业执照、质量技术监督部门核发组织机构代码证、税务部门核发税务登记证，改为一次申请，由市场监督管理部门核发一个加载法人和其他组织“统一社会信用代码”的营业执照的登记制度。“三证合一”登记制度推行后，新办企业及换发证照的企业将取得市场监督管理部门核发的载有18位“统一社会信用代码”的营业执照。这18位“统一社会信用代码”既是企业的工商登记号，又是税务登记号。在“三证合一”登记制度改革的基础上，整合社会保险登记和统计登记证，从而实现了“五证合一、一照一码”，自2016年10月1日起施行。

根据国家税务总局印发的《关于落实“三证合一”登记制度改革的通知》的规定，新设立企业、农民专业合作社领取加载法人和其他组织“统一社会信用代码”的“五证合一”的营业执照后，无须再次进行税务登记。企业办理涉税事宜时，在税务机关完成补充信息的采集后，可凭加载“统一社会信用代码”的营业执照代替税务登记证使用。

9.1.1.2 开业税务登记

（1）开业税务登记的适用对象。

①企业，即指从事生产经营的单位或组织，包括国有、集体、私营企业，中外合资、合作企业和外商独资企业，以及各种联营、联合、股份制企业等。

②企业在外地设立的分支机构和从事生产经营的场所。

③个体工商户。

④从事生产经营的事业单位。

⑤依照法律法规的规定，负有纳税义务不从事生产经营的单位和个人，但不包括临时取得应税收入或发生应税行为，以及只缴纳个人所得税和车船税的单位和个人。

（2）开业税务登记的时间和地点。

①从事生产经营的纳税人，应自领取营业执照之日起或首次发生纳税义务起30日内，向生产经营地或纳税义务发生地的主管税务机关申报办理登记。

②除国家机关、个人和上述从事生产经营的纳税人外，其他纳税人原则上应自纳税义务发生之日起30日内，持有关证件向所在地主管税务机关申报办理登记。

③扣缴义务人应自扣缴义务发生之日起30日内，向所在地的主管税务机关申报办理扣缴税款登记，领取扣缴税款登记证件；对已办理税务登记的扣缴义务人，可只在其税务登记证件上登记扣缴税款事项，不再发放扣缴税款登记证件。

④跨地区的非独立核算分支机构应自设立之日起30日内，向所在地税务机关申报办理登记。

⑤从事生产经营的纳税人外出经营时，在同一地点连续12个月内累计超过180天的，应自期满之日起30日内，向生产经营所在地税务机关申报办理登记。

⑥有独立生产经营权、在财务上独立核算，并定期向发包人或出租人上交承包费或租金的承包承租人，应自承包承租合同签订之日起30日内，向其承包承租业务发生地税务机关申报办理登记。

⑦境外企业在中国境内承包建筑、安装、装配、勘探工程和提供劳务的，应自项目合同或协议签订之日起30日内，向项目所在地税务机关申报办理登记。

企业在市场监督管理部门登记，取得“五证合一、一照一码”的营业执照后，30日内未去税务机关报到的，不属于逾期登记。

（3）开业税务登记的材料要求。纳税人办理税务登记时，应根据不同情况向税务机关如实提供以下证件和资料：营业执照或其他核准执业证件；有关合同、章程、协议书；法定代表人和董事会成员名单；法定代表人（负责人）或业主居民身份证、护照或其他能够证明身份的合法证件；住所或经营场所证明；委托代理协议书的复印件等。其他需要提供的有关证件、资料，由省、自治区、直辖市税务机关确定。

9.1.1.3　变更税务登记

变更税务登记是指纳税人税务登记内容发生重要变化，向税务机关申报办理的税务登记。《国务院办公厅关于加快推进“五证合一、一照一码”登记制度改革的通知》对市场主体设立、变更、注销等环节的工作流程进行了细化和规范。实行“五证合一、一照一码”登记模式的企业待市场监督管理部门“一个窗口”统一受理申请后，其申请材料和登记信息可在部门间共享，且各部门能够数据互换、档案互认。对于市场监督管理部门已采集的信息，税务机关不再重复采集；其他必要的涉税基础信息，可在企业办理有关涉税事宜时，及时采集，陆续补齐。信息发生变化的，由企业直接向税务机关申报变更，税务机关负责及时更新税务系统中的企业信息。

（1）变更税务登记的范围。纳税人办理税务登记之后，发生下列情形之一的，应办理变更税务登记手续：改变企业名称、法定代表人、经济性质或经济类型、住所和经营地点（不涉及主管税务机关变动的）、隶属关系、增减注册资金（资本）、生产经营或经营方式和生产经营期限，以及改变或增减银行账号、生产经营权属和其他税务登记内容等。

（2）变更税务登记的时间。纳税人办理税务登记内容发生变化的，应自市场监督管理机关或其他机关办理变更登记之日起30日内，持有关证件向原税务登记机关申报办理变更税务登记；纳税人税务登记内容发生变化，无须到市场监督管理机关或其他机关办理变更登记的，应自发生变化之日起30日内，持有关证件向原税务登记机关申报办理变更税务登记。

9.1.1.4　停业、复业税务登记

停业、复业税务登记是指纳税人发生停业、复业的情形时，向税务机关申报办理的税务登记，主要包括停业税务登记和复业税务登记。

（1）停业税务登记。纳税人在营业执照核准的经营期限内需要停业的，应向税务机关提出停业税务登记申请，说明理由、时间及停业前的纳税情况和发票的领、用、存情况，并如实填写“申请停业登记表”。

税务机关经过审核（必要时，可以实地审查），应责成申请停业的纳税人结清税款，收回发票领购簿和发票，并办理停业登记。纳税人停业期间发生纳税义务的，应及时向主管税务机关申报，并依法补缴应纳税款。

（2）复业税务登记。纳税人在停业后恢复生产经营的，应于恢复生产经营之前向税务机关提出复业税务登记申请，经确认后办理复业税务登记。领回或启用的发票领购簿及领购的发票，纳入正常的税收征收管理。

纳税人停业期满不能及时恢复生产经营的，应在停业期满前向税务机关申请延长停业。纳税人停业期满未按期复业又不申请延长停业的，税务机关应视为已恢复营业，实施正常的税收征收管理。

9.1.1.5　注销税务登记

注销税务登记是指纳税人发生解散、破产、撤销和其他情形终止纳税义务时，向税务机关申报办理的税务登记。其主要规定包括：

（1）注销税务登记的范围。纳税人因经营期限届满而自动解散；企业由于改组、分立、合并等原因而被撤销；企业因资不抵债而破产；纳税人住所、经营地址迁移而涉及改变原主管税务机关；纳税人被市场监督管理部门吊销营业执照；纳税人依法终止履行纳税义务的其他情形。

（2）注销税务登记的时间。

①纳税人发生解散、破产、撤销和其他情形应当依法终止纳税义务的，应在向市场监督管理机关办理注销登记前，持有关证件向原税务登记管理机关申报办理注销税务登记；按照规定无须在市场监督管理机关办理注销登记的，应自有关机关批准或宣告终止之日起15日内，持有关证件向原税务登记机关办理注销税务登记；纳税人被市场监督管理机关吊销营业执照的，应自营业执照被吊销之日起15日内向原税务登记机关办理注销税务登记。

②纳税人因住所、生产经营场所发生变动而涉及改变主管税务登记机关的，应在向市场监督管理机关申请办理注销登记前，或住所、生产经营场所发生变动前，向原税务登记机关申报办理注销税务登记，并在30日内，向迁达地主管税务登记机关申报办理注册税务登记手续。

（3）注销税务登记的程序。

第一，注销税务登记的申报。纳税人办理注销税务登记时，应向原税务登记机关领取“注销税务登记申请审批表”（以下简称“审批表”），如实填写注销登记事项和原因。

第二，注销税务登记的受理。主管税务机关接到纳税人填写的“审批表”，审阅其填报内容是否符合要求、所附资料是否齐全后，还要审查发票管理环节是否符合有关规定等。对符合规定条件的，方可予以受理。

第三，注销税务登记的核准。税务登记管理环节对“审批表”加以确认后，填制“税务文书传递单”（以下简称“传递单”），并附“审批表”送税务稽查环节；稽查环节确定需对申请注销的纳税人进行实地稽查的，在“传递单”上注明批复期内的稽查期限，在“审批表”上签署税款清算情况，并及时将其返还税务登记环节。登记部门在纳税人结清税款（包括滞纳金、罚款）后，据以办理注销税务登记。

案例窗9-1　　**新开小食杂店应依法办理开业税务登记**

由于自家住房临街，老丁将自家住房改造后开了个小食杂店。半年经营下来，小店效益一般。这期间，老丁发现附近有一些高档饭店，但缺少价格低廉的快餐店，一些学生、打工族要跑很远的路去买吃的。于是，老丁决定不再经营食杂店，而改开小吃店。说干就干，很快老丁就去市场监督管理部门办理了营业执照的变更登记。可是接下来，老丁需要办理什么手续？应在什么时间内办理？

分析：“五证合一”推行后，换发证照的企业将取得市场监督管理部门核发的载有18位“统一社会信用代码”的营业执照。这18位“统一社会信用代码”既是企业的工商登记号，又是税务登记号。老丁的申请材料和登记信息可在税务机关部门间共享，且各部门能够数据互换、档案互认，税务机关将及时更新税务系统中的企业信息。

资料来源　王希颖．税收征收管理及案例分析［M］．2版．北京：中国人民大学出版社，2008.

9.1.2 账证管理

账证管理是指税务机关对纳税单位的账簿和凭证进行监督管理的一项法律制度。为保证纳税人真实记录其生产经营活动，客观反映有关纳税的信息资料，防止纳税人伪造、变造、隐匿、擅自销毁账簿和记账凭证，《征管法》及其实施细则等对账簿和凭证的管理做了严格、明确的规定。

9.1.2.1　账证的概念

账证是账簿、凭证的简称。账簿是指以会计凭证为依据，对单位的经济业务进行全面、系统、连续、分类的记录和核算的簿籍，由具有一定格式、相互连缀的账页所组成；凭证是记录经济业务发生和完成情况，明确经济责任，能够作为记账依据的书面证明。账簿包括总账、明细账、日记账和其他辅助性账簿等。

《征管法》要求纳税人、扣缴义务人应当依照法律设置账簿，根据合法、有效的凭证记账，并进行会计核算。

9.1.2.2　账簿设置的范围

根据《征管法》及其实施细则的有关规定，从事生产经营的纳税人、扣缴义务人应按照有关法律、行政法规和国务院财政、税务主管部门（财政部、国家税务总局）的规定设置账簿，根据合法有效凭证记账核算。

纳税人应当自领取营业执照之日起15日内设置账簿，包括总账、明细账、日记账和其他辅助性账簿等；扣缴义务人应自扣缴义务发生之日起10日内设置代扣代缴、代收代缴税款账簿等。

按现行规定，我国国有企事业单位和涉外企业的财务、会计制度由财政部主管；城镇集体企业和私营企业财务、会计制度由国家税务总局主管；个体工商户的财务处理规定及会计制度由各省、直辖市、自治区税务机关具体确定。

9.1.2.3　账证管理的内容

（1）计算机记账管理。纳税人和扣缴义务人采用计算机记账的，应当在使用前将其记账软件、程序和使用说明书及有关资料报送主管税务机关备案。

会计制度健全，能够通过计算机正确、完整计算其收入或所得的，其计算机储存和输出的会计记录，可视同会计账簿，但应打印成书面记录并完整保存；否则，应建立总账及与纳税或代扣代缴、代收代缴税款有关的其他账簿。

（2）个体户建账要求。个体工商户确实不能设置账簿的，经税务机关核准，可不设置账簿，但应聘请注册会计师或经税务机关认可的财会人员代为建账和办理账务；聘请注册会计师或经税务机关认可的财会人员有实际困难的，报经县以上税务机关批准，可按照税务机关的规定建立收支凭证粘贴簿、进货销货登记等账簿。

（3）会计管理的备案。从事生产经营的纳税人，应自领取税务登记证件之日起15日内，将其财务会计制度或财务会计处理办法和会计核算软件报送税务机关备案。其“财务会计制度及核算软件备案报告书”见表9-1。

表9-1　　财务会计制度及核算软件备案报告书

纳税人名称		纳税人识别号	
资料	名称		备注
1.财务、会计制度			
2.低值易耗品摊销方法			
3.折旧方法			
4.成本核算方法			
5.会计核算软件			
6.会计报表			

纳税人 经办人： 负责人： 纳税人（签章） 报告日期：　　年　　月　　日	税务机关 经办人： 负责人： 税务机关（签章） 受理日期：　　年　　月　　日

纳税人、扣缴义务人的财务会计制度或财务会计处理办法与国务院或其财政、税务主管部门有关税收规定相抵触的，按照国务院或其财政、税务主管部门有关税收的规定计算应纳税款、代扣代缴和代收代缴税款。

（4）税控装置的使用。税控装置是由国家的法定机关依法指定企业生产、安装、维修，依法实施监管，具有税收监控功能和严格的物理、电子保护的计税装置，如电子收款机、电子计程表、税控加油机等。国家根据税收征收管理的需要，积极推广使用税控装置。纳税人应当按照规定安装、使用税控装置，不得损毁或擅自改动税控装置。

（5）账证资料的保管。税务机关应当指导纳税单位的财会人员按照国家有关会计档案管理的规定，对本单位的各种会计凭证、账簿和报表等会计资料，进行定期收集、审查核对、整理立卷、编制目录、装订成册、妥善保管，以防丢失和损坏。账簿、记账凭证、完税证明和其他有关资料，不得伪造、变造或擅自损毁。会计档案和有关纳税资料，除法律法规另有规定外，应当至少保存10年。对保管期满的会计档案，要经税务机关批准后进行处理。

9.1.3　发票管理

9.1.3.1　发票管理概述

1）发票的含义

发票是指在购销商品、提供或接受劳务以及其他经营活动中，开具、收取的收付款凭证。发票是确定经济收支行为发生的证明文件，是财务收支的法定凭证和会计核算的原始凭证，也是税务稽查的重要依据。

1993年12月，经国务院批准，财政部根据《征管法》的规定，制定了《中华人民共和国发票管理办法》（简称《发票办法》）；同年同月，国家税务总局制定了《发票办法实施细则》（简称《发票细则》）。为加强发票管理和财务监督，保障国家税收收入，维护经济秩序，2010年12月，国务院修改通过了《发票办法》，于2011年2月起施行；2014年12月，国家税务总局重新公布了《发票细则》，于2015年3月起施行；2017年4月，国家税务总局货物和劳务税司公布了《增值税发票开具指南》。

为强调发票管理的重要性，《征管法》明确规定：税务机关是发票主管机关，负责发票印制、领购、开具、取得、保管、缴销的管理和监督。单位和个人应当按照规定开具、使用发票。根据《发票办法》和《发票细则》的规定，国家税务总局统一负责全国发票的管理工作，省、自治区、直辖市税务局（以下简称“省税务机关”）依据各自的职责共同做好本行政区域内的发票管理工作；财政、审计、市场监督管理、公安等有关部门应在各自的职责范围内，配合税务机关做好发票管理工作。

2）发票的种类

发票按其使用对象及其重要性来划分，可分为普通发票、专用发票、机动车销售统一发票和其他发票等4种。

（1）普通发票。它是指只开具交易的数量、金额等内容，不开具税金的商业凭证。按行业划分，发票可分为制造业发票、商品流通业发票、交通运输业发票等，且有两联式、三联式、四联式和七联式等之分。其具体包括：一是普通发票（折叠票），简称折叠票，由基本联次或基本联次附加其他联次构成，分为两联式和五联式两种。其基本联次为两联：第一联为记账联（销售单位记账），第二联为发票联（购买单位记账）。其他联次用途由纳税人自行确定，如纳税人办理产权过户手续需要使用发票，其可以使用增值税普通发票第三联。二是普通发票（卷票），简称卷票，分为57mm×177.8mm和76mm×177.8mm两种规格，均为单联。自2017年7月起，纳税人可书面向税务机关申请使用印有本单位名称的卷票。纳税人通过新系统开具印有本单位名称的卷票，其由国家税务总局统一招标采购的卷票中标厂商印制，其式样、规格、联次和防伪措施等与原有卷票一致，并加印企业发票专用章。三是电子普通发票。开票方和受票方需要纸质发票的，可自行打印增值税电子普通发票的版式文件，其法律效力、基本用途、基本使用规定等与税务机关监制的增值税普通发票相同。

（2）专用发票。专用发票即增值税专用发票，是指实行价款和税金分栏填写，由销货方开具给购货方并据此收取货款和增值税税款的专用票据。它不仅是增值税一般纳税人重要的商业凭证，也是兼记销货方纳税义务和购货方进项税额的合法证明。专用发票为三联式或六联式。三联式专用发票包括：第一联记账联（销货单位记账）、第二联抵扣联（购货单位扣税）、第三联发票联（购货单位记账）。其他联次用途，由纳税人自行确定。纳税人办理产权过户手续需要使用发票的，可以使用增值税专用发票第六联。

专用发票限于增值税一般纳税人依法使用和税务机关为小规模纳税人代开时使用。较为详细的“专用发票管理”内容，见“第2章　增值税法”的相关内容，在此以阐述“普通发票管理”为主。

（3）机动车销售统一发票。从事机动车零售业务的单位和个人，在销售机动车（不含旧机动车）并收款时，开具机动车销售统一发票。该发票为电脑六联式：第一联发票联（购货单位付款）、第二联抵扣联（购货单位扣税）、第三联报税联（车辆购置税征收单位留存）、第四联注册登记联（车辆登记单位留存）、第五联记账联（销货单位记账）、第六联存根联（销货单位留存）。

（4）其他发票。其包括定额发票、非营业性收据和特殊发票。定额发票是指在票面上直接标有一定金额的发票，如现行使用的餐饮业和酒店业发票等；非营业性收据是指由财政机关监制供非营业性单位收取费用或款项时使用的发票；特殊发票是指具有发票性质而用作专门用途的票据，如车票和机票等。

3）发票的内容

在全国范围内统一式样的发票，由国家税务总局确定；在省、自治区、直辖市范围内统一式样的发票，由省以上税务机关确定。

发票的基本联次为存根联、发票联、记账联，增值税专用发票还包括抵扣联。存根联由收款方或开票方留存备查；发票联由付款方或受票方作为付款原始凭证；记账联由收款方或开票方作为原始记账凭证。省以上税务机关可根据发票管理情况及纳税人经营业务需要，增减除发票联以外的其他联次，并确定其用途。

发票的基本内容包括：发票的名称、发票代码和号码、联次及用途、客户名称、开户银行及账号、商品名称或经营项目、计量单位、数量、单价、大小写金额、开票人、开票日期、开票单位（个人）名称（章）等。省以上税务机关可根据经济活动以及发票管理需要，确定发票的具体内容。

9.1.3.2 发票管理内容

根据《征管法》及其实施细则、《发票办法》和《发票细则》的规定，发票管理的环节和内容主要包括发票印制、发票领购、发票开具、发票保管、发票检查和发票处罚等。

1）发票印制

专用发票由国家税务总局指定的企业印制，其他发票由省税务机关确定的企业印制，禁止私自印制、伪造、变造发票；有固定经营场所、财务和发票管理制度健全的纳税人，发票使用量较大或统一发票式样不能满足经营活动需要的，可向省以上税务机关申请印有本单位名称的发票。

印制发票应使用国家税务总局确定的全国统一的发票防伪专用品，发票套印由国家税务总局确定式样的全国统一发票监制章，由省税务机关制作。发票使用中文印制，民族自治地区的发票，可加印当地一种通用的民族文字。有实际需要的，也可同时使用中外两种文字印制。

发票实行不定期的换版制度，全国范围内发票换版由国家税务总局确定，省、自治区、直辖市范围内发票换版由省税务机关确定。

2）发票领购

依法办理了税务登记的单位和个人申请领购发票时，应持税务登记证件、经办人身份证明、按照国家税务总局规定式样制作的发票专用章的印模，向主管税务机关办理发票领购手续。主管税务机关根据领购单位和个人的经营范围和规模，确认领购发票的种类、数量及领购方式（批量供应、交旧购新或验旧购新等），在5个工作日内发给发票领购簿。单位和个人领购发票时，应按照税务机关的规定报告发票使用情况，税务机关应当按照规定进行查验。

需要临时使用发票的单位和个人，可凭购销商品、提供或接受服务，以及从事其他经营活动的书面证明、经办人身份证明，填写“代开发票申请表”（见表9-2），直接向经营地税务机关申请代开发票。税收法律法规规定应缴纳税款的，税务机关应先征收税款，再开具发票。税务机关根据发票管理的需要，可按照国家税务总局的规定委托其他单位代开发票，禁止非法代开发票。

表9-2　　代开发票申请表　　微机管理编码：

<table>
<tr><td rowspan="2">付款方</td><td>名称</td><td></td><td>纳税人识别号</td><td colspan="3"></td></tr>
<tr><td>地址</td><td></td><td>电话</td><td colspan="3"></td></tr>
<tr><td rowspan="2">收款方</td><td>名称</td><td></td><td>纳税人识别号</td><td colspan="3"></td></tr>
<tr><td>地址</td><td></td><td>电话</td><td colspan="3"></td></tr>
<tr><td rowspan="4">申请内容</td><td>所属行业</td><td></td><td colspan="4" rowspan="6">申请代开发票单位（公章）
年　月　日</td></tr>
<tr><td>项目名称</td><td></td></tr>
<tr><td>项目编号</td><td></td></tr>
<tr><td>开票金额</td><td></td></tr>
<tr><td rowspan="2">经办人</td><td>身份证号码</td><td></td></tr>
<tr><td>签字</td><td></td></tr>
<tr><td colspan="2">批准代开发票种类</td><td colspan="5"></td></tr>
<tr><td colspan="2">税种</td><td>开票金额</td><td>税率</td><td colspan="3">税额</td></tr>
<tr><td colspan="2">城建税</td><td></td><td></td><td colspan="3"></td></tr>
<tr><td colspan="2">教育费附加</td><td></td><td></td><td colspan="3"></td></tr>
<tr><td colspan="2">地方教育费附加</td><td></td><td></td><td colspan="3"></td></tr>
<tr><td colspan="2">企业所得税</td><td></td><td></td><td colspan="3"></td></tr>
<tr><td colspan="2">个人所得税</td><td></td><td></td><td colspan="3"></td></tr>
<tr><td colspan="2">房产税</td><td></td><td></td><td colspan="3"></td></tr>
<tr><td colspan="2">印花税</td><td></td><td></td><td colspan="3"></td></tr>
<tr><td colspan="2">城镇土地使用税</td><td></td><td></td><td colspan="3"></td></tr>
<tr><td colspan="2">土地增值税</td><td></td><td></td><td colspan="3"></td></tr>
<tr><td colspan="2">文化事业建设费</td><td></td><td></td><td colspan="3"></td></tr>
<tr><td colspan="2">价税合计（大写金额）</td><td></td><td></td><td colspan="3"></td></tr>
<tr><td colspan="3">管理员（签字）：
年　月　日</td><td colspan="4">办税服务厅（签章）：
年　月　日</td></tr>
<tr><td colspan="2">代开发票代码及号码</td><td colspan="5"></td></tr>
<tr><td rowspan="4">完税凭证号码</td><td>企业所得税</td><td></td><td>个人所得税</td><td></td><td>地方教育费附加</td><td></td></tr>
<tr><td>房产税</td><td></td><td>印花税</td><td></td><td>土地增值税</td><td></td></tr>
<tr><td>城镇土地使用税</td><td></td><td>文化事业建设费</td><td></td><td></td><td></td></tr>
<tr><td>城建税</td><td></td><td>教育费附加</td><td></td><td></td><td></td></tr>
<tr><td>备　注</td><td colspan="6"></td></tr>
</table>

3）发票开具

销售商品、提供服务及从事其他经营活动的单位和个人，对外发生经营业务收取款项的，收款方应当向付款方开具发票；特殊情况下，由付款方向收款方开具发票，即收购单位和扣缴义务人支付个人款项，以及国家税务总局认为其他需要由付款方向收款方开具发票的情况。所有单位和从事生产经营活动的个人在购买商品、接受服务及从事其他经营活动支付款项时，应向收款方收取发票；取得发票时，不得要求变更品名和金额；不符合规定的发票，不得作为财务报销凭证，单位和个人有权拒收。

开具发票应当按照规定的时限、顺序、栏目，全部联次一次性如实开具，并加盖发票专用章，任何单位和个人不得有虚开发票的行为。安装税控装置的单位和个人应按规定使用税控装置开具发票，并按期向主管税务机关报送开具发票的数据；使用非税控电子器具开具发票的，应将非税控电子器具使用的软件程序说明资料报主管税务机关备案，并按照规定保存、报送开具发票的数据。

除国家税务总局规定的特殊情形外，发票限于领购单位和个人在本省、自治区、直辖市范围内开具。任何单位和个人不得跨规定的使用区域携带、邮寄、运输空白发票，禁止携带、邮寄或运输空白发票出入境。省税务机关可规定跨市、县开具发票的办法。

4）发票保管

严格加强空白发票管理，税务机关应视具体条件全面实行发票集中保管制度；企业领回的空白发票，应设立专柜进行保管；税务机关、用票单位和个人都应指定专人保管空白发票，并严格发票领购手续。开具发票的单位和个人应建立发票使用登记制度，设置发票登记簿，并定期向主管税务机关报告发票使用情况。

开具发票的单位和个人应按照税务机关的规定存放和保管发票，不得擅自损毁。发生发票丢失情形时，应当于发现丢失当日书面报告税务机关，并登报声明作废。已经开具的发票存根联和发票登记簿，应当保存5年，保存期满报经税务机关查验后销毁。使用发票的单位和个人应当妥善保管发票。

案例窗9-2　　“珍藏”增值税专用发票属违法行为

河南省驻马店地区税务局直属分局在对增值税一般纳税人进行重新认定检查时，查出了一起“珍藏”增值税专用发票的税务违章案件。驻马店地区黑色金属公司经理刘某，素有收藏各类票证的嗜癖。其公司购回新版增值税专用发票后，他竟将其视为珍品，不顾税法的规定，擅自撕掉两份，藏于自家“箱底”。分局检查发现后，责成该公司将两份专用发票收回，令刘某写书面检查，对该企业的发票违章行为处以1万元罚款，并决定对其停供专用发票，责令其限期整改。

5）发票检查

税务机关在发票管理中的检查权限主要包括：检查印制、领购、开具、取得、保管和缴销发票的情况；调出发票查验；查阅、复制与发票有关的凭证及资料；向当事各方询问与发票有关的问题和情况；在查处发票案件时，对与案件有关的情况和资料，可记录、录音、录像、照像和复制。印制、使用发票的单位和个人必须接受税务机关的依法检查，如实反映情况，提供有关资料，不得拒绝、隐瞒。税务人员在进行检查时，应当出示税务检查证。

税务机关需要将已开具的发票调出查验时，应当向被查验的单位和个人开具发票换票证。发票换票证与所调出查验的发票具有同等的效力。被调出查验发票的单位和个人不得拒绝接受。税务机关需要将空白发票调出查验时，应当开具收据；经查无问题的，应当及时返还。

6）发票处罚

其内容主要包括：

（1）违反规定且有下列情形之一的，由税务机关责令改正，可处1万元以下罚款，有违法所得的，予以没收：一是应开具而未开具发票或未按规定的时限、顺序和栏目全部联次一次性开具发票，或未加盖发票专用章的；二是使用税控装置开具发票，未按规定报送开具发票数据的；三是使用非税控电子器具开具发票，未将非税控电子器具使用软件程序说明报送备案，或未按规定保存、报送开具发票数据的；四是拆本使用发票的；五是扩大发票使用范围的；六是以其他凭证代替发票使用的；七是跨规定区域开具发票的；八是未按规定缴销发票的；九是未按规定存放和保管发票的。

（2）跨规定使用区域携带、邮寄、运输空白发票，以及携带、邮寄或运输空白发票出入境的，由税务机关责令改正，可处1万元以下的罚款；情节严重的，可处1万元至3万元罚款；有违法所得的，予以没收。丢失发票或擅自损毁发票的，比照上述情况处理。

（3）违反规定虚开发票的，由税务机关没收违法所得；虚开金额1万元以下的，并处5万元以下的罚款；虚开金额超过1万元的，并处5万元至50万元的罚款；构成犯罪的，依法追究刑事责任。非法代开发票的，比照上述情况处理。

（4）私自印制、伪造、变造发票，非法制造发票防伪专用品，以及伪造发票监制章的，由税务机关没收违法所得，没收、销毁作案工具和非法物品，并处1万元至5万元的罚款；情节严重的，并处5万元至50万元的罚款；对印制发票的企业，并处吊销发票准印证；构成犯罪的，依法追究刑事责任。《征管法》有规定的，依照其规定执行。

（5）有下列情形之一的，由税务机关处1万元至5万元罚款；情节严重的，处5万元至50万元罚款；有违法所得的，予以没收：一是转借、转让、介绍他人转让发票、发票监制章和发票防伪专用品的；二是知道或应当知道是私自印制、伪造、变造、非法取得或废止的发票而受让、开具、存放、携带、邮寄、运输的。

（6）对违反发票管理规定2次以上或情节严重的单位和个人，税务机关可向社会公告。公告是指税务机关应当在办税场所或广播、电视、报纸、期刊、网络等新闻媒体上公告纳税人发票违法的情况。公告内容包括纳税人名称、纳税人识别号、经营地点及违反发票管理法规的具体情况。

（7）违反发票管理法规，导致其他单位或个人未缴、少缴或骗取税款的，由税务机关没收违法所得，可并处未缴、少缴或骗取的税款1倍以下的罚款。

（8）税务人员利用职权之便，故意刁难印制、使用发票的单位和个人，或有违反发票管理法规行为的，依照国家有关规定给予处分；构成犯罪的，依法追究刑事责任。

9.1.4　纳税申报

9.1.4.1　纳税申报的意义

纳税申报是指纳税人、扣缴义务人在发生纳税义务后按照税法或税务机关规定的期限和内容，向主管税务机关提交有关纳税和扣缴税款书面报告的法律行为。它既是纳税人履行纳税义务的法定程序，又是税务机关核定应征税款和填写纳税凭证的主要依据。

纳税申报有利于纳税人正确计算应纳税款，防止错缴、漏缴税款，便于税务机关依法征收税款，查处税务违法行为，降低税收成本，这对于强化依法治税、监控经济税源、加强征收管理、保证税款及时足额征收入库等，都具有十分重要的作用。

9.1.4.2　纳税申报的对象

根据《征管法》的规定，纳税人、扣缴义务人必须依照法律、行政法规的规定，或税务机关依照法律、行政法规的规定确定的申报期限、申报内容，如实办理纳税申报。有纳税义务、代扣代收税款义务的单位和个人，无论本期有无应纳、应缴税款，都应按规定的期限如实向主管税务机关办理纳税申报。

享受减免税的纳税人，也应按规定期限申报，并按照税务机关的规定，报送减免税金统计报告；对取得临时应税收入或发生应税行为的纳税人，在发生纳税义务之后，应立即向经营地税务机关办理纳税申报和缴纳税款。

9.1.4.3　纳税申报的内容

按照《征管法实施细则》的规定，纳税申报的内容主要包括“纳税申报表”“代扣代收税款报告表”、财务会计报告和其他有关纳税资料。

（1）“纳税申报表”。它是指由税务机关统一印制，纳税人进行纳税申报的书面报告。其申报表的内容主要包括纳税人名称、税种、税款所属期限、应税项目、计税金额、适用税率、进项税额、应纳税额、缴库日期以及其他应申报的项目。

（2）“代扣代收税款报告表”。它是指由税务机关统一规定，扣缴义务人进行纳税申报的书面报告。其主要内容包括扣缴义务人名称、被代扣代收税款的纳税人名称、税种、税目、税率、计税依据、代扣代收税额及税务机关规定应当申报的其他项目。

（3）财务会计报告。它是指单位会计部门根据经过审核的会计账簿记录和有关资料，编制并对外提供的反映单位某一特定日期财务状况和某一会计期间经营成果、现金流量及所有者权益等会计信息的总结性书面文件。其包括会计报表、会计报表附注和财务情况说明书。会计报表按其反映的内容不同，分为资产负债表、利润表、现金流量表、所有者权益（股东权益）变动表。会计报表附注是为便于会计报表使用者理解会计报表的内容而对会计报表的编制基础、编制依据、编制原则和方法及主要项目等所做的解释。

（4）其他有关纳税资料。其主要包括：税务机关认为有必要申报的关于“纳税申报表”、财务会计报告的说明资料；与纳税有关的合同及协议书及凭证；税控装置的电子报税资料；外出经营活动税收管理证明和异地完税凭证；境内、境外公证机构出具的有关证明文件；税务机关规定应当报送的其他有关证件和资料。

9.1.4.4　纳税申报的方式

根据《征管法》的规定，纳税人、扣缴义务人可直接办理纳税申报或报送代扣代缴和

“代收代缴税款报告表”，也可按照规定采取邮寄、数据电文或其他方式办理纳税申报。总体上，其可以分为直接申报、电文申报和特殊申报三大类。

1）直接申报

直接申报也称“上门申报”，是指纳税人、扣缴义务人直接到主管税务机关办理的纳税申报，主要包括以表申报、IC卡申报和微机录入卡申报。

（1）以表申报。纳税人、扣缴义务人发生纳税义务后，向所在地主管税务机关以“纳税申报表”等报表为主所办理的纳税申报。实行以表申报的，需按照税务机关规定的各种纳税申报表，按户分税种、一税一表（按流转税计征的税、费除外）办理全额纳税申报。本期未发生纳税或扣缴义务的，要以“零”表示的“空”表进行申报。

（2）IC卡申报。纳税人将应税收入、应纳税额等数据资料输入IC卡报税器，税务微机员将IC卡中的数据输入微机并与税票中的数据相核对，核对无误盖章后报税结束。

（3）微机录入卡申报。纳税人将应税收入、应纳税款输入微机录入卡，缴纳税款后向税务机关提交纳税申报表、微机录入卡和完税凭证等资料，税务微机员将其数据输入微机，审核无误后报税结束。

2）电文申报

电文申报是指纳税人、扣缴义务人采用电话语音、电子数据交换和网络传输等电子方式向税务机关办理的纳税申报。所谓数据电文是指经电子、光学手段或类似手段生成、储存或传递的信息，包括但不限于电子数据交换（EDI）、电子邮件、电报、电传或传真。

案例窗9-3　一体化平台：铜陵人纳税申报不出门

2010年1月，安徽省铜陵市税务局在全市范围内启动网上办税一体化平台试点，使全市纳税人能够享受便捷、高效的纳税服务。据了解，铜陵市税务局开通运行的网上办税一体化平台，依托的是安徽省税务系统的信息化建设平台，其业务范围包括各类纳税人的身份认证（CA证书），各税种网上申报、税款缴纳和入库，各类涉税资料报送，增值税一般纳税人的网上认证，增值税专用发票开具信息的远程报税，“一窗式”比对，IC卡清零解锁等全部涉税事项。纳税人可以通过网上办税一体化平台，办理相关涉税业务，以真正实现足不出户即可办税。

按照工作安排，铜陵市税务局分宣传准备、试点运行和调研总结3个阶段推广网上办税一体化平台。试点初期，该局先按照不同税种、不同纳税人和各区县税务局税收管理员人数，选取了146户纳税人，以便对试点过程中出现的问题及时进行整理、完善。网上办税一体化平台运行后，原来企业必须上门办理的增值税专用发票及公路内河运输发票抵扣联认证，增值税专用发票开具信息的抄报税，纳税申报中的票表比对和报税IC卡的解锁、税款缴纳等工作全部被纳入网上办理。由此，在数字安全认证的保障下，纳税人借助网上办税一体化平台，能够方便、快捷、安全地通过互联网办理各类涉税业务，实现了24小时全天候办税。网上办税一体化平台运行后，有效地解决了纳税人因税收政策调整需要对税务采集软件不断升级的烦恼，优化了纳税服务，降低了纳税成本，同时也减轻了办税服务厅人员的工作强度。铜陵市税务局由此构建起全新的网上办税服务体系，深受纳税人的好评。

资料来源　根据2010年1月13日《中国税务报》有关资料整理所得。

3）特殊申报

纳税人、扣缴义务人除直接办理纳税申报外，情况特殊或经批准，可以采取下列申报方式：

（1）延期申报，即指纳税人、扣缴义务人不能按规定的期限办理申报手续，经税务机关核准延期进行的纳税申报。纳税人和扣缴义务人因不可抗力或财务处理上的特殊原因（当期货币资金在扣除应付职工工资、社会保险费后不足以缴纳税款的），不能按期办理纳税或扣缴税款申报的，经省级税务局批准方可延期申报，但最长不得超过3个月。其税款应按上期或税务机关核定的税额预缴，并在核准的延期内办理税款结算。

（2）邮寄申报，即指纳税人、扣缴义务人通过邮局寄送的方法向主管税务机关办理的纳税申报。原则上，纳税人、扣缴义务人应当直接到税务机关办理纳税申报，但若纳税人、扣缴义务人直接申报有困难，经税务机关批准，也可采取邮寄方式申报。采用该方式申报纳税的，应当使用统一的纳税申报专用信封，并将邮政部门收据作为申报凭证。邮寄申报以寄出地的邮戳日期为实际申报日期。凡实行查账征收的纳税人，经主管税务机关批准，可以采取邮寄纳税申报的办法。

（3）其他申报。除上述方式外，实行定期定额缴纳税款的纳税人，可实行简易申报和简并征期等申报纳税方式。简易申报是指实行定期定额缴纳税款的纳税人在法律、行政法规规定的期限内或税务机关依据法规的规定确定的期限内缴纳税款的，税务机关可以视同申报；简并征期是指实行定期定额缴纳税款的纳税人，经税务机关批准，可以采取将纳税期限合并为按季、半年、年的方式缴纳税款。

9.1.4.5　纳税申报的其他要求

纳税人和扣缴义务人的纳税申报期限和缴纳税款期限的最后一天，如遇国家规定的公休假日（指元旦、春节、劳动节、国庆节和星期六、星期日等）可以顺延。

纳税人和扣缴义务人发生纳税或扣缴义务，未按规定的期限办理纳税申报，经税务机关责令限期申报，逾期仍不申报的，税务机关有权规定其应纳税额。

纳税人和扣缴义务人要按照申报表规定的内容填写，并加盖单位公章，做到表内整洁、指标齐全、数字连续。

税法Q&A 9-1

新加坡纳税申报的评税制度是怎样的呢？

税法Q&A 9-1

9.2　税款征收

9.2.1　税款征收的概念与方式

9.2.1.1　税款征收的概念

微课9-1

税收征收

税款征收是指国家税务机关依照税收法律、行政法规的规定将纳税人应缴纳的税款组织征收入库的一系列活动的总称。它既是纳税人依法履行纳税义务的重要体现，也是税收征管工作的目的和归宿。

税款征收的含义：一是税务机关是税款征收的主体，除税务机关、税务人员及税务机关依照法律、行政法规委托的单位和人员外，任何单位和个人不得进行税款征收活动；二是税务机关必须依照法律、行政法规的规定征收税款，不得违反法律、行政法规的规定开征、停征、多征、少征、提前征收或摊派税款。

税款征收入库时，一般是由纳税人直接向国库经收处（设在银行）缴纳。国库经收处将入库的税款随同缴款书划转资金库后，即为办完税款征收入库手续。税务机关征收税款时，必须开具完税凭证，其包括各种完税证、缴款书及其他完税证明（其式样由国家税务总局统一制定），以作为税务机关收取税款时的专用凭证和纳税人履行纳税义务的合法证明。

9.2.1.2 税款征收的方式

税款征收方式是指税务机关依照税法的规定和纳税人生产经营、财务管理的情况，以及方便纳税人、降低成本和保证国家税款及时足额入库的原则，而采取的具体组织税款入库的方法。根据《征管法》及其实施细则的规定，税款征收方式主要有以下五种：

1）查账征收

查账征收是指税务机关按照纳税人提供的账表所反映的经营情况，依照适用税率计算应缴纳税款的征收方法。

查账征收方式适用于账簿、凭证、会计等核算制度比较健全，能够据以如实反映生产经营情况，正确计算应纳税款的纳税人。

2）核定征收

核定征收是指税务机关对不能完整、准确提供纳税资料的纳税人采用特定方法确定其应纳税收入或应纳税额，纳税人据以缴纳税款的征收方法，具体包括：

（1）查定征收。它是指由税务机关根据纳税人的从业人员、生产设备、采用的原材料等因素，在正常生产经营条件下，对其产制的应税产品查实核定产量、销售额并据以征收税款的一种征收方法。它适用于生产规模较小、账册不健全、产品零星、税源分散的小型厂矿和作坊。

（2）查验征收。它是指税务机关对纳税人的应税商品，通过查验数量，按市场一般销售单价计算其销售收入并据以征税的一种征收方法。它适用于城乡集贸市场的临时经营和机场、码头等场外经销商品的征税。实行查验征收的，由征收人员依照完税证，按日编制“报（查）验征收税款日报表”。

（3）定期定额。它是指对一些营业额、所得额不能准确计算的小型工商户经自报评议，由税务机关核定一定时期的营业额和所得税附征率，实行多税种合并征收的一种征收方法。核定期内的应纳税额一般不作变动，但纳税人的实际营业额高于原定额的20%时，纳税人应及时申报，税务机关应及时核实并调整税款的定额。

3）代理征收

代理征收即代扣代缴、代收代缴征收。代扣代缴是指单位和个人从持有的纳税人收入中扣缴其应纳税款并向税务机关解缴的行为；代收代缴是指与纳税人有经济往来关系的单位和个人借助经济往来关系向纳税人收取其应纳税款并向税务机关解缴的行为。

代理征收方式适用于税源零星分散、不易控管的纳税人的税款征收。

4）委托代征

委托代征是指税务机关根据有利于税收控管和方便纳税的原则，按照国家有关规定委托有关单位及人员代征零星分散和异地缴纳的税款的征收方法。

受托单位和人员按照代征证书的要求，以税务机关的名义依法征收税款，纳税人不得拒绝；纳税人拒绝的，受托代征单位和人员应当及时报告税务机关。

5）汇算清缴

汇算清缴是指对纳税期限较长的纳税人实行按期预缴、到期计算、多退少补应纳税额的征收方法。

汇算清缴方式适用于基本建设项目期限较长的企业的企业所得税等税的应纳税额的计算征收。如我国企业所得税法规定，纳税人缴纳企业所得税实行按年计算、分期（月或季）预缴、年终汇算清缴、多退少补的办法计算征收。

9.2.2　税款征收的措施

强化行政执法是税务机关进行税款征收和纳税人依法纳税的重要保证，对维护税收法纪和保障税款及时足额入库等具有重要的作用。《征管法》等法律制度对税款征收中的行政措施和程序，主要做了如下规定：

9.2.2.1　加收滞纳金

纳税人和扣缴义务人未按法律规定或税务机关的规定期限缴纳、解缴税款的，税务机关除责令限期缴纳外，从滞纳税款之日起按日加收滞纳税款5‱的滞纳金，相当于年利率18.25%。加收滞纳金的起止时间，从应缴税款期限届满之日的次日起到实际缴纳或解缴税款的当天。此外，纳税人和扣缴义务人偷税或抗税的，也属未按规定期限纳税，应依法加收滞纳金。

9.2.2.2　核定税额

纳税人有下列情形之一的，税务机关有权核定其应纳税额：依照法律、行政法规的规定可以不设置账簿的；依照法律、行政法规的规定应当设置但未设置账簿的；擅自销毁账簿或拒不提供纳税资料的；虽设置账簿，但账目混乱或成本资料、收入凭证、费用凭证残缺不全，难以查账的；发生纳税义务，未按照规定的期限办理纳税申报，经税务机关责令限期申报，逾期仍不申报的；纳税人申报的计税依据明显偏低，又无正当理由的；未按照规定办理税务登记从事生产、经营的；使用的财务会计软件不能准确核算或者无法按照税务机关的要求提供相关数据的。税务机关核定应纳税额的具体程序和方法由国家税务总局确定。

9.2.2.3　纳税调整

（1）关联企业的界定。关联企业是指有下列关系之一的公司、企业和其他经济组织：一是在资金、经营、购销等方面存在直接或间接的拥有或控制关系；二是直接或间接地同为第三方所拥有或控制；三是在利益上具有相关联的其他关系。

（2）纳税调整的情形。纳税人与其关联企业之间的业务往来有下列情形之一的，税务机关可以调整其应纳税额：一是购销业务未按照独立企业之间的业务往来作价；二是融通资金所支付或收取的利息超过或低于没有关联关系的企业之间所能同意的数额，或利率超过或低于同类业务的正常利率；三是提供劳务未按照独立企业之间的业务往来收取或支付劳务费用；四是转让财产、提供财产使用权等业务往来，未按照独立企业之间的业务往来作价或收取、支付费用；五是未按照独立企业之间的业务往来作价的其他情形。

（3）纳税调整的方法。纳税人有上述所列情形之一的，税务机关可按照下列方法调整其计税收入额或所得额：一是按照独立企业之间进行相同或类似业务活动的价格；二是按照再销售给无关联关系的第三方的价格所应取得的收入和利润水平；三是按照成本加合理的费用和利润；四是按照其他合理的方法。

9.2.2.4　纳税担保

1）纳税担保的含义

纳税担保是指经税务机关同意或确认，纳税人或其他自然人、法人和经济组织，以保证、抵押和质押的方式为纳税人应纳的税款及滞纳金提供担保的行为。

2005年5月，国家税务总局根据《征管法》及其实施细则和其他法律法规的规定，制定了《纳税担保试行办法》（以下简称《办法》），并决定从2005年7月1日开始试行。

2）纳税担保的条件

其主要包括：税务机关有根据认为从事生产经营的纳税人有逃避纳税义务行为，在规定的纳税期之前责令其限期缴纳应纳税款，在限期内发现纳税人有明显的转移、隐匿其应纳税的商品、货物和其他财产或应纳税收入的迹象，责成纳税人提供纳税担保的；欠缴税款、滞纳金的纳税人或其法定代表人需要出境的；纳税人同税务机关发生纳税争议而未缴清税款，需要申请行政复议的；税收法律法规规定可提供纳税担保的其他情形。

3）纳税担保的范围

其主要包括：税款和滞纳金，以及抵押、质押登记费用，质押保管费用，保管、拍卖、变卖担保财产等。

4）纳税担保的方式

（1）纳税保证。它是指纳税保证人向税务机关保证，当纳税人未按照税收法律法规的规定或税务机关确定的期限缴清税款、滞纳金时，由纳税保证人按照约定履行缴纳税款及滞纳金的行为。

纳税保证人是指在中国境内具有纳税担保能力的自然人、法人或其他经济组织，但国家机关、学校、幼儿园、医院等事业单位、社会团体，企业法人的职能部门和有欠税行为等情况的单位，不得作为纳税保证人。

（2）纳税抵押。它是指纳税人或纳税担保人不转移规定所列财产的占有，将该财产作为税款及滞纳金的担保。其纳税人或纳税担保人为抵押人，税务机关为抵押权人，提供担保的财产为抵押物。

纳税人逾期未缴清税款及滞纳金的，税务机关有权依法处置该财产以抵缴税款及滞纳金。纳税人提供抵押担保的，应当填写“纳税担保书”和“纳税担保财产清单”，同时须经纳税人签字盖章并经税务机关确认。

（3）纳税质押。它是指经税务机关同意，纳税人或纳税担保人将其动产或权利凭证移交税务机关占有，将该动产或权利凭证作为税款及滞纳金的担保。纳税质押主要分为动产质押和权利质押：前者包括现金和其他除不动产以外的财产提供的质押；后者包括汇票、支票、本票、债券、存款单等权利凭证。纳税人提供质押担保的，应当填写“纳税担保书”和“纳税担保财产清单”，并签字盖章。

9.2.2.5 税收保全

（1）税收保全的含义。税收保全是指税务机关为防范税款流失而对纳税人采取冻结存款、扣押财产等行政行为的一种控制管理措施。它是国家为防止对税法执行的干扰、保证税法的顺利实施而采取的特殊处理办法，属于体现税收强制性的一种特殊规定。

（2）税收保全的程序。税务机关有根据认为从事生产经营的纳税人，有逃避纳税义务行为的，应按规定顺序采取相应的措施：一是责令限期缴纳，即税务机关可在规定的纳税期限之前，责令纳税人在限期内缴纳应纳税款；二是提供纳税担保，即在限期内发现纳税人有明显的转移、隐匿其应纳税的商品、货物和其他财产或应税收入迹象的，税务机关可责成纳税人提供纳税担保；三是采取税收保全措施，即如果纳税人不能提供纳税担保，经县以上税务局（分局）局长批准，税务机关可采取税收保全措施。

（3）税收保全的方式。税收保全方式包括两种：一是冻结存款，即书面通知纳税人开户银行或其他金融机构冻结纳税人金额相当于应纳税款的存款，但在冻结存款期间不停止支付其应缴纳的税款、滞纳金和罚款；二是扣押财产，即扣押、查封纳税人的商品、货物或其他财产，其价值以相当于纳税人应纳税款、滞纳金和扣押、查封、保管、拍卖、变卖所发生的费用为原则。

（4）税收保全的范围。税收保全范围为除下列以外的财产：一是个人及其所抚养家属维持生活所必需的住房和用品，但机动车辆、金银饰品、古玩字画和豪华住宅或一处以外的住房除外；二是单价在5 000元以下的其他生活用品。

（5）税收保全执行。税务机关执行扣押、查封商品、货物或其他财产时，应当由2名以上税务人员执行，并通知被执行人；被执行人是自然人的，应通知被执行人本人或其成年家属到场，被执行人是法人或其他组织的，应通知其法定代表人或主要负责人到场；被执行人拒不到场的，不影响其执行。税务机关扣押商品、货物或其他财产时，必须开付收据，查封商品、货物或其他财产时，必须开付清单。

（6）税收保全的解除。纳税人在税务机关采取税收保全后，按照税务机关规定的期限缴纳税款的，税务机关应当自收到税款或银行转同的完税凭证之日起1日内解除税收保全措施；纳税人在限期内已缴纳税款，税务机关未立即解除税收保全措施，因税务机关的责任，使纳税人、扣缴义务人或纳税担保人的合法权益遭受直接损失的，税务机关应当承担赔偿责任。

9.2.2.6 强制执行

（1）强制执行的含义。税收强制执行是指纳税人、扣缴义务人和纳税担保人在规定的期限内未履行法定义务，税务机关采取法定的强制手段强迫其履行纳税义务的行为。

（2）强制执行的程序。从事生产经营的纳税人、扣缴义务人未按照规定的期限缴纳或解缴税款，纳税担保人未按照规定的期限缴纳所担保的税款，税务机关可按照规定的顺序采取措施：一是责令限期缴纳，即由税务机关责令限期缴纳或解缴税款，最长期限不得超过15日；二是采取强制执行措施，即逾期仍未缴纳的，经县以上税务局（分局）局长批准，税务机关可采取强制执行措施。

（3）强制执行的方式。强制执行包括两种方式：一是扣缴税款，即书面通知其开户银行或其他金融机构从其存款中扣缴税款和滞纳金；二是拍卖抵税，即扣押、查封、依法拍卖或变卖其价值相当于应纳税款的商品、货物或其他财产，以拍卖或变卖所得抵缴税款和滞纳金，以及扣押、查封、保管、拍卖、变卖所发生的费用。

（4）强制执行的范围。其范围为除下列以外的财产：一是个人及其所抚养家属维持生活所必需的住房和用品，但机动车辆、金银饰品、古玩字画和豪华住宅或一处以外的住房除外；二是单价在5 000元以下的其他生活用品。

（5）强制执行的要求。强制执行措施，不得由法定的税务机关以外的单位和个人实施；税务机关滥用职权违法采取强制执行措施，或采取强制执行措施不当，使纳税人及扣缴义务人或纳税担保人的合法权益遭受损失的，应当依法承担赔偿责任。

案例窗9-4

愿市长定税收“盘子”的现象不再发生

苏北某市市长带领有关人员到当地一家外资利税大户，当场拍板定下2005年该企业入库税收总额，即所谓税收“盘子”或“包税”。从表面上看，这位市长的行为似乎是政府支持税收工作的有力之举，但这种做法的实质却与依法治税的要求相去甚远。

分析：税收征管原则是“应收尽收”，税务机关组织的各种税收是以法律形式事先规定的，只能按规定标准征收。纳税人取得了应纳税的收入或发生了应纳税的行为，就必须按规定标准如数缴纳税款。纳税人在一定时期缴多少税，不是由哪个部门、单位和个人说了算，必须依法纳税才行。市长到企业定税收“盘子”，使税务部门难以做到“应收尽收”，正常的税收工作也难以开展。

从企业的角度来说，市长定税收“盘子”不利于纳税人形成依法纳税的意识。因为市长定下了税收“盘子”，企业一定会产生这样的错觉：缴多少税不是法律说了算，而是政府、市长说了算，以后按市长的意思缴税就行，不用理会税务部门。长此以往，必将影响遵章守法的纳税人的纳税积极性，正常的税收秩序必然也会受到很大影响，全民的纳税意识也将很难提高。

愿市长定税收“盘子”的现象今后不再发生。

资料来源 根据2004年1月12日《中国税务报》中的有关资料整理所得。

9.2.2.7 其他措施

1）税款入库

各级税务机关应当将各种税收的税款、滞纳金、罚款，按照国家规定的预算科目和预算级次及时缴入国库，不得占压、挪用、截留，不得缴入国库以外或国家规定的税款账户以外的任何账户。已缴入国库的税款、滞纳金和罚款，任何单位和个人不得擅自变更其预算科目和预算级次。

对审计机关、财政机关依法查出的税收违法行为，税务机关应根据有关机关的决定或意见书，依法将应收的税款、滞纳金按照税款入库预算级次缴入国库，并将结果及时回复有关机关。有关机关不得将其履行职责过程中发现的税款、滞纳金自行征收入库或以其他款项的名义自行处理、占压。

2）减免税款

纳税人申请减免税须经法定的审查批准机关审批，地方各级人民政府及其主管部门、单位和个人违反规定擅自作出的减免税决定无效。

按照税收法律法规的规定或经法定审批机关批准减免税的纳税人，应持有关文件到主管税务机关办理减免税手续，减免税期满应当自期满次日起恢复纳税；纳税人减免税条件发生变化时，应自其变化之日起15日内向税务机关报告，不再符合减免税条件的，应依法纳税，未依法纳税的，税务机关应当予以追缴。

3）出境清税

欠缴税款的纳税人或其他的法定代表人需要出境的，应在出境前向主管税务机关结清应纳的税款、滞纳金，或提供纳税担保；未结清税款、滞纳金，又不提供纳税担保的，主管税务机关可通知出境管理机关阻止其出境。

为保证出境清税办法的实施，税务机关必须加强与公安、边防、海关等出境管理机关的联系配合，并通过制定必要的阻止出境具体办法（包括联系、操作手段和规模等）予以保证。阻止出境的具体办法，由国家税务总局会同公安部制定。

4）变更缴清

纳税人有合并、分立情形的，应向税务机关报告并依法缴清税款。纳税人合并时未缴清税款的，应当由合并后的纳税人继续履行未履行的纳税义务；纳税人分立时未缴清税款的，分立后的纳税人对未履行的纳税义务应当承担连带责任。

纳税人有解散、撤销、破产情形的，在清算前应当向其主管税务机关报告，未结清的税款由其主管税务机关参加清算。

5）税收优先

税务机关在税款征收过程中有优先征税的权利，即税务机关征收税款除法律另有规定外，税收应优先于无担保债权；纳税人欠缴的税款发生在纳税人以其财产设定抵押、质押或纳税人的财产被留置之前的，税收应先于抵押权、质押权、留置权执行；纳税人欠缴税款的同时又被行政机关决定处以罚款、没收违法所得的，税收优先于罚款及没收违法所得执行。

6）欠税管理

税务机关对纳税人的欠缴税款行为，应按照以下规定进行处理：

（1）县级以上各级税务机关应当将纳税人的欠税情况，在办税场所或广播、电视、报纸、期刊、网络等新闻媒体上定期公告。定期公告的办法，由国家税务总局制定。

（2）纳税人有欠税情形而以其财产设定抵押、质押的，应当向抵押权人和质押权人说明其欠税情况，抵押权人和质押权人可请求税务机关提供有关的欠税情况。

（3）欠缴税款5万元以上的纳税人，在处分其不动产或大额资产之前，应当向税务机关报告。

（4）欠缴税款的纳税人因怠于行使到期债权或放弃到期债权，或无偿转让财产，或以明显不合理的低价转让财产而受让人知道该情形，对国家税收造成损害的，税务机关可依照合同法的规定行使代位权、撤销权，且不免除欠缴税款的纳税人尚未履行的纳税义务和应承担的法律责任。

7）税款追征

因税务机关或因纳税人及扣缴义务人的责任而少缴的税款，税务机关均有追征的权利，其具体规定为：

（1）因税务机关适用税收法律法规不当或执法行为违法等，致使纳税人或扣缴义务人未缴或少缴税款的，税务机关在3年内可要求纳税人或扣缴义务人补缴税款，但不加收滞纳金。

（2）因纳税人、扣缴义务人非主观故意的计算公式运用错误以及明显笔误等而未缴或少缴税款的，税务机关在3年内可追征税款、滞纳金；纳税人或扣缴义务人因计算错误而未缴或少缴、未扣或少扣、未收或少收税款累计数额在10万元以上的，追征期可延长到5年。

（3）对偷税、抗税、骗税的，税务机关追征其未缴或少缴的税款、滞纳金或所骗取的税款，不受规定期限的限制。

（4）补缴和追征税款、滞纳金的期限，自纳税人、扣缴义务人应缴未缴或少缴税款之日起计算。

8）税款退还

纳税人对于多缴的税款有申请退还的权利，具体包括以下几个方面：

（1）纳税人超过应纳税额缴纳的税款，税务机关应当自发现之日起10日内办理退还手续；纳税人发现多缴税款要求退还的，税务机关应当自接到纳税人退还申请之日起30日内查实并办理退还手续。

（2）纳税人自结算缴纳税款之日起3年内发现的，可向税务机关要求退还多缴的税款并加算银行同期存款利息，税务机关及时查实后，应当立即退还。加算多缴税款退税的银行同期存款利息，按照税务机关办理退税手续当天中国人民银行规定的活期存款利率计算，但不包括依法预缴税款形成的结算退税、出口退税和各种减免退税。

（3）涉及从国库中退还税款的，依照法律法规有关国库管理的规定退还。

（4）如果纳税人既有应退税款，又有欠缴税款，税务机关可将应退税款和利息先抵扣欠缴税款；抵扣欠缴税款后有余额的，再退还纳税人。

案例窗9-5　　税务机关采取强制执行前应责令限期缴纳

某市纺织品公司2006年11月应纳增值税2 156万元，当地税务人员多次电话催缴，至2006年12月20日其仍未缴纳。12月21日，税务人员依法查询了该公司的银行存款账户，发现其账上刚到30余万元货款。因此，税务人员填制了“扣缴税款通知书”，经局长签字批准后，通知银行从该公司账上扣缴所欠的2 156万元税款和1 078元滞纳金。该公司经理得知后非常生气，认为税务局不打招呼就扣钱，还扣了滞纳金，有损企业形象。经咨询后，他们认为，税务局在扣缴前未先行告诫企业，违反了《征管法》的有关规定。于是，该公司以违法扣缴企业存款为由，将税务局告上法庭，请求法庭撤销税务局的强制执行行为。在法庭调查中，税务局提出，在扣缴税款前，税务人员已多次电话催缴，已履行了告诫程序，符合《征管法》的规定。

分析：税务机关采取的措施是不当的。因为税务局强制扣缴纺织品公司税款和滞纳金的行为违反了《征管法》的有关规定。《征管法》第四十条规定：从事生产经营的纳税人、扣缴义务人未按照规定的期限缴纳或解缴税款的，由税务机关责令限期缴纳，逾期仍未缴纳的，经县以上税务局（分局）局长批准，税务机关可采取下列强制执行措施：一是书面通知其开户银行或其他金融机构从其存款中扣缴税款；二是扣押、查封、依法拍卖或变卖其价值相当于应纳税款的商品、货物或其他财产，以拍卖或变卖所得抵缴税款。根据上述规定，税务机关采取税收强制执行措施时，必须坚持告诫在先的原则，即纳税人未按照规定的期限缴纳税款的，应当发出"催缴税款通知书"，先行告诫，责令限期缴纳，逾期仍不缴纳的，再采取强制执行措施。

结论：从上述案情可以看出，在采取强制执行措施前，虽然税务人员通过电话进行了多次催缴，但这种行为并没有法律效力。税务局在扣缴纺织品公司税款前，未以正式文书的形式告诫纳税人，应属未依法履行"责令限期缴纳"法定程序的行为，违反了《征管法》的规定。

资料来源 王希颖．税收征收管理及案例分析［M］．北京：中国人民大学出版社，2008.

9.3 纳税评估

9.3.1 纳税评估的含义、机构和内容

9.3.1.1 纳税评估的含义

纳税评估是指税务机关运用数据信息对比分析的方法，对纳税人和扣缴义务人纳税申报情况的真实性和准确性作出定性和定量的判断，并采取进一步征管措施的管理行为。它的基本法律依据是2005年3月国家税务总局制定的《纳税评估管理办法（试行）》。

一般而言，纳税评估是税务检查的基础。做好纳税评估工作，可使税务检查工作更有针对性，也有利于提高税务检查工作的质量与效率。

9.3.1.2 纳税评估的机构

纳税评估工作应遵循"风险控制、分类分级实施、专业管理、人机结合"的原则。该项工作主要由基层税务机关的税源管理部门及税收管理员负责，重点税源和重大事项的纳税评估也可由上级税务机关负责。所称基层税务机关是指直接面向纳税人负责税收征收管理的税务机关；税源管理部门是指基层税务机关所属的税务分局、税务所或内设的税源管理科（股）。

9.3.1.3 纳税评估的内容

开展纳税评估工作，一般应在纳税申报期满之日起3年内进行；涉及少缴税款金额在10万元以上的，可以延长至5年内进行。税务机关对所有纳税人的纳税申报情况作纳税评估；对同一纳税人各税种统筹安排、综合实施纳税评估；对多个税款所属期的纳税申报情况，可以一次进行纳税评估。

纳税评估的内容主要包括：根据宏观税收分析和行业税负监控结果以及相关数据构建评估指标及其预警值；综合运用各类对比分析方法筛选评估对象；对所筛选出的异常情况进行深入分析，并作出定性和定量判断；对评估分析中发现的问题，分别采取税务约谈、

调查核实、处理处罚、提出管理建议、移交稽查部门查处等方法进行处理；维护、更新税源管理数据，为宏观税收分析和行业税负监控提供基础信息等。

9.3.2 纳税评估的程序和方法

9.3.2.1 纳税评估的程序

纳税评估工作的一般程序是：运用税收风险管理理念，分析识别风险，明确风险等级，安排相应应对措施；对案头审核对象进行深入审核，查找疑点，明确核实的内容和方式；对案头审核中发现的疑点，分别采取电话、信函、网络、约谈、实地核查等方式加以核实；针对调查核查情况作出评定处理。纳税人的纳税申报情况经评估后，如发现了新的线索，在纳税评估期限内可再次实施纳税评估，但对纳税人同一税种同一税款所属期纳税申报情况的纳税评估不得超过两次。

9.3.2.2 纳税评估的方法

（1）风险识别。它是税务机关采取计算机和人工相结合的方法，分析识别纳税人纳税申报中存在的风险点，按户归集，依纳税人风险高低排序，确定其风险等级，明确相应应对措施的过程。

税务机关根据税收征管资源配置情况，统筹安排，将税收风险级别高的纳税人确定为案头审核对象。税收风险级别低的纳税人，税务机关可采取纳税辅导、风险提示等方式督促其及时改正。经分析识别未发现税收风险的纳税人，对其实施的纳税评估终止。

（2）案头审核。它是指纳税评估人员在其办公场所，针对纳税人的风险点选择运用相应的纳税评估方法，分析推测纳税人的具体涉税疑点，对需要核实的疑点明确有关核实内容和方式的过程。

纳税评估人员应根据案头审核对象的不同类型，选择运用针对性强的纳税评估方法进行审核分析，并对疑点核实方式提出建议。进行案头审核时，应注重将纳税人申报数据与财务会计报表数据进行比较、与同行业相关数据或类似行业同期相关数据进行横向比较；与历史同期相关数据进行纵向比较时，注意根据不同税种之间的关联性和勾稽关系，参照相关预警值来分析税种之间的关联关系及异常变化；应用税收管理员日常管理中所掌握的情况和积累的经验，将纳税人申报情况与其生产经营实际情况相对照，分析其合理性，以确定纳税人申报纳税中存在的问题及其原因；分析纳税人生产经营结构，对主要产品能耗、物耗等生产经营要素的当期数据、历史平均数据、同行业平均数据以及其他相关经济指标进行比较，以推测纳税人申报的真实性，分析异常的成因。

经案头审核，纳税人疑点排除的，纳税评估终止；纳税人的问题事实清楚，不具有偷、逃、骗税违法行为，无须立案查处的，责令纳税人及时改正；纳税人疑点没有排除的，应进行调查核实。

（3）调查核实。它是指税务机关根据疑点的大小和复杂程度，采取电话、信函、网络、约谈、实地核查等其他便捷有效的方式进行核实的过程。对在风险识别和案头审核环节经通知改正而拒不改正的纳税人，实施调查核实。

经调查核实，疑点被排除的，税务机关应当制作“税务事项通知书”，载明根据已掌握的涉税信息未发现少缴税款行为等内容，送达纳税人，纳税评估终止。存在的疑点经约谈、举证、税务检查等程序认定事实清楚，不具有偷、逃、骗、抗税等违法嫌疑，无须立案查处的，税务机关应当根据已知的涉税信息，确定纳税人应纳税额，制作“税务事项通知书”，送达纳税人，责令其限期缴纳。

9.3.3 纳税评估的处理和管理

9.3.3.1 纳税评估的处理

（1）纳税评估的问题改正。对纳税评估中发现的计算和填写错误、政策和程序理解偏差等一般性问题，或存在的疑点问题经约谈、举证、调查核实等程序认定事实清楚，不具有偷税等违法嫌疑，无须立案查处的，可提请纳税人自行改正。需要纳税人自行补充的纳税资料，以及需要纳税人自行补正申报、补缴税款、调整账目的，税务机关应督促纳税人按照税法的规定逐项落实。

（2）纳税评估的税务约谈。对纳税评估中发现的需要提请纳税人进行陈述说明、补充提供举证资料等问题，应由主管税务机关约谈纳税人。税务约谈的对象主要是企业的财务会计人员。纳税人因特殊困难不能按时接受税务约谈的，可向税务机关说明情况，经批准后延期进行。纳税人可以委托具有执业资格的税务代理人进行税务约谈，但其代理人应向税务机关提交纳税人委托代理合法证明。

（3）纳税评估的违规处理。在纳税评估工作中，发现纳税人有偷税、逃税、欠税、骗取出口退税、抗税或其他需要立案查处的税收违法行为嫌疑的，应将其移交税务稽查部门依法处理。对税源管理部门移交稽查部门处理的案件，税务稽查部门要将处理结果定期向税源管理部门反馈。发现外商投资企业和外国企业与其关联企业不按照独立企业业务往来核算需要调查、核实的，应移交上级税务机关国际税收管理部门（或有关部门）处理。

（4）纳税评估的分析报告。对纳税评估工作中发现的问题应编制评估分析报告，提出进一步加强征管工作的建议，并将评估工作内容、过程、证据、依据和结论等记入纳税评估工作底稿。纳税评估分析报告和纳税评估工作底稿是税务机关的内部资料，不发送给纳税人，不作为行政复议和诉讼的依据。

9.3.3.2 纳税评估的管理

（1）制订评估工作计划。基层税务机关及其税源管理部门要根据所辖税源的规模、管户的数量等工作的实际情况，结合自身纳税评估的工作能力，制订评估工作计划，合理确定纳税评估工作量。对重点税源户，要保证每年至少重点评估分析一次。

（2）加强评估工作监管。基层税务机关及其税源管理部门要充分利用现代化信息手段积累各类涉税信息，不断提高评估工作水平；对评估结果进行分析研究，提出加强征管工作的建议；本着“简便、实用”的原则，建立纳税评估档案，妥善保管纳税人报送的各类资料，并注重保护纳税人的商业秘密和个人隐私；建立、健全纳税评估工作岗位责任制、岗位轮换制、评估复查制和责任追究制等各项制度，加强对纳税评估工作的日常检查与考核；加强纳税评估工作人员培训，不断提高其综合素质和评估能力。

（3）管理部门各司其职。各级税务机关的征管部门负责纳税评估工作的组织协调，制定纳税评估工作业务规程，指导基层税务机关开展纳税评估工作；计划统计部门负责对税收完成情况、总体税源和税负增减变化等情况进行分析，为基层税务机关开展纳税评估提供指导；专业管理部门（包括各税种、国际税收等业务部门）负责行业税负监控、建立各税种纳税评估指标体系、测算指标预警值、制定分税种的具体评估方法，为基层税务机关开展纳税评估工作提供指导。

（4）严格纳税评估处罚。从事纳税评估的工作人员，在纳税评估工作中徇私舞弊或滥用职权，或为有涉嫌税收违法行为的纳税人通风报信致使其逃避查处，或瞒报评估真实结果、应移交案件不移交，或致使纳税评估结果失真、给纳税人造成损失，不构成犯罪的，由税务机关按照有关规定给予行政处分；构成犯罪的，依法追究刑事责任。

此外，各级税务局要加强纳税评估工作的协作，提高相关数据信息的共享程度，简化评估工作程序，提高评估工作实效，最大限度地方便纳税人。

9.4 税务检查

9.4.1 税务检查的概念

税务检查是指税务机关根据税收法律、行政法规的规定对纳税人履行纳税义务的情况进行监督、审查和处理的总称。

通过税务检查可检验、考核税收征收管理质量，查明和惩治各种税务违法行为，强化征管控制。对纳税人而言，可通过税务检查来检验其纳税的错漏或问题，避免税务违法尤其是犯罪行为的发生；对税务机关而言，可通过税务检查为依法处理税收违法行为提供可靠的事实依据。没有税务检查，税收征收管理就难以实现有效控制。

9.4.2 税务检查的内容、种类和形式

9.4.2.1 税务检查的内容

税务检查的内容主要包括两个方面：一方面，检查纳税人履行纳税义务的情况，这是税务检查的核心内容，具体包括检查纳税人和扣缴义务人执行国家税收政策法令的情况，检查纳税人和扣缴义务人与纳税有关的生产经营和经济核算情况等；另一方面，检查税务机关和税务人员执行税收征管法律制度的情况。

9.4.2.2 税务检查的种类

税务检查按其检查的目的、检查对象的来源和检查内容的范围的不同，可分为重点检查、专项检查、分类检查、集中检查和临时检查。

（1）重点检查。它是指对公民举报、上级机关交办或有关部门转来的有偷税行为或偷税嫌疑、纳税申报与实际生产经营情况明显不符的纳税人及有普遍逃税行为的行业的检查。

（2）专项检查。它是指税务机关根据税收工作实际，对某一税种或税收征收管理某一环节进行的检查。比如增值税一般纳税专项检查、漏征漏管户专项检查等。

（3）分类检查。它是指根据纳税人历来纳税情况、纳税人的纳税规模及税务检查间隔时间的长短等综合因素，按事先确定的纳税人分类、计划检查时间及检查频率而进行的检查。

（4）集中检查。它是指税务机关在一定时间、一定范围内，统一安排、统一组织的税务检查，这种检查一般来说规模比较大，如以前年度的全国范围内的税收、财务大检查就属于这类检查。

（5）临时检查。它是指由各级税务机关根据不同的经济形势、偷逃税趋势、税收任务完成情况等综合因素，在正常的检查计划之外安排的检查，如行业性解剖、典型调查性检查等。

9.4.2.3　税务检查的形式

有效的税务检查，必须采取适当的组织形式。目前，我国税务检查的形式，包括纳税人自查、税务机关专业检查和有关部门联合检查等，其中最重要、最经常的税务检查是税务机关专业检查，且其以日常检查、专项检查和专案检查为主。

日常检查是指税务机关对纳税人申报纳税和扣缴义务人扣缴税款等情况进行的常规检查；专项检查是指税务机关针对特定行业或某类纳税人进行的重点检查，如对高收入行业从业人员、演艺界及体育明星等进行的检查；专案检查是指税务机关根据举报或对在前两种检查中发现的重大涉嫌税收违法问题进行的个案检查。

9.4.3　税务检查的权利和义务

9.4.3.1　税务机关在检查中的权利与义务

1）税务机关的税务检查权

税务检查权是税务机关在税务检查活动中依法所享有的权利。根据《征管法》等的规定，税务检查权主要包括：

（1）账证检查权。税务机关有权检查纳税人的账簿、会计凭证、报表等有关资料，以及扣缴义务人的代扣代收税款账簿、记账凭证等有关资料。税务机关行使该项职权且有必要时，经县以上税务局（分局）局长批准，可以将纳税人和扣缴义务人以前会计年度的账簿、记账凭证、会计报表等其他有关资料调回税务机关检查。

（2）场地检查权。税务机关有权到纳税人的生产经营场所和货物存放地检查纳税人应纳税的商品、货物或其他财产，以及扣缴义务人与代扣代收税款有关的经营情况等。所称生产经营场所包括生产场所、加工单位和场所、商品买卖经营场所。要检查未登记为生产经营的场所，却用于生产经营的场所。

（3）责成提供资料权。税务机关有权责成纳税人、扣缴义务人提供与纳税或代扣代收税款有关的文件、证明材料等。

（4）询问权。税务机关有权查询、访问纳税人、扣缴义务人与纳税或代扣代收税款有关的问题和情况。

（5）交通邮政检查权。税务机关有权到车站、码头、机场、邮政企业及其分支机构检查纳税人托运、邮寄应纳税商品、货物或其他财产的有关单据、凭证等资料。

（6）存款账户检查权。经县以上税务局（分局）局长批准，凭全国统一格式的检查存款账户许可证明，税务人员有权查询从事生产经营的纳税人、扣缴义务人在银行或其他金融机构的存款账户。税务机关在调查税收违法案件时，经设区的市、自治州以上税务局（分局）局长批准，可以查询案件涉嫌人员的储蓄存款。

（7）网络交易检查权。税务机关有权到网络交易平台提供机构检查其网络交易情况，到网络交易支付服务机构检查其网络交易支付情况。

（8）财务委托检查权。税务机关有权到纳税人、扣缴义务人和纳税担保人的财物受托人处检查其财物委托情况。

（9）虚假发票检查权。税务机关有权检查涉嫌取得虚假发票的非纳税单位和个人的发票使用情况。

（10）信息查询权。税务机关有权到相关部门查询、复制纳税人的财产登记情况及身份信息。

2）税务机关检查权的约束

约束税务检查权可有效防止税务人员滥用职权，以便更好地贯彻国家税收政策法令，维护纳税人的合法权益，这主要体现在行使税务检查权的约束性和实施税务检查过程的相关性要求上。

税务机关检查权的约束性要求主要表现在：在实施账证检查权时需调回账证的，须向纳税人开付清单，并在3个月内归还；在行使询问权时，必须与纳税有关；在查核存款账户时，必须持检查存款账户许可证明等。

税务机关检查权的相关性要求主要表现在：税务机关派出税务人员进行检查时，税务人员应当在两人以上；税务检查人员与被检查人有亲属、利害关系等情形时，其应当回避；税务机关查询所获得的资料，不得用于税收以外的用途；税务机关应建立科学的检查制度，严格控制对纳税人、扣缴义务人的检查次数等。

9.4.3.2　相对人在检查中的权利与义务

税务检查中的相对人是指除税务机关以外的一切有关单位和个人，包括被检查对象和协助查处人两类：一是被检查对象，如纳税人和扣缴义务人；二是协助查处人，如车站、码头、机场等有关单位和个人，以及邮政、金融、公安、审计等部门。

（1）相对人的权利。根据《征管法》等的规定，相对人的权利主要包括：有权拒绝未出示税务检查证和税务检查通知书的税务人员和税务机关的检查；有权拒绝税务机关超出法定范围或违反法定程序的检查；维护其合法权益的权利，如纳税人将生产经营场所和货物存放地与生活住宅合用的，可以拒绝税务机关对其住宅的检查。

（2）相对人的义务。相对人在税务检查中的义务是与税务检查权相对应的，以保证税务机关全面、有效地履行检查职责为前提。其核心是不得拒绝和隐瞒税务机关依法进行的税务检查，主要包括：纳税人和扣缴义务人必须接受税务机关依法进行的检查，有关单位和个人必须予以配合、支持、协助；向税务机关如实反映情况；据实提供有关资料和证明材料。

案例窗9-6　**税务机关有依法进行交通邮政检查的权利**

某市税务稽查局对本市的某公司进行税务检查时，发现该公司有可能将产品运往外地销售而不走账，不做销售处理。经查该公司的其他应收款项，有一外地客户的应收款内容不明，怀疑是货款。为查明事实，该稽查局到该市码头查询该公司的货运情况，码头以难以查找为理由，拒绝了税务机关的检查。

分析：依据《征管法》第八十八条的规定，税务机关有权到车站、码头、机场、邮政企业及其分支机构检查纳税人托运、邮寄应纳税商品、货物或其他财产的有关单据、凭证等资料。

结论：税务机关可在该市的码头查询该公司的有关情况，并在查询时出示税务检查证和税务检查通知书，同时码头必须对市税务稽查局的检查工作予以支持和配合。

资料来源 王希颖. 税收征收管理及案例分析［M］. 北京：中国人民大学出版社，2008.

9.4.4 税务检查的特殊手段

《征管法》规定：税务机关检查税务违法案件时，对与案件有关的情况和资料，可以记录、录音、录像、照相和复制。但应注意的是，上述5种取证手段只能在检查税务违法案件时使用，不是对所有的税务检查对象都适用。

此外，税务机关对从事生产经营的纳税人依法进行税务检查时，发现纳税人有逃避纳税义务行为，并有明显的转移、隐匿其应纳税的商品、货物和其他财产或应纳税的收入的迹象的，可以按照《征管法》规定的批准权限采取税收保全措施或强制执行措施。

9.5 税务违法处理

税务违法处理是国家及其有关部门对征纳双方违反税法等法律制度时给予的惩处。它是维护国家税法尊严的重要手段，是税收强制性的具体体现。

9.5.1 纳税人的税务违法处理

9.5.1.1 税务违法行政处理

纳税人的税务违法行政处理是指税务机关对纳税人和扣缴义务人违反税收法律制度而又达不到司法机关立案标准的行为所给予的处罚。根据《征管法》等法律制度的规定，税务机关对纳税人税务违法行为的行政处理主要有以下几类：

1）对违反税务管理行为的处理

其内容主要包括：

（1）纳税人有下列行为之一的，由税务机关责令限期改正，可处2 000元以下的罚款，情节严重的，处2 000至10 000元的罚款：未按规定的期限申报办理税务登记、变更或注销登记及证件验证或换证手续的，未按规定设置、保管账簿或保管记账凭证和有关资料的，未按规定将财务、会计制度或财务会计处理办法和会计核算软件报送税务机关备查的，未按照规定将会计核算软件、使用说明书及有关资料报送税务机关备查的，未按照规定向税务机关报送涉税信息的，未按照规定将其全部银行账号向税务机关报告的，以及未按规定安装、使用税控装置或损毁或擅自改动税控装置的。

（2）纳税人不办理税务登记的，由税务机关责令限期改正；逾期不改正的，经税务机关提请，由市场监督管理部门吊销其营业执照；纳税人未按照规定使用税务登记证件或转借、涂改、损毁、买卖、伪造税务登记证件的，可处2 000至10 000元的罚款；情节严重的，处10 000至50 000元的罚款。

（3）扣缴义务人未按规定设置、保管代扣代缴税款账簿，或未按规定保管代扣代缴、代收代缴税款记账凭证及有关资料的，由税务机关责令限期改正，可处2 000元以下的罚款；情节严重的，处2 000至5 000元的罚款。

（4）纳税人未按规定的期限办理纳税申报和报税资料的，或扣缴义务人未按规定的期限报送代扣代缴、代收代缴税款报告表和有关资料的，由税务机关责令限期改正，可处2 000元以下的罚款；情节严重的，可处2 000至10 000元的罚款。

（5）非法印制、转借、倒卖、变造或伪造完税凭证的，由税务机关责令改正，可处2 000至10 000元的罚款；情节严重的，可处10 000至50 000元的罚款；构成犯罪的，依法追究刑事责任。

（6）银行和其他金融机构未依照《征管法》的规定，在从事生产经营纳税人的账户中登录税务登记证件号码，或未按规定在税务登记证件中登录从事生产经营的纳税人的账户账号的，由税务机关责令其限期改正，可处2 000至20 000元的罚款；情节严重的，可处20 000至50 000元的罚款。

2）对欠税行为的处理

欠税是指纳税人应纳税款逾期未缴纳的行为。税务机关对欠税者除令其限期补缴欠税款外，还应从滞纳税款之日起，按日加收滞纳税款5‰的滞纳金。

纳税人欠缴税款采取转移或隐匿财产手段，妨碍税务机关追缴欠税税款的，由税务机关追缴欠缴的税款、滞纳金，并处欠缴税款0.5至3倍的罚款；构成犯罪的，依法追究刑事责任。

3）对偷税行为的处理

偷税是指纳税人采取欺骗、隐瞒手段进行虚假纳税申报或不申报，逃避缴纳税款的行为。采取的欺骗、隐瞒手段包括伪造、变造、转移、藏匿、毁灭账簿凭证或其他相关资料；编造虚假计税依据，虚列支出或转移、隐匿收入；骗取税收优惠；法律、行政法规规定的其他情形。

对纳税人偷税的行为，由税务机关追缴其不缴或少缴的税款，并处不缴或少缴的税款0.5至3倍的罚款；涉嫌犯罪的，移送司法机关依法处理。

扣缴义务人采取前款所列手段，不缴或少缴已扣、已收税款，由税务机关追缴其不缴或少缴的税款，并处不缴或少缴的税款0.5至3倍的罚款；涉嫌犯罪的，移送司法机关依法处理。

税法Q&A 9-2

纳税人利用发票偷税的现象有哪些？

税法Q&A 9-2

4）对骗税行为的处理

骗税是指企业事业单位采取对所生产或经营的商品假报出口或其他欺骗手段，骗取国家出口退税款的行为。

假报出口是指作出下列行为：虚构货物、劳务、服务出口；伪造或签订虚假的买卖合同；以伪造、变造或其他非法手段取得出口货物报关单、出口货物专用缴款书、运输单据、装货单等有关出口退税单据、凭证；虚开、伪造、变造、非法购买增值税专用发票或其他可以用于出口退税的发票和凭证；假以他人货物、劳务、服务申报出口退税。

其他欺骗手段是指做出下列行为：骗取出口退税资格；将未纳税或免税货物、劳务、服务作为已税货物、劳务、服务出口；虽有出口，但虚构、虚增该出口货物、劳务、服务的品名、数量、单价等要素，骗取未实际纳税部分出口退税款。对骗取国家出口退税款的，税务机关可以在规定期间内停止为其办理出口退税。

对骗取国家出口退税款的，由税务机关追缴其骗取的退税款，并处骗取税款1至5倍的罚款，具体罚款倍数及数额由行政执法机关根据情节确定；构成犯罪的，依法追究刑事责任。对骗取国家出口退税款的，税务机关可在规定期间内停止为其办理出口退税。

5）对抗税行为的处理

抗税是指纳税人、扣缴义务人以暴力、威胁方法拒不缴纳税款的行为。对纳税人抗税的，除由税务机关追缴其拒缴的税款外，并处20万元以下的罚款；涉嫌犯罪的，移送司法机关依法处理。

6）对其他税务违法行为的处理

其内容主要包括：

（1）纳税人、扣缴义务人编造虚假计税依据的，由税务机关责令限期改正，并处5万元以下的罚款。

（2）纳税人、扣缴义务人办理了纳税申报或税务机关向纳税人、扣缴义务人送达了税额确认通知书，但在规定期限内不缴或少缴应纳或应解缴的税款，经税务机关责令限期缴纳，逾期仍未缴纳的，税务机关除采取强制执行措施追缴其不缴或少缴的税款外，可以处不缴或少缴税款0.5至3倍的罚款。

纳税人有特殊困难不能及时完全履行纳税义务的，税务机关可以与纳税人达成执行协议，约定分阶段履行；纳税人采取补救措施的，可以减免加处的罚款或滞纳金。

（3）扣缴义务人应扣未扣、应收而不收税款的，由税务机关向纳税人追缴税款，对扣缴义务人处应扣未扣、应收未收税款0.5至1倍的罚款。

（4）纳税人、扣缴义务人逃避、拒绝或以其他方式阻挠税务机关检查的，由税务机关责令改正，可处1万元以下的罚款；情节严重的，可处1万至5万元的罚款。

（5）伪造、变造发票的，由税务机关没收违法所得和作案工具，处50万元以下的罚款；非法买卖、非法代开发票的，由税务机关没收违法所得，处50万元以下的罚款；涉嫌犯罪的，移送司法机关依法处理。违反《征管法》的规定非法印制发票的，处50万元以下的罚款；涉嫌犯罪的，移送司法机关依法处理。

（6）虚构、虚增交易，开具或接受与经营交易事实不符的发票或抵扣列支凭证的，构成虚开发票行为。虚开发票的，处虚开发票税额2倍以下的罚款；涉嫌犯罪的，移送司法机关依法处理。

（7）从事生产经营的纳税人、扣缴义务人有《征管法》规定的税收违法行为，拒不接受税务机关处理的，税务机关可以收缴其发票，或停止向其发售发票。

（8）纳税人、扣缴义务人的开户银行或其他金融机构拒绝接受税务机关依法检查纳税人、扣缴义务人存款账户，或拒绝执行税务机关作出的冻结存款或扣缴税款的决定，或在接到税务机关的书面通知后帮助纳税人、扣缴义务人转移存款，造成税款流失的，由税务机关处10万至50万元的罚款，对直接负责的主管人员和其他直接责任人员处1千至1万元的罚款。

（9）负有提供涉税信息协助义务和其他协助义务的纳税人、扣缴义务人，以及其他有关单位和个人未按照《征管法》的规定履行提供涉税信息和其他协助义务的，经税务机关责令限期改正逾期仍不改正的，由税务机关对其处2千至1万元的罚款；造成国家税款重大损失的，处10万元以下的罚款。

（10）纳税人、扣缴义务人因过失违反税收法律、行政法规，造成未缴或少缴税款的，税务机关除追缴其未缴或少缴的税款外，并处未缴或少缴税款0.5倍的罚款。

纳税人、扣缴义务人自法律、行政法规规定或税务机关依照法律、行政法规的规定确定的申报缴纳税款期限届满之日起至税务检查前办理修正申报并缴纳税款的，处补缴税款20%以下的罚款。

9.5.1.2　税务违法司法处理

纳税人的税务违法司法处理是指司法机关对纳税人和扣缴义务人违反税收法律及有关法律达到其立案标准的行为所给予的刑事制裁。目前在我国，一般由各级人民法院经济法庭代为受理，并行使税务司法职能。根据《征管法》《刑法》等法律的规定，纳税人税务违法的司法处理主要有以下几类：

1）直接妨害税款征收的犯罪

其内容主要包括：

（1）逃税罪。它是指纳税人欠缴应纳税款，采取转移或隐匿财产的手段，致使税务机关无法追缴的欠缴税款数额较大的行为。

《刑法》第201条规定：纳税人、扣缴义务人采取欺骗、隐瞒手段进行虚假纳税申报或者不申报，逃避缴纳税款数额较大并且占应纳税额10%以上的，处3年以下有期徒刑或者拘役，并处罚金；数额巨大并且占应纳税额30%以上的，处3至7年有期徒刑，并处罚金。多次实施上述行为，未经处理的，按照累计数额计算。经税务机关依法下达追缴通知后，补缴应纳税款，缴纳滞纳金，已受行政处罚的，不予追究刑事责任，但5年内因逃避缴纳税款受过刑事处罚或者被税务机关给予两次以上行政处罚的除外。

（2）抗税罪。它是指以暴力、威胁手段拒不缴纳税款的行为。所谓暴力、威胁手段是指对税务工作人员人身进行打击、强制或对税务工作人员施以精神上的压力，如殴打、围攻、捆绑、恐吓、要挟税务工作人员等。

《刑法》第202条规定：犯抗税罪的，可处3年以下有期徒刑或拘役，并处拒缴税款1至5倍罚金；情节严重的（一般指抗税数额较大，多次抗税，抗税造成税务工作人员伤亡，造成较为恶劣的影响等），可处3至7年有期徒刑，并处拒缴税款1至5倍的罚金。

（3）逃避追缴欠税罪。它是指纳税义务人欠缴应纳税款，采取转移或隐匿财产的手段，致使税务机关无法追缴欠缴的税款，数额在1万元以上的行为。

依据《刑法》203条的规定：纳税人欠缴应纳税款，采取转移或隐匿财产的手段，致使税务机关无法追缴欠缴的税款数额在1万至10万元的，处3年以下有期徒刑或拘役，并处或单处欠缴税款1至5倍的罚金；数额在10万元以上的，处3至7年有期徒刑，并处欠缴税款1至5倍的罚金。

（4）骗取出口退税罪、偷税罪。骗取出口退税罪是指故意违反税收法规，采取以假报出口等欺骗手段，骗取国家出口退税款，且数额较大的行为。

《刑法》第204条规定：以假报出口或其他欺骗手段，骗取国家出口退税款且数额较大的，处5年以下有期徒刑或拘役，并处骗取税款1至5倍的罚金；数额巨大或有其他严重情节的，处5至10年有期徒刑，并处骗取税款1至5倍的罚金；数额特别巨大或有其他特别严重情节的，处10年以上有期徒刑或无期徒刑，并处骗取税款1至5倍的罚金或没收财产。

单位犯骗取出口退税罪的，对单位判处罚金，并对其直接负责的主管人员和其他直接责任人员依照自然人犯骗取出口退税罪处理。

2）妨害发票管理的犯罪

其内容主要包括：

（1）虚开增值税专用发票，用于骗取出口退税、抵扣税款发票罪。虚开增值税专用发票或虚开用于骗取出口退税、抵扣税款的其他发票，是指为他人虚开、为自己虚开、让他人为自己虚开、介绍他人虚开的行为。

《刑法》第205条规定：虚开增值税专用发票或虚开用于骗取出口退税、抵扣税款的其他发票的，处3年以下有期徒刑或拘役，并处2万至20万元罚金；虚开的税款数额较大或有其他严重情节的，处3至10年有期徒刑，并处5万至50万元罚金；虚开的税款数额巨大或有其他特别严重情节的，处10年以上有期徒刑或无期徒刑，并处5万至50万元罚金或者没收财产。

单位虚开发票的，对单位判处罚金，并对由其直接负责的主管人员和其他直接责任人员，处3年以下有期徒刑或拘役；虚开的税款数额较大或有其他严重情节的，处3至10年有期徒刑；虚开的税款数额巨大或有其他特别严重情节的，处10年以上有期徒刑或无期徒刑。

案例窗9-7　**虚开增值税专用发票属于犯罪行为**

2006年5月上旬，李某回广东省某市峡山镇探亲期间，得知虚开增值税专用发票可以获利，便与朋友江某联系试图利用专用发票做生意。江某以某饮料厂的名义从江苏省某市税务局购买了一本增值税专用发票（50份），携带此发票连同其单位的营业执照副本和财务专用章匆忙赶到广东省某市找李某。两人商量后，决定由李某寻找需要开具专用发票的客户。于是，其找到了某服装加工厂的王某。按王某的要求，由刘某执笔，采取了“大头小尾、二次填写”的方法，为某服装加工厂虚开增值税发票5份，累计虚开金额为10 466 060.2元，抵扣税额为1 779 230.2元。江某按发票金额的2‰提成，从中非法牟利26 000元，用此款为本单位垫付了货款，单位账上欠江某26 000元。案发时，两被告虚开的增值税专用发票尚未抵扣税款。

分析：被告人李某、江某虚开增值税发票5份，累计虚开的金额为1 046.6万元，抵扣税额为177.9万元，其行为已构成虚开增值税专用发票罪。

结论：本案中，两名被告人为他人虚开增值税专用发票用于抵扣税款，其行为构成虚开增值税专用发票罪，应追究其虚开增值税专用发票罪的刑事责任。

资料来源　王希颖. 税收征收管理及案例分析［M］. 北京：中国人民大学出版社，2008.

（2）伪造、出售伪造专用发票罪。它是指非法印制或出售非法印制的增值税专用发票的行为。除国家税务总局统一印制的增值税专用发票，其他单位或个人私自印制的行为，即构成伪造，也包括变造增值税专用发票的行为。

《刑法》第206条规定：犯伪造、出售伪造的增值税专用发票罪的，可处3年以下有期徒刑、拘役或管制，并处2万至20万元罚金；数量较大或有其他严重情节的，可处3至10年有期徒刑，并处5万至50万元罚金；数量巨大或有其他特别严重情节的，可处10年以上有期徒刑或无期徒刑，并处5万至50万元罚金或没收财产；数量特别巨大、情节特别严重、严重破坏经济秩序的，处无期徒刑或死刑，并处没收财产。

单位犯伪造、出售伪造专用发票罪的，对单位判处罚金，并对其直接的主管人员和其他直接责任人员，可处3年以下有期徒刑、拘役或管制；数量较大或有其他严重情节的，可处3至10年有期徒刑；数量巨大或有其他特别严重情节的，可处10年以上有期徒刑或无期徒刑。

（3）非法出售专用发票罪。它是指无权发售增值税专用发票的单位或个人违反国家发票管理法规，将增值税专用发票出售的行为。

《刑法》第207条规定：犯非法出售专用发票罪的，可处3年以下有期徒刑、拘役或管制，并处2万至20万元罚金；数量较大的，处3至10年有期徒刑，并处5万至50万罚金；数量巨大的，可处10年以上有期徒刑或无期徒刑，并处5万至50万元罚金或没收财产。

单位犯非法出售专用发票罪的，对单位判处罚金，由其直接负责的主管人员和其他直接责任人员依照自然人犯非法出售专用发票罪处理。

（4）非法购买伪造专用发票罪。它是指通过非法方式购买增值税专用发票或明知是伪造的增值税专用发票而购买的行为。

《刑法》第208条规定：犯非法购买伪造专用发票罪的，可处5年以下有期徒刑或拘役，并处或单处2万至20万元罚金。

单位犯非法购买伪造专用发票罪的，对单位判处罚金，由其直接负责的主管人员和其他直接责任人员依照自然人犯非法购买伪造专用发票罪处理。

（5）非法制造、出售非法制造其他专用发票罪。它是指伪造、擅自制造或出售伪造、擅自制造的，除增值税专用发票以外的，可用于骗取出口退税、抵扣税款的其他专用发票的行为。

《刑法》第209条规定：犯非法制造、出售非法制造其他专用发罪的，可处3年以下有期徒刑、拘役或管制，并处2万至20万元的罚金；数量巨大的，可处3至7年有期徒刑，并处5万至50万元的罚金；数量特别巨大的，可处7年以上有期徒刑，并处5万至50万元的罚金或没收财产。

单位犯非法制造、出售非法制造其他专用发票罪的，对单位判处罚金，由其直接负责的主管人员和其他直接责任人员依照自然人犯非法制造、出售非法制造其他专用发票罪处理。

（6）非法制造、出售非法制造普通发票罪。它是指伪造、擅自制造或出售伪造、擅自制造的，可以用于骗取出口退税、抵扣税款以外的其他普通发票的行为。

《刑法》第209条规定：犯非法制造、出售非法制造普通发票罪的，可处2年以下有期徒刑、拘役或管制，并处或单处1万至5万元罚金；情节严重的，可处2至7年有期徒刑，并处5万至50万元罚金。

单位犯非法制造、出售非法制造普通发票罪的，对单位判处罚金，由其直接负责的主管人员和其他直接责任人员按自然人犯非法制造、出售非法制造普通发票罪处理。

（7）非法出售其他专用发票罪。它是指非法出售除增值税专用发票以外的，可以用于骗取出口退税、抵扣税款的其他专用发票的行为。

《刑法》第209条规定：犯非法出售其他专用发票罪的，可处3年以下有期徒刑、拘役或管制，并处2万至20万元罚金；数量巨大的，可处3至7年有期徒刑，并处5万至50万元罚金；数量特别巨大的，可处7年以上有期徒刑，并处5万至50万元罚金或没收财产。

单位犯非法出售其他专用发票罪的，对单位判处罚金，由其直接负责的主管人员和其他直接责任人员依照自然人犯非法出售其他专用发票罪处理。

（8）非法出售发票罪。它是指非法出售不能用于骗取出口退税、抵扣税款的普通发票的行为。

《刑法》第209条规定：犯非法出售发票罪的，可处2年以下有期徒刑、拘役或管制，并处或单处1万至5万元的罚金；情节严重的，可处2至7年有期徒刑，并处5万至50万元的罚金。

单位犯非法出售发票罪的，对单位判处罚金，由其直接负责的主管人员和其他直接责任人员依照自然人犯非法出售发票罪处罚。

3）其他税务违法犯罪

其内容主要包括：

（1）伪造或倒卖伪造的完税凭证，可处2年以下有期徒刑、拘役或管制，并处或单处凭证金额1至5倍的罚金；数额巨大的，可处2至7年有期徒刑，并处凭证金额1至5倍的罚金。

（2）以暴力、威胁手段阻碍税务工作人员依法执行公务的，可处3年以下有期徒刑、拘役、管制或罚金。

（3）对冒充税务工作人员招摇行骗的，可处3年以下有期徒刑、拘役、管制或剥夺政治权利；情节严重的，可处3至10年有期徒刑。

9.5.2　税务人员的税务违法处理

9.5.2.1　税务人员税务违法的行政处理

对税务人员税务违法行为，由税务机关的监察部门按其税务违纪违法的情节轻重及其影响大小，可分别给予警告、记过、记大过、降级、降职、撤职、留用察看、开除等8种纪律处分；也可以采用经济处罚，如停发奖金、一次性罚款、减发工资等。党员税务干部，还应给予党纪处分。

对立案侦察的税务人员违法案件，若其触犯刑律，税务机关应移送司法机关处理；同时在移送前，应给予开除处分。

9.5.2.2　税务人员税务违法的司法处理

1）依据《征管法》的司法处理

其内容主要包括：

（1）税务人员与纳税人、扣缴义务人勾结，唆使或协助其偷逃税和骗税的，按共同犯罪论处。

（2）税务人员私分扣押、查封的商品、货物或其他财产，情节严重、构成犯罪的，依法追究刑事责任。

（3）税务人员徇私舞弊，对依法应当移交司法机关追究刑事责任的不移交、情节严重的，依法追究刑事责任。

（4）税务人员徇私舞弊或玩忽职守，不征或少征应征税款，致使国家税收遭受重大损失、构成犯罪的，依法追究刑事责任。

（5）税务人员对控告、检举税收违法行为的纳税人、扣缴义务人和其他检举人进行打击报复、构成犯罪的，依法追究刑事责任。

2）依据《刑法》的司法处理

其内容主要包括：

（1）依据《刑法》第385条的规定：税务人员利用职务上的便利，索取或非法收受纳税人、扣缴义务人财物的，按受贿罪论处；索贿的，从重予以处罚。

（2）依据《刑法》第404条的规定：税务人员徇私舞弊，不征或少征税款，致使国家税收遭受重大损失的，处5年以下有期徒刑或拘役；造成特别重大损失的，可处5年以上有期徒刑。

（3）依据《刑法》第405条的规定：税务人员违反法律、行政法规的规定，在办理发售发票、抵扣税款、出口退税等工作中，徇私舞弊，致使国家利益遭受重大损失的，可处5年以下有期徒刑或拘役；致使国家利益遭受特别重大损失的，可处5年以上有期徒刑。

9.6　税务文书

9.6.1　税务文书的种类

税务文书是指用于税务机关与纳税人缴纳税款及其相关活动的各种文书的总称。它既是国家税收政策法令的具体意见，也是纳税人和扣缴义务人等当事人了解有关纳税事宜及税收管理事项的有效途径。

税务文书包括用于税款征收、税务检查、税收行政等方面的文书，涉及的种类较多。《征管法实施细则》中规定的税务文书有9种，即税务事项通知书、责令限期改正通知书、税收保全措施决定书、税收强制执行决定书、税务检查通知书、税务处理决定书、税务行政处罚决定书、税务行政复议决定书和其他税务文书等。税务文书的格式由国家税务总局制定，见表9-3中的税务检查通知书。

表9-3　　税务局（稽查局）税务检查通知书

________税稽检通一〔　〕号 ________： 根据《中华人民共和国税收征收管理法》第五十四条的规定，决定派________等人，从________年____月____日起对你（单位）________年____月____日至________年____月____日期间（如检查发现此期间以外明显的税收违法嫌疑或线索不受此限）的涉税情况进行检查。届时请依法接受检查，如实反映情况，提供有关资料。 税务机关（章） 年　月　日 告知：税务机关派出的人员进行税务检查时，应当出示税务检查证和税务检查通知书，并有责任为被检查人保守秘密；未出示税务检查证和税务检查通知书的，被检查人有权拒绝检查。

9.6.2　税务文书的送达

9.6.2.1　税务文书送达的含义

税务文书送达是指税务执法机关将税务文书采取一定的方式送给有关的纳税人、扣缴义务人和其他当事人的一种管理行为。它是税收征收管理工作的重要组成部分。

通过税务文书送达，既可以明确征收机关的责任、规范文书传送的程序和提高文书的法律效力，也有利于保证税务文书的安全和效果；既方便纳税人、扣缴义务人和其他当事人及时、准确地理解征收机关的意见，也有利于维护其合法权益。

9.6.2.2　税务文书送达的范围

按现行《征管法》等的规定，税务文书送达的范围仅限于《征管法实施细则》规定的9种文书，但这些文书还可细分。如税务行政复议方面的文书，可再细分为税务行政复议申请书、税务行政复议受理复议通知书、税务行政复议不予受理裁决书、税务行政复议停止复议通知书、税务行政复议限期补正通知书、税务行政复议答辩书、税务行政复议决定书和税务行政复议送达回证等。

9.6.2.3　税务文书送达的方式

税务文书送达的方式原则上是直接送达，但由于文书送达过程中情况较为复杂，因此在直接送达有困难的情况下，还可采取委托、邮寄和公告等方式送达。

（1）直接送达。它是指由税务机关将税务文书直接送达纳税人、扣缴义务人和其他当事人的一种送达方式。这是税务文书送达的基本方式。受送达人是公民的，由本人直接签收，本人不在时，交其同住成年家属签收；受送达人是法人的，由法人单位的法定代表人签收，或由法人单位负责收发件人签收；受送达人是其他经济组织的，由组织的主要负责人签收，或由组织的负责收发件人签收；受送达人有代理人的，由其代理人签收。

（2）委托送达。它是指税务机关委托有关机关或其他单位，将税务文书以代理方式送达给受送达人的一种送达方式。在税务文书送达时，遇到距离过远或交通不便等情况，直接送达确有困难的，可采用委托送达方式。

（3）邮寄送达。它是指税务机关通过邮电等部门利用邮件、电报等形式将税务文书邮寄给受送达人的一种送达方式。其具体形式包括平信、挂号信、航空信、邮政快件、特快专递和电报等，但必须有函件回执。

（4）公告送达。它是指征收机关采取向社会公告税务文书，以向受送达人传递征收机关决定的一种送达方式。采用该方式送达税务文书必须具备两个条件：一是税务文书中同一送达事项的受送达人众多又无法一一送达；二是采用直接送达、委托送达和邮寄送达方式，无法送达给受送达人。

9.6.2.4　税务文书送达的确认

送达税务文书必须有送达回证，即由受送达人或规定的其他签收人在送达回证上记录收到的日期、签名或盖章。只有完成这些手续，才能确认税务文书送达。确认税务文书送达的标准主要包括即为送达和视为送达两类。

（1）即为送达。由受送达人或《征管法实施细则》中规定的其他签收人，在税务文书送达回证上写明收到的日期，签署收件人姓名或盖章后即为送达。

受送达人或其他签收人拒绝签证税务文书的，送达人应在税务文书送达回证上写明受送达人拒绝的理由和日期，并由送达人、见证人签名或盖章，将送达的税务文书留在受送达人处即为送达。

（2）视为送达。采取直接送达或委托送达方式送达的税务文书，签收人或见证人在送达回证上签收日期或见证日期可视为送达；采取邮寄送达的税务文书，邮寄函件回执上注明收件日期可视为送达；采取公告方式送达的税务文书，自征税机关公告税务文书之日起满30日可视为送达。

本章小结

• 税收征收管理是国家税务机关依据税收法律、行政法规的规定，按照统一的标准，通过法定的程序，对纳税人应纳税额组织入库的一种行政行为。《征管法》是税收征管中征纳双方所依据的最主要的法律，其遵守主体是税务机关、纳税人、扣缴义务人和其他有关单位及部门。

• 税务管理是整个税收征管工作的基础环节，是税款征收的前提，主要包括税务登记、账证管理、发票管理和纳税申报等。

• 税款征收是税收征收管理工作的中心环节，主要有查账征收、查定征收、查验征收、定期定额、汇缴征收、扣缴征收等方式。《征管法》中对税款征收的措施的规定，对维护税收法纪和保障税款及时足额入库具有重要作用。

• 纳税评估是指税务机关运用数据信息对比分析的方法，对纳税人和扣缴义务人纳税申报情况的真实性和准确性作出定性和定量的判断，并采取进一步征管措施的管理行为。它的基本法律依据是2005年3月国家税务总局制定的《纳税评估管理办法（试行）》，其主要规定了纳税评估的机构、指标、内容、对象、方法、处理与管理等。

• 税务检查可有效控制税收征收管理工作。税务检查可分为重点检查、专项检查、分类检查、集中检查和临时检查。税务机关和纳税人在税务检查中，具有各自的权利与义务（约束）。

• 税务法律责任是对征纳双方违反税法等法律制度时给予的惩处。如果未达到司法机关的立法标准，应给予违法的税务机关或纳税人以行政处理；如果达到司法机关的立法标准，则应追究刑事责任。

● 税务文书送达是指税务执法机关将税务文书采取一定的方式送给有关的纳税人、扣缴义务人和其他当事人的一种管理行为。它是税收征收管理工作的重要组成部分。

关键概念

税务管理　税务登记　纳税申报　税款征收　纳税评估　税务检查　欠税　偷税　逃税　抗税　骗税　税务文书

复习思考题

1.什么是税务管理？如何加强税务管理工作？

2.发票的种类有哪些？普通发票与专用发票有何区别？

3.纳税申报及税款征收的方式有哪些？

4.如何理解纳税评估指标的功能及纳税评估的方法？

5.税务违法的行政处理与司法处理有哪些异同？

章后客观题及参考答案9

第10章

税务行政管理法

学习目标

掌握税收管理体制的概念及管理权限的划分。

了解我国税务机构的设置及其征管范围。

理解和掌握税务行政处罚的基本内容。

掌握税务行政复议、诉讼和应诉的基本内容。

掌握税务行政赔偿的相关要素、程序、方式与标准。

案例导引　　国家税务总局的内设机构及其职责

国家税务总局是国务院主管税收工作的直属机构（正部级），前身是1950年成立的财政部税务总局（正局级），1988年改名为国家税务局，为国务院直属机构（副部级），1993年定名为国家税务总局。国家税务总局设有办公厅、政策法规司、货物和劳务税司、所得税司、财产和行为税司、国际税务司、收入规划核算司、纳税服务司、征管和科技发展司、大企业税收管理司、稽查局、财务管理司、督察内审司、人事司、机关党委、离退休干部办公室等16个内设机构（正司局级），以及中央纪委、监察部驻国家税务总局纪检组、监察局。此外，总局还设有9个直属事业单位，包括教育中心、机关服务中心、电子税务管理中心、集中采购中心、税收科学研究所、税务干部进修学院、中国税务杂志社、中国税务报社、中国税务出版社等。其职责包括以下12个方面：

（1）具体起草税收法律法规草案及实施细则并提出税收政策建议，与财政部共同上报和下发制定贯彻落实的措施。负责对税收法律法规执行过程中的征管和一般性税政问题进行解释，事后向财政部备案。

（2）承担组织实施中央税、共享税及法律法规规定的基金（费）的征收管理责任，力争对税款应收尽收。

（3）参与研究宏观经济政策、中央与地方的税权划分并提出完善分税制的建议，研究税负总水平并提出运用税收手段进行宏观调控的建议。

（4）负责组织实施税收征收管理体制改革，起草税收征收管理法律法规草案并制定实施细则，制定和监督执行税收业务、征收管理的规章制度，监督检查税收法律法规、政策的贯彻执行，指导和监督地方税务工作。

（5）负责规划和组织实施纳税服务体系建设，制定纳税服务管理制度，规范纳税服务行为，制定和监督执行纳税人权益保障制度，保护纳税人合法权益，履行提供便捷、优质、高效纳税服务的义务，组织实施税收宣传，拟定注册税务师管理政策并监督实施。

（6）组织实施对纳税人的分类管理和专业化服务，组织实施对大型企业的纳税服务和税源管理。

（7）负责编报税收收入中长期规划和年度计划，开展税源调查，加强税收收入的分析预测，组织办理税收减免等具体事项。

（8）负责制定税收管理信息化制度，拟定税收管理信息化建设中长期规划，组织实施金税工程建设。

（9）开展税收领域的国际交流与合作，参加国家（地区）间税收关系谈判，草签和执行有关的协议、协定。

（10）办理进出口商品的税收及出口退税业务。

（11）对全国国税系统实行垂直管理，协同省级人民政府对省级税务局实行双重领导，对省级税务局局长的任免提出意见。

（12）承办国务院交办的其他事项。

税务行政是国家行政的重要组成部分，是以国家强制力保证实施的税务执法行为。税务行政管理是税务机关为提高行政效率，依据税收法律制度行使职权，对税务机关内部事务进行有效管理的活动。它与税收征收管理相对应，共同构成税收管理的全部内容。

10.1 税收管理体制

10.1.1 税收管理体制的概念

税收管理体制是指在中央和地方之间划分税收管理权限，确立各自税权范围的一种税收制度。它既是财政管理体制的重要组成部分，也是税务行政管理法的一项重要内容。其实质体现了中央和地方在行使课税及其管理全过程中的一种权利分配关系。

上述税收管理权限主要包括税收的立法权和执法权两类，具体包括税收立法权、税收法律解释权、税种开征停征权、税目与税率调整权、税收加征和减免权、税收征收管理权等。

10.1.2 税收管理权限的划分

税收管理权限的划分有纵向划分和横向划分之别，前者是指在中央和地方的国家机构之间划分税收管理权限；后者是指在同级立法、司法、行政等国家机构之间划分税收管理权限。我国税收立法权和执法权包括以下内容：

10.1.2.1　税收立法权

1）税收立法权的含义

税收立法权是指制定、修改、解释或废止税收法律、法规、规章和规范性文件的权力。它可以按照税种类型、税法构成要素、税收执法级次等方面来划分。我国的税收立法权是按照税收执法级次来划分的。

2）税收立法权的内容

关于我国现行税收立法权的划分，至今为止尚无一部法律对其加以完整规定，其是散见于若干税收法律、法规之中的。归纳起来，其大体包括以下几个方面：

（1）全国人大及其常委会的税收立法权。全国人大及其常委会有全国性税种的立法权，包括中央税和在全国范围内征收的地方税税法的制定、公布和税种的开征、停征权。

（2）国务院的税收立法权。经全国人大及其常委会授权，全国性税种可先由国务院以条例或暂行条例的形式发布施行。经过一段时期后，再修订并通过正式立法程序；国务院有权制定税法实施细则、增减税目和调整税率；国务院有权解释税法等。

（3）财政部和国家税务总局的税收立法权。经国务院授权，国家税务主管部门即财政部和国家税务总局有税法的解释权和地方性税种实施细则的制定权。

（4）省级人大及其常委会的税收立法权。省级人大及其常委会根据本地区经济发展的具体情况和实际需要，在不违背国家统一税法、不影响中央财政收入、不妨碍社会主义统一市场的前提下，有权制定、公布、开征、停征全国性税种以外的地方税种（包括各种基金和费），但所立税法在公布实施前，须报全国人大常委会备案。

（5）省级人民政府的税收立法权。经省级人大及其常委会授权，省级人民政府有本地区地方税法的解释权和制定地方税法实施细则、调整税目与税率的权力；在上述规定的前提下，可制定一些税收征管办法；在全国性地方税条例规定的幅度内，可确立本地区使用的税率（或税额）。上述权力除税法解释权外，在发布实施前，须报国务院备案。

这里需要说明的是，地方税的立法权应只限于省级立法机关及其授权的同级政府，不能层层下放，所立税法可在全省（市、自治区）范围内执行，也可在部分地区执行。

10.1.2.2　税收执法权

1）税收执法权的含义

税收执法权是指贯彻执行各种税收法律制度的权力。明确税收执法权，有利于保证国家税法的统一制定和贯彻执行，充分、准确地发挥各级有权机关管理税收的职能作用，防止各种越权自定章法、随意减免税收现象的发生。

税收执法权的含义包括两个方面：一是什么机关有税收执法权；二是各级机关的税收执法权如何划分。其内容主要包括税收征收权、管理权、检查权、处罚权、减免税审批权和地方性税种的停征权、税率依法确定权等。

2）税收执法权的内容

根据现行有关税收法律、行政法规的规定，我国现行税收执法权的划分主要包括以下几个方面：

（1）在分税制财政管理体制下，中央税的管理权归属于国务院及其财政部和国家税务总局，地方税的管理权归属于地方人民政府及其税务主管部门，两者均由各级税务机关负责征收管理；中央与地方共享税的管理权，按中央和地方政府各自的收入归属划分，由各级税务机关负责征收管理。

（2）根据国务院的有关规定，各地区、各部门及单位和个人在税法规定之外一律不得减免税，也不得采取先征后返的形式变向减免税。

（3）地方自行立法的地区性税种，其税收管理权归属于省级人民政府及其税务主管部门；省级人民政府可根据本地区经济发展的实际情况，自行决定继续征收或停止征收屠宰税和筵席税，其具体征收办法要报国务院备案；属于地方税收的管理权限，在省级及其以下的地区如何划分，由省级人大或省级人民政府决定。

（4）除少数民族自治区和经济特区外，各地均不得擅自停征全国性的地方税种。

（5）经全国人大及其常委会和国务院批准，民族自治区和经济特区除拥有一般地方税收管理权外，还拥有某些特殊的税收管理权，如民族自治区有全国性地方税种中某些税目、税率的调整权及地方性税种的减免权等；经济特区有对涉外企业地方所得税和某些项目预提所得税的减免权等。

需要说明的是，上述地方包括少数民族自治区和经济特区，其在行使税收管理权限时，必须以不影响国家宏观调控和中央财政收入为前提。

10.1.3 税务机构及其权限划分

10.1.3.1 税务机构的总体设置

税务机构是为实现税收功能专门设立的，代表国家行使税收管理权的专职机构。它在法律上具有多重功能，税务机关是代表国家行使税务行政管理、执行税收法令、组织税收收入等的职能机关。

2018年3月13日，国务院改革国税地税征管体制，将省级和省级以下国税地税机构合并，具体承担所辖区域内各项税收、非税收入征管等职责。根据国民经济与社会发展，以及实行分税制财政管理体制的需要，我国现行税务机构的设置规定为：中央政府设立国家税务总局，省及省以下税务机构设税务局。

10.1.3.2 中央与地方政府的税收收入

根据现行分税制财政管理体制的规定，我国的税收收入分为中央政府固定收入、地方政府固定收入和中央与地方共享收入。

（1）中央政府固定收入。其包括国内消费税、关税及海关代征的增值税和消费税收入，以及印花税（从2016年1月起，将证券交易印花税全部调整为中央收入）。

（2）地方政府固定收入。其包括个人所得税、城镇土地使用税、耕地占用税、土地增值税、房产税、车船税、契税、烟叶税和其他地方附加收入。

（3）中央与地方共享收入。其主要包括以下几个方面：①国内增值税。中央政府分享50%，地方政府分享50%。②企业所得税。铁道部、各银行总行及海洋石油企业缴纳的部分归中央政府，其余部分中央与地方政府按60%和40%的比例分享。③个人所得税。除储蓄存款利息所得的个人所得税外，其余部分的分享比例与企业所得税相同。④资源税。海洋石油企业缴纳的部分归中央政府，其余部分归地方政府。⑤城市维护建设税。中国铁路总公司、各银行总行、各保险总公司集中缴纳的部分归中央政府，其余部分归地方政府。

10.2 税务行政处罚

10.2.1 税务行政处罚的概念和原则

10.2.1.1 税务行政处罚的概念

税务行政处罚是指公民、法人或其他组织有违反税收法律、行政法规的违法行为，尚未构成犯罪，依法应当承担行政责任的，由税务机关给予的处罚。

税务行政处罚是行政处罚的重要组成部分，为贯彻实施《中华人民共和国行政处罚法》（1996年3月17日第八届全国人民代表大会第四次会议通过，2017年9月1日第十二届全国人民代表大会常务委员会第二十九次会议第二次修正，自2018年1月1日起施行，以下简称《行政处罚法》），保护纳税人和其他税务当事人的合法权益，1996年9月，国家税务总局发布了《税务案件调查取证与处罚决定分开制度实施办法（试行）》和《税务行政听证程序实施办法（试行）》，并于1996年10月起施行。

10.2.1.2 税务行政处罚的原则

（1）法定处罚的原则。法定处罚包括：实施税务行政处罚时，要有法定依据，法无明文规定不得处罚；由法定的国家机关，即全国人大及其常委会、国务院、国家税务总局在其职权范围内设定；由法定的税务机关在其职权范围内，按法定程序实施。

（2）公正公开的原则。公正就是要防止偏听偏信，给予当事人了解其违法行为的性质及陈述、申辩的机会；公开是指税务行政处罚的依据和程序公开。

（3）事实依据的原则。对违反税收法律制度的所有行为，不论案件大小，税务机关在执行行政处罚时，都要以违法行为人的违法事实为依据，做到实事求是、证据确凿。

（4）过罚相当的原则。在税务行政处罚的设定和实施方面，要根据税务违法行为的性质、情节及危害程度，依法定的标准给予恰当的处罚，防止畸轻畸重或一刀切。

（5）监督制约的原则。对税务机关实施行政处罚进行内部和外部的监督制约，前者如对违法行为的调查与处罚决定的公开，决定罚款的机关与收缴机构的分离等；后者包括对税务系统上下级之间的监督制约和司法的监督，主要是税务行政复议和诉讼。

（6）处罚与教育相结合的原则。在处罚税务违法行为时，要坚持处罚与教育有机结合的原则，即“教育为主、处罚为辅”，以达到纠正违法行为，教育公民自觉履行纳税义务的目的。

10.2.2 税务行政处罚的设定与管辖

10.2.2.1 税务行政处罚的设定和种类

税务行政处罚的设定是指由特定的国家机关通过一定形式规定公民、法人或其他组织的行为规范，以及违反该行为规范的行政制裁措施。其种类包括：一是警告；二是罚款；三是没收违法所得、没收非法财物；四是责令停产停业；五是暂扣或吊销许可证、暂扣或吊销执照；六是行政拘留；七是法律、行政法规规定的其他行政处罚。

1）税务行政处罚的设定

目前，我国税务行政处罚的设定规定为：

（1）全国人大及其常委会可通过法律的形式设定各种税务行政处罚。

（2）国务院可通过行政法规的形式设定除限制人身自由以外的税务行政处罚。

（3）国家税务总局可通过规章形式设定警告和罚款，但税务行政规章对非经营活动中的违法行为设定的罚款不得超过1 000元；对经营活动中的违法行为，有违法所得的，设定罚款不得超过违法所得的3倍（最高不得超过3万元）；没有违法所得的，设定罚款不得超过1万元；超过限额的，应当报国务院批准。

（4）地方性法规和地方性规章，均不得设定税务行政处罚。

2）税务行政处罚的种类

根据税务行政处罚的设定原则，税务行政处罚的种类是可变的，即随着税收法律、法规、规章设定的变化而变化。

我国现行税务行政处罚种类主要有财产罚和行为罚。其中，财产罚包括罚款和没收非法所得2种，行为罚包括停止出口退税权、收缴发票或暂停供应发票和提请市场监督管理机关吊销其营业执照3种。

10.2.2.2 税务行政处罚的主体与管辖

（1）税务行政处罚的主体。税务行政处罚的实施主体是县以上的税务机关。各级税务机关的内设机构、派出机构不具备处罚主体资格，不能以自己的名义实施税务行政处罚，但税务所可实施罚款额在2 000元以下的税务行政处罚，这是《征管法》的特别授权。

税务机关依照有关法律、法规，可在法定权限内委托符合规定条件的组织实施行政处罚，但委托税务机关应对受托组织实施行政处罚的行为进行监督，并对该行为的后果承担法律责任。受托组织在受托范围内，以委托税务机关名义实施行政处罚，不得再委托其他任何组织或个人实施行政处罚。

（2）税务行政处罚的管辖。根据《行政处罚法》和《征管法》的规定，税务行政处罚由当事人税收违法行为发生地的县（市、旗）以上税务机关管辖。其含义：一是从税务行政处罚的地域管辖来看，税务行政处罚实行行为发生地原则；二是从税务行政处罚的级别管辖来看，除法律特别授权的税务所外，其必须是县（市、旗）以上的税务机关；三是从税务行政处罚的管辖主体的要求来看，其必须有税务行政处罚权。

10.2.3 税务行政处罚的程序与执行

10.2.3.1 税务行政处罚的程序

1）税务行政处罚的简易程序

税务行政处罚的简易程序是指税务机关及其执法人员对于公民、法人或其他组织违反税收征收管理的行为，当场作出税务行政处罚决定的行政处罚要求。简易程序的适用条件：一是案情简单、事实清楚、违法后果比较轻微，且有法定依据应当给予处罚的违法行为；二是给予的处罚较轻，仅适用于对公民处以50元以下和对法人或其他组织处以1 000元以下罚款的违法案件。

符合上述条件，税务行政执法人员当场作出税务行政处罚决定的，应当按照下列程序进行：一是向当事人出示税务行政执法身份证件；二是告知当事人受到税务行政处罚的违法事实、依据和陈述申辩权；三是听取当事人陈述申辩意见；四是填写具有预定格式、编有号码的税务行政处罚决定书，并当场交付当事人。

2）税务行政处罚的一般程序

除了适用简易程序的税务违法案件外，对于其他违法案件，税务机关在作出处罚决定前，要经过立案、调查取证（必要时，还要举行听证）、审查、决定和执行等程序。适用一般程序的案件一般是情节比较复杂、处罚比较重的案件。

（1）税务调查取证。对税务违法案件的调查取证由税务机关内部设立的调查机构（如管理或检查机构）负责。调查机构进行调查取证后，对依法应当给予行政处罚的，应及时提出处罚建议，以税务机关的名义制作“税务行政处罚事项通知书”，并送达当事人。调查机构调查终结后，应当制作调查报告，并及时将调查报告连同所有案卷材料移交审查机构（如法制机构）审查。审查机构收到调查机构移交的案卷后，应对案卷材料进行登记，填写“税务案件审查登记簿”；审查机构应自收到调查机构移交案卷之日起10日内审查终结，制作审查报告，并连同案卷材料报送税务机关负责人审批。

（2）税务听证。税务行政处罚听证的范围是对公民作出2 000元以上或对法人或其他组织作出10 000元以上罚款的案件；听证主持人应由税务机关内设的非本案调查机构的人员（如法制机构工作人员）担任。要求听证的当事人，应当在收到“税务行政处罚事项通知书”后3日内向税务机关书面提出听证要求，逾期不提出的，视为放弃听证权利；税务机关应当在当事人提出听证要求后15日内举行听证，并在举行听证的7日前将“税务行政处罚听证通知书”送达当事人，通知当事人举行听证的时间、地点、主持人的情况；听证的全部活动，应由记录员制作笔录并连同听证笔录附卷移交审查机构审查；听证结束后，主持人应当制作听证报告并连同听证笔录附卷移交审查机构审查。

（3）税务决定。审查机构作出审查意见并报送税务机关负责人审批后，应在收到审批意见之日起3日内，分别制作以下处理决定，再报税务机关负责人签发：有应受行政处罚的违法行为的，根据情节轻重及具体情况予以处罚；违法行为轻微，依法可不予行政处罚的，不予行政处罚；违法事实不能成立，不得予以行政处罚；违法行为已构成犯罪的，移送公安机关。

10.2.3.2　税务行政处罚的执行

（1）税务行政处罚决定的履行。税务机关作出行政处罚决定后，应当按照《征管法实施细则》的规定送达当事人执行。当事人在法定期限内不申请复议又不起诉，在规定期限内又不履行的，税务机关可以依法强制执行或者申请法院强制执行。

（2）税务人员当场收缴罚款。税务机关对当事人作出罚款行政处罚决定的，当事人应当在收到行政处罚决定书之日起15日内缴纳罚款，到期不缴纳的，税务机关可对当事人每日按罚款数额的3%加处罚款。税务机关对当事人当场作出行政处罚决定，具有依法给予20元以下罚款或不当场收缴罚款事后难以执行情形的，税务机关行政执法人员可当场收缴罚款，但必须向当事人出具合法罚款收据。税务机关应当在2日内将罚款交付指定的银行或其他金融机构。

（3）税务行政罚款的收缴。税务机关除依法可以当场收缴罚款的情形以外，实行作出罚款决定的税务机关与收缴罚款机构分离的办法。税务机关作出的罚款处罚决定，其代收罚款的银行或其他金融机构（代收机构）由国家税务总局与财政部、中国人民银行研究确定；各级地方税务机关的代收机构，也可以由各地的税务局与当地财政部门、中国人民银行分支机构研究确定。

（4）代收罚款协议的签订。税务机关应当同代收机构签订代收罚款协议。代收罚款协议应当包括下列事项：税务机关、代收机构名称；具体代收网点；代收机构上缴罚款的预算科目、预算级次；代收机构告知税务机关代收罚款的方式、期限，以及需要明确的其他事项。自代收罚款协议签订之日起15日内，税务机关应将代收罚款协议报上一级税务机关和同级财政部门备案；代收机构应将代收罚款协议报中国人民银行或当地分支机构备案。代收机构代收罚款，应向当事人出具财政部规定的罚款收据。

10.3　税务行政争讼

10.3.1　概念

税务行政争讼是税务行政复议与税务行政诉讼的合称，是指在税务机关与纳税当事人（纳税人、扣缴义务人和纳税担保人等）之间发生纳税或处罚不服时所进行的税务行政或司法行为。

税务行政复议是指纳税当事人（纳税人、扣缴义务人和纳税担保人等）不服税务机关及其工作人员作出的具体行政行为，根据当事人的申请，由上一级税务机关（复议机关）对复议申请内容进行复查并作出裁决的一种税务行政行为。

税务行政诉讼是指纳税当事人认为税务机关及其工作人员的具体行政行为违法或不当依法向人民法院提起行政诉讼，由人民法院按司法程序对具体税务行政行为的合法性和适当性进行审判的活动。

税法Q&A 10-1

税务行政复议与诉讼的关系是怎样的？

税法Q&A 10-1

10.3.2　税务行政复议

10.3.2.1　税务行政复议的意义与特点

1）税务行政复议的意义

为保证税务行政复议工作的开展，我国于1989年颁布并实施了《税务行政复议规则（试行）》；经过实施修改后，国家税务总局于1991年10月正式颁发并实施了《税务行政复议规则》；为提高税务行政复议的法律效力，1992年9月颁布的《征管法》又明确重申了税务行政复议的有关问题；为进一步强化税务行政复议工作，根据《征管法》及其实施细则，以及《中华人民共和国行政复议法》的有关规定，国家税务总局于1993年、1999年、2004年、2010年和2015年5次修订《税务行政复议规则》（以下简称《规则》）。

依法开展税务行政复议活动，对于保护公民、法人或其他经济组织的合法权益，维护和促进税务机关依法办事，整顿税收秩序，加强税收管理以及推进依法治税等方面，都具有积极的现实意义。

2）税务行政复议的特点

一般而言，税务行政复议是解决税务行政争议案件的必经程序。我国税务行政复议的特点主要表现为：

（1）税务行政复议因税务管理对象当事人的申请而产生，以申请复议的具体行政行为为对象。

（2）税务行政复议以当事人不服税务机关及其工作人员作出的税务具体行政行为为前提。

（3）由作出税务具体行政行为的上一级税务机关负责裁决。

（4）因征税行为发生的争议，复议与诉讼相衔接并构成税务行政复议的前置程序。

3）税务行政复议的原则

税务行政复议的原则是指税务行政复议机关在解决和处理税务争议案件时，必须始终遵守的基本准则。其原则主要包括以下几个方面：

（1）合法性原则。在税务行政复议中，复议机关审理税务行政复议案件，必须在查清客观情况的基础上，正确适用法律，严格依法办案；复议机关履行职责时，其管辖权限应有合法的法律依据；审查复议申请时，应依法进行。

（2）公开性原则。税务行政复议机关受理行政复议申请、进行复议审查、作出复议决定等，都应当公开进行；审理中的有关文书、证据、资料，对行政复议双方当事人都应当公开。

（3）公正性原则。税务行政复议机关在审理和审查行政复议申请时，必须依法、公正地进行，不能偏袒个别部门或下属机关。

（4）及时性原则。税务行政复议的受理、审查和作出行政复议决定，必须按照法律法规规定的时限，按期执行有关的程序，并作出复议决定。不得久拖不决，或是拖延不办。

（5）便民原则。税务行政复议活动应方便复议申请人，不能因为复议活动而造成人力、物力、财力的浪费，如原则上可采取书面复议形式，使申请人免于奔波、减少不必要的负担。

10.3.2.2　税务行政复议的机关

（1）税务行政复议机关的含义。税务行政复议机关（以下简称“复议机关”），是指依法受理行政复议申请，对税务具体行政行为进行审查并作出行政复议决定的税务机关。复议机关可成立行政复议委员会，研究重大、疑难案件，提出处理建议；委员会可邀请本机关以外的具有相关专业知识的人员参加。

复议机关必须强化责任意识和服务意识，树立依法行政观念，认真履行税务行政复议职责，忠于法律，确保法律正确实施，坚持有错必纠。

根据现行规定，复议机关是作出具体行政行为的税务机关的上一级税务机关或地方人民政府。各级税务机关应建立健全法制工作机构，配备专职行政复议、应诉工作人员，保证行政复议与应诉工作的顺利开展。

（2）税务行政复议机关的职责。复议机关是负责税收法制工作的专门机构，具体办理行政复议事项，并履行下列职责：①受理行政复议申请。②向有关组织和人员调查取证，查阅文件和资料。③审查申请行政复议的具体行政行为是否合法与适当，起草行政复议决定。④处理或转送申请人认为税务机关的具体行政行为所依据的规定不合法而提出复议的审查申请。⑤对被申请人违反行政复议法及其实施条例和《规则》规定的行为，依照规定的权限和程序向相关部门提出处理建议。⑥研究行政复议工作中发现的问题，及时向有关机关或部门提出改进建议，重大问题及时向行政复议机关报告。⑦指导和监督下级税务机关的行政复议工作。⑧办理或组织办理行政诉讼案件应诉事项。⑨办理行政复议案件的赔偿事项。⑩办理行政复议、诉讼、赔偿等案件的统计、报告、归档工作和重大行政复议决定备案事项。⑪其他与行政复议工作有关的事项。

税务行政复议工作人员应当具备与履行行政复议职责相适应的品行、专业知识和业务能力，并取得行政复议法实施条例规定的资格。

10.3.2.3 税务行政复议的范围

1）税务行政复议的受案范围

复议机关受理申请人对税务机关的下列具体行政行为不服而提出的行政复议申请：

（1）征税行为：确认纳税主体、征税对象、征税范围、减税、免税、退税、抵扣税款、适用税率、计税依据、纳税环节、纳税期限、纳税地点和税款征收方式等具体行政行为，以及征收税款、加收滞纳金，扣缴义务人、受税务机关委托的单位和个人作出的代扣代缴、代收代缴、代征行为等。

（2）行政许可、行政审批行为。

（3）发票管理行为：发售、收缴、代开发票等。

（4）税收保全措施、强制执行措施。

（5）行政处罚行为：罚款、没收财物和违法所得、停止出口退税权。

（6）不依法履行下列职责的行为：颁发税务登记，开具、出具完税凭证及外出经营活动税收管理证明，行政赔偿，行政奖励，其他不依法履行职责的行为。

（7）资格认定行为。

（8）不依法确认纳税担保行为。

（9）政府信息公开工作中的具体行政行为。

（10）纳税信用等级评定行为。

（11）通知出入境管理机关阻止出境行为。

（12）其他具体行政行为。

2）税务行政复议的管辖范围

税务行政复议是原则上实行由上一级税务机关管辖的复议制度。其规定主要包括：

（1）对各级税务局的具体行政行为不服的，可以选择向其上一级税务局或该税务局的本级人民政府申请行政复议。省、自治区、直辖市人民代表大会及其常务委员会、人民政府对税务局的行政复议管辖另有规定的，从其规定。

（2）对国家税务总局的具体行政行为不服的，向国家税务总局申请行政复议。对行政复议决定不服的，申请人可以向人民法院提起行政诉讼，也可以向国务院申请裁决。国务院的裁决为最终裁决。

（3）对税务机关下列具体行政行为不服的，可按照有关规定申请行政复议：①对计划单列市税务局的具体行政行为不服的，向国家税务总局申请行政复议。②对税务所（分局）、各级税务局的稽查局的具体行政行为不服的，向其所属税务局申请行政复议。③对两个以上税务机关共同作出的具体行政行为不服的，向共同上一级税务机关申请行政复议；对税务机关与其他行政机关共同作出的具体行政行为不服的，向其共同上一级行政机关申请行政复议。④对被撤销的税务机关在撤销以前所作出的具体行政行为不服的，向继续行使其职权的税务机关的上一级税务机关申请行政复议。⑤对税务机关作出逾期不缴纳罚款加处罚款的决定不服的，向作出行政处罚决定的税务机关申请行政复议。但对已处罚款和加处罚款都不服的，一并向作出行政处罚决定的税务机关的上一级税务机关申请行政复议。有上述②至⑤项所列情形之一的，申请人也可向具体行政行为发生地的县级地方人民政府提交行政复议申请，由接受申请的县级地方人民政府依法转送。

10.3.2.4　税务行政复议的申请

1）税务行政复议参加人

参加人是指在复议机关的组织下，依法参加税务行政复议活动的申请人、第三人、代理人和被申请人。

（1）税务行政复议的申请人。其申请人是指依法提起税务行政复议的税务当事人。申请人主要包括以下情形：

①合伙企业申请行政复议的，应以市场监督管理机关核准登记的企业为申请人，由执行合伙事务的合伙人代表该企业参加行政复议。其他合伙组织申请行政复议的，由合伙人共同申请行政复议。

②股份制企业的股东大会、股东代表大会、董事会认为税务具体行政行为侵犯企业合法权益的，可以以企业的名义申请行政复议。

③有权申请行政复议的公民死亡的，其近亲属可申请行政复议；有权申请行政复议的公民为无行为能力人或限制行为能力人，其法定代理人可代理申请行政复议。

④有权申请行政复议的法人或其他组织发生合并、分立或终止的，承受其权利义务的法人或其他组织可申请行政复议。

⑤非具体行政行为的行政管理相对人，但其权利直接被该具体行政行为所剥夺、限制或被赋予义务的公民、法人或其他组织，在行政管理相对人没有申请行政复议时，可单独申请行政复议。

⑥同一行政复议案件申请人超过5人的，应推选1～5名代表参加行政复议。

（2）税务行政复议的第三人。其第三人是指与申请税务行政复议的具体行政行为有利害关系的其他公民、法人或其他组织。复议机关在行政复议期间，认为申请人以外的公民、法人或其他组织与被审查的具体行政行为有利害关系的，可通知其作为第三人参加行政复议。

行政复议期间，申请人以外的公民、法人或其他组织与被审查的税务具体行政行为有利害关系的，可向行政复议机关申请作为第三人参加行政复议。

（3）税务行政复议的代理人。其代理人是指受申请人或第三人的委托，在法律规定或当事人委托的权限范围内进行税务行政复议活动的人。申请人、第三人可委托1～2名代理人参加行政复议，并向行政复议机构提交授权委托书。公民在特殊情况下无法书面委托的，可口头委托；口头委托的，行政复议机构应当核实并记录在卷。申请人、第三人解除或变更委托的，应书面告知行政复议机构。

（4）税务行政复议的被申请人。其被申请人是指纳税人或其他税务当事人不服的作出具体行政行为的税务机关。被申请人主要包括以下情形：

①申请人对具体行政行为不服申请行政复议的，作出该具体行政行为的税务机关为被申请人。

②申请人对扣缴义务人的扣缴税款行为不服的，主管该扣缴义务人的税务机关为被申请人。对税务机关委托的单位和个人的代征行为不服的，委托税务机关为被申请人。

③税务机关与法律、法规授权的组织以共同的名义作出具体行政行为的，税务机关和该组织为共同被申请人。税务机关与其他组织以共同名义作出具体行政行为的，税务机关为被申请人。

④税务机关按法律、法规和规章的规定，经上级税务机关批准作出具体行政行为的，批准机关为被申请人。申请人对经重大税务案件审理程序作出的决定不服的，审理委员会所在税务机关为被申请人。

⑤税务机关设立的派出机构、内设机构或其他组织，未经法律、法规授权，以自己名义对外作出具体行政行为的，税务机关为被申请人。

⑥被申请人不得委托本机关以外的人员参加行政复议。

2）税务行政复议申请的要求

其规定主要包括：

（1）复议的时限。申请人可在知道税务机关作出具体行政行为之日起60日内提出行政复议申请；因不可抗力或被申请人设置障碍等其他正当理由耽误法定申请期限的，申请期限的计算应扣除被耽误的时间。

申请人提出税务行政复议申请时错列被申请人的，复议机关应当告知申请人变更被申请人。申请人不变更被申请人的，复议机关不予受理，或驳回行政复议申请。

（2）复议的条件。申请人对《规则》规定的征税行为不服的，应先向复议机关申请行政复议；对行政复议决定不服的，可向人民法院提起行政诉讼。

申请人申请行政复议的，必须依照税务机关根据法律法规确定的税额、期限，先行缴纳或解缴税款和滞纳金，或提供相应的担保，才可在缴清税款和滞纳金后或所提供的担保得到作出具体行政行为的税务机关确认之日起60日内提出行政复议申请。

申请人对税务机关作出的逾期不缴纳罚款加处罚款的决定不服的，应先缴纳罚款和加处罚款，再申请行政复议。

（3）复议的方式。申请人书面申请行政复议的，可采取当面递交、邮寄或传真等方式。有条件的复议机关可接受以电子邮件形式提出的行政复议申请，对以传真、电子邮件形式提出行政复议申请的，复议机关应审核确认申请人的身份及复议事项。

申请人口头申请行政复议的，行政复议机构应当依照《规则》中规定的行政复议申请书事项，当场制作行政复议申请笔录，交申请人核对或向其宣读，并由申请人确认。

（4）直接诉讼。申请人对规定征税行为以外的其他具体行政行为不服的，可申请行政复议，也可直接向人民法院提起行政诉讼。

申请人向复议机关申请税务行政复议，复议机关已经受理的，在法定行政复议期限内，申请人不得向法院提起行政诉讼；申请人向法院提起行政诉讼，法院已经依法受理的，不得申请税务行政复议。

10.3.2.5　税务行政复议的受理

（1）税务行政复议受理的条件。行政复议申请符合下列规定的，复议机关应当受理：①属于《规则》规定的税务行政复议范围；②在法定申请期限内提出；③有明确的申请人和符合规定的被申请人；④申请人与具体行政行为有利害关系；⑤有具体的税务行政复议请求和理由；⑥符合《规则》规定的税务行政复议申请的条件；⑦属于收到税务行政复议申请的复议机关的职责范围；⑧其他复议机关尚未受理同一税务行政复议申请，法院尚未受理同一主体就同一事实提起的税务行政诉讼。

（2）税务行政复议受理的时限。复议机关收到税务行政复议申请后，应在5日内进行审查，决定是否受理。复议机关收到行政复议申请后，未按规定期限审查并作出不予受理决定的，视为受理。

复议机关对符合规定的行政复议申请，自行政复议机构收到之日起即为受理；受理行政复议申请，应书面告知申请人。

行政复议申请材料不齐全、表述不清楚的，行政复议机构可自收到该行政复议申请之日起5日内书面通知申请人补正。补正通知应载明需要补正的事项和合理的补正期限。无正当理由逾期不补正的，视为申请人放弃行政复议申请。

（3）税务行政复议的不予受理。对不符合规定的行政复议申请，决定不予受理，并书面告知申请人。对不属于本机关受理的行政复议申请，应当告知申请人向有关行政复议机关提出。

（4）上级税务机关的复议受理。上级税务机关认为复议机关不予受理行政复议申请的理由不成立的，可督促其受理；经督促仍不受理的，责令其限期受理。

上级税务机关认为有必要的，可直接受理或提审由下级税务机关管辖的行政复议案件。如果认为行政复议申请不符合法定受理条件，应告知申请人。

（5）复议期间行政行为的执行。行政复议期间税务具体行政行为不停止执行，但有下列情形之一的，可停止执行：一是被申请人认为需要停止执行的；二是复议机关认为需要停止执行的；三是申请人申请停止执行，复议机关认为其要求合理而决定停止执行的；四是法律规定停止执行的。

（6）行政复议之外的行政诉讼。对应先向复议机关申请行政复议，对行政复议决定不服再向法院提起行政诉讼的具体行政行为，复议机关决定不予受理或受理后超过行政复议期限不作答复的，申请人可自收到不予受理决定书之日起或行政复议期满之日起15日内，依法向法院提起行政诉讼。对按规定延长行政复议期限（不得超过30日）的，以延长后的时间为行政复议期满时间。

案例窗10-1　**纳税人未缴清税款和滞纳金不能申请税务行政复议**

某税务所2013年7月15日接到群众举报，其辖区内某服装厂（系个体工商户）开业两个月没有纳税。7月16日，该税务所对该服装厂依法进行了税务检查。经查，该服装厂5月8日办理了营业执照，未办理税务登记，5月10日正式投产，共生产销售服装400套，销售额8万元，没有申报纳税。

根据检查情况，该税务所于7月18日作出如下处理建议：一是责令服装厂7月25日前办理税务登记，并处以500元的罚款；二是责令服装厂按规定补缴税款，加收滞纳金，并对未缴税款在《征管法》规定的处罚范围内，处以6 000元的罚款。同时，该税务所在法定期限内按照法定程序作出税务处理决定书和税务行政处罚决定书，并下发限期缴纳税款通知书，要求该服装厂限期缴纳税款和罚款。

然而，该服装厂认为本厂刚开业，资金十分紧张，要求税务所核减税款和罚款，被税务所拒绝。无奈，该服装厂在规定期限内缴纳了部分税款。几天后，税务所又下达了催缴税款通知书，催缴欠缴的税款、滞纳金和罚款。在两次催缴无效的情况下，经县税务局局长批准，该税务所对服装厂采取了强制执行措施。8月2日，该税务所扣押服装厂20套服装，以变卖收入抵缴部分税款和罚款。服装厂在多次找税务所交涉无果的情况下，于8月15日书面向税务所的上级机关某县税务局提出行政复议申请，要求撤销税务所对其作出的处理决定，并要求税务所赔偿因扣押服装给其造成的经济损失。

请问：县税务局是否应予受理该服装厂的复议申请？

分析：根据《征管法》第八十八条的规定：纳税人、扣缴义务人、纳税担保人同税务机关在纳税上发生争议时，必须先依照税务机关的纳税决定缴纳或解缴税款及滞纳金或提供相应的担保，然后可以依法申请行政复议；对行政复议决定不服的，可以依法向人民法院起诉。当事人对税务机关的处罚决定、强制执行措施或税收保全措施不服的，可依法申请行政复议，也可以依法向人民法院起诉。

结论：该服装厂未缴清税款和滞纳金，县税务局不能受理复议申请，但对处罚的复议申请应予受理。

知识窗10-1

税务行政复议证据

1.税务行政复议证据的类别。根据《规则》的规定，税务行政复议证据的类别主要包括：书证；物证；视听资料；电子数据；证人证言；当事人陈述；鉴定意见；勘验笔录、现场笔录。在行政复议中，被申请人对其作出的具体行政行为负有举证责任。

2.税务行政复议证据的审查。复议机关应依法全面审查相关证据，审查行政复议案件应以证据证明的案件事实为依据。定案证据应具有合法性、真实性和关联性。

（1）复议机关应根据案件的具体情况审查证据的合法性。其主要包括：证据是否符合法定形式；证据的取得是否符合法律、法规、规章和司法解释的规定；是否有影响证据效力的其他违法情形。

（2）复议机关应根据案件的具体情况审查证据的真实性。其主要包括：证据形成的原因；发现证据时的环境；证据是否为原件、原物，复制件、复制品与原件、原物是否相符；提供证据的人或证人与行政复议参加人是否具有利害关系；影响证据真实性的其他因素。

（3）复议机关应根据案件的具体情况审查证据的关联性。其主要包括：证据与待证事实是否具有证明关系；证据与待证事实的关联程度；影响证据关联性的其他因素。

3.不得作为定案依据的证据。下列证据材料不得作为税务行政复议的定案依据：

（1）违反法定程序收集的证据材料。

（2）以偷拍、偷录和窃听等手段获取侵害他人合法权益的证据材料。

（3）以利诱、欺诈、胁迫和暴力等不正当手段获取的证据材料。

（4）无正当事由超出举证期限提供的证据材料。

（5）无正当理由拒不提供原件、原物，又无其他证据印证，且对方不予认可的证据的复制件、复制品。

（6）无法辨明真伪的证据材料。

（7）不能正确表达意志的证人提供的证言。

（8）不具备合法性、真实性的其他证据材料。

行政复议机构按规定的职责所取得的有关材料（向有关组织和人员调查取证，查阅文件和资料），不得作为支持被申请人具体行政行为的证据。在行政复议过程中，被申请人不得自行向申请人和其他有关组织或个人收集证据。

4.税务行政复议证据的调查。行政复议机构认为必要时，可调查取证，复议工作人员向有关组织和人员调查取证时，可查阅、复制和调取有关文件和资料，并向有关人员询问。

调查取证时，复议工作人员不得少于2人，并应向当事人和有关人员出示证件。被调查单位和人员应配合行政复议工作人员的工作，不得拒绝、阻挠。

申请人和第三人可查阅被申请人提出的书面答复、作出具体行政行为的证据、依据和其他有关材料，除涉及国家秘密、商业秘密或个人隐私外，复议机关不得拒绝。

10.3.2.6　税务行政复议的审查和决定

1）税务行政复议的审查

其规定主要包括：

（1）行政复议机构应自受理行政复议申请之日起7日内，将行政复议申请书副本或行政复议申请笔录复印件发送给被申请人。被申请人应自收到申请书副本或申请笔录复印件之日起10日内提出书面答复，并提交当初作出具体行政行为的证据、依据和其他有关材料。

复议机关审查被申请人的具体行政行为时，认为其依据不合法，本机关有权处理的，应在30日内依法处理；无权处理的，应在7日内按照法定程序逐级转送有权处理的国家机关依法处理。处理期间，应中止对具体行政行为的审查。

（2）行政复议原则上采用书面审查的办法，但申请人提出要求或行政复议机构认为有必要的，应听取申请人、被申请人和第三人的意见，并可以向有关组织和人员调查了解情况。

复议机关应全面审查被申请人的具体行政行为所依据的事实证据、法律程序、法律依据和设定的权利义务内容的合法性、适当性。

2）税务行政复议的听证

其规定主要包括：

（1）对重大、复杂的案件，申请人提出要求或行政复议机构认为必要的，可采取听证的方式审理。

（2）行政复议机构决定举行听证的，应将举行听证的时间、地点和具体要求等事项通知申请人、被申请人和第三人。第三人不参加听证的，不影响听证的举行。

（3）听证应公开举行，但涉及国家秘密、商业秘密或个人隐私的除外。听证应制作笔录。申请人、被申请人和第三人应确认听证笔录的内容。

税法Q&A 10-2

税务行政复议的和解与调解的规定有哪些？

税法Q&A 10-2

3）税务行政复议的决定

其内容主要包括：

（1）税务行政复议的基本结论。其结论包括维持、撤销、变更或确认违法、重新作出和予以驳回。行政复议机构应对被申请人的具体行政行为提出审查意见，经复议机关负责人批准，按照下列规定作出行政复议决定：①具体行政行为认定事实清楚、证据确凿、适用依据正确、程序合法、内容适当的，决定维持。②被申请人不履行法定职责的，决定其在一定期限内履行。③具体行政行为有下列情形之一的，决定撤销、变更或确认该具体行政行为违法：主要事实不清、证据不足的；适用依据错误的；违反法定程序的；超越职权或滥用职权的；具体行政行为明显不当的。

（2）作出撤销的具体行政行为。被申请人对已受理的行政复议申请，不按照规定提出书面答复，提交当初作出具体行政行为的证据、依据和其他有关材料的，视为该具体行政行为没有证据、依据，决定撤销该具体行政行为。

（3）重新作出的具体行政行为。复议决定撤销或确认该具体行政行为违法的，可责令被申请人在一定期限内重新作出具体行政行为。被申请人重新作出具体行政行为的，除特殊情况以外，不得以同一事实和理由作出与原具体行政行为相同或基本相同的具体行政行为，不得作出对申请人更为不利的决定。所谓特殊情况是指复议机关以原具体行政行为违反法定程序决定撤销的情况，以及以原具体行政行为主要事实不清、证据不足或适用依据错误决定撤销的情况。

（4）作出变更的具体行政行为。有下列情形之一的，复议机关可决定变更：认定事实清楚，证据确凿，程序合法，但是明显不当或者适用依据错误的；认定事实不清，证据不足，但经行政复议机关审理查明事实清楚，证据确凿的。

（5）予以驳回的具体行政行为。有下列情形之一的，行政复议机关应决定驳回行政复议申请：申请人认为税务机关不履行法定职责申请行政复议，复议机关受理后发现该税务机关没有相应法定职责或在受理以前已经履行法定职责的；受理行政复议申请后，发现该行政复议申请不符合行政复议法及其实施条例和《规则》规定的受理条件的。

上级税务机关认为复议机关驳回行政复议申请的理由不成立的，应当责令限期恢复受理。复议机关审理行政复议申请期限的计算应当扣除因驳回耽误的时间。

4）税务行政复议的中止

行政复议期间，有下列情形之一的，行政复议中止：①作为申请人的公民死亡，其近亲属尚未确定是否参加行政复议的；②作为申请人的公民丧失参加行政复议的能力，尚未确定其法定代理人是否参加行政复议的；③作为申请人的法人或其他组织终止，尚未确定权利义务承受人的；④作为申请人的公民下落不明或被宣告失踪的；⑤申请人、被申请人因不可抗力，不能参加行政复议的；⑥行政复议机关因不可抗力等原因暂时不能履行工作职责的；⑦案件涉及法律适用问题，需要有权机关作出解释或确认的；⑧案件审理需要以其他案件的审理结果为依据，而其他案件尚未审结的；⑨其他需要中止行政复议的情形。

行政复议中止的原因消除后，应及时恢复行政复议案件的审理。行政复议机构中止、恢复行政复议案件审理的，应告知申请人、被申请人和第三人。

5）税务行政复议的终止

行政复议期间，有下列情形之一的，行政复议终止：①申请人要求撤回行政复议申请，行政复议机构准予撤回的；②作为申请人的公民死亡，没有近亲属，或其近亲属放弃行政复议权利的；③作为申请人的法人或其他组织终止，其权利义务的承受人放弃行政复议权利的；④申请人与被申请人依照《规则》的规定，经行政复议机构准许达成和解的；⑤行政复议申请受理以后，发现其他行政复议机关已经先于本机关受理，或法院已经受理的。

依照《规则》中行政复议的中止第①～③项的规定中止行政复议，满60日行政复议中止的原因未消除的，行政复议终止。

6）税务行政复议的赔偿

申请人在申请行政复议时，可一并提出行政赔偿请求，复议机关对符合《中华人民共和国国家赔偿法》（以下简称《国家赔偿法》）的规定应当赔偿的，在决定撤销、变更具体行政行为或确认具体行政行为违法时，应当同时决定被申请人依法赔偿。

申请人在申请行政复议时没有提出行政赔偿请求的，复议机关在依法决定撤销、变更原具体行政行为确定的税款、滞纳金、罚款和对财产的扣押、查封等强制措施时，应当同时责令被申请人退还税款、滞纳金和罚款，解除对财产的扣押、查封等强制措施，或赔偿相应的价款。

10.3.2.7　税务行政复议的执行

（1）税务行政复议决定的送达。复议机关应自受理申请之日起60日内作出行政复议决定。情况复杂，不能在规定期限内作出复议决定的，经复议机关负责人批准，可适当延期，并告知申请人和被申请人，但延期不得超过30日。

复议机关作出行政复议决定，应制作行政复议决定书，并加盖复议机关印章。行政复议决定书一经送达，即发生法律效力。

（2）税务行政复议决定的履行。被申请人应履行行政复议决定。被申请人不履行、无正当理由拖延履行行政复议决定的，复议机关或有关上级税务机关应责令其限期履行。申请人、第三人逾期不起诉又不履行行政复议决定，或不履行最终裁决的行政复议决定的，按照下列规定分别处理：①维持具体行政行为的行政复议决定，由作出具体行政行为的税务机关依法强制执行，或申请人民法院强制执行；②变更具体行政行为的行政复议决定，由复议机关依法强制执行，或申请人民法院强制执行。

10.3.2.8　税务行政复议的监管

（1）行政复议的督导工作。各级复议机关应加强对履行行政复议职责的监督。行政复议机构负责对行政复议工作进行系统督促、指导。各级税务机关应建立健全行政复议工作责任制，将行政复议工作纳入本单位目标责任制。

各级税务机关应按照职责权限，通过定期组织检查、抽查等方式，检查下级税务机关的行政复议工作，并及时向有关方面反馈检查结果。

（2）行政复议的工作建议。复议机关在行政复议期间，发现被申请人和其他下级税务机关的相关行政行为违法或需做好善后工作的，可制作行政复议意见书。有关机关应自收到意见书之日起60日内将其纠正情况报告复议机关。

行政复议期间，行政复议机构发现法律、法规和规章实施中带有普遍性的问题的，可制作行政复议建议书，向有关机关提出完善制度和改进行政执法的建议。

（3）复议案件资料的存档。省以下各级税务机关应定期向上一级税务机关提交行政复议、应诉、赔偿统计表和分析报告，及时将重大行政复议决定报上一级行政复议机关备案。

行政复议机构应按照规定将行政复议案件资料立卷归档。其案卷应按照行政复议申请分别装订立卷，一案一卷，统一编号，做到目录清晰、资料齐全、分类规范、装订整齐。

10.3.3　税务行政诉讼

10.3.3.1　税务行政诉讼的特点与原则

1）税务行政诉讼的特点

为保证行政诉讼工作的顺利进行，1989年4月4日第七届全国人民代表大会第二次会议通过了《中华人民共和国行政诉讼法》（以下简称《诉讼法》），并决定于1990年10月1日起施行；1992年9月4日颁布的《征管法》又进一步明确了税务行政诉讼的有关问题；2017年6月27日第十二届全国人民代表大会常务委员会第二十八次会议修订了《诉讼法》（自2017年7月1日起实施）。根据现行有关规定，我国税务行政诉讼的特点主要表现在：

（1）税务行政诉讼一般以税务行政争议为基本前提。

（2）税务行政诉讼是依法请求的行政行为，没有纳税当事人的起诉行为，司法机关无权受理。

（3）税务行政诉讼涉及的是纳税当事人、税务机关和人民法院“三方”的法律关系。

（4）税务行政诉讼必须按照法定的诉讼程序和方式进行。

2）税务行政诉讼的原则

税务行政诉讼除遵循行政诉讼的共有原则（如法院独立行使审判权，实行合议、回避、公开、辩论、两审终审等）外，还必须遵循其特有原则：

（1）人民法院特定主管原则。人民法院对税务行政案件只有部分管辖权，即人民法院只能受理因具体行政行为引起的税务行政争议案件。

（2）合法性审查原则。除审查税务机关是否滥用权力、税务行政处罚是否显失公正以外，人民法院只对具体税务行政行为是否合法予以审查，原则上不直接判决变更。

（3）不适用调解原则。税收行政管理权是国家权力的重要组成部分，税务机关无权依自己意愿进行处置。人民法院不能对税务行政诉讼法律关系的双方当事人进行调解。

（4）起诉不停止执行原则。当事人不能以起诉为理由而停止执行税务机关所作出的具体行政行为，如采取的税收保全措施和税收强制执行措施等。

（5）税务机关负举证责任原则。税务行政行为是税务机关单方依一定事实和法律作出的，只有税务机关最了解作出该行为的证据。如果税务机关不提供或不能提供证据，就可能败诉，以致影响国家或纳税人的合法权益。

（6）税务机关负责赔偿原则。依据《国家赔偿法》和《征管法》的有关规定，税务机关及其工作人员因执行职务（如税收保全和强制执行等）不当，给税务当事人造成人身及财产损害的，应负担赔偿责任。

10.3.3.2 税务行政诉讼的受案范围与管辖

1）税务行政诉讼的受案范围

税务行政诉讼的受案范围，在内容上大体与税务行政复议的受案范围一致。此外，还包括税务机关的复议行为，即复议机关改变了原具体行政行为和期限届满税务机关不予答复的情形。

2）税务行政诉讼的管辖

税务行政诉讼管辖是指人民法院之间受理第一审税务案件的职权分工。其具体分为级别管辖、地域管辖和裁定管辖。

（1）级别管辖。它是指上下级人民法院之间受理第一审税务案件的分工和管理权限。根据《诉讼法》的规定，基层人民法院管辖一般的税务行政诉讼案件；中、高级人民法院管辖本辖区内重大、复杂的税务行政诉讼案件；最高人民法院管辖全国范围内重大、复杂的税务行政诉讼案件。

（2）地域管辖。它是指同级人民法院之间受理第一审行政案件的分工和管理权限，分一般地域管辖和特殊地域管辖两种。前者是指按照最初作出具体行政行为的机关所在地来确定管辖法院，即由最初作出具体行政行为的税务机关所在地人民法院管辖；后者是指根据特殊行政法律关系或特殊行政法律关系所指的对象来确定管辖法院，即经过税务行政复议的案件，复议机关改变原具体行政行为的，由原告选择最初作出具体行政行为的税务机关所在地人民法院或复议机关所在地人民法院管辖。

（3）裁定管辖。它是指人民法院依法自行裁定的管辖，包括移送管辖、指定管辖和管辖权的转移。其中，移送管辖是指人民法院已经受理的案件，移送给有管辖权的人民法院审理；指定管辖是指上级人民法院以裁定的方式，指定某下一级人民法院管辖某一案件；管辖权的转移是指上、下级人民法院对其所管辖的案件，在认为必要等情况下，可以移交或报请审理。

10.3.3.3 税务行政诉讼的起诉和受理

（1）税务行政诉讼的起诉。它是指公民、法人或其他组织认为自己的合法权益受到税务机关具体行政行为的损害而向人民法院提出诉讼要求，请求人民法院依法予以保护的诉讼行为。

纳税当事人在提出税务行政诉讼时，必须符合下列条件：一是原告是认为具体税务行政行为侵犯其合法权益的公民、法人或其他组织；二是有明确的被告；三是有具体的诉讼请求和事实、法律根据；四是属于人民法院的受案范围和受诉人民法院管辖。

根据《征管法》等的规定，对税务机关的征税行为提起的诉讼，必须先经复议；对复议决定不服的，可在接到复议决定书之日起15日内向人民法院起诉；对其他具体行政行为不服的，当事人可在接到通知或知道之日起15日内直接向人民法院起诉。税务机关作出具体行政行为时，未告知当事人诉权和起诉期限，致使当事人逾期向人民法院起诉的，其起诉期限从当事人实际知道诉权或者起诉期限时计算，但最长不得超过2年。

在税务行政诉讼中，起诉权是单向性的权利，税务机关只有应诉权，且作为被告的税务机关也不能反诉。

（2）税务行政诉讼的受理。对纳税当事人的起诉，人民法院一般从以下几方面进行审查并作出是否受理的决定：审查是否属于法定的诉讼受案范围；审查是否具备法定的起诉条件；审查是否已经受理或正在受理；审查是否有管辖权；审查是否符合法定的期限；审查是否经过必经复议程序。

根据有关法律的规定，人民法院接到诉状，经过审查，应当在7日内立案或作出裁定不予受理。原告对不予受理的裁定不服的，可以提起上诉。

10.3.3.4　税务行政诉讼的审理和判决

（1）税务行政诉讼的审理。人民法院审理行政案件实行合议、回避、公开审判和两审终审的审判制度。审理的核心是审查被诉具体行政行为是否合法，即作出该行为的税务机关是否依法享有该税务行政管理权；该行为是否依据一定的事实和法律作出；税务机关作出该行为是否遵照必备的程序等。

（2）税务行政诉讼的判决。人民法院对受理的税务行政案件，经过调查、收集证据和开庭审理之后，分别作出以下判决：①维持判决。该判决适用于具体行政行为证据确凿，适用法律、法规正确，符合法定程序的案件。②撤销判决。被起诉的具体行政行为主要证据不足，适用法律法规错误，违反法定程序，或者超越职权、滥用职权的，应判决撤销或部分撤销，并判决税务机关重新作出具体行政行为。③履行判决。税务机关不履行或拖延履行法定职责的，判决其在一定期限内履行。④变更判决。税务行政处罚显失公正的，可以判决变更。

对一审人民法院的判决不服的，当事人可以上诉；对发生法律效力的判决，当事人必须执行，否则人民法院有权依对方当事人的申请予以强制执行。

10.4　税务行政赔偿

10.4.1　税务行政赔偿的概念

税务行政赔偿是国家赔偿的重要组成部分。所谓国家赔偿是指国家机关及其工作人员违法行使职权，对公民、法人和其他组织的合法权益造成损害，由国家承担赔偿责任的制度。所谓税务行政赔偿是指税务机关对本身及其工作人员的职务违法行为给纳税人和其他税务当事人的合法权益造成的损害，代表国家予以赔偿的制度。

1994年5月12日，我国颁布了《国家赔偿法》，并于2010年4月29日和2012年10月26日由全国人民代表大会常务委员会两次予以修正。它既是一部规范国家赔偿的实体法，又是一部具有较强操作性的程序法，同时也是税务行政赔偿的主要法律依据。此外，《征管法》还规定了税务行政赔偿的有关内容。

10.4.2 税务行政赔偿的要素

（1）赔偿的构成要件。税务行政赔偿的构成要件，主要包括：一是前提要件，即侵权行为主体须为税务机关及其工作人员或法律、法规授权的组织；二是核心要件，即税务机关及其工作人员具有职务违法行为；三是必备要件，即存在对纳税人和其他税务当事人合法权益造成损害的事实；四是因果要件，即税务机关及其工作人员的职务违法行为与现实发生的损害事实存在着因果关系。

（2）赔偿的请求人。税务行政赔偿的请求人即依法享有行政赔偿请求权的人，是指有权对税务机关及其工作人员的职务违法行为所造成的损害提出赔偿要求的人。根据现行有关法律的规定，其请求人主要包括：一是受害的纳税人和其他税务当事人；二是受害公民的继承人和其他有抚养关系的亲属；三是承受原法人或其他组织权利的法人或其他组织。

（3）赔偿的义务机关。税务行政赔偿义务机关是指具体代表国家处理赔偿请求、支付赔偿费用、参加赔偿诉讼的行政机关。税务行政赔偿义务机关原则上是行使职权侵害公民、法人和其他组织合法权益的税务机关。通过上级税务机关行政复议的，最初造成侵权的税务机关为赔偿义务机关，但上级税务机关的复议决定加重损害的，则上级税务机关对加重损害部分履行赔偿义务；应当履行赔偿义务的税务机关被撤销的，继续行使其职权的税务机关或撤销该税务机关的行政机关为赔偿义务机关。

（4）赔偿的请求时效。依据《国家赔偿法》的规定，请求税务行政赔偿的时效为2年，自税务机关及其工作人员行使职权时的行为被依法确认为违法之日起计算。如果税务行政赔偿请求人在赔偿请求时效的最后6个月内，因不可抗力或其他障碍不能行使请求权，则时效中止；从中止时效的原因消除之日起，赔偿请求时效期间继续计算。

（5）赔偿的特别保障。根据现行法律的规定，税务行政赔偿请求人要求赔偿的，赔偿义务机关、复议机关和人民法院，不得向该赔偿请求人收取任何费用；对赔偿请求人取得的赔偿金，不予征税。

10.4.3 税务行政赔偿的范围和程序

10.4.3.1 税务行政赔偿的范围

税务行政赔偿的范围是指税务机关对本机关及其工作人员在行使职权时给受害人造成的损害予以赔偿的范围。《国家赔偿法》规定的赔偿只包括对直接损害的赔偿，不包括间接损害。其范围限于对财产权和人身权中的生命健康权、人身自由权的损害进行的赔偿，不包括精神损害等。依据现行法律的规定，税务行政赔偿的范围包括：

（1）侵犯人身权的赔偿。人身权是作为自然人的人格权与身份权的合称，包括人身自由权、生命权、健康权、姓名权、名誉权和肖像权等。税务机关及其工作人员有下列违法行为的，予以行政赔偿：①违法拘留或违法采取限制公民人身自由的行政强制措施的行为；②非法拘禁或以其他方法非法剥夺公民人身自由的行为；③以殴打、虐待等行为或唆使、放纵他人以殴打、虐待等行为造成公民身体伤害或死亡的行为；④违法使用武器、警械造成公民身体伤害或死亡的行为；⑤造成公民身体伤害或死亡的其他违法行为。

（2）侵犯财产权的赔偿。《国家赔偿法》规定的财产权仅限于公民、法人或其他组织的财产权，具体包括物权、债权、知识产权、经营自主权、物质帮助权。税务机关及其工作人员有下列违法行为的，予以行政赔偿：①违法实施罚款、吊销许可证和执照、责令停产停业、没收财物等行政处罚的行为；②违法对财产采取查封、扣押、冻结等行政强制措施的行为；③违法征收、征用财产的行为；④造成财产损害的其他违法行为。

（3）不承担赔偿的情形。一般有损害必赔偿，但在特定情况下，虽有损害发生，税务机关也不予以赔偿。不承担税务行政赔偿的情形主要包括：①税务机关工作人员与行使职权无关的行为。如税务人员与他人签订民事合同的行为等。②因纳税当事人自身行为致使损害发生的。其自身的行为是指受害人的个人行为，包括受害人制造假象、欺骗税务行政执法人员，以及自伤自残等行为。③法律规定的其他情形。如因国家行为、立法行为、军事行为及不可抗力等。

10.4.3.2 税务行政赔偿的程序

税务行政赔偿程序是指税务机关和人民法院处理行政赔偿问题应遵循的法定方式、方法、步骤、顺序和时限的总称。其方式主要包括单独提出、在申请行政复议时一并提出和在提起行政诉讼时一并提出赔偿请求。

1）税务行政赔偿的非诉程序

非诉税务行政赔偿程序是指不通过司法程序而由税务机关来处理行政赔偿问题的程序。其主要包括：

（1）赔偿请求的提起。提出赔偿请求的条件是必须具备赔偿请求权、向赔偿义务机关提起、在法定期限内提出和属于应当赔偿的范围。税务行政赔偿请求人（简称"请求人"）应先提出赔偿要求，其项数可以是一项或数项。在共同税务职务行为侵害赔偿案件中，请求人有权向其中任何一个赔偿义务机关要求赔偿，该赔偿义务机关应依法先予全部赔偿。

（2）赔偿请求的形式。请求人提起赔偿请求时，原则上应当递交由本人书写的税务行政赔偿申请书，包括受害人的基本情况和具体的要求、事实根据及理由，以及申请的年、月、日。若其书写确有困难的，可委托他人代书。在特殊情况下，请求人书写申请书确实有困难的，也可提出口头申请，由赔偿义务机关记入笔录。

（3）赔偿请求的受理。赔偿义务机关收到请求人的赔偿申请书后，应按规定对其进行审查，并在10日内作出受理或不予受理的决定；税务机关自受理后，应对赔偿申请及损害事实情况、违法行为与损害结果间是否有因果关系等进行审理。审理期间如请求人撤回赔偿申请，经税务机关同意，应终止审理，资料归档。

（4）赔偿请求的处理。税务机关应在收到赔偿申请书之日起2个月内制作“赔偿决定书”，决定予以赔偿或不予赔偿。应予以赔偿的，在规定期限内依照法定的赔偿方式和计算标准给予赔偿；逾期不赔偿或赔偿请求人对赔偿数额有异议的，赔偿请求人可在期限届满之日起3个月内向人民法院提起诉讼。

2）税务行政赔偿的诉讼程序

税务行政赔偿诉讼是指将税务行政赔偿争议交由人民法院审理并作出裁决的活动。其程序主要包括：

（1）赔偿诉讼的起诉条件。提起诉讼应当具备的条件：原告是税务行政侵权行为的受害人；有明确的被告；有具体的诉讼请求和相应的事实根据；属于人民法院受案范围及受诉人民法院管辖；原告单独提出赔偿请求的，必须经赔偿义务机关先行处理；在法律规定的时效内（2年）起诉。

（2）行政赔偿诉讼的审判。税务行政赔偿诉讼采用合议制。在行政赔偿诉讼中，原告应对被诉具体行政行为造成损害的事实提供证据。被告有权提供不予赔偿或减少赔偿额方面的证据。

（3）行政赔偿诉讼的调解。行政赔偿诉讼可采用调解的方式，这是其与行政诉讼在审理方式方面的较大区别。受害人和赔偿义务机关达成协议的，应制作行政赔偿调解书，写明赔偿请求、案件事实和调解结果。调解书在双方当事人签收后，即具有法律效力。

3）税务行政赔偿的追偿制度

税务行政赔偿的追偿制度是指违法行使职权对纳税当事人合法权益造成损害的税务工作人员，在主观上有过错（如故意和重大过失等），税务机关赔偿税务工作人员造成的损害后，再追究其责任的制度。其实质是对违法行使职权的税务工作人员的惩罚。

税务行政机关行使追偿权，必须具备两个条件：一是税务行政赔偿机关已向受损失的纳税当事人进行了赔偿，追偿权在赔偿之前是不存在的；二是税务行政机关工作人员及受委托组织及其工作人员，对税务职务侵权行为有故意或重大过失。

税务行政赔偿的追偿请求主要包括：一是要求有故意或重大过失的工作人员承担全部或部分赔偿费用；二是酌情对有故意或重大过失的工作人员依法给予行政处分或依法追究刑事责任。将追偿限制在故意或重大过失的范围内，有利于保护税务行政机关工作人员的积极性和创造性，也有利于抑制任意或不负责任行使职权的现象发生。

10.4.4 税务行政赔偿的方式和标准

10.4.4.1 税务行政赔偿的方式

税务行政赔偿方式是指税务机关承担行政赔偿责任的具体形式。按现行法律的规定，税务行政赔偿以支付赔偿金为主要方式。如果赔偿义务机关能够通过返还财产或恢复原状实施赔偿，应当返还财产或恢复原状。

（1）支付赔偿金。它是指税务机关以货币形式支付赔偿金额，补偿受害人所受损害的方式。这是税务行政赔偿的主要方式，操作性强，简便易行。

（2）返还财产。它是指税务机关将违法取得的财产返还给受害人的赔偿方式。这是一种辅助性的赔偿方式，只适用于财产权损害。但实施时应当注意，原物是否存在，是否比以金钱赔偿更为有利或便捷，是否影响公务活动等。

（3）恢复原状。它是指税务机关对受害人受到的损害进行修复，使之恢复到损害前的形式和性能的赔偿方式。一般而言，恢复原状须具备一定的条件：一是必须能够恢复原状；二是通常有受害人恢复原状的请求；三是不违反法律规定、不会产生违法结果的情况下采用恢复原状的形式赔偿；四是在尽可能不影响公务的情况下采用。

10.4.4.2 税务行政赔偿的标准

1）税务行政侵害人身权的赔偿标准

其规定主要包括：

（1）侵犯公民人身自由的，每日赔偿金按照国家上年度职工日平均工资计算。

（2）造成公民身体伤害的，应支付医疗费、护理费，并赔偿因误工减少的收入。减少的收入每日的赔偿金按国家上年度职工日平均工资计算，但最高限额不超过其5倍。

（3）造成公民部分或全部丧失劳动能力的，应支付医疗费、护理费、残疾生活辅助具费、康复费等因残疾而增加的必要支出和继续治疗所必需的费用，以及残疾赔偿金。残疾赔偿金根据丧失劳动能力的程度，按照国家规定的伤残等级确定，最高不超过国家上年度职工年平均工资的20倍。造成全部丧失劳动能力的，对其扶养的无劳动能力的人，还应支付生活费。

（4）造成公民死亡的，应支付死亡赔偿金、丧葬费，总额为国家上年度职工平均工资的20倍。对死者生前扶养的无劳动能力的人，还应支付生活费。

上述规定的生活费的发放标准，参照当地最低生活保障标准执行。被扶养的人是未成年人的，生活费给付至18周岁止；其他无劳动能力的人，生活费给付至死亡时止。

2）税务行政侵害财产权的赔偿标准

其规定主要包括：

（1）违法征收税款、加收滞纳金的，返还税款及滞纳金。

（2）违法对应予出口退税而未退税的，应给予退税。

（3）违法罚款、没收非法所得或违反国家规定征收财物、摊派费用的，返还财产。

（4）违法查封、扣押和冻结财产的，解除对财产的查封、扣押和冻结；造成财产损坏或灭失的，应恢复原状或给付相应的赔偿金。

（5）应返还的财产损坏的，能恢复原状的，恢复原状；不能恢复原状的，按照损害程度给付赔偿金。

（6）应返还的财产灭失的，给付相应的赔偿金。

（7）财产已经拍卖或变卖的，给付拍卖或变卖所得的价款；变卖的价款明显低于财产价值的，应当支付相应的赔偿金。

（8）返还执行的罚款或罚金、追缴或没收的金钱，解除冻结的存款或汇款的，应当支付银行同期存款利息。

（9）对财产权造成其他损害的，按照直接损失给予赔偿。

按现行法律的规定，税务行政赔偿费用列入各级财政预算，由各级财政部门按照财政管理体制分级负担。

案例窗10-2 税务机关只对其所致的直接损害进行赔偿

2013年6月，某市税务局对该市红光机械厂2013年1—5月的增值税纳税情况进行了检查，查补税款8万元，在按规定加收滞纳金后，又对该厂处以8万元的罚款。7月2日，该税务局向红光机械厂送达了税务处理决定书和行政处罚事项告知书。7月6日，向其送达了税务处罚决定书，而该厂没有按规定的期限缴纳税款、滞纳金和罚款。7月22日，该税务局向红光机械厂送达了催缴税款通知书。期限届满后，该厂仍未缴纳所欠税款。8月2日，税务机关对机械厂采取了强制执行措施。因该厂的银行账户上只有5万元存款，该税务局从其存款中扣缴了税款和滞纳金后，又查封了该厂两台价值7.6万元的机械产品，准备拍卖后抵缴罚款。由于查封了这两台产品，该厂无法向购货单位供货，致使购货单位解除了与该厂签订的购货合同，而该厂如果履行了合同，将会取得4万元的利润。

红光机械厂认为税务局的查封行为侵犯其合法权益，便向其上级税务局申请行政复议，请求复议机关解除对其产品的查封，并赔偿因解除合同而造成的4万元损失。上级税务局经审查后作出两项决定：一是解除税务局对这两台产品的查封；二是由于被查封的产品没有损坏或灭失，对红光机械厂请求赔偿的4万元损失不予赔偿。

红光机械厂对复议机关不予赔偿的决定不服，依法向人民法院提起了行政赔偿诉讼，法院审理后，判决驳回了机械厂的赔偿请求。

本章小结

- 税收管理体制是指在中央和地方之间划分税收管理权限，确立各自税权范围的一种税收制度。税收管理权限主要是指税收的立法权和税收的执法权，具体包括税收立法权、税收法律解释权、税种开征停征权、税目与税率调整权、税收加征和减免权、税收征管查处权等。
- 税务机关是代表国家行使税务行政管理、执行税收法令、组织税收收入等的职能机关。我国现行税务机构的设置为：中央政府设立国家税务总局，省及省以下税务机构设税务局。
- 税务行政处罚是行政处罚的重要组成部分。税务行政处罚是指公民、法人或其他组织有违反税收法律、行政法规的违法行为，尚未构成犯罪，依法应承担行政责任时，由税务机关给予的处罚，包括税务行政处罚的设定和种类、主体与管辖、程序与执行等。
- 税务行政争讼是税务行政复议与税务行政诉讼的合称。税务行政复议与税务行政诉讼是国家行政管理法制监督的重要组成部分，均用于解决税务行政争议。二者在受理机关、执行顺序、适用程度和调节广度上存在着不同。
- 税务行政复议是指纳税当事人（纳税人、扣缴义务人和纳税担保人等）不服税务机关及其工作人员作出的具体行政行为，根据当事人的申请，由上一级税务机关（复议机关）对复议申请内容进行复查并作出裁决的一种税务行政行为。其规定主要包括税务行政复议的机关、范围、申请、受理、决定和执行等。

● 税务行政诉讼是指纳税当事人认为税务机关及其工作人员的具体行政行为违法或不当依法向人民法院提起行政诉讼，由人民法院按司法程序对具体税务行政行为的合法性和适当性进行审理并作出裁决的司法活动。其规定主要包括税务行政诉讼的受案、管辖、起诉、受理、审理和判决等。

● 税务行政赔偿是指税务机关对本身及其工作人员的职务违法行为对纳税人和其他税务当事人的合法权益造成的损害，代表国家予以赔偿的制度。其规定主要包括税务行政赔偿的范围、程序、方式与标准等。

关键概念

税收管理体制　税务行政处罚　税务行政争议　税务行政复议　税务行政诉讼　税务行政赔偿

复习思考题

1. 如何理解税收管理体制的含义及税收管理权限？
2. 我国税务机构是如何设置的？其职责范围有哪些？
3. 如何理解税务行政复议与诉讼的含义和特征？两者有何区别？
4. 税务行政处罚、复议、诉讼与应诉的基本规定有哪些？
5. 什么是税务行政赔偿？其范围与标准有哪些？

章后客观题及参考答案10

主要参考文献

[1] 中国注册会计师协会. 税法 [M]. 北京：中国财政经济出版社，2020.

[2] 全国税务师职业资格考试教材编写组. 税法（一）[M]. 北京：中国税务出版社，2020.

[3] 全国税务师职业资格考试教材编写组. 税法（二）[M]. 北京：中国税务出版社，2020.

[4] 李刚. 现代税法学要论 [M]. 厦门：厦门大学出版社，2016.

[5] 荣国权. 税法学入门讲义 [M]. 北京：法律出版社，2016.

[6] 王曙光，张小锋，李兰. 税法学 [M]. 8版. 大连：东北财经大学出版社，2019.

[7] 张守文. 财税法学 [M]. 6版. 北京：中国人民大学出版社，2018.

[8] 陈立，彭启发. 税法 [M]. 3版. 北京：清华大学出版社，2019.

[9] 李晓红. 税法 [M]. 4版. 北京：北京交通大学出版社，2017.

[10] 高丽萍，马克和. 税法 [M]. 3版. 北京：中国财政经济出版社，2012.

[11] 蒙丽珍，安仲文. 国家税收 [M]. 8版. 大连：东北财经大学出版社，2020.

[12] 王红云. 税法 [M]. 9版. 北京：中国人民大学出版社，2019.

[13] 徐孟洲，徐阳光. 税法 [M]. 7版. 北京：中国人民大学出版社，2019.

[14] 左卫青. 税法 [M]. 北京：高等教育出版社，2012.

[15] 王曙光，蔡德发. 企业税务会计 [M]. 大连：东北财经大学出版社，2011.

[16] 刘剑文. 税法学 [M]. 5版. 北京：北京大学出版社，2017.

[17] 杨萍，魏敬森. 税法学原理 [M]. 北京：中国政法大学出版社，2008.

[18] 张松. 税法原理 [M]. 北京：中国税务出版社，2008.

[19] 北野弘久. 税法学原论 [M]. 陈刚，杨建广，等译. 北京：中国检察出版社，2001.